中国法学会世界贸易组织法研究会 组织编写

(2016)

WTO法与中国论坛年刊

The Yearbook of Forum on WTO Laws and China

主　编　林中梁
副主编　韩立余

知识产权出版社
全国百佳图书出版单位

图书在版编目（CIP）数据

WTO法与中国论坛年刊.2016 / 林中梁主编.—北京：知识产权出版社，2016.6
ISBN 978-7-5130-4234-5

Ⅰ.①W… Ⅱ.①林… Ⅲ.①世界贸易组织—规则—影响—法律—中国—年刊
Ⅳ.①F743-54②D920.4-54

中国版本图书馆 CIP 数据核字（2016）第 137451 号

责任编辑：齐梓伊　　　　　　　　　责任出版：刘译文
封面设计：SUN 工作室　韩建文

WTO法与中国论坛年刊（2016）

主　编　林中梁
副主编　韩立余

出版发行	知识产权出版社 有限责任公司	网　址	http://www.ipph.cn
社　址	北京市海淀区西外太平庄 55 号	邮　编	100081
责编电话	010-82000860 转 8176	责编邮箱	qiziyi2004@qq.com
发行电话	010-82000860 转 8101/8102	发行传真	010-82000893/82005070/82000270
印　刷	北京嘉恒彩色印刷有限责任公司	经　销	各大网上书店、新华书店及相关销售网点
开　本	787mm×1092mm　1/16	印　张	22
版　次	2016 年 6 月第 1 版	印　次	2016 年 6 月第 1 次印刷
字　数	431 千字	定　价	58.00 元

ISBN 978-7-5130-4234-5

出版权专有　侵权必究
如有印装质量问题，本社负责调换。

在中国法学会世界贸易组织法研究会换届大会暨2015年年会上的致辞

(代序一)

中国法学会党组书记、常务副会长 陈冀平

各位专家学者、同志们：

中国法学会世界贸易组织法研究会换届大会暨2015年年会经过半年时间的筹备，今天终于召开了，我谨代表中国法学会和王乐泉会长，对大会的召开表示热烈的祝贺！向长期以来从事世界贸易组织法及相关领域理论和实务研究的专家学者致以诚挚的问候！向一直以来关心和支持中国法学会世界贸易组织法研究会的领导和有关部门以及新闻界的朋友们表示衷心的感谢！

今年是世界贸易组织成立20周年。世界贸易组织一直是解决贸易争端的重要平台，在短短20年的时间里解决了不同国家之间的纠纷近500件，而且裁决得到了有效执行，在占世界贸易98%的161个成员之间建立了稳定的秩序；在2008年金融危机期间，正是由于世界贸易组织规则的维系，国际社会才没有重蹈20世纪30年代经济大萧条时期以邻为壑直至引起世界大战的覆辙。因此，总体来说，世界贸易组织是成功的，为世界经济发展、为世界和平进步发挥了不小的作用。当然，在新的形势下，世界贸易组织也面临着很多挑战，特别是继续推动多边贸易谈判和整合区域贸易谈判的成果。但从世界贸易组织20年的成就和努力来看，我们应该对世界贸易组织充满信心。

我国加入世界贸易组织也已经14年了。在这14年的时间里，我国认真履行了上千页的入世承诺，降低关税和开放市场；审查了成千上万的法律法规，修改了不符合世界贸易组织规则的条款，增加了世界贸易组织规则所要求的内容；顺利完成了一年一次的"过渡性审议"，并积极配合两年一次的常规审议；开始使用世界贸易组织规则维护自己的贸易利益，也严格执行世界贸易组织裁决；还积极参与了世界贸易组织新回合谈判。特别需要指出的是，在中国参与世界贸易组织事务的过程中，当国家在制定法律法规和重大经贸政策时充分考虑是否违反世界贸易组织规则时,当各级法院都开始研究世界贸易组织规则时,当法学院的学生开始学习世界贸易组织知识时,当企业都利用世界贸易规则进行经贸活动时,法治的理念已经在润物细无声地影响着人们的一言一行。2001年,中国加入世界贸易组织的时候,《人民日报》曾经发表社论,认为世界贸易组织"必将对新世纪我国经济发展和社会进步产生重要而深远的影响"。十几年过去了,我认为这个预言得到了验证。现在,中国已经是世界上的贸易大国,应该看到,多边贸易规则的建立和加强,对中国的发展是有利的。未来,在世界贸易组织事务中,中国应该发挥更大的作用,引导这个体制的健康发展。这就需要世界贸易组织法研究会的全体同人继续发力,推动世界贸易组织法的进一步完善,同时不断丰富和创新相关理论,在世界贸易和经济全球化的舞台上发出更强的声音。

  同时,我们的目光和注意力又不能局限于世界贸易组织法。我们的研究必须与时俱进,必须与国家经济社会发展同步。几天前,也就是6月17日,我国与澳大利亚经过10年的艰苦谈判,终于正式签署了中澳自由贸易协定。国家主席习近平指出,签署中澳自贸协定,将为两国实现优势互补、密切互利合作提供更高的平台和更完善的制度保障,也将为亚太地区发展高水平的经贸安排产生示范效应,有助于推动亚太经济一体化进程。中澳两国应以签署自贸协定为契机,推动中澳全面战略伙伴关系持续、稳定发展,促进亚太地区乃至世界的和平与繁荣。中澳自贸协定签署后,中国自贸区"朋友圈"扩容至14个,涉及22个国家和地区,这将成为中国加快构建面向全球的高标准自贸网络的重要一步。此外,中韩自贸协定也将在本月签署。中韩、中澳自贸协定的签署对推动区域全面经济伙伴关系和亚太自由贸易区进程以及加快亚太地区经济一体化进程、实现区域共同发展繁荣意义重大。对此,我们必须加强研究和建构自贸协定有关规则,推动自贸协定的落实和有效实施。特别是,在习近平总书记提出"一带一路"的倡议后,我们世界贸易组织法研究会就要组织更多的力量,为这一宏伟构想的顺利推进提供理论和对策支持,积极参与到谈判和规则的制定当中来。我欣喜地看到,将要提交本次大会表决通过的新章程,将世界贸易组织法研究会的研究范围进行拓展,把双边和多边的自由贸易协定也纳入进来。这必将进一步激发广大会员和理事的研究热情,进一步提升研究会对国家经济社会发展和法治建设的贡献度。党的十八届四中全会《决定》提出,要适应对外开放不断深化,完善涉外法律法规体系,促进构建开放型经济新体制,推动依法处理涉外经济事务,增强我国在国际法律事务中的话语权和影响力。我相信大家一定不会辜负党和国家对你们的期望。

  本次大会同时也是研究会的换届大会。这是研究会的一件大事。世界贸易组织法研究会自2001年成立以来,经过十余年的不懈努力,现已经成为国内法学法律界规模最大、覆盖最广、层次最高的专门从事世界贸易组织法研究的学术团体。14年来,

在中国法学会世界贸易组织法研究会换届大会暨2015年年会上的致辞

研究会在广大理事的共同努力下，培养、发现和团结了不少优秀的研究人才，组织撰写和推出了不少优秀的研究成果，参与了不少重要文件的起草和咨询论证，推出了不少可圈可点的品牌性活动和项目，形成了老中青比较合理的人才梯队、团结合作的风气和尊重学术的氛围，实实在在地发挥了在世界贸易组织及相关领域繁荣法学研究、服务法治实践主力军、主阵地、主渠道和法治智库的作用。在此，我代表中国法学会感谢研究会所有理事，特别是会长孙琬钟同志。孙琬钟同志作为研究会的创始会长，兢兢业业、勤勤恳恳，十几年如一日，为研究会的建设与发展作出了重要贡献。孙琬钟同志曾经担任国务院法制局局长，具有深厚的法律专业素养和丰富的行政管理经验，团结了广大专家，为世界贸易组织法研究作出了突出贡献。由于年龄的原因，本次换届大会后，孙琬钟同志将不再担任研究会会长职务。在此我提议，让我们以热烈的掌声对孙琬钟同志以及因年龄关系不再担任副会长和常务理事的同志表示衷心的感谢！

本次换届大会将选举产生新一届理事会、常务理事会和领导班子。希望新一届理事会能继续发扬研究会的优良传统，坚持正确政治方向，尊老敬贤，精诚团结，服务实践，崇尚学术，追求真理。希望新一届常务理事会特别是领导班子，充分认识到开展世界贸易组织法和自由贸易协定等有关领域研究对于我国经济社会平稳健康发展、推进"一带一路"倡议实施的紧迫性，充分认识到研究会在法治中国建设全局工作和中国法学会全局工作中的重要性，充分认识到为广大会员和理事服务、发挥平台渠道作用的迫切性，紧紧抓住当下这千载难逢的历史机遇，引领研究会的全体同人奋发有为、趁势而上。大家知道，中国法学会会长王乐泉和学会党组高度重视研究会建设和研究会作用的发挥，去年到现在出台了一系列关于加强研究会建设的文件，特别是两次召开了规模较大的研究会工作会议，提出了服务管理研究会的15条重要举措，尽最大可能为研究会的发展提供政策制度保障、经费保障、日常工作指导等方面的支持。希望换届后的世界贸易组织法研究会真正具有"国家队"的水准、秉持"国家队"的担当、作出"国家队"的贡献。我也期待着看到各位专家学者、各位从事世界贸易组织工作的同志们推出更多的研究成果，实现学术报国的人生理想！

祝大会圆满成功。

谢谢大家。

2015年6月21日

在中国法学会世界贸易组织法研究会会员代表大会暨2015年"WTO法与中国论坛"上的致辞

（代序二）

中国法学会世界贸易组织法研究会名誉主席　孙琬钟

同志们：

今天，我们聚集在著名学府中国人民大学，举行中国法学会世界贸易组织法研究会代表大会暨2015年年会。正值中国传统节日端午节假期，大家放弃假日休息、家庭团聚的时间来参加我们的会议，充分体现了同志们对研究会工作的关心和支持，我代表研究会对大家的到来表示热烈的欢迎和深深的谢意。对中国法学会党组书记、常务副会长陈冀平同志亲临大会指导表示热烈的欢迎和衷心的感谢。中国世界贸易组织研究会会长孙振宇大使，长期以来，一直关心支持我们研究会的工作。我们两个研究会也一直有着很好的合作关系。今天，孙大使专程莅会，让我们对他的到来表示热烈的欢迎和衷心的感谢。商务部有关部门负责同志亲自出席大会并将作主题演讲，我们对此表示热烈的欢迎。我们这次大会由中国人民大学承办，校领导和法学院为大会的召开给了大力支持。今天张建明书记和韩大元院长亲自出席大会，让我们对他们的到来表示热烈的欢迎和诚挚的谢意。

今年是世界贸易组织成立20周年，是中国入世的第15个年头，是中国入世议定书非市场经济条款即将到期的时候，更是《中共中央关于全面推进依法治国若干重大问题的决定》深入贯彻的第一年。可以说，我们正处在一个新时代的起点上。在这样一个时代起点上举行代表大会，选举产生新一届理事会，以新的班子、新的思路、新的理念、新的工作来迎接新的挑战，具有重要意义。众所周知，我们的研究会是在中国入世前夕，经时任中国法学会会长任建新提议，中央批准，由中国法学会直接组建的研究会。研究会在中国法学会直接领导下，紧密团结国内世界贸易组织法专家学者，积极开展世贸组织法的宣传、培训、研讨活动。研究会既深入研究世贸组织的规则和实践，也参与国家机关政策制定的咨询；既参与争端解决的探讨，也从事前沿法律问题的研究；既紧紧依靠学术大家，又注意培养青年才俊；既充分发挥高校科研部门雄厚资源，又紧密依靠领导机关的正确指引。可以说，我们取得的成就是巨大的，这是我们研究会全体同志长期坚持不懈、团结奋斗、共同努力的结果，我向同志们表示深切的谢意。

今年是世贸组织成立20周年。20年里，世界贸易组织规则得到了很好的实施。世贸争端解决机构处理了大量的争端案件，国际贸易有规可依、有章可循、有地可诉、有理可说。世界贸易规则深深地融入了世贸成员国的国内法律制度，同时还对其他领域的法律制度，如投资，产生了重要影响。贸易规则和投资规则呈现出融合的趋势。与贸易有关的其他议题，如贸易与环境、贸易与竞争，都在世贸规则的框架内得到了关注。世贸规则成为国际经贸制度的根基和保障。国际经贸制度这棵大树越加茂盛。

我们也要看到，世贸组织的这20年，虽然取得了不容忽视的成就，但是也是曲折坎坷发展的20年。世贸组织在规则制定和市场开放谈判方面裹足不前。2005年通过的《关于修订TRIPS协定的决定》依然没有获得生效所需要的2/3成员的批准。2013年底达成的《贸易便利化协定》以及对世界贸易组织协定的修订议定书也没有如期生效。2001年发起的多哈发展回合谈判长期徘徊不前。这些都使人们对世贸何去何从产生了疑问。甚至有人提出了后WTO时代的问题。WTO面临着众多的挑战。但是，从WTO的成就看，我们应当对WTO充满信心。WTO不仅在方方面面都有完善的规则，中国参与WTO争端解决的实践证明，WTO规则的运行是良好的，而且这些规则得到了很好的遵守，成为国际法治的典范。加入WTO的14年里，中国经济贸易的快速发展，WTO法律实践也为我国的依法治国提供了一些借鉴，更为我国进一步改革开放，参与经济全球化和国际法治提供了机会和平台。我们很难想象一个没有WTO的世界。我们应当一如既往地支持WTO，积极参与WTO事务，推进WTO规则的完善，提升我国的规则制定的话语权，为促进建设更合理的国际经济秩序，维护国际和平，提升我国参与国际法治的水平而努力。因此，我们要继续深化对WTO的研究，既要锲而不舍地研究WTO规则和实践，包括161个入世议定书，更要关注WTO领域拓展的新问题、新热点的研究，如投资、环境、气候变化、政府采购、金融等方面的研究。不断拓宽研究领域，不断提升研究水平。

坚持改革和对外开放，是中国发展的经验总结，也是进一步发展和实现中国梦的必要条件。在新的历史条件下，加快实施自由贸易区战略，既是适应全球化新趋势的客观要求，也是全面深化改革、构建开放型经济新体制的必然选择，又是我国积极地发展对外关系、实现对外战略目标的重要路径。中央提出的自由贸易区战略，是建立在多边贸易体制和区域贸易安排并重，驱动经济全球化向前发展的两个轮子的正确认识基础上的重大决策。这一战略的提出和实施，为我们研究世贸制度和区域贸易制度提出了指导和要求。如何实现这一战略，如何处理多边制度与区域安排的关系，如何处理市场开放和国内产业利益的关系，选择什么样的路径建立新的更多的、更高质量的自由贸易区，需要我们去深入研究，为政府、为企业献计献策。更多的工作等待我们去做，更多的法律对策等待我们去研究。

中国正在进行新一轮的改革。转变政府职能，发挥市场作用，成为这一轮改革的总目标。继上海之后，中央又新设立了三个自由贸易试验区，就是想在试验的基础上形成新的管理制度。这一次制度改革，这一轮新的开放，以外商投资管理制度为突破口，寻求建立审批和备案相结合的管理制度。这些试验，无论具体内容是什么，都离不开世界贸易组织规则的指引。一方面，世贸规则确立了相应的一般管理制度，如经营权放开制度、许可制度、透明度制度、非歧视制度、市场准入制度、管理措施的比例性要求等；另一方面它还提供了相应的具体规则，如与贸易有关的投资措施、服务贸易规则，列出了投资壁垒和服务贸易壁垒。这些都是国际管理经验和发展经验的总结，也是中国承担的国际义务。

可以看出，世界贸易组织规则的适用性是非常广的。我们对世贸规则的研究也要有前瞻性。要做好拓展研究、延伸研究。正如习总书记所说，我们不能当旁观者、跟随者，而是要做参与者、引领者。

"一带一路"是进一步扩大开放的具有重大意义的全球性战略部署。连接中国与欧洲、东盟、中东和非洲，涉及60多个国家，将覆盖全球超过60%的人口和约1/3的经济总量。与此同时，筹资1000亿美元，组建亚洲基础设施投资银行和出资400亿美元成立丝路基金，都充分体现了以习近平为总书记的党中央放眼全球、放眼未来、放眼当前、放眼一切的世界眼光和战略思维。实现这一伟大创举，必然会有诸多的法律问题有待研究。我们的学者要立足中国，放眼全球，认真研究思考相关的法律问题，包括所在所经国家的相关法律，以减少法律风险，为国家、企业提供必要的法律咨询服务。

世界贸易组织谈判的僵局、自由贸易协定的活跃，并不表明世贸规则过时了，世贸组织已经死亡了，更不表明世贸规则可以弃之不用了。一方面，我们要看到自由贸易协定本身就是世贸规则的创造，是世贸规则这棵大树的枝叶；另一方面，我们要看到世界贸易组织成员作出的市场准入承诺，同样是自由贸易协定市场开放的基础。很多自由贸易协定直接纳入世贸承诺。这说明我们要辩证地、全面地理解世贸制度。世贸规则仍然是世贸成员处理相互间经贸关系的准则。

我们这次会议，要选举产生新一届理事会，要开展研讨，要回顾历史、总结经验、展望未来。相信通过大家的研讨，通过大家的智慧，必定能够为我们国家制定的进一步扩大开放的政策，为我国在国际经贸舞台上发挥更大的引领作用，为我们参与国际法治的进程作出我们的独特贡献。相信这次大会会是一次团结的、继往开来的成功的大会。

预祝大会圆满成功！

2015年6月21日

中国法学会世界贸易组织法研究会2015年会员代表大会暨第八届"WTO法与中国论坛"

——国际法治与法治中国综述

年会会务组

2015年6月21日—22日，中国法学会世界贸易组织法研究会第二次会员代表大会暨第八届"WTO法与中国论坛"在中国人民大学逸夫会议中心召开。本次会议由中国法学会指导，中国法学会世界贸易组织法研究会主办，中国人民大学法学院承办，由新华通讯社、法制日报社、民主与法制社做媒体支持。中国法学会党组书记、常务副会长陈冀平，中国首任常驻WTO代表团常驻代表、特命全权大使孙振宇，中国法学会世界贸易组织法研究会会长孙琬钟，中国人民大学党委常务副书记张建明，中国法学会世界贸易组织法研究会常务副会长林中梁，中国人民大学法学院院长韩大元等领导应邀出席会议并发表致辞。来自中国法学会、商务部、工信部、国务院法制办、北京大学法学院、清华大学法学院、中国政法大学国际法学院、对外经贸大学法学院、武汉大学法学院、厦门大学法学院、金杜律师事务所、中伦律师事务所等政府部门、法学院校、科研机构、实务机构的负责人、院长和教授等200余人参加了本次会议。

会议通过了《中国法学会世界贸易组织法研究会章程》（草案），选举产生了研究会新一届的理事会、常务理事会及负责人。会议选举孙琬钟为研究会名誉会长，林中梁为研究会会长。商务部条法司原副司长、清华大学法学院教授杨国华当选为常务副会长，于安、孔庆江、左海聪、石静霞、朱榄叶、刘敬东、吴浩、余敏友、张乃根、张玉卿、邵景春、屈广清、徐崇利、韩立余、曾令良当选为副会长，石静霞兼任秘书长。

整个大会分为开幕式、审议研究会工作报告、审议通过章程修改、换届选举大会、大会报告、五个专题研讨和闭幕式几个部分。其中，专题一为杨国华教授主持的"世界贸易组织法教学研讨"；专题二为"WTO与中国、非市场经济地位"；专题三为"争端解决制度";专题四为"FTZs 和 FTAs";专题五为"贸易与投资"。会议以"国际法治与法治中国"为主题,贯彻《中共中央关于全面推进依法治国若干重大问题的决定》,结合中国面临的重大国际法治和中国法治问题,就多边贸易体制与区域贸易协定的关系及对策、中国自由贸易实验区与"一带一路"建设中的法律问题、中国入世文件中的非市场经济地位条款到期后的政策法律走向问题、外国投资管理制度的改革与完善、贸易与投资的相互关系问题等,进行广泛深入的探讨,提出有价值的应对方针和对策。

下文就诸多专家学者的发言进行了比较详尽的介绍,收录在本辑论丛的论文的作者的发言简略介绍。

一、大会开幕式致辞

会议开幕式由中国法学会世界贸易组织法研究会常务副会长林中梁主持,中国法学会党组书记、常务副会长陈冀平做了重要讲话,中国法学会世界贸易组织法研究会会长孙琬钟、中国人民大学党委常务副书记张建明以及中国人民大学法学院院长韩大元等领导先后致辞。会议举行了第八届"WTO 法与中国论坛"优秀论文颁奖仪式。

中国法学会党组书记、常务副会长陈冀平代表中国法学会和王乐泉会长对大会的召开表示热烈的祝贺。中国法学会党组书记、常务副会长陈冀平在讲话中指出,我国已成为贸易总量第一的国家,多边贸易体制的建立和发展对中国有着巨大的积极作用,我们要更加努力地推动世贸组织法的完善,发出更强的声音。陈书记认为,如何应对自由贸易区、自由贸易协定对 WTO 多边规则的挑战,以及如何推动世贸规则的实施、纳入双边和区域贸易协定是世界贸易组织法研究会未来研究的重要问题。最后,陈会长明确,法学会党组对本次换届高度重视,法学会党组研究多次,认为要将 WTO 法学界有影响的同志吸收进来担任副会长和理事。陈书记希望新一届的理事会充分认识到加强世贸组织法研究的重要性,为广大会员和理事提供更好的服务平台,使得研究会具备国家水准。

孙琬钟会长首先对在端午节期间到会的嘉宾表示感谢与欢迎,欢迎陈冀平同志的到来,对张建明书记和韩大元教授对会议的支持表示感谢。孙琬钟会长指出,入世 14 年以来,WTO 为我国依法治国提供了一定借鉴,我们既要深化对 WTO 规则的研究,也要对新拓展的问题进行研究,提升研究水平。大会的主题就是促进国际法治与国内法治的结合,为法治进程作出应有贡献。

中国人民大学党委常务副书记张建明表示,中国法学会世界贸易组织法研究会在人民大学召开,体现了中国法学会对人民大学的重视。他对于大家来人民大学开这么重要的会议表示热烈欢迎。我国的法治建设进入了新的阶段,中国法学会与人民大学具有良好的合作关系,人民大学作为以人文社科为主的综合性大学,为国家建设服务没有止境,本次大会在我校召开是对我校工作的支持和肯定。张书记认为,中国需要对世界发展作出更大贡献,我国要为世界法治建设制定规则,要当参与者。

中国人民大学法学院院长韩大元教授代表人民大学法学院祝贺本次大会的召开。他感谢孙会长对人民大学的信任,特别感谢中国法学会的领导和兄弟院校的朋友们对人民大学法学院的发展给予的支持和帮助。韩院长指出,在孙会长的领导下,世贸组织法研究会立足中国并以国际眼光为促进中国依法治国进程发挥了重要的贡献,他们对此表示崇高的敬意。同时,希望研究会积极推进国际法治发展与WTO规则的研究。

二、报告审议与换届选举

中国法学会世界贸易组织法研究会会员代表大会的第一阶段是审议研究会工作报告和修改章程。会员代表大会审议通过了孙琬钟会长的世界贸易组织法研究会工作报告,审议并同意林中梁同志代表第一届理事会所做的关于修改研究会章程的说明。

会员代表大会的第二阶段是选举新一届理事会组成人员。中国法学会研究部主任李仕春传达中国法学会党组批复,同意中国法学会世界贸易组织法研究会召开第二届会员代表大会选举第二届理事会,同意换届方案及候选人名单。

经会员代表大会到会代表无记名投票,经监票人确认,全部理事候选人均获得半数以上选票,全部当选。经会员代表大会到会理事无记名投票,经监票人确认,全部常务理事会及负责人的候选人均获得半数以上选票,全部当选。

会议第三阶段由新当选的林中梁会长主持,第二届理事会第一次会议决定聘请孙琬钟同志为中国法学会世界贸易组织法研究会名誉会长;决定设立学术委员会,聘请张月娇大法官担任首届学术委员会主任、聘请中国政法大学王传丽教授担任副主任;决定聘请吕勇担任常务副秘书长,聘请史晓丽担任副秘书长。

三、大会主题报告

大会报告第一阶段由张玉卿教授主持。

商务部条法司副司长陈福利就商务部条法司在WTO争端解决机制运行方面的工作情况做了报告,报告题目为"世贸争端:实践与思考"。陈福利副司长介绍了世界贸易组织的成功实践、面临的挑战及世贸组织总干事阿泽维多对DSU改革的建议。陈司长重点分析了我国参与的争端解决实践:首先是起诉案件,针对美国"双反案件"多次出手,大背景是美国对中国发起"双反案件";在被诉案件领域,我们欠缺很多经验,以DS489禁止性补贴适用快速程序问题为例,这个案件涉及合理执行期问题、对报复水平的裁决问题,我们对执行阶段关注不足。最后陈司长提供了若干建议供同人参考。第一，我们在进行争端解决研究时，要与几个点结合起来：抓住案件灵魂后要回溯到协定中看整个协定的纪律变化；结合整个DSU的改革方向考察；要和当前整个贸易规则变化情况结合考虑，如FTA谈判；要把整个贸易争端解决和整个大的经贸规则重构结合起来。第二，做全链条研究，从磋商到专家组到上诉机构到执行阶段要串起来。第三，整个DSU工作要向两端延伸，一端是中国，要活学活用，广开门路，扩大案源；另一端是讲究落地，要保证产业得到实惠，实现贸易利益。

清华大学法学院杨国华教授就"WTO对中国法治的影响"做了报告。报告分三个部分：第一部分是对WTO的认识，WTO是国际法治的模范，WTO法是模范国际法，它的目标是很伟大的，它的规则是全体一致通过的，得到了全体成员的尊重，它的裁决得到了有效执行；第二部分是中国的贡献，中国认真履行了入世承诺，进行了法律法规的修改，顺利完成了年度审议和常规审议；开始使用WTO规则维护自身利益并执行裁决，积极参加新回合谈判；第三部分是本文主题，即WTO对中国法治产生了积极作用：法治理念、执行裁决和修改法律，如为执行裁决修改《著作权法》；政府部门在政策制定过程中认真对待国际法，明确提出了合规要求；各级法院也在研究WTO规则；法学院的学生开始学习WTO规则。

武汉大学国际法研究所李雪平教授对世界贸易组织20年来的发展与实践做了规范与实证分析。李雪平教授首先提出几个问题供大会同人思考：20年来我们看到或者感知的WTO是什么样子？WTO 20年来都做了什么？如何对WTO这20年作出比较客观的评价？进而，李雪平教授首先分析了"WTO对法定职权范围的现实突破与国际政治问题的贸易化"：在现实当中的突破，是根据它的规则或者规范来进行的，如开放条款、弹性条款、争端解决实践、贸易政策审议还有对外关系等这些方面。这里所说的开放条款，是指《马拉喀什协定》第3.2条，在这个条款下，WTO所有成员可以就多边贸易关系的任何问题进行谈判，并达成多边满意的结果，并随着它的职权范围的突破可以涉足任何贸易问题。弹性条款主要是指WTO的那些例外规则和贸易救济规则。涉及贸易救济规则，这是我国当前面临的非常重要的问题。接下来是WTO争端解决的实践，比如涉及专家组和上诉机构寻求信息的权利，也就是DSU第13条，对DSB来讲它寻求信息的权利范围是什么，并没有界定。所以在争端解决实践过程当中，寻求信息还有裁量权，都是逐步在扩大的。贸易政策审议，这在WTO秘书处提交的报告当中，基本上都会涉及对接受审议的成员的贸易政策提出的一些建议。比如，美国2008年金融危机之后，国内采取量化宽松政策还有购买国货条款，但在较近一次的美国贸易政策审议中，WTO建议美国可以把购买国货、量化宽松的政策收回去。WTO这样的建议，李教授认为还是分量比较重的。WTO通过它的职权范围的扩大，把国际政治问题都贸易化了。比如非市场经济地位问题、如环境问题、劳工问题、区域贸易集团化问题等。其次，李雪平教授认为WTO通过多边贸易谈判，启动"门户开放"政策；通过建立原则和规则体系，将"门户开放"

政策予以法律化和制度化；通过解决成员间的贸易争端，维护"门户开放"政策的主导地位。而"门户开放"政策给国际经济问题带来了不确定性：门户开放政策与IMF的汇率评估问题交结在一起，加剧了国际收支平衡问题的不确定性；门户开放政策与放任自由的全球金融政策融合在一起，给WTO成员方内的经济问题带来了不确定性；门户开放政策推动自由贸易向深度和广度发展，增加了全球公共资源配置的不确定性；门户开放政策与纷繁复杂的不具拘束力的国际标准纠结在一起，增加了非关税壁垒的不确定性。

大会报告第二阶段由对外经贸大学法学院院长石静霞教授主持。

锦天城律师事务所（北京）主任傅东辉就中国非市场经济地位和替代国规则的"毛"与"皮"的关系问题进行了分析。傅东辉律师提出中国的企业在世界上是"二等公民"，中国企业能不能站起来取决于第15条的终止适用。对于中国入世议定书第15条应辩证地看，第15条虽然受到很多批评，但第15条的功绩体现为两点：第一是它的原则性，就是中国一定要开放，一定要融入这个世界。第二条，就是它的灵活性。为了要达到这个目的，我们可以作出一些暂时的让步，这个暂时的让步就是第15条。由于暂时的让步使得中国有了彻底的恢复平等的国际贸易地位的机会，开放是绝对的，我们必须入世，否则就会丧失非常重要的机会。关于替代国，第15条要求在15年内中国同意其他国家运用替代国措施，但不能超过15年，到明年12月11日之后就不能再用替代国。欧盟认为，应讨论中国是否获得自动市场经济地位，这是不妥的。西方有赖账的趋势，说替代国可以不用，但是非市场经济我们没有认为是15年，因此替代国不用了，非市场经济还照样存在。对于西方这种赖账的行为，我们应坚决抵制；在终止替代国的问题上，傅律师觉得不容谈判。

厦门大学法学院徐崇利院长对《海峡两岸投资保护和促进制度》进行了评述。徐崇利教授首先指出WTO争端是法律争端，而政治性争端不适合通过司法方式解决。遇到政治性问题，WTO会进行回避，会留有余地，如美国301条款、对公共机构的界定、对GATT21条的适用、人民币的汇率问题等，这些问题不适合以司法问题解决，应通过谈判解决。对于《海峡两岸投资保护和促进制度》，徐崇利教授称它是"非常态"的协议，因为它和通常讲的投资协定有很大的区别。它有两个特点：第一，它对国际投资的保护和投资自由化都采取低标准的保证；另外一个特点是，两岸对投资保护和投资促进两个议题的关注是不一样的。就第一个特点，可以说两岸投资协议对投资保护是非常低水平的。如公平与公民待遇，两岸投资协议对它做了非常严格的限制；间接征收条款，两岸投资协议采取的是既看效果又考虑行为性质的严格标准，也就是说，它对投资保护的水平是比较低的。另外，两岸投资协议没有保护伞条款；对于投资争端的解决，两岸投资协议规定由一个专门的调解委员会来调解解决争端。两岸之间的投资协议，它的投资保护和投资自由化水平是非常低的，徐崇利教授认为这属于"务实性的低调"。这两个特点的形成，都与政治因素有关。采取务实性低调主要是两岸都担心标准抬高的话容易引发过多的投资争端。这两个特征的形成还有一个结构性不平衡的问题，台湾地区因为有大量的台资在大陆，所以它们关心的是投资保护问题，就是保护台商在大陆的投资。反过来，大陆更多关心的是投资促进或者投资自由化的问题，希望可有多一点的资金到台湾地区去。当时谈判的时候，双方的诉求是不一致的。

北京中伦律师事务所合伙人管健律师就贸易政策合规性审查的操作性方法等进行了分析。管健律师的报告主要分为如下分析步骤，限制性贸易措施的识别，限制性贸易措施的定性，法律发现和法律分析。对于限制性贸易措施的识别，限制性贸易措施指对贸易产生限制性影响的措施，这种影响可能是直接的影响也可能是间接影响。识别限制性措施，主要从措施的目的和措施的效果两个方面来解决。目的方面，如政府文件中提到的"促进战略新兴产业发展"等；从措施的效果来说，它是不是造成其他WTO利益减少或者丧失。第二步做的工作就是对限制性贸易措施进行定性，贸易合规的评估可能要先进行定性，通过定性，把定性和WTO体制建立一种联系。定性的依据是WTO协定，定性分为三个步骤：第一个步骤是明确措施所涉及的对象，如措施涉及货物或服务；第二个步骤就是对措施的类别进行细分，就货物贸易而言，我们在法律分析时要注意是边境措施还是国内措施；第三步是对措施进行准确的定义。如果说以上步骤主要是对事实问题的甄别，下一步就是我们对法律问题的分析。首先就是法律发现，严格意义来说法律发现是法官在判案过程中选择适用法律的过程，为了解决到底哪些WTO规则可以适用我们现在所用的限制性贸易措施。我们在确定规则之后，下一步要做的工作，进一步具体定义到哪些条文可以适用这个措施。下一个步骤是法律分析，第一是确定法律分析的顺序，第二明确法律条文的权利和义务，第三建立法律标准，进行法律解释，第四进行法律推理。

武汉大学法学院黄志雄教授就网络安全规制的WTO法律问题提出了自己的思考与见解。黄志雄教授指出，网络安全成为全球性议题，各国纷纷出台相应法律和政策，而中国银行业网络安全和信息化法规，如《关于应用安全可控信息技术加强银行行业网络安全和信息化建设的指导意见》《关于印发银行业应用安全可控信息技术推进指南》等也引起了巨大争议。欧美国家商业团体和政府对上述措施提出了质疑，认为上述措施是一种"数字贸易壁垒""本质是保护主义和对中国企业的偏袒"，奥巴马总统也表示严重关切，美国研究是否就这些新规在WTO起诉中国，原定2015年3月底实施的上述法规被搁置。网络安全规制涉及对有关产品和服务市场准入的要求，以我国为例，中国有关法规中有关加强自主创新的措施，可能会被指控违反货物贸易中的国民待遇原则也就是GATT1994第3条；我们相关的安全法规，里面关于银行相关的资金预算，以及信息技术示范项目的推广经费补偿等问题，可能构成SCM协定所规制的补贴；相关的措施还可能被认为违反了中国在《服务贸易具体承诺表》，如计算机及相关服务所做的市场准入和国民待遇的承诺。黄志雄教授指出，基于以军事安全为中心的传统安全观起草的安全例外，面临着非传统安全事项兴起的挑战，这个困境要解决既容易也简单。需要解决的核心问题有两点：第一，需要确定一个网络安全的情况属于维护网络安全所必需的措施；第二，在适用中是否构成无端的或不合理的歧视，或构成对国际贸易的变相限制。

四、大会专题研讨

（一）专项研讨：世界贸易组织法教学研讨

2015年6月21日晚上，清华大学法学院杨国华教授与西南政法大学国际法学院陈咏梅教授主持召开了世界贸易组织法教学研讨会，就世界贸易组织法的教学方法论进行了讨论。

杨国华教授分享了他对于世界贸易组织法课程设置和安排的一些想法，杨国华教授认为，理想化的世界贸易组织法的课有两大特点：一是要具有开阔的国际视野；另一是积极开展案例教学。世界贸易组织法可以开四个学期的课：第一个是初级课，初级课是概论，概论是学习一个知识、基本框架和原理，主要是适合本科生、低年级，这个基本上是以案说法，是以介绍知识为主，结合案例讲解法律知识。第二个就是中级课程，中级课程就是案例研究，目标不是知识点的简单学习，而是要着重培养知识反推演能力，是适合于高年级本科生和研究生的。第三个是高级课程，就是讲解一些前沿问题，如FTA问题。特色课程就是中国经济法学制度，用中国案例中关于中国经济与法律制度方面的材料来讲解中国经济法学知识。

陈咏梅教授也分享了她这些年的课堂教学经验。针对WTO教学来讲，陈咏梅教授有两套教学大纲。一个是供研究生使用的，一个是供本科生使用的，这个内容上有相同的，也有不同的。陈教授从内容上和教学方法上对大纲进行分析。从内容上来看，研究生这一套，前两周大概讨论一些基本的理论问题，从第三周开始就步入案例的讨论。一般的安排是三周、四周，两周讨论一个案子，这是从内容设计上讲，后面的都是这样安排，这是研究生的教学内容的安排。本科生的安排，我是先讲理论问题，因为本科生对WTO可能就更陌生一点，不像研究生那样从第三周就可以开始完全进入案例讨论。本科基本上也可以说讲述+讨论，结合起来，相对分专题，一个专题讲一点，或者讨论一点理论问题，然后就结合这个专题的相关案例来做课堂的讨论。本科的相对来讲在理论讨论的问题上比研究生会多一点，这是从内容上讲。对于教学方法，陈咏梅教授认为这门课程无论这部分内容放在国际经济法课程里面，还是单独讲，最好的方法就是案例教学，就是要讲案例。

2015年6月22日上午，大会就以下四个专论议题进行详细讨论：

(二) 分论坛一:"WTO、中国与非市场经济地位"

议题由社科院刘敬东教授主持,主要围绕中国市场经济地位问题、国有企业的改革问题、中国入世评价及走向、人民币汇率问题是否构成补贴进行讨论。

余敏友教授就 WTO 和非市场经济地位、《中国入世议定书》第 15 条这些规定的关系进行发言,认为应从两个方面来看:一方面,整个《中国入世议定书》和当时的 WTO 一起谈判,谈判的双方都有自己的妥协和考虑,是一个妥协的考虑。中方最后接受这个条款主要是为了借助外力来促进国内的改革,尤其是国有企业的改革。另一方面,在当时其他的 WTO 成员,尤其是对美国和欧盟而言,觉得中国加入 WTO 谈判,最重要的是要谈出一个既与中国的经济实力和潜力相当,又能为有关各方接受的一个综合性的议定书,所以条款是多种多样的考虑,不能只是简单地把它当成一个对中国国内的条款。当然,作为有关各方最后谈判处理三个方面的成果,把一个高度敏感的政治问题最后技术化了。

林中梁会长发言指出,非市场经济问题我们已经有了很多好的研究报告,有全国性的建议,应尽快把大家这些好的意见反映到中央有关部门,争取转化,争取把这个全部转化为中央有关主管部门的决策。同时,我们究竟 15 年以后面临着哪些新的问题,在这些问题上可能面临什么新的问题,我们如何应对,要有根有据的,以及发现苗头的是什么,分析预测可能出现的问题是什么,然后我们一条一条地把如何应对也具体化,要让中央有关部门好操作。林中梁会长重点就自己的论文《WTO 法与法治中国的互促共赢及其未来发展》做了介绍。他说,我们国家加入了 WTO 是深化改革扩大开放经济发展,法制进步的结果和标志;加入 WTO 对我国的改革开放、经济发展和法制建设都起到了显著的推动和引领作用;我国加入 WTO,为世界贸易和国际法制作出了重大的贡献;在我国建立健全世界贸易组织法,是法制建设的重要组成部分;以世界贸易组织法为准则和经验,进一步加强、加快国内经贸等领域的法制建设;利用世界贸易组织法,有秩序规则地实施和完善,增强我国在国际经贸法制中的话语权;世界贸易法的优点优势,也存在着问题;最后,应积极维护世界贸易组织的权威,巩固和发展对我国公平有利的国际法律的新秩序。

对外经贸大学中国 WTO 研究院的李思奇博士代表屠新泉院长汇报 2016 年美国对中国"市场经济地位"政策的前景与应对策略。汇报内容主要从 WTO 法和美国国内法视角,重点分析《中国入世议定书》第 15 条和美国的政策立场,并提出中国的应对策略。汇报人认为,2016 年美国是否给予中国"市场经济地位",或者是否完全履行《中国入世议定书》第 15 条的要求,都存在很大的不确定性。从 WTO 法来看,我们认为《中国入世议定书》第 15 条并不能确保中国自动获得"市场经济地位"。议定书第 15 条的标题是"确定补贴和倾销时的价格可比性",从字面意思就可以看出,该条款并不是有关中国"市场经济地位"的论述,而只是关于对中国发起反补贴和反倾销调查时的价格比较问题。议定书第 15 条仅在（d）款中言及"市场经济体"一词，但所指的是 WTO 成员的国内法规定，而非 WTO 法。因此，WTO 规则并未将中国认定为"非市场经济国家"。从严格的法律意义上来理解，第 15 条（d）款仅表示 2016 年之后，即使中国企业不能证明其所处产业具备市场经济条件，反倾销发起国也不得使用替代国方法。这与中国的"市场经济地位"并没有直接关联。因此，我们认为，中国的"市场经济地位"并不是由 WTO 法确定的，而是由相关 WTO 成员的国内法确定的。WTO 法仅仅是允许 WTO 成员依据《反倾销协议》对由其国内法确定的"非市场经济国家"采用替代国方法。但 WTO 法（包括中国入世议定书第 15 条）并没有强制要求其他 WTO 成员在 2016 年后承认中国的"市场经济地位"，WTO 成员也没有义务自动承认中国的"市场经济地位"。从国内法来看，我们认为美国拥有承认中国"市场经济地位"的完全自由裁量权。根据美国《1988 年综合贸易与竞争法》中的第 6 条"市场经济国家"标准，美国商务部对一国是否是"市场经济国家"的认定具有终局性，并不受到美国国会或法院的约束。具体来看，美国国内法对"非市场经济国家"的界定超越了 GATT/WTO 的法律条文解释，已远远超出"贸易垄断"和"国家定价"的范围，而且涵盖汇率、劳资、外资准入等其他标准，折射出的其实是美国在汇率机制、劳工标准、市场准入、知识产权等诸多领域与中国的利益纷争。因此，从上述分析来看，WTO 规则并不确保中国自动获得"市场经济地位"，美国对于是否授予中国"市场经济地位"具有充分的自由裁量权。

上海财经大学的张军旗教授讲了"人民币汇率的国际法风险"。张军旗教授首先分析人民币汇率争议的措施是什么。他认为，人民币汇率争议的措施是政府购汇，而不是人民币汇率的形成机制。汇率的高低不影响财政资助的判断，财政资助是强调行为的形式，外在的形式。其次是社会利益的问题。公平价格的确定，这个我承认没有统一的国际社会公认的标准，但是我想说的是风险仍然存在。为什么？没有公认的标准，可以采用法庭上的标准，在不少法庭没有绝对的公正。张教授还分析了汇率措施是否构成出口补贴以及专向性问题。

上海财经大学的李晓郛老师发言的题目是："一带一路"战略下的贸易商的生态责任，主要就贸易与环境问题进行分析。华东理工大学的彭德雷老师就"市场经济地位"问题进行了比较详尽的介绍。工信部国际经济技术合作中心徐程锦汇报了国际法视野下的国有企业的法律定性问题，主要解决在国际法当中，国有企业到底应该被看作与政府类似的公众机构，还是应该被当作一个普通的商业企业进行对待的问题。

（三）分论坛二："WTO 争端解决制度"

议题由华东政法大学贺小勇教授主持，讨论涉及法律的解释问题、超 WTO 义务问题、贸易报复的实证研究、中国的败诉原因、战争和平问题、动物福利保护和银行制裁问题等。

张乃根（复旦大学教授、博士生导师）就"论条约的'立法'解释及有关问题"进行发言。张教授认为，在WTO框架内的"立法"解释可采取《关税与贸易总协定》（GATT）时期的"注释和补充规定"（notes and supplemental provisions）形式。此类"立法"解释作为1947年GATT附件I属于1994年GATT的一部分，继续有效。GATT本身没有明文规定解释问题，在实施GATT过程中形成事实上的组织（包括"缔约方全体"、秘书处和总干事等）也无任何条约依据，更无制定"注释和补充规定"的明文依据。但是，1947年GATT附件I列入了许多GATT最初达成的，具有权威性的解释。这些"立法"解释是GATT初期由"缔约方全体"达成的，后被编入GATT的基本文件（1966~1967年）作为与GATT本身不可分割的部分，此后，再也没有这类"立法"解释。

朱榄叶（华东政法大学教授、博士生导师）的发言主要是围绕我国在WTO争端解决中的败诉现象及败诉援引进行分析。朱榄叶教授通过细致观察发现，实际上不光中国败诉，WTO里面凡是被诉方基本上都败诉了，但是我们中国败诉率比美国和欧盟稍微高一点。朱榄叶教授从以下几点总结我国的败诉原因。首先，在于一个共性的问题，即为什么所有的被诉方败诉率都比较高，因为WTO成员对争端解决机制一般持谨慎利用的态度，不存在滥用诉讼权利的情况。其次，这是我们中国自己内部的问题，中国在管理经济法制行政立法的部门之间缺乏协调和沟通，往往政策一出台就被人盯住了。再次，确实也存在着中国承担了超WTO义务的情况。最后，因为我们反倾销、反补贴行政机构在调查的细节上有缺陷。

师华（同济大学教授）分析了WTO贸易报复制度的不足。争端解决机制之所以能够发挥这么大的作用，在于其执行机制，其中一个主要制度是贸易报复制度。关于贸易报复制度的目的主要有"督促执行说"和"利益平衡说"。前者说报复制度实际上体现了对国际法的一个遵守的问题，后者报复制度最终的目的并不是说要执行裁决或者判决，主要是通过这样一个报复制度使当事人之间能够达到补偿利益，弥补损失产生这样一种效果。WTO贸易报复制度是有其缺陷的，首先是DSU第22.6条与第21.5在衔接上存在问题；其次关于报复水平的计算方法尚有不明确之处，并建议采用计算"期待利益损失"的方法来量化报复水平。

叶波（上海对外贸易大学副教授）分享的是WTO框架下的动物福利问题。动物福利原则上一般来说其实是主权国家内部规范的问题，随着国际法规则的发展，有关动物福利的国际条约迄今为止还没有，但是涉及动物福利内容条约其实还是越来越多。保护动物福利已经成为了一个国际法规范的重要内容，但是它并不构成国际法基本的原则，因为毕竟动物福利和人权保护是两码事。叶波老师还分析了外部法律渊源在WTO争端解决当中的地位。对于WTO的专家组和上诉机构来说，如果过度地援引外部法律渊源就会破坏WTO法律体系的整体性和一致性，导致国际法的碎片化。但是，如果说 WTO 争端解决僵硬仅仅只是适用 WTO 的各项协定，有时候它又不能够做到适应国际法发展与时俱进的一个问题。外部法律渊源在 WTO 解决机制中的一个特点呈现出根据具体情况，然后专家组或者上诉机构进行裁判的趋势。对于公共道德普遍适用的问题，在 WTO 争端解决机制框架下，公共道德理由援引情况不是很多，这个问题比较敏感。WTO 成员绝大多数是主权国家，在这样一种情况下不可能过分地侵蚀或者否定 WTO 成员监管权利，从实践层面来看公共道德问题，专家组和上诉机构都认为这是 WTO 成员固有的权利。

刘瑛（武汉大学国际法研究所教授）、谭观福（上海外贸大学硕士研究生）等的发言详见本辑论文。

（四）分论坛三："FTZs 和 FTAs"

议题由中国政法大学王传丽教授主持，主要围绕自贸（试验）区和自由贸易协定的关系进行讨论。

冯军（上海对外经贸大学法学院教授）指出，上海自贸区总体上是我们整个国家进一步开放过程中的一个战略的一部分。冯军教授对上海自贸区的来源发展做了介绍，指出自贸区发展的瓶颈应该是在服务业和金融业，重点也是在金融业和服务业上。

郑玲丽（南京师范大学副教授）发言的主题是"TPP 视角下区域环境一体化的新发展"。郑玲丽老师分析了 TPP 环境章节发展的最新趋势，如在形式上，它从过去的附属形式发展成一个独立的章节，它的地位也从附属到去边缘化；区域贸易协定关于环境上的内容从空泛到更加具体，特别是在争端解决方面，环境争端也适用争端解决机制。

高凛（江南大学法学院教授）发言的主题是"中国自贸区负面清单管理模式与政府监管"。高凛教授的发言内容主要分为四个部分：第一部分是自贸区的界定和分类。自由贸易区有两类，一类是跨国自贸区（Free Trade Area，即 FTA）；另一类是内国自贸区（Free Trade Zone，即 FTZ）。第二大问题是投资领域的国民待遇原则，准入前国民待遇涉及一个外资准入问题。一般情况下是不是给予外国投资者国民待遇是考量一个国家对外开放的一个重要标志，把国民待遇嵌置到准入阶段并不意味着外资与内资没有任何区别。任何国家都会宣布给予准入前国民待遇的同时公布一份限制外资准入的清单。第三个问题是关于负面清单管理模式。负面清单管理模式，实际上是给予内资和外资公平竞争的市场法治环境。这种从控制性开放向自由性开放的转变，不仅有助于与国际贸易最新规则的接轨，而且有助于政府审批变政府监管和管理模式。负面清单模式是顺应国际经济发展的一个新的趋势。第四个大问题是外资准入以后政府的监管职责，一个就是维护国家利益和产业安全，并要求政府转变职能，最后是加强事中和事后监管。

（五）分论坛四："贸易与投资"

议题由北京农学院法学院院长佟占军教授主持，议题涉及非市场经济地位理论的发展变化、业绩要求的发展类型和仲裁实践、投资法的理论与投资争端实践。

北京金诚同达律师事务所高级合伙人彭俊律师认为，现在无论是理论界还是实务界，国际投资法都成为一个新的热点。WTO 没有什么新的突破，美国等国家也在搞 TTP、TTIP 的谈判，中国也在以中美、中欧 BIT 谈判进行应对。从人才上来看，商务部条法司动用很多力量参与到 BIT 谈判中，律师界也是如此。对于国有企业问题，美国的 2012 年范本中有两个条款涉及这个问题。中国对此很敏感，专门定义国有企业是什么原因，美国在脚注中专门说明了"exercise government authority"，该定义十分宽泛，导致国有企业的很多行为被视为国家行为，导致企业之间的行为上升为国家与投资者之间的争议，政府被诉。如我国很多产业振兴政策赋予企业某种职责，如果按照美国的宽泛定义，很可能导致国有企业称为国家机构的一部分，这是很可怕的。ICSID 的案件对条约条文的分析遵循《维也纳条约法》公约的方式，单独定义国有企业可能会导致仲裁庭更加严格界定国有企业。在实践中，我们心态上不是传统的接受投资一方，我们从保守走向进取，如希望搞成多边投资协定；从防守方走向进攻方，更多地考虑攻受平衡，不能过分强调防守方的"right to regulate"，也不能在与大国和小国谈判中有区别对待。我们更多地注意条款背后要解决什么问题，要注意达成一种平衡。

孔庆江（中国政法大学国际法学院教授、院长）汇报的主题为 From Non-Market Economy to Sate-Led Economy Denomination。报告分析了两个问题：其他世界贸易组织成员可以在 15 年内将中国视为非市场经济国家，15 年后中国是否可以自动获得市场经济地位还是一个问题。所谓国家主导经济可以说已经纳入美国 2012 年 BIT 范本中，对实施国家主导经济的国家施加许多限制和新的国际义务。关于第一个问题，核心不是中国能否自动取得市场经济地位，而是中国产品在 15 年之后能否获得公平对待，无论有没有议定书的相关条款，其他成员有权利制定替代国价格方案，前提是调查国主管当局发现相关市场不能满足其定义的市场经济的要求，它依然可以找到一个第三国。现在是自动指定，以后它要证明中国不满足市场经济地位。不论该条款在 2016 年之后效力如何，成员方依然可以适用替代国价格，只是举证责任发生了变化，到了发起调查的那一方。从这个意义上讲，讨论能否自动获得市场经济地位的问题意义不大，更关键的是公平对待问题。但这个问题还是一个表面问题，更深入的是为什么又会出现国家主导经济条款。

国家主导经济最初被称为国家资本主义，由列宁提出。国家资本主义无非就是国家在经济中发挥重要作用，国家干预缺乏透明度，国有企业称为国家干预的工具。这种国家资本主义经济发展模式对投资会产生非常大的影响。如外国投资者与国有企业竞争时后者会得到很多优惠,处于优惠地位。外国投资被设置了很多障碍,面临很多风险。就海外投资关系而言,国有企业是最重要的主体,执行国家战略,获得自然资源、高新技术,有人认为中国以国有企业为主的海外投资并不能为东道国带来预期利益。所以外国拿出这样一种政策来对待国有企业对外投资,无论是取得关键资产或技术,它都认为对国家安全造成影响。以国有企业为主的对外投资会对对外投资关系产生重大影响,会使外国投资者处于不利地位。美国BIT范本出现了针对国家主导经济的特殊规则,如中国规定使用自主创新技术就是在扶植国有企业,或者说外国投资者能否参与制定某种技术标准。

陶立峰(上海外贸大学副教授)分析了"投资协定禁止业绩要求条款的最新发展及对策研究"。各国在吸引外资时将外国积极作用最大化且将外国投资消极作用最小化的做法在WTO中是被禁止的,晚近以来,相关条款的仲裁争议逐渐增多,加剧了投资者保护和东道国经济主权之间的不平衡。禁止业绩要求条款在很多BIT中没有规定,目前的模式有两种:直接援引TRIMS条款中的相关规定;TRIMS plus条款:仅适用于准入后和全面涉及投资后各个阶段(NAFTA)。即便禁止业绩要求条款越来越多,但例外条款也越来越多。一种例外是嵌入式例外,直接规定在禁止业绩要求的条款中,包括反竞争行为救济、公共生命健康、自然资源保护例外等。还有一类是独立式例外,并不构成禁止业绩要求条款的一部分,如根本安全例外条款。另外一个问题是即便有这些例外,他们在保护东道国利益上也不容乐观,将来我们在列不符措施时应谨慎描述。

五、大会总结及闭幕

大会闭幕式由清华大学法学院杨国华教授主持。

首先,由四个专论议题的主持人总结专题讨论结果。接着,中国人民大学法学院韩立余教授代表主办方做大会总结报告,并对到会嘉宾表示感谢。随后,林中梁会长传达了中国法学会常务理事会的会议精神和贯彻意见。最后,大会决定世界贸易组织法研究会2016年年会由哈尔滨工业大学法学院承办,世界贸易组织法研究会2017年年会由武汉大学中国边界和海洋划界研究院承办。

目 录

WTO与中国、非市场经济地位

WTO法与法治中国的互促共赢及其未来发展	林中梁 / 3
国际法视野下的国有企业法律定性问题	徐程锦 / 21
From Non-market Economy to State-led Economy: A "State-led-economy" Denomination in Investment Agreements and its Implications	Kong Qingjiang / 40
论中国非市场经济地位和替代国规则的"毛"和"皮"	傅东辉 / 60
论中国在WTO框架下的市场经济地位的自然取得	朱兆敏 / 69
人民币汇率的国际法风险探析 ——以《补贴和反补贴措施协议》为视角	张军旗 / 76
WTO走向未来：基于对过去20年的规范和实证评析	李雪平 / 88

争端解决制度

WTO争端解决中的"个人意见"：不和谐声音抑或积极因素	胡建国 / 107
论WTO争端解决中中国入世法律文件的解释	刘瑛 / 121

Legal Implications of Accession Protocols under WTO Framework:
　　Some Reflections after China-Raw Materials and China-Rare Earths　　Liu Yong / 139
美国诉中国"示范基地"出口补贴案评析　　漆彤 / 167
中国在WTO争端解决中败诉的原因分析　　朱榄叶 / 180
论经济制裁在WTO中的可诉性　　谭观福 / 187
　　——"美国有关克里米亚危机银行制裁措施"WTO争端解决预分析

FTZs和FTAs

上海自贸区投资管理制度改革实践、思考与展望　　冯军 / 199
区域贸易协定与WTO多边贸易规则的挑战与发展　　陈胜 / 203
论RTA与WTO管辖权的冲突与调和　　曾炜 / 211
　　——以RTA反措施为视角

贸易与投资

全球行政法视野下的国际投资仲裁合法性问题　　张庆麟　余海鸥 / 233
国际投资仲裁准据法规则研究　　王鹏　郭剑萍 / 259

其他议题

浅谈由禽流感导致的SPS冲突在WTO框架下的解决实践　　卢毅 / 277
网络安全规制的WTO法律问题初探　　黄志雄 / 292
　　——以2014年中国银行业网络安全和信息化法规为中心
论贷款类财政资助的利益判定基准　　蒋奋 / 302
国际税收机制的变革：经济全球化和区域一体化背景下的思考　　张智勇 / 310

WTO与中国、非市场经济地位

WTO法与法治中国的互促共赢及其未来发展　林中梁 / 3

国际法视野下的国有企业法律定性问题　徐程锦 / 21

From Non-market Economy to State-led Economy: A "State-led-economy" Denomination in Investment Agreements and its Implications　Kong Qingjiang / 40

论中国非市场经济地位和替代国规则的"毛"和"皮"　傅东辉 / 60

论中国在WTO框架下的市场经济地位的自然取得　朱兆敏 / 69

人民币汇率的国际法风险探析　张军旗 / 76
　　——以《补贴和反补贴措施协议》为视角

WTO走向未来：基于对过去20年的规范和实证评析　李雪平 / 88

WTO法与法治中国的互促共赢及其未来发展

林中梁

"中国需要WTO，WTO也需要中国"。WTO改变了中国，中国也改变了WTO。中国加入WTO是中国经济发展的需要，也是世界经济发展的需要。它是中国改革开放的必然结果。中国加入WTO的动因是中国对发展国内经济的渴望。市场开放和市场改革对于一个国家的经济发展至关重要。无论是从获取正当地位的角度还是从不成为其中的一员就对规则没有发言权这个角度，中国都不能再做WTO这个多边机构的旁观者。如果中国不以这种方式进行改革，重新与世界经济接轨将会大打折扣。中国要想全面发展，就必须对外开放，更多地融入全球社会。和平和繁荣是实现WTO目标的保证，中国必须加入到这个组织中来，才能保证两者的实现。"入世"可以促使中国的经济更加开放。有证据表明，一个国家的经济越开放，其经济发展状况就越好。中国越开放，就越依赖于其他国家，其他国家也就更加依赖于中国。在我国扩大对外开放、发展对外贸易和经济全球化的新形势下，中国需要世界贸易组织的接纳，因为我国的对外贸易需要世界贸易组织的支持，同时我国在国际贸易中平等优惠的权利需要世界贸易组织法的认同和保护。世界贸易组织也需要中国这样一个发展中大国的介入，因为中国是经济大国，也是世界贸易大国，人口占到世界人口的1/5，它在国际舞台上是有分量的。没有中国的参与和维护，全面的、良好的国际贸易新秩序就难以形成。为了WTO和世界经济的成功，必须让中国加入WTO，中国必须成为其中的一员。这也是当时世界上的共识。而实现两者共同愿望和利益需求的统一保障就是世界贸易规则。中国加入世界贸易组织，融入世界贸易体系，接受世界贸易组织法的约束，既享有它授予的平等权利，又承担相应的义务。这既有利于我国深化经济体制改革、扩大对外开放、发展对外贸易、推进我国经济持续快速发展、推动法治中国建设，又有利于世界各国的经济交往和合作、促进世界贸易和全球经济的增长、推进世界贸易活动在法治化轨道上顺利运行、推进全球治理的法治化，推进各国用法治的、和平的方式公平、合理地解决各种利益冲突。世界贸易组织法与法治中国建设密切相关、联系紧密，两者同步进行，相互融合、相互促进，互利双赢、共同发展。

一、我国加入世界贸易组织，是深化改革、扩大开放、经济发展、法治进步的结果和标志

中国需要也能够加入世界贸易组织，有多方面的原因和因素，最主要的有五个大的方面。

（一）加入WTO是我国从政治上提升大国地位的需要

我国实行改革开放政策以后，继恢复我国在联合国的常任理事国席位之后，又很快加入了世界银行和国际货币基金组织，作为世界经济三大支柱之一的关税和贸易总协定自然纳入党和国家的视野。恢复我国在关贸总协定中的缔约国席位，是进一步提升我国大国地位的需要，是外交工作上的一件大事。否则，我国在国际经贸领域就连平等的地位都没有，更谈不上大国地位，同时也没有话语权。因此，从1979年开始，我国着手研究是否争取早日恢复在关贸总协定中的席位，到1986年正式提出申请，最初时主要出于政治和外交的考虑。

（二）加入WTO是扩大对外开放的需要

1978年党的十一届三中全会以后，邓小平同志提出，中国要改革开放，中国人要走出去，占领世界市场。为了扩大对外开放，必须从对外经济贸易政策上找出路，必须得到世界贸易规则和世界贸易组织的支持。因此，中国需要以积极的态度，参与国际经济贸易领域的谈判和合作，研究和加入国际贸易协定，介入国际贸易组织的活动和运作。这就自然、也是必然要考虑到争取早日恢复我国在关贸总协定中的席位，争取尽快加入世界贸易组织。

（三）加入WTO是深化经济体制改革的需要

中国提出"复关"申请的目的后来逐步过渡到经济利益和法治保障的考虑。因为我们当时已经开始实行对外开放政策，需要扩大对外贸易，需要考虑国际规则。20世纪90年代初，我们对"复关"目的的转变实际上与我们的市场经济体制改革步伐是一致的。"复关"作为我市场经济体制改革中的一环，对于推动我国的市场经济体制改革是大有裨益的，所以我们才加紧"复关"和"入世"谈判。如果国内不进行经济体制改革，不采取切实的实际行动，"入世"谈判就不可能取得进展，我们也没有办法加入WTO。如果我们不取消价格双轨制，人家也不会同意我们加入WTO。在"复关"谈判的过程中，由于中国当时实行的"计划经济""有计划的商品经济"等做法无法得到关贸总协定缔约方的认同和理解，谈判多次受阻。直到1992年，党的十四大决定深化经济体制改革，建立"社会主义市场经济体制"后，谈判才很快出现转机，取得了突破性进展。因此，可以肯定地说，没有市场经济体制的改革

和确立,中国就不需要、也不可能加入世界贸易组织。那个时候,外国之所以关注中国,并理解和支持中国加入 WTO,是因为中国已经开始它的国际化和经济全球化步伐,这是中国国内进行经济体制改革的结果。

(四)加入 WTO 是加快经贸发展的需要

我国最初与关贸总协定发生实质联系是从 1982 年中国准备加入《国际多种纤维协定》开始的。为了获得更多的纺织品和服装配额,外贸部向国务院提出了申请恢复关贸总协定席位的报告,建议接受多边贸易体制。因为如果加入多边体制,我们就能够争取到更多的配额出口到欧洲、美国、加拿大和北欧国家,这对我们是十分有利的。同时,只有加入 WTO,我们才能从经济领域全面有效地实施"走出去请进来"战略,大幅度地扩大对外贸易,带动经济持续快速发展,增强国家经济实力,提高人民生活水平。

(五)加入 WTO 是加强法治保障和法治建设的需要

一开始实行改革开放政策后,党和国家就吸取"文化大革命"无法无天造成十年动乱的沉痛教训,明确提出并实施"发扬社会主义民主,健全社会主义法制"的战略方针;突出强调为了保障人民民主,必须加强法治,必须使民主制度化、法律化,并把依法治国确定为党领导人民治理国家的基本方略,把依法执政确定为党治国理政的基本方式,积极建设社会主义法治国家,在立法、执法、司法、守法的各个法治环节都取得了巨大的进展,取得了历史性成就。特别是自从我国实行经济体制改革、致力于建立社会主义市场经济体制以来,鉴于市场经济实质上是法治经济,因此重点加强了经济领域的立法、执法和司法,用社会主义法治规范、调控和保障社会主义市场经济的健康运行,保证了我国经济的又好又快发展,创造了震惊世界的中国奇迹、中国速度和中国道路。正是在这样的经济发展、法治进步的伟大历史进程中,我国实行了更高层次的对外开放政策,加强对外贸易和经济合作。这就不仅需要国内法治的保障,而且需要国际法治的推动。因此,党和国家作出争取尽快加入世界贸易组织的决策。经过 15 年的艰难谈判,终于在 2001 年达成了加入世界贸易组织的协议。这既是我国法治建设发展进步的必然的结果,也是我国积极融入国际经济和国际法治的重要标志。这无论从经济上来看还是从法治上来看,无论从中国内部来看还是从国际社会来看,都是巨大的历史性进步和突破,都是皆大欢喜的幸事,来之不易,其现实意义和历史意义都是非同一般、不可估量的。

二、加入 WTO 对我国的改革开放、经济发展和法治建设都起到了显著的推动和引领作用

加入 WTO,对我国的影响是多方面的,而且是显著的、巨大的。

（一）加入 WTO 对中国经济和社会发展的许多方面都产生了非常深远的影响

WTO 作为一个国际经济组织，它可以促使各个国家在经济领域进行更进一步的合作。从关贸总协定和 WTO 这么多年的历史看，还没有哪个国家因为加入它而衰落的。正因为如此，我国在加入世界贸易组织以来，对外贸易有了大幅度的增长，而且已经一跃成为世界第一贸易大国。中国从入世中获得了极大的利益。这对带动我国经济持续健康快速发展起到了极其重要的作用。加入世界贸易组织后，我们在承担各项义务的同时又享有广泛的普遍的贸易权利，主要是平等互惠地享有最惠国待遇、国民待遇等权利，不得有任何歧视。这些权利的行使有争端解决机制的保障，这方面的保障又是比较公平的、有效的。这样，我国对外贸易原先的许多障碍被扫除了，渠道拓宽了，同时出口商品的成本降低了，竞争力增强了，能够得到更多的实惠。在谈判时，有人曾经担心加入 WTO 可能会对中国的农业、汽车制造、金融服务等相关产业带来严重冲击。没想到的是，这个严重冲击不仅没有出现，反而是这些产业蓬勃发展、欣欣向荣。这是令人欣慰的。比如当初很多人担心的汽车行业，却出现了在 WTO 框架下最理想的状态，生产得以促进，贸易壁垒得以削减，消费者福利得以提高。中国的汽车市场规模在 2010 年就已经超越了美国，比原来预测的提前了 26 年。这一成就正是中国努力减少汽车贸易壁垒所取得的。汽车行业在中国的发展是 WTO 促进国民福利的一个典型例证。无论是在对本国汽车产业的保护方面，还是对于本国经济福利的实质性提高方面，WTO 都对中国起到了一个很好的作用。再比如金融服务业，由于对外国开放银行业，外国服务提供者给中国带来了先进的国际标准和管理经验，从而也使中国的银行业跟着发展起来。保险业和其他服务领域也是如此。这要比中国自己去摸索和创造来得更快。现在，中国的银行业、私募基金和保险公司都发展得非常快、非常棒，让人不得不惊叹。没有任何一个 WTO 成员能够像中国这样在入世之后取得了这么大的成功。

（二）加入 WTO 加快了中国的市场经济体制改革

承诺实行市场经济体制无疑是使中国经济创造奇迹的源头。关贸总协定的规则是很清楚的，在谈判的过程中，我们国内就进行了自我调整，通过调整改革适应世界贸易组织规则的要求。没有 15 年的"入世"谈判历程，中国的经济体制改革可能会慢得多。WTO 法里的国民待遇、非歧视、透明度原则都是建立市场经济体制所必需的，所以，我们建设社会主义的市场经济体制、机制就必须接受和实施这些原则。WTO 规则主要是以市场经济原则为基础制定的。这样一套体制对大家都是非常有利的。中国在市场经济规则的氛围中是很有竞争力的。因为中国是一个有效率的生产者，并且产品的质量越来越好，这完全是符合市场经济需要的。这种国际需求与中国的长处很好地结合在了一起。可以预见，中国在国际竞争中赢的机会将会持续增长。中国制造遍布全球,中国产品进入国外市场的能力基本无虞。加入 WTO 后,中国变得更加开放,中国企业更加充分地参与到全球化进程之中,并在竞争中发展壮大。中国的市场投资环境和经营环境逐步得到改善,大量的外资流入中国,而外商投资企业也为中国创造了很多的就业机会。加入 WTO 是中国在市场经济道路上迈出的非常重要的一步,特别难能可贵的是它使得中国在全社会逐步建立起了一套以规则为基础的经济行为规范,培养了尊重规则、按规则办事的理念。尤其是通过实行统一的外贸政策,通过运用规则治理国家,使得中国获得国际社会的尊重和理解。如果继续坚持改革,中国甚至包括农村地区将越来越现代化。

(三)加入 WTO 有效地推动了中国的法治建设

WTO 法的制定和实施是国际法治的成功典范。它在我国境内外的实施,对我国的法治建设产生了积极而深远的影响,有效地引导和带动了我国法治建设的完善和进步。

第一,最直接的影响是加入 WTO 后,中国按照 WTO 规则管理本国的国际贸易活动,履行了最惠国待遇、国民待遇、透明度、非歧视等义务。在其他国家对中国采取歧视措施的时候,中国政府也能够积极利用 WTO 规则来解决贸易纠纷。中国的外贸管理体制逐渐从人治转向法治,这是一个很重要的管理理念的转变。

第二,加入 WTO 为中国在对外经贸方面建立起全新的法律制度带来了动力和机遇。现在,我国的许多法律或者条文就是 WTO 规则在中国的具体体现。因为《WTO 协定》第 16 条第 4 款要求每一成员必须保证其法律、法规和行政程序与协定的义务相一致,所以我国对有关法律法规做了及时的修改,对有关的经济贸易政策也作出相应的调整,以保证我国的法律和政策与世界贸易组织法相一致、相接轨。早在 1999 年 12 月 1 日,我国就专门成立了法律、法规清理小组及其办公室。历时两年的清理工作,涉及法律法规共 3000 多件。这是中国历史上规模最大的一次法律、法规清理工作,这在世界上也是绝无仅有的。除了集中清理以外,我国还依据 WTO 争端解决机制作出的裁决,及时修改相关法律、法规与 WTO 法不相一致的条款。通过集中清理和不断完善,在加入 WTO 后,我国外经贸领域的法律法规,包括外贸、外资、外汇、海关、商检、知识产权保护等方面有了很大的进步,有的是质的飞跃。这些法律、法规已经基本上和国际标准接轨了,我们因此建立了一整套全新的外经贸法律制度。比如《对外贸易法》修改后,取消了外贸经营权审批制度,实行自由和开放的贸易制度。同时,我国对贸易救济制度也进行了全面立法,全面系统的贸易救济制度从而得以建立与实施,这也是加入 WTO 后获得的重大成效。再比如著作权法,我们搞了几十年就是搞不出来,还是在"复关"和"入世"的过程中解决了这个问题。2011 年 3 月,全国人大常委会又依据 WTO 专家组的裁决做了修改。我国 2001 年的《著作权法》第 4 条第 1 款规定:"依法禁止出版、传播的作品,不受本法保护。"在WTO受理的美国诉中国知识产权案中,专家组认为,中国的上述规定不符合WTO规则。因为按照WTO法中的《与贸易有关的知识产权协定》的规定,作者应当自作品产生之日起就享有著作权。政府可以禁止作品的出版和传播,但不能否认作者的著作权。中国在该案败诉后,全国人大常委会修改了《著作权法》,将第4条第1款删除。

第三,加入WTO对于中国的法律观念和法律的执行产生了巨大影响。实现贸易自由化至少要具备一套有透明度的和可预见的机制,这一机制能够使得一个国家与其他国家在开放和相互信任的基础上进行贸易往来。这就是法治的要求,法治应该创造一个可预见的机制,以确保贸易活动的顺利开展。因此,WTO在一定程度上影响着其成员的法治发展,它的确为中国法治的发展提供了一个良好的开端。还没有哪个国际组织能够像WTO对中国法治的发展产生过这样大的影响。中国为遵守WTO规则所付出的巨大努力和作出的广泛承诺为中国制造了一个非常稳定的政策机制,这一机制奠定了法治社会的基本框架。WTO为中国的法治化进程提供了强大的推动力。

第四,WTO法所要求的"透明度"义务也使我们告别了靠内部文件、领导讲话管理对外贸易的年代,促使政府决策公开透明、科学民主,让公众了解和参与政府的重大决策,参与法律的制定、修改和实施。

第五,WTO所要求的"司法审查"制度也使我们放弃了过去那种司法机关不能挑战行政部门决策的做法,现在,外贸管理、外资、质检、海关、外汇以及商标、专利等部门的行政决定都要受到司法审查的监督和制约。

第六,关于侵犯知识产权犯罪案件立案的门槛。原来法院的立案标准是很高的,现在降低了,这在一定程度上也是受到了WTO法的影响。同时,中国在各级中级以上法院都建立了知识产权庭,这在世界其他国家是少有的。有这么多法官懂得知识产权法律,能够依照知识产权的规定依法判案,这是社会的进步和法治建设深入的体现。这对保护中国人的发明和知识产权,落实科技兴国的战略提供了法律保障。

第七,非歧视原则不仅促使WTO成员之间公平对待,而且促使政府公平对待不同所有制企业,促使法律面前人人平等的实现,有助于更好地保护人权。

第八,加入WTO后,全国实行了统一的贸易制度,而且中央政府和地方政府都要承担中国在入世时承诺的义务。国内各区域间的贸易壁垒也因此取消了,过去有的地方搞保护主义、各自为政的问题得到了有效的解决和预防。这确实也是一个很大的进步。

总的来看,中国加入WTO后,从2008年7月召开的小型部长级会议为起点,我们开始摆脱新成员的适应性角色,日渐成长为一个成熟的、负责任的、有影响力的成员,甚至是决策圈中的一员。现在的结果超出了所有人的预期。在WTO成员中,并不是所有成员都像中国这样在加入 WTO 后受益那么多、那么大。这其中关键的、决定性的因素是中国将加入 WTO 与中国正在进行的国内改革很好地融为一体，并借此将国内改革进一步延伸和深化。这样改革的效果好得令人难以置信，它展示出了更加长远的发展前景。美国有一位专家说过，中国是其他国家很难模仿的。因为中国自身正在进行融入全球经济一体化的改革，这一改革刚好与中国加入 WTO 的进程合在了一起。中国不是在加入 WTO 后才开始实行改革开放政策的。同时，中国有着良好的基础设施，有着广阔的市场，有一个强有力的政府，老百姓又有做生意的热情和智慧。不是每个国家都有这样的客观条件。

三、我国加入世界贸易组织，为世界贸易和国际法治作出了重大贡献

中国加入 WTO 并执行 WTO 规则，是对市场经济体制的强有力支持，同时可以使得其他国家看到市场经济体制通过法律规则在中国得以确立的成功过程。

（一）WTO 能有今天的体制，与中国的改革开放是分不开的

当时，西方人已经意识到，中国的改革开放是一个具有历史意义的事件，具有挑战性，实际上是一种威胁，于是他们决定对关贸总协定进行改革。关贸总协定之所以要在乌拉圭回合谈判中建立新的体制，主要原因是农业和纺织品从关贸总协定中分离出来了。很多发展中国家对加入关贸总协定没有兴趣，因为它们关注的方面和能出口的东西被排除在关贸总协定的约束范围之外；此外，也有中国正在实行改革开放政策方面的原因，WTO 的建立与世界经济格局包括中国的变化有关。

（二）中国加入 WTO，使得 WTO 成为一个名副其实的世界贸易组织

因为如果一个占国际贸易总额第一第二位的、人口占世界人口 1/5 的世界第二大经济体的重量级成员还游离在 WTO 之外，世界贸易组织就是不完整的，就不利于世界和各国经济贸易的发展。

（三）世界各国从中国入世中普遍受益

应该说，我们所承担的义务就是对 WTO 和各成员国的积极贡献。中国在加入 WTO 之后对其他成员开放了市场、降低了关税、减少了非关税壁垒，对服务贸易也作出了各种承诺，为其他成员进入中国市场提供了法律保证。其他成员对中国的经济体制可以有更加透明的了解，外国投资者得到了一个透明和可预测的投资法律环境，这对各成员国来说也是十分有益的。

（四）为世界与中国的贸易合作提供长期稳定的法治保障

中国加入 WTO 之后，有关的政策和法律都是依照 WTO 规则制定的，这就使中

国的国际贸易管理法治化和国际化了。这样世界各国与中国的贸易合作就能够长期地、稳定地发展。

（五）积极维护WTO的权威地位和有效运作

中国是贸易大国，它在WTO中的地位非常重要。它在带头遵守WTO规则，主动履行争端解决机构裁决，全力维护WTO权威地位和有效运作方面做了大量工作，尽了很大努力。中国对秘书处的正常运转也承担了重要责任，因为中国缴纳的会费名列世界前三位。

（六）在学术研究和人才培养方面为WTO提供服务和支持

中国已经建立多个WTO法科研和教学机构，包括我们WTO法研究会在内，为人才培养和宣传推广WTO法律、为政府的政策制定和开展WTO学术活动及国际交流作出了很多贡献。

特别需要着重说明的是，加入世界贸易组织后，中国作出了一系列郑重承诺，承担各项义务，有的义务是超常的，比如中国《加入WTO议定书》《中国工作组报告》以及《中美双边WTO协定》等法律文件的有关条款，把中国视为非市场经济国家，对中国实施"特殊保障措施"和特殊的反倾销、反补贴规则，这是带有一定歧视性的，但权衡利弊，作为WTO新成员，我们不得不作出一定的让步，否则将被拒之门外，那就会因小失大。其实，中国入世时承诺的不利条款的使用和有关方面的消极影响是非常有限的，它与我们入世后的巨大受益相比显然是微不足道的。不过，经过努力，我们争得了对这一特殊条款适用的期限限制，15年后终止适用，明年就到期了。当新成员加入时，要买门票，要付出很多代价。中国新加入，也一定是要多承担一些义务的。如果中国不花一点代价加入，游离在WTO之外的结果是受到歧视的可能性更大，而且是不可预测的歧视。中国加入之后，其他成员在最惠国待遇问题上就不能再歧视中国。正因为如此，美国才取消了针对中国的年度最惠国待遇审查，这是具有历史意义的。而且在关税已经减让的情况下，其他WTO成员不能再对中国随意提高关税，这在政治上、法律上对中国对外贸易的发展也是一个保证。如果中国不加入WTO，那么在双边层面的压力下，中国的直接经济利益有可能受到损失。而加入多边机构要比在双边机制下承受的压力小一些。当发生争端时，只要中国在法律上是站得住脚的，就可以到多边争端解决机制中提出诉求。如果有WTO法律依据，证据又充分，还能够胜诉。在双边机制下遭受贸易报复和贸易报复威胁的可能性较大，但在多边机制下，即使对方有意见，也不会立刻进行贸易报复，因为它要考虑进行贸易报复的后果，那就是不可能被诉WTO争端解决机制。所以说，中国在入世时作出的超义务的承诺，对世界各国来说就是超乎寻常的让步和奉献；而对中国自身来说也还是必要的、值得的，是必须付出的代价、必须购买的门票。当时我国的决策是正确的、明智的，不必视为歧视，更不要看作屈辱。这一点，在国际国内都应当得到充分的理解。

四、在我国境内外实施世界贸易组织法及自贸区法，是法治中国建设的重要组成部分

全党全国有国内国际两个工作大局，国际工作大局包括政治、经济、文化、军事、外交、法治等多个方面，其中对外贸易、对外经济交流与合作是最基本、最大量、最重要、最带有实质性、基础性、根本性的工作，而法治则是对各项工作尤其是经贸工作的法律化，是其必要的、有力的保障。我国参与其中的世界贸易组织法的制定和实施，既是经贸工作，又是法治工作，是经贸与法治的有机统一。它在我国国际工作大局中的地位和作用是特殊重要的。这其中我们已经做了大量成功的工作，今后还有大量纷繁复杂的工作要做。这些都是法治中国建设的重要组成部分。

正因为如此，党的十八届四中全会作出的《中共中央关于全面推进依法治国若干重大问题的决定》对涉外法律工作做了专门部署，提出了明确具体的要求。该决定强调指出，要加强涉外法律工作。适应对外开放不断深化，完善涉外法律法规体系，促进构建开放型经济新体制。积极参与国际规则制定，推动依法处理涉外经济、社会事务，增强我国在国际法律事务中的话语权和影响力，运用法律手段维护我国主权、安全、发展利益。强化涉外法律服务，维护我国公民、法人在海外及外国公民、法人在我国的正当权益，依法维护海外侨胞权益。

我们世界贸易组织法研究会作为专门从事涉外法律工作的社会团体、学术团体，广大专家学者和专业工作人员对深入学习领会和贯彻落实党中央的上述部署要求责无旁贷，肩负重要历史使命。我们应当加倍努力地工作，更加深入细致地、有的放矢地开展对世界贸易组织法和自贸区规则的研究，为完善和实施世界贸易组织法及自贸区规则献计献策，为我国扩大对外贸易、加强涉外法治工作充分发挥新型现代智库的参谋智囊作用，作出应有的、更大的贡献。

五、以世界贸易组织法为准则和借鉴，进一步加强、加快国内经贸等领域的法治建设

（一）加入WTO后，我们更需要强调依法治国、依法管理、依法办事，尤其是在与对外贸易有关的工作领域

如果不这么做，我们的做法就会与WTO法撞车，国家和企业的权益也得不到保障。外经贸领域的法律法规要和国际标准接轨，具体就是要与WTO法接轨，要与WTO法相一致。同时，还要根据新的承诺和WTO裁决不断修改相关法律法规。另

外，要严格依法办事。政府所有带有指令性的文件和指示都要有法律法规上的依据。我们必须建立一套科学、持久、稳定的法治体系，国家、企业和个人都在这一法治体系的框架下运转，只有这样，国家才能长治久安。

（二）为了适应即将在我国国内实施作为"巴厘一揽子协定"之一的 WTO 新的《贸易便利化协定》新形势，我国需要抓紧进行一系列的配套改革和调整

根据中国政法大学国际法学院两位年轻专家余丽和吕梦的研究报告，《贸易便利化协定》是多哈回合"早期收获"中的首个多边贸易协定。该协定将通过修正议定书方式并入到《WTO 协定》附件 1A 中。该协定 23 个条款共涉及两部分内容：第一部分主要涉及贸易便利化措施，旨在澄清和改善 GATT1994 第 5、8、10 条相关方面和加强成员在贸易便利和海关守法问题上的有效合作；第二部分为给予发展中国家成员和最不发达国家成员的特殊和差别待遇。我国已将该协定第一部分的多数条款列为 A 类措施并已通告。一旦该协定完成通过和生效程序，我国通报的 A 类措施将适用于 WTO 争端解决机制，而对于前述未列入 A 类措施的条款，最终也会以 B 类或 C 类措施的形式经过能力建设援助或过渡期后无条件地适用于 WTO 的争端解决机制。为此，我国应当高度重视该协定即将在我国国内的实施，因为这将需要我国进行一系列的改革改进。它涉及法律制度、管理体制的很多方面，还需机构整合、电子口岸建设、电子和信息技术建设等多方面的密切配合。

（三）单就 WTO 的争端机制来看，就有许多值得我们学习借鉴的长处

WTO 争端解决机制的独立运行制度、自动管辖制度、专家审案制度、程序的透明和公开制度、裁决书的翔实和逻辑严密性、裁决自动通过和生效制度、裁决书严格的执行程序等，都很值得我们的立法、司法界学习。WTO 争端解决机制重视程序规则，无论专家组还是上诉机构，它们完全依照 WTO 规则审案，不会考虑政治和其他因素。WTO 裁决不仅推理和分析严密，而且为确保条文解释的前后一致性，还非常尊重先例。WTO 争端解决机制是人类文明在国际法上的重大发展。我们应当取其所长，为我所用。WTO 法对其成员的法治建设包括立法、解释和审判有很多借鉴意义。

仅仅结合中国的司法审判实践，值得我们借鉴的起码就有四个方面。第一，裁决要充分讲理。讲理就是要把事实、证据和适用的法律讲清楚，对适用的条文要给予具体的解释。同时，裁决书还要有逻辑推理过程和相应的分析，并根据这些分析得出结论。第二，裁决要认真负责地回答问题。专家组或者上诉机构对当事方提出的几乎所有问题都要作出交代、作出回答。我们法院的裁决也应该对法律的适用和解释作出详细的说明，要敢于直面问题，讲清道理。只有这样，才能树立法律的权威，才能使判决成为有内容、有说服力的判决。第三，要独立地依照法律和规则审案，排除各方面的干预和干扰。第四，要借鉴 WTO 的案例法制度，在司法实践中尽量保持同类案件判决的前后一致性，使法院判决具有相对的稳定性，朝着法律本身提供的可预见方向发展。

（四）我国的法治工作在许多方面还需要继续改革改进

不少外国专家认为，就法律的数量和内容的复杂性而言，中国已经有了很明显的进步。但是在坚持法治原则方面，中国做得还不够，中国的某些决策机制仍然与相关法律相背离。

中国应该继续实施市场经济政策，继续改进自身的法律体制，以保证市场经济体制的稳定和良好运行。这是中国在未来取得成功的关键因素。

六、利用世界贸易组织法及自贸区规则的实施和完善，增强我国在国际经贸法治中的话语权

（一）全面参与WTO的各种谈判，推动规则的修改完善

不是在加入WTO后就完成任务了，这是一个长期的参与世界贸易规则起草和制定过程的开始，真正为以规则为基础的国际贸易体制作出贡献的开始。比如在反补贴协定有关"公共机构""公共利益"的认定和使用外部基准等问题的谈判中，中国都可以提出自己的观点和主张来修改现有规则，使其更加符合中国的情况和利益。在谈判制定新的国际规则的过程中，WTO成员谈判能力的强弱，对规则的熟悉程度，包括运用法律的能力，都会影响到谈判的结果和利益的实现。在这方面，我们与主要发达国家相比，还存在一定的差距。我们应该进一步了解规则和熟悉规则，然后更好地参与规则的制定。只有在WTO中能够影响规则的制定，才证明你有实力在WTO中发挥主要作用。为此，中国政府应该制定关于全面参与WTO活动的战略。

（二）充分利用中国在国际贸易中的重要地位，逐步增强在WTO中的话语权

随着中国等新兴经济体在世界经济贸易中的比重不断扩大，WTO中的力量格局也发生了根本性变化。中国在国际贸易中的重要地位首先体现在中国不断扩大的进口规模上。相对于出口能力而言，一个成员的进口能力更能提升它在WTO谈判中的地位和影响力。中国经济规模和贸易地位的提升特别是进口规模的不断扩大，客观上提高了中国在世界上被需要和被重视的程度。在多哈回合谈判中，为了获得中国的市场开放承诺，其他国家不得不考虑中国在想什么、需要什么，这也就促使一些国家在规则制定的过程中需要充分考虑中国的主张。这就要认真细致地研究形成我们的正确主张，积极慎重地提出和论证我们的正确主张，广泛宣传和推广我们的正确主张。

（三）力争在WTO的发展历程中发挥更大的作用

随着中国经济的发展，在未来的国际交往中，中国应该给自己确定一个适当的

角色，应该更多、更好地发挥引领作用、建设性作用。中国应该在发展中国家和发达国家之间起桥梁作用，这样，中国的经济就可以从这个桥梁作用中获得更大的利益，因为单凭市场规模，中国就将是最大的受益者。西方世界普遍认为，就人均水平而言，中国的确应该归类于发展中国家。但是，从国家总体实力而言，中国却是一个非常强大的经济实体。这就使得中国在每一个谈判阵营里都会留下足迹，不仅仅是在发展中国家阵营。因此，中国应该去做沟通两个阵营的桥梁，并且在这两个角色上都发挥建设性作用。如果中国不这么做，发展中国家和发达国家之间的裂痕将会越来越深、越来越宽，这是很危险的。在目前的全球贸易体系中，根据经济富裕的程度，各个国家已经形成了不同的利益集团。如何将这些集团团结在一起，以保持全球贸易体系的完整性，这是值得我们中国思考的问题。所有世界性的问题，都需要有一个全球性的解决方案，需要各国的合作，因为任何一个国家都没有办法单独解决这些问题。而中国目前正处于一个极好的桥梁位置。如果中国能够成为这个桥梁，也就是有意识地担当起一些解决重大难题的责任，那么美国、欧盟、日本等就会明白他们需要与中国协同行动。这也就使得美国、欧盟、日本等不能全盘操控这些问题。如果中国只作为发展中国家的代表出现，这将不足以维护中国自身的利益。中国应该与多边贸易体系中的其他主要成员，例如美国和欧洲国家进行合作，以确保WTO的良好运行。否则，中国将会是最先遭受不利影响的国家，中国不应当让这类事情发生。

（四）加强WTO高级人才的培养

运用好WTO规则，在争端解决中获胜以及在WTO谈判和规则制定中发挥更大的作用，关键是人才。相对于中国贸易量的增长速度，中国WTO人才培养比较落后。与其他大国相比，中国在WTO人才上的差距还在继续拉大。我国对多边贸易人才的培养和贮备机制还没有建立起来，还没有建立起一个很系统的贸易谈判人才的培养战略。我们应该作出长远打算，制定长远规划。WTO涉及的领域非常广泛，它需要一大批专业人才，而不是少数几个人。中国需要一批精通WTO规则、懂法律、懂国际贸易、善于谈判、精通英文以及法文或西班牙文、了解中国国情、有国际视野、具有团队精神的复合型国际人才。随着中国在WTO中的地位日益提高和WTO争端案件的增多，中国应该加紧培养WTO高级人才。只有这样，才能提高中国的国际贸易竞争力，才能在WTO中发挥出更大的作用。我们完全可以借鉴西方的做法，加强企业、学术界和政府之间的联系，充分互动，共同参与WTO的相关活动。中国参与WTO活动的水平高低不仅体现在政府层面，也体现在中国的研究机构对于WTO的学术研究水平以及中国企业对国际贸易规则的熟悉和运用能力上。中国应该把人力资源和组织机构协调起来，吸纳那些在外国学习甚至定居的具有中国国籍的人加入到WTO工作中来。中国在多边谈判中的参与能力等软实力上还需要花大力气才能追赶上国际先进水平。在这方面，没有捷径可走，需要的是扎扎实实向先进国家虚心学习。WTO 规则的学习应当从大学本科就开始。先学习规则本身，然后练习各种文件的起草和写作。中国的高等院校应该吸取和借鉴其他大国的成功经验，选择一批语言能力强、经济学或者国际法理论功底比较扎实的年轻人进行定向培养，为他们创造去国际组织实习和工作的机会。

（五）研究制定中国的多边贸易政策的总体战略

作为一个贸易大国，中国应该就如何看待 WTO、如何积极参与 WTO 谈判和活动并施加影响、如何将中国的国家利益与 WTO 规则相结合等问题给予明确的战略定位。作为贸易大国以及 WTO 的重要成员，中国有责任、也有义务对世界贸易体制的未来发展做深入的思考。中国在维护自身国家利益的同时，也应该与美国和欧盟等其他大国加强沟通和协作，共同维护多边贸易体制的稳定，提高 WTO 的有效性和代表性，为世界的共同繁荣和发展提供中国的智慧，为未来国际贸易规则的制定和国际治理提供中国的思路。中国在这方面应该早做准备，未雨绸缪，这也是中国希望成为负责任大国在行动上的真正体现。同时，我们应该在 WTO 谈判中提出"相互适应"的建议。中国在国际上的崛起是一个不争的事实，所以外国要适应我们已经崛起的事实。我们也要适应新的环境和地位，不仅要考虑自身的利益，也要考虑对方和各方的利益。

（六）中国应当提前思考和适时应对 2016 年后在中国市场经济地位问题上的新挑战

随着 2016 年中国《加入议定书》第 15 条规定的"终止性条款"生效日期的到来，针对中国的反倾销、反补贴特殊规则，尤其是"替代国"等方法失去了议定书条款依据，而现有 WTO 协定又没有公认的、可支持这一歧视性做法的相关条款。因此，WTO 成员方应当彻底摒弃所谓的"市场经济地位"条款，严格依据《反倾销协定》和《补贴与反补贴协定》的相关规定，公平地对中国企业开展反倾销、反补贴调查。2016 年后，在中国"市场经济地位"问题上，美、欧等西方国家不会善罢甘休，《反倾销协定》和《补贴与反补贴协定》条款中的一些"模糊"空间，还可能被它们用作"替代国"等歧视性方法的依据，对此，中国应当充分运用国际法理论、WTO 规则以及 WTO 司法实践经验，维护自身正当、合法的贸易利益。

七、世界贸易组织法的优点优势、存在问题及解决建议

随着经济全球化的发展，WTO 作为多边国际贸易体制的基础，它在促进国际贸易的发展、防止贸易保护主义、使各国及其人民从国际贸易发展中受惠等问题上，发挥着重要的作用。1995 年 1 月 1 日生效的《建立 WTO 协定》的宗旨是，建立一

个完整的、更可行的和持久的多边贸易体制，提高生活水平，保证充分就业，保证实际收入和有效需求的大幅稳定增长，扩大货物和服务的生产和贸易，保护环境，有效利用资源，对发展中国家实行差别和优惠待遇，发展各经济体之间的贸易和经济关系。WTO旨在建立以规则为基础的国际贸易体制，它涵盖了一揽子对其成员具有约束力的国际协议。各成员国政府必须遵守WTO的各项规则。如果一成员国违反WTO义务，就可能被诉WTO争端解决机构。败诉后如果不执行裁决，还将受到其他成员的贸易报复。这就为国际经济的全球化和国际关系的有序发展提供了法律保障。WTO要求各成员降低关税壁垒和逐步取消非关税壁垒，这就使得国际贸易的成本降低，促进了国际贸易的发展，从而有力地促进了人类生活水平的提高。WTO作为多边机制的一个重要功能就是防止贸易保护主义。它通过一个庞大的多边协议把各个经济体之间的权利义务确定下来，从而保证一定的稳定性和持续性。WTO体制的一个重要基石是"最惠国待遇"原则。这个原则保障了各个WTO成员不论大小都是在一个平等的基础上进行贸易，保障了WTO成员之间权利义务的平衡。从国际关系的层面来看，WTO有着广泛的代表性。它现有153个成员，还有20多个国家提出了加入的申请。各成员可以通过多边贸易谈判，减少贸易摩擦，保障各经济体的和平发展，从而也保障了国际关系的稳定。WTO为多边关系和世界的和平与发展提供了一个法律的框架和支持。它为世界的稳定与和平作出了积极贡献。通过贸易建立起经济关系，国家之间进行大量的商品交换，实现了经济上的互利互惠。这是促进国际社会走向和平的重要因素，因为和平的关键是要以规则为导向。

  WTO是世界多边组织中最为成功的国际组织之一。原因就在于它采用了一种巧妙的手段，使自己在拥有执行力的同时不侵犯成员方的主权，这是很难做到的。当你在WTO输了官司，并且不愿意履行裁决时，对方有权对你采取报复措施。也正因为如此，WTO协定的运转也确实非常奏效。WTO法是模范国际法，它是国际公法的一个组成部分，它有独到的优点和优势。WTO有一个由刚性法律构成的非常稳固的法律体系，并且结构完善。WTO有三大支柱：一是争端解决体制，二是谈判体制，三是以部长级会议为首的组织体制。它区别于所有其他国际法体系的特征是争端解决机制。由站在中立立场的人处理贸易上的分歧和争端是非常明智的选择。这对各方都是公平的，可以接受的。它是一个适用刚性法律的机制，并且非常注重法律上的理论分析，注重说理。这一点可以将WTO法区别于其他所有的国际法领域。WTO争端解决机制的一大优点在于，它可以顺利地解决一项在两国政府之间极具争议性的问题，实现去政治化的效果，还能够安抚两国的民众。否则，很可能最终导致双方贸易战的爆发。特别是它建立了常设的具有终裁权的由7名法官组成的上诉机构，解决了很多非常复杂的案子。WTO体制已经取得了相当大的成功，它是世界上很独特的一个实例，是现存国际法律机构中最强大的一个。同时，判例已经发展成为WTO法律解释的一个重要工具，判例可以被视为WTO法律解释的渊源之一。

判例法有助于保持法律的一致性、连续性、可预见性和安全性。虽然专家组成员都明确表示，他们不会受任何其他专家组先例的约束，但是事实上他们都会去看以往类似案件的裁决，而且在判案的时候经常遵循这些先例。假如你是一个专家组成员，你一定想知道其他人是如何解决类似问题的，如果你发现其他人处理得挺合理，你自然也会那么处理。先例作用就是这么发展起来的。事实上，这样的发展是很重要的。因为在商业运作中，总是多一些规则比少一些规则好得多，规则越细致具体就越便于操作适用。在 WTO 争端解决过程中，如果一个专家组这么说，而另一个专家组对同类案件却那么说，那么 WTO 的宗旨也就大打折扣了。所以先例的作用实际上促进了 WTO 法律体系的一致性。当然，不可能每一个案件都能发挥先例的作用，这要看它的裁决是否确实合法和恰当。WTO 运行机制是各个成员推动的，是一个连续不断地谈判和完善的机构。多年来的实践证明，WTO 在国际经济、国际政治、国际关系等方面都发挥了积极作用。

　　但是 WTO 并不是完美无缺的，它也存在不少问题，需要妥善解决，需要改革改进，从而更多、更好地发挥独特作用。第一，WTO 在一些新的领域应该充分考虑发展中国家的担心和问题。WTO 作为一个协议，应该实现总体上的权利义务平衡，并在具体规则上对发展中国家给予更多的倾斜。第二，关于对发展中国家的技术援助、人员培训、市场开放等特殊和差别待遇方面，其规定大多是原则性的，因而没有得到很好的执行。WTO 应该培训发展中国家的人才，增加发展中国家在 WTO 担任高级官员的比例。第三，现实情况是，表面上的平等掩盖了实质的不平等。例如，WTO 总部所在地日内瓦是国际上消费水平很高的城市之一。有些穷国穷到就连在日内瓦建立代表处都无法做到。像 WTO 举行的公共听证会之类的活动，他们的代表不在日内瓦，怎么可能参加？如果好多代表都不能参加，能参加的主要是少数几个发达国家的常驻日内瓦代表，这还是平等吗？此外，在 WTO 提起争端解决，费用还是很高的。WTO 虽然为发展中国家设立了提供法律服务的"咨询中心"，但是，有些低收入国家没有财力缴纳咨询中心的服务费。况且，光靠咨询中心的服务是不够的。所以，司法并不平等，机会也不平等，而且这方面的差距可能还会有所扩大。第四，它的争端解决机制在诉讼时效、执行机制等方面还存在一定的问题，也有很多方面需要改进。如何避免漫长持久的诉讼，及时为受到损害的成员方提供救济，这是个需要研究解决的问题。在 WTO 争端解决过程中，各方提交的文件越来越长，有的长达 1000 多页，这不仅拖延了争端解决的时间，也增加了争端解决的费用。在执行上，有的国家通过各种手段取巧于 WTO 的程序规则，千方百计地变换手法，以达到抵制和拖延执行 WTO 裁决的目的。第五，WTO 协定的一些条款没有作出具体定义或者解释，形成"含糊"条款，这为专家组和上诉机构的法官解释条约的含义和撰写裁决造成了很大的困难。第六，关于 WTO 争端解决机制的改革，有关方面提出了不少建议，比如设立常设的专家组，将听证会公开，企业的代表和律师可以作为申诉方或被诉方代表团成员参加争端解决诉讼。另外，在使用WTO这种准司法诉讼方式解决争端的同时，也应该重视通过谈判或者调解等非诉讼方式解决争端。以非诉讼方式解决争端，成本较低，时间也会缩短，同时还可保持争端各方的友好合作关系，它是争端解决的较好方式和发展趋势。第七，WTO还应该在保护环境、保护人类可用竭的自然资源、保护人类健康和可持续发展方面发挥更大的作用。例如，WTO应该将对可再生能源、新兴的清洁能源的绿色补贴、对教育和落后地区的补贴列为不可诉补贴等。第八，WTO还应加强自身的建设和改革。例如，应该研究如何处理好协商一致的民主决策机制与高效透明之间的关系。也应该进一步考虑如何发挥发展中国家的作用以及秘书处和总干事的作用。还应该加强对国际贸易的发展与动向的研究，加强对各国的指导，改进贸易制度的审议办法等。第九，WTO应该在消除贫困、实现联合国千年发展目标中发挥更大作用，国际社会应该增加对贸易的援助，扩大发展中国家在国际贸易中的份额。当前最重要的问题是尽快结束多哈回合谈判，顺利、完整和尽早地达成一致。多哈回合谈判是1947年以来的9轮谈判中唯一一次冠以"发展回合"的多边谈判。如果多哈回合能够尽早地顺利结束，这对发展中国家和世界经济都是非常重要的，它对发展中国家也是一个平衡。尽管在多哈回合谈判中，发达国家不愿意在农业问题上作出让步，发展中国家不愿意在市场准入问题上作出让步，但是各方至少可以再靠近一点儿，有了那么一点妥协，多哈回合就有可能圆满结束。多哈回合可以就某个问题进行单独的谈判，签署单独的协议，实现重点突破后再逐步扩展。要想谈成这些协定，就要抓住世界上的主要国家，而不是150多个成员。WTO应该继续按照它创建的初衷发展下去。之所以创建WTO，就是为了给各个国家提供一个继续谈判的场所。WTO应该继续细化其规则或者制定新的规则，因此有必要就贸易自由化或者其他问题进一步展开谈判。但是必须与重点国家进行谈判，不必与所有国家都谈。从少数国家开始谈判，等加入国家多了，再拿到WTO去谈判。如果说WTO新回合谈判拖延下去会产生什么风险，那么其中的一个风险可能就是等到多哈回合谈判达成协议时已经落后于时代了。

八、积极维护世界贸易组织法的权威，巩固和发展对我公平有利的国际经贸法治新秩序

（一）带头自觉遵守WTO规则，并大力加以倡导

只有自觉遵守规则，才符合自己的最大利益。WTO的成功就在于人家有一个共识，那就是应当建立和遵守多边贸易规则。世界贸易体系的重大成就就在于，WTO成员在大多数情况下都能够最大限度地遵守所有规则，因为他们认为这样做符合自身的国家利益。多边贸易体制得以维持的关键在于协定是符合缔约方国家利益的。

就如保护知识产权是 WTO 协定规定的义务，它也完全符合中国的利益。因为保护知识产权为人们提供了动力，最大限度地发挥创造力和想象力以制造新产品。将所有的违背 WTO 规则的行为都诉之于 WTO 争端解决机制，这并不可行。所以，我们应当起模范带头作用，并大力加以倡导，促使大家普遍养成遵循规则的良好习惯。WTO 是一个严肃的国际组织，它就是通过制定规则和监督规则的执行呼吁各成员遵守规则。

（二）支持 WTO，充分发挥其良好有效的功能作用

政治支持是非常重要的。中国在不断发展，世界也在关注中国。如果中国支持 WTO，WTO 的成功运作就在很大程度上有了保证。特别值得注意的是，WTO 对有些议题并没有明确地涵盖，存在某些漏洞。但中国是一个大国和主要贸易国，如果过于频繁地利用 WTO 规则的漏洞，就将极大地削弱 WTO 处理贸易议题的能力。这就会造成很严重的后果。所以，我们必须非常谨慎地处理这些问题。

（三）慎重稳妥应对 TPP 等区域自由贸易谈判提出的挑战

根据武汉大学国际法研究所专家黄志雄、毛真真的研究报告，《跨太平洋伙伴关系协定》（TPP）现已成为当前国际上最具活力和最受关注的贸易自由化谈判之一。除了成员国包含美国、日本等亚太地区的重量级经济体外，TPP 另一个显著特征是，它是一个着眼于高水平贸易自由化和包含诸多新议题的"21 世纪贸易协定"。TPP 的兴起，与美国全球战略的调整密不可分，也是美国试图重新确立 21 世纪国际贸易规则、进而主导国际秩序的重要举措。在此背景下，TPP 的发展态势，首当其冲地对以 WTO 为基础的战后多边贸易体制产生了较大冲击，它不仅带来对最惠国待遇原则的背离和侵蚀，而且表明一些大国正试图绕开 WTO 体制"另起炉灶"。TPP 在事实上表现出对中国的排斥性。对于身兼新兴经贸大国和亚太大国的中国来说，如何因势利导，化解 TPP 所提出的种种挑战，将是未来中国和平发展道路上的一个重要课题。从 WTO 成立伊始，区域贸易协定（RTA）便与其平行存在。截至 2014 年 6 月 15 日，GATT/WTO 共收到了 585 项区域自贸协定的通知，其中 379 个已经生效。区域自由贸易热度高涨带来的问题在于，其与 WTO 机制能否做到并行而不悖？自贸区的形成与发展并非绝对自由，而是受制于各国在诸如 WTO 等多边条约中已作出的承诺——多边条约对其施加的法律限制。做到并行不悖取决于自贸区受制并真正遵从这些已有的法律限制。WTO 机制中主要有三处法律条款对自贸区进行了限制：GATT 第 24 条、1979 年东京回合谈判通过的决议《差别和更优惠的待遇、互惠和发展中国家更充分的参与》（以下简称"授权条款"）第 1 段至第 4 段以及《服务贸易协定》（GATS）第 5 条。该三处条文从货物贸易、服务贸易等不同角度对自贸区的成立提出了限制性要求。

中国的应对之策应当包括五个方面。一是积极推动多哈回合的谈判。无论从成

员的范围、WTO规则的开放性，还是从争端解决机制的有效性来看，多边贸易体制依然有着不可替代的优势。因此，中国仍有必要自我定位为多边贸易体制的坚定维护者，积极推动多哈回合谈判取得进展。这也有利于从多边贸易体制的角度抵御TPP对中国的不利影响。二是坚持和维护WTO法对区域自由贸易协定的限制。三是加紧完成中日韩贸易协定的谈判（中韩谈判已经结束），并以"中日韩自贸区"建设为基础，全力推动《区域全面经济伙伴关系协定》（以下简称RCEP）的谈判，加快亚洲经济一体化进程。RCEP是中国和东盟各国以及印度、澳大利亚、新西兰、日本、韩国等共同发起的自由贸易谈判，在亚洲与TPP隐隐形成分庭抗礼之势。RCEP主要侧重于货物、投资和服务贸易，部分条款具有"超WTO"性质，但与TPP相比则是一个更传统的自由贸易安排，因此对于RECP中的大部分国家而言更容易接受。如果RCEP谈判进展顺利，即便中国最终没有加入TPP谈判，也不至于被孤立和边缘化。四是加快推进亚太自贸区的研究和谈判，这在APEC会议上已经取得广泛共识，并作出了声明，制定了路线图，关键是要加紧研究和实施，力争取得实质性进展。五是中国不急于加入谈判，并不意味着对TPP不予重视；相反，中国有必要高度重视这一谈判，积极跟踪谈判进展并就其利弊影响加以深入研究，在广泛听取各方意见的前提下谨慎应对。同时，无论TPP谈判进展如何，我国都应当坚定地深化经济贸易体制改革（包括国有企业改革），加强知识产权、劳工权益和环境保护，促进经济和社会的和谐、可持续发展，不断增强我国的综合国力。

国际法视野下的国有企业法律定性问题

徐程锦[*]

摘 要：国有企业法律定性是指国有企业是普通市场主体还是类似政府的公共机构。这个问题在国内尚未充分讨论，但对我国对外经贸关系发展和国际义务承担却有深刻影响。WTO 法和美国法对国有企业法律定性的看法为深化国有企业改革提供了一个新视角。国有企业构成公共机构的法律标准不是"控股"或"控权"，而是企业行使政府职权。考察政府对国有企业的控制情况，不仅要看控制的形式标记，还要看控制权的实际行使。为了主动回应和消除来自外国的诘难，中国必须坚定不移深化国企改革。

关键词：国有企业；公共机构；政府职权；WTO 法；美国法

国有企业改革正在不断深化。但国有企业在法律上如何定性，我国法律尚无明确规定，在国内学界和实务界也缺乏深入讨论。[①] 所谓国有企业法律定性，是指国有企业在法律上应被看作一般商业企业还是被看作与政府性质类似的"公共机构"。在国际经贸法律关系中，这已经成为困扰我国的大问题。本文以中美反补贴贸易纠纷为例，评析 WTO 法和美国法对于国有企业法律定性的看法，意在为深化国有企业改革提供新的视角。国企改革若能关注国有企业的法律定性，在理论和实践上为厘清国有企业的法律性质提供依据，则必将为对外经贸谈判中维护我国利益提供有力支撑。

一、国有企业法律定性在国际经贸规则和谈判中的重要意义

国有企业在法律上应被看作一般商业企业还是被看作与政府性质类似的"公共机构"，从国内国企改革的角度看，这个问题很难一概而论。一方面，国有企业改革

---

[*] 徐程锦，工业和信息化部国际经济技术合作中心 WTO 与涉外法律研究所助理研究员。联系方式：xuchengjin86@163.com。

[①] 目前国内文献中关于国有企业法律性质的讨论多集中于与国有企业相关的具体问题，如土地使用权出让、企业法人财产权、职工持股、兼并收购等法律问题；而与国有企业整体性质相关的学术讨论主要限于经济学领域，很少有从法律角度探讨国企定性问题的文章。

正处于进行时,当前的国有企业既带有计划经济时代政府控制企业的痕迹,又在一定程度上已经建立了现代企业制度并形成了市场化的经营机制。[1]另一方面,不同的国有企业性质也各不相同。有的企业由于所处行业特点,承担较多政策性业务,公益属性较强;有的企业则已充分贯彻市场机制、融入商业竞争,具有较强的商业属性。[2]因此,"一刀切"地为国有企业进行法律定性,以当前国企改革实践情况来看并不可行。

然而,在国际经贸法律关系和对外经贸谈判中,国有企业始终是一个敏感议题。由于国际经贸法律规则中承担国际义务的主体主要是成员国政府,[3]而非一般商业企业,将国有企业认定为一般商业企业还是政府公共机构对于我国的国家利益有重要影响。若将国有企业认定为与政府性质类似的机构,中国国有企业在国际经贸规则下就将承担本应只由中国政府承担的义务,这将大大扩展中国承担国际义务的主体范围。首先以贸易救济为例,反补贴措施纠正的是政府补贴对市场造成的扭曲。根据WTO《补贴与反补贴措施协定》第1.1(a)(1)条规定,提供补贴的主体是"政府"或"公共机构"。若将中国国有企业认定为"公共机构",则国有企业便与政府一样,成为提供补贴的主体。换言之,任何企业只要向中国国有企业购买产品或原材料,便如同接受了中国政府补贴,其产品在出口时就可能遭受反补贴调查。

再以投资谈判为例,国有企业在中美双边投资协定谈判中也是一项重要议题。[4]作为美方谈判基础的《美国2012年双边投资协定范本》第2条第2款规定,"当国有企业或其他人行使该成员赋予的约束、管理或其他政府权力时",协定成员的实体义务也适用于该国有企业或其他人。尽管有"行使政府权力"的说法作为限定,但美国将国有企业直接纳入双边投资协定的实体义务范围,足见其认为国有企业与成员政府并无实质区别,在承担协定义务时应同等看待。

第三个例证是政府采购。中国正在谈判加入WTO《政府采购协定》。现有《政府采购协定》成员国不断向中国施压,要求中国将国有企业的采购也纳入《政府采购协定》义务范围,本质上是将国有企业与中国政府同等对待。[5]

由此可见,在中国的对外经贸关系中,国有企业问题是一个系统性问题,需要系统性的解决。《十八届三中全会决定》把国企改革问题放在"坚持和完善基本经济制度"主题下论述,显然,国有企业法律定性问题事关中国基本经济制度。外交是

---

[1] 季晓南:"把握国有企业改革的正确方向",载《经济日报》2013年6月21日。
[2] 黄淑和:"国有企业改革在深化",载《求是》2014年第3期。
[3] 此处的国际经贸法律规则主要指国际贸易、投资等领域带有国际公法性质的规则,如WTO法和双边投资协定等。这些带有公法性质的国际规则下承担义务的主体主要是成员国政府。
[4] 梁勇、东艳:"中国应对中美双边投资协定谈判",中国社会科学院世界经济与政治研究所,第4页,Working Paper No. 201412,2014年4月3日。
[5] 刘锐:"中国加入GPA的主要挑战及其应对策略",中国日报网,2013年10月29日,http://www.chinadaily.com.cn/dfpd/2013-10/29/content_17065439.htm,访问日期:2015年5月23日。

内政的延伸。若国内的国企改革不能在国企的法律定性问题上取得突破在对外谈判中，仅依靠外交人员折冲樽俎未必能在根本上维护中国的利益。这在一定程度上类似于中国在复关和入世谈判早期的经历。中国于1986年递交恢复关贸总协定缔约国地位申请，但复关初期的谈判很难取得实质性突破，主要缘于关贸总协定对缔约国必须"实行市场经济"的要求与我国当时实行的"有计划的商品经济"存在冲突。直到1992年，党的十四大正式提出实行社会主义市场经济，中国谈判人员感觉制约谈判的最大障碍被清除了，复关和入世谈判才开始取得突破性进展。[①] 如今，同样是事关基本经济制度的议题，中国国内在国企改革中对国有企业的法律定性直接制约了对外经贸关系中中方对外表态的立场和方式，以及中国在国际协定中可能承担的义务范围。

二、美国和 WTO 关于国有企业法律性质的认定

美国对于中国的国有企业一直心怀警惕，倾向于在法律定性上将国有企业与政府归为一类，以使中国的国有企业受到严格的法律约束。虽然美国的观点在一定程度上反映出中国国企改革的不完善之处，但从整体上看美国的认定标准比较偏激。对此，中国在 WTO 争端解决机制中予以坚决回应，但解决效果并不尽如人意。

（一）反补贴调查：美国关于国有企业法律性质的认定

美国与中国关于国有企业法律定性的矛盾突出表现于贸易救济反补贴调查中。2007年的铜版纸案是美国对中国发起的第一起反补贴调查。美国商务部在该案中认定，中国的国有商业银行仍然受政府控制，符合提供补贴的主体资格。[②] 因此，从国有商业银行获得贷款的中国铜版纸生产企业接受了中国政府补贴。随着针对中国的反补贴调查案件不断增多，美国商务部在2009年的厨房架反补贴调查中首次系统阐述了中国国有企业的法律定性问题。[③]

美国商务部认为，所有中国政府控股的国有企业都属于《1930年关税法》第771（5）（B）条规定的"公共机构"。[④] 将政府控股的公司作为政府本身对待是美国商务部的长期实践做法。在1987年的荷兰鲜花案中，美国商务部提出五个判断国有企业是否构成公共机构的要素，分别是：（1）政府所有权；（2）政府在企业董事会中

[①] 王毅：《世纪谈判——在复关／入世谈判的日子里》，中共中央党校出版社2007年版，第34—39页。

[②] Issues and Decision Memorandum for the Final Determination in the Countervailing Duty Investigation of Coated Free Sheet from the People's Republic of China, at p. 55, United States Department of Commerce ("USDOC"), C-570-907, Oct. 17, 2007.

[③] Issues and Decision Memorandum for the Final Determination in the Countervailing Duty Investigation of Certain Kitchen Appliance Shelving and Racks from the People's Republic of China ("Kitchen Shelving IDM"), at p. 43, USDOC, C-570-942, July 20, 2009.

[④] Id. at p. 42.

的地位；(3) 政府对企业活动的控制；(4) 企业是否执行政府政策；(5) 企业是否由法律设立。[①] 尽管名义上有五条判断要素，但美国商务部承认，在大部分案件中，主要判断要素只有第一条，即政府在企业中的所有权。只要政府在企业中的所有权达到控股水平，即50%以上，就足以证明企业受政府控制和指挥，其余4条判断要素几乎必然满足。这是因为，如果政府拥有企业的多数股权，则通常会任命企业董事会的大部分成员。这些政府任命的董事会成员再选择企业管理层，并作出重大决策，相当于给了政府对于企业活动的控制权。[②]

基于以上原因，美国商务部认为，仅依据政府占多数股权的事实就足以在反补贴调查中将一家国有企业认定为"公共机构"。被调查企业和出口国政府负有举证责任，证明出口国政府在该国有企业中的多数股权并未导致政府控制企业活动。[③] 换言之，政府占多数股权的事实构成了国有企业是"公共机构"的"有罪推定"，除非国有企业所在国政府能提出证据证明其没有控制国有企业的活动。

（二）WTO 双反案：国际法对国有企业法律定性的初步澄清

2008年9月，中国将美国对华实施的四起反倾销和反补贴裁决（简称"双反"）提交 WTO 争端解决机构审理，即"中国诉美国反倾销和反补贴措施案"（DS379）。[④] 该案一个主要争议点就是美国在这四起反补贴裁决中将中国的国有企业认定为与政府类似的"公共机构"的决定是否符合 WTO 规则。其中涉及的中国国有企业既包括国有工商企业，如宝钢，也包括国有金融企业，如四大国有商业银行。[⑤] 美国商务部依据中国政府占多数股权的事实，将提供贷款的中国国有商业银行和销售热轧钢、橡胶和化工原料的中国国有工商企业认定为"公共机构"。因此，接受国有商业银行贷款或从国有工商企业购买上述原料的中国企业都被认定为接受了中国政府补贴。中国主张美国商务部的决定违反了美国在 WTO《补贴和反补贴措施协定》下承担的义务。[⑥]

首先，要解决国有企业是否是"公共机构"的问题需要廓清"公共机构"的法律含义。中国主张，WTO《补贴与反补贴措施协定》第1.1（a）(1) 条将"政府"和"公共机构"并列作为提供补贴的主体，说明二者在功能上是近似的。一个实体要成为"公共机构"，就应当行使政府赋予的职权，且该职权应具有政府的功能和特

---

① Issues and Decision Memorandum for the Final Determination in the Countervailing Duty Investigation of Certain Kitchen Appliance Shelving and Racks from the People's Republic of China（"Kitchen Shelving IDM"），at p. 43，USDOC，C-570-942，July 20，2009.

② Id.

③ Id. at pp. 43-44.

④ United States–Definitive Anti–Dumping and Countervailing Duties on Certain Products from China（DS379），http：//www.wto.org/english/tratop_e/dispu_e/cases_e/ds379_e.htm.

⑤ See id.，Summary of Key Findings.

⑥ Id.；United States-Definitive Anti-Dumping and Countervailing Duties on Certain Products from China（DS379），Panel Report，at para. 8.53.

点。① 中国认为"公共机构"的根本特征是为一个国家和社会的整体利益服务,并为此代表国家和社会整体行使职权。②

在初审阶段,WTO 争端解决专家组驳回了中国的主张。专家组认为,中国将"公共机构"类比于"政府机构"是对"公共机构"的概念限定得过于狭隘。③ 在专家组看来,解释"公共机构"含义最重要的参考概念是第 1.1(a)(1)(iv)条中的"私有机构","公共机构"和"私有机构"之间的关系类似于公共领域和私有企业之间的关系。④ 既然私有企业是由私人所有而不受国家控制的企业,"公共机构"就是受国家控制的实体,而所有权是判断是否存在控制的关键因素。⑤ 专家组认为,当政府在企业中的股权达到 50%以上时,政府对企业就形成了"控制性利益"。⑥ 政府占多数股权的事实本身就是证明政府控制国有企业的"清晰且具有高度指示性的证据"。⑦ 专家组也承认,在极少数情况下,政府拥有的企业在运营时可能完全不受政府影响。但是只有相关企业和政府才拥有企业不受政府控制的证据,因此负有证明该国有企业不是"公共机构"的举证责任。⑧ 具体到本案,专家组认为中国政府和涉案的中国国有企业未能提出足够证据证明这些企业完全不受中国政府控制。最终,专家组裁决美国商务部将中国国有企业认定为"公共机构"的做法没有违反 WTO《补贴与反补贴措施协定》第 1.1(a)(1)条的规定。⑨

专家组的裁决几乎完全接受了美国商务部将中国国有企业认定为"公共机构"的法律依据和判断标准。鉴于专家组阶段的不利结果,中国于 2010 年 12 月提出上诉请求。WTO 上诉机构的终审裁决在很大程度上纠正了专家组在法律解释和判断标准方面的错误,但是,裁决中的一些说法却为中国国有企业埋下了潜在的不利影响。

在解释"公共机构"含义时,上诉机构首先区分了两组概念,一组是《补贴与反补贴措施协定》第 1.1(a)(1)条中包括政府机构和"公共机构"在内的政府性实体,另一组是第 1.1(a)(1)(iv)段中的私有实体。根据第 1.1(a)(1)(iv)段的规定,当私有实体受政府委托或指导,行使一种或多种通常由政府享有的给予补贴的职权且其行为与政府通常从事的行为没有实质差别时,该私有实体的补贴行为可以被归为政府补贴。上诉机构认为,对于私有实体来讲,要认定政府补贴,必须

---

① United States-Definitive Anti-Dumping and Countervailing Duties on Certain Products from China(DS379), Panel Report, at para. 8.55.
② Id. at para. 8.58.
③ Id. at para. 8.63.
④ Id. at paras. 8.68-69.
⑤ Id. at para. 8.69.
⑥ Id. at para. 8.134.
⑦ Id. at para. 8.135.
⑧ Id. at para. 8.136.
⑨ Id. at paras. 8.138 and 8.143.

首先建立政府对于私有实体的"具体行为"的委托或指导关系。而对于"政府性实体"来讲，其"所有行为"只要符合法定的补贴形式，就都构成政府补贴。① 上诉机构的意思可以理解为，由于政府机构和"公共机构"在性质上同属于"政府性机构"，一个实体若被认定为"公共机构"，那么该实体的行为就应具有政府属性。

对于何为政府属性，上诉机构进一步解释道，《补贴与反补贴措施协定》第1.1（a）（1）条将"政府"与"公共机构"两个词并列，说明二者在性质和基本特征方面有共通之处。② 政府的特征是确定无疑的，那就是政府通过行使法定职权，享有管理、控制、监督个人或约束其行为的权力。政府的上述特征有助于理解"公共机构"的性质和特征。因此，上诉机构认为，"公共机构"与政府的核心共通特征就在于二者均履行政府职能或者被赋予了履行政府职能的权力。③ 至于哪些职能和权力属于政府职能和权力，上诉机构认为，这要依据各 WTO 成员方国内法进行判断。换言之，一国国内法对于本国政府职能和权力的规定会影响一家国有企业在该国法律框架下是否属于"公共机构"的法律定性。④

WTO 上诉机构还援引其他国际公法原则佐证其对"公共机构"含义的解释。上诉机构认为联合国国际法委员会起草的《国家对国际不法行为的责任条款草案》（以下简称《国家责任条款草案》）第5条有助于解释"公共机构"的含义。⑤ 第5条的标题是"行使国家权力的个人或实体的行为"，其正文内容规定："虽非第4条所指的国家机关、但经该国法律授权而行使政府权力要素的个人或实体的行为应视为国际法所指的国家行为，但以该个人或实体在特定情况下以此种资格行事者为限。"第5条的释义中指出，该条所涵盖的个人或实体的核心特征在于其被授权行使政府职权中的特定内容，国家在某一实体中拥有资本或所有权并非将该实体的行为归于国家的决定性因素。上诉机构由此认为，被赋予政府职权才是"公共机构"的关键特征，而政府所有权尽管不是决定性因素，但在与其他因素一起考察时，也可以成为判断某一企业被赋予政府职权的证据。⑥

至此，上诉机构在解释"公共机构"的含义方面作出了对中国比较有利的结论，即《补贴与反补贴措施协定》第1.1（a）（1）条框架下的"公共机构"是拥有、行使或被赋予政府职权的实体。与美国和初审专家组都十分看重的政府所有权不同，上诉机构认为，政府所有权只是判断一家国有企业是否是"公共机构"的证据之一，贸易救济调查机关应当综合所有证据，对国有企业的核心特征和企业与政府的关系

---

① United States-Definitive Anti-Dumping and Countervailing Duties on Certain Products from China（DS379），Appellate Body Report，at para. 284.
② Id. at para. 288.
③ Id. at para. 290.
④ Id. at para. 297.
⑤ Id. at para. 309.
⑥ Id. at para. 310.

作出认定。①

若上诉机构就此搁笔,中国对于"公共机构"问题的上诉可算获得全胜。但上诉机构似乎意犹未尽,在报告书第 318 段对如何判断企业是否被赋予政府职权做了进一步阐述,为中国国有企业被认定为"公共机构"留下了隐患。上诉机构认为,在大多数情况下,国有企业既具有"公共机构"的特征,也具有"私有机构"的特征。许多证据都有可能证明国有企业被赋予了政府职权。例如,如果一家国有企业在履行政府职能,尤其是履行政府职能的行为是持续和系统性的行为,这便是企业被赋予政府职权的证据。紧接着,上诉机构作出了一个令人费解的表述,它认为"因此"就能说明,如果有证据表明政府对国有企业及其行为实施了"有意义的控制"(meaningful control),则该证据在某些情况下可以证明企业拥有政府职权并且为履行政府职能而行使了该职权。政府和国有企业仅在形式上存在联系并不足以证明企业拥有政府职权。但是,如果政府对国有企业的控制是多重的并且以一种"有意义的"方式行使,则可以推断企业行使了政府职权。②

上诉机构此处的论述存在两个重大问题。首先,从企业履行政府职能的例子直接过渡到政府对企业实施"有意义的控制",其间缺乏逻辑联系和必要的解释。其次,何为"有意义的控制",上诉机构没有进一步阐述。履行政府职能和拥有、行使或被赋予政府职权的说法本来已经比较清晰,但上诉机构凭空创造出"有意义的控制"这样一个新概念,又没有任何解释,使得本已清晰的问题再度变得复杂。所谓"有意义"(meaningful),在英文中的含义主要有两种:一种是"有内涵、值得关注的、重大的";另一种是"具有某种意图或目的"。③若取第一种解释,则"有意义的控制"的程度难以确定,即达到何种程度的控制才算"有意义的控制"是不清楚的。若取第二种解释,所谓"有意义的控制"就变成了政府对企业"有目的的控制",则证明的角度主要在政府的意图和目的,而不在企业拥有或被赋予的职权。这与上诉机构此前的论断不尽一致。无论如何,上诉机构在其报告书第 318 段的表述很容易被曲解,为中国国有企业被认定为"公共机构"埋下了隐患。该问题有待上诉机构在后案中进一步澄清解决。

具体到本案争议的四起反补贴调查,上诉机构首先指出,美国商务部作为贸易救济调查机关,负有主动搜集证据证明中国国有企业是"公共机构"的义务。④这直接否定了美国商务部仅凭政府占多数股权就将国有企业认定为"公共机构"的"有罪推定",证明公共机构的责任在美国调查机关。对于涉案的中国国有工商企业,上

---

① United States-Definitive Anti-Dumping and Countervailing Duties on Certain Products from China (DS379), Appellate Body Report, at para. 317.

② Id. at para. 318.

③ http://www.oxforddictionaries.com/definition/english/meaningful.

④ Id. at para. 344.

诉机构注意到，美国商务部在反补贴调查过程中，除了中国政府在这些企业中拥有控股权的事实以外，基本没有调查其他证明这些国有企业属于"公共机构"的证据。上诉机构再次重申，政府所有权本身并不足以证明政府对企业实施了"有意义的控制"。若无其他证据配合，仅有中国政府在国有企业中控股的事实无法证明中国的国有工商企业被赋予了履行政府职能的权力，因此无法证明这些国有工商企业属于"公共机构"。①

对于中国国有商业银行，上诉机构作出了对中国不利的裁决。上诉机构注意到美国商务部将中国国有商业银行认定为"公共机构"时不仅依据中国政府在国有商业银行中拥有绝对控股权的事实，还提出了以下证据：(1)中国的《商业银行法》第34条规定，商业银行必须"根据国民经济和社会发展的需要，在国家产业政策指导下开展贷款业务"；(2)中国国有商业银行仍然缺乏足够的风险控制和分析能力；(3)中国国有商业银行的管理层均由政府任命，且党在选择管理层时拥有很大的影响力。② 上诉机构认为，这些证据说明，美国商务部已经考虑了中国国有商业银行受中国政府控制并履行特定政府职能的证据，商务部还提到中国国有商业银行必须执行政府产业政策的事实。因此，美国商务部作出中国国有商业银行属于"公共机构"的决定是有证据支撑的，没有违反 WTO 规则。③

应当特别指出的是，上诉机构裁决美国商务部没有违反 WTO 规则时存在一个审查标准的问题。上诉机构审查的是美国商务部的反补贴贸易救济裁决。根据 WTO 法规定，在审查国内调查机关的贸易救济裁决时，WTO 专家组和上诉机构仅能审查贸易救济裁决结果是否有充分证据支撑以及调查机关对现有证据是否作出客观分析，而不能抛开调查机关的结论，根据在案证据重新作出认定。④ 换言之，上诉机构判决美国商务部将中国国有商业银行认定为"公共机构"的决定没有违反 WTO 规则，并不完全意味着上诉机构认为中国国有商业银行就是"公共机构"，而只是说明上诉机构认为美国商务部在作出认定时的方式和程序合法。

(三)《分析报告》：美国对 WTO 关于国有企业法律性质裁决的回应

作为 DS379 案中的被告，美国为执行上诉机构的裁决，于 2012 年 5 月 18 日由美国商务部发布了《执行上诉机构在 DS379 案中的裁决：关于中国的"公共机构"问题的分析报告》(以下简称《分析报告》)，系统阐述了在 DS379 案判决之后，美国

---

① United States-Definitive Anti-Dumping and Countervailing Duties on Certain Products from China (DS379), Appellate Body Report, at para. 346.

② *Id.* at para. 349.

③ *Id.* at para. 355.

④ "World Trade Organization: Standard of Review and Impact of Trade Remedy Rulings", United States General Accounting Office, GAO-03-824, at footnote 40 and p. 24 (explaining the standard of review under Article 11 of DSU, which applies to countervailing duty determinations).

关于中国国有企业法律定性的看法。① 然而，《分析报告》结论使中国国有企业的处境比 DS379 案判决之前更加不利。在此之前，美国商务部依据多数股权原则，仅将中国政府控股的国有企业认定为与政府类似的"公共机构"。而在分析报告中，美国商务部根据上诉机构在 DS379 案中提出的"有意义的控制"原则，大大扩展了认定为"公共机构"的企业范围。《分析报告》结论认为：所有中国国有独资或控股企业都是"公共机构"；所有国资参股但需要执行中国政府产业政策的企业都可以被认定为"公共机构"；拥有很少或没有国有股份的企业也可能成为"公共机构"，只要美国商务部认为中国政府对该企业实施了"有意义的控制"。②

《分析报告》主要分为两个部分：一是在中国法律框架下，什么是上诉机构所说的"政府职能"；二是中国政府如何对国有企业实施"有意义的控制"，使国有企业成为履行"政府职能"的工具。

对于第一部分，即中国"政府职能"的认定问题，美国商务部注意到，上诉机构在 DS379 案中认为，"公共机构"是拥有或被赋予政府职权，以此履行"政府职能"的实体。各国"政府职能"不同，需要依据各国国内法确定。美国商务部认为，在中国的法律框架下，中国政府具有控制和指导经济发展，以保证国有经济在国民经济中占主导地位的职能；制定产业政策是中国政府履行该职能的重要方式。③ 为了论证该结论，美国商务部首先提到，中国《宪法》第 5 条和第 6 条分别规定"国家在社会主义初级阶段，坚持公有制为主体、多种所有制经济共同发展的基本经济制度"，以及"国有经济，即社会主义全民所有制经济，是国民经济中的主导力量。国家保障国有经济的巩固和发展"。类似的表述还见于中国《物权法》《公司法》《企业国有资产法》和国有资产监督管理委员会颁布的政策和措施。④ 美国商务部认为，这些规定说明在中国的法律框架下，政府的职能超出了提供公共服务和管理市场的一般范畴，还包括干预和指导经济发展，以保障国有经济在国民经济中占主导力量。⑤

接下来，美国商务部指出，中国政府履行上述政府职能的主要方式是颁布和实施各种产业政策。通过这些产业政策，中国政府对具体产业的发展目标提出指示，根据政府的意见指导资源配置和企业决策，以达到维护国有经济作为主导力量的目的。⑥ 产业政策的形式包括五年计划、支持性立法和各产业发展规划。中国各级政府

---

① "Section 129 Determination of the Countervailing Duty Investigation of Circular Welded Carbon Quality Steel Pipe; Light-Walled Rectangular Pipe and Tube; Laminated Woven Sacks; and Off-the-Road Tires from the People's Republic of China: An Analysis of Public Bodies in the People's Republic of China in Accordance with the WTO Appellate Body's Finding in WTO DS379" [Hereinafter "Analysis of Public Bodies"], Office of Policy, Import Administration, Department of Commerce, May 18, 2012.

② *Id.*, at p. 5.

③ *Id.*, at p. 6.

④ *Id.*, at pp. 6-7.

⑤ *Id.*, at p. 8.

⑥ *Id.*, at p. 9.

必须执行产业政策。这些产业政策不仅为国有经济提供了竞争优势,还控制并指导国有经济发展方向,并要求构成国有经济的国有企业执行政府计划。①

在第二部分中,《分析报告》详细讨论了中国政府对国有企业的"有意义的控制",并以此得出中国国有企业拥有或被赋予政府职权进而属于"公共机构"的结论。概括而言,美国商务部所谓中国政府对国有企业"有意义的控制"具有双重含义:一方面是指国有企业在履行维护国有经济占主导力量的"政府职能"中具有特殊职责和地位,享受了诸多优惠政策;另一方面是指中国政府实际干预和控制了国有企业的行为和决策。分析报告分五点论述了上述结论。

第一,中国政府利用国有企业维护国有经济的主导力量,并通过国有企业执行产业政策,达到政府控制和干预经济发展的目标。②首先,美国商务部注意到,中国国有企业与外资企业和民营企业相比享有许多优惠政策,包括获得商业银行的低息贷款、接受政府官员的政策指导,以及在基础或支柱型产业中占据垄断地位。这些举措都确保中国政府按其意愿塑造经济结构,使国有经济成为国民经济的主导力量。③其次,美国商务部反复提到中国各级政府的五年计划、产业规划和执行产业政策的支持性立法。在这些法律法规和政策性文件中,中国政府通过审批、控制投资准入、发放进出口许可、限制产能、鼓励技术改造等手段实现预先设定的经济和产业发展目标。至于国有企业在其中的作用,美国商务部认为,若中国政府无法控制国有企业的投资和兼并重组等具体决策,很难想象政府能实现其预定发展目标。④最后,中国政府通过"抓大放小"的管理方式,引导国有资本向政府指定的战略性、支柱性产业聚集,并通过国资委规定国有企业的核心业务和非核心业务,以确保企业符合政府指定的发展方向。⑤

第二,中国政府直接干预国有企业的竞争关系。⑥例如,在电信领域,只有国有企业才能获得市场准入。政府还对国有电信运营商进行重组和资源分配,以避免过度竞争。尽管中国政府声称这是为了让企业更加注重营利,但这最多是有限和受控制的竞争关系。另外,中国政府还干预国有企业的投资和兼并重组等具体项目决策,例如要求日照钢铁兼并亏损的山东钢铁,以实现产业结构调整和国有资本做大做强的产业政策目标。⑦

---

① "Section 129 Determination of the Countervailing Duty Investigation of Circular Welded Carbon Quality Steel Pipe; Light-Walled Rectangular Pipe and Tube; Laminated Woven Sacks; and Off-the Road Tires from the People's Republic of China: An Analysis of Public Bodies in the People's Republic of China in Accordance with the WTO Appellate Body's Finding in WTO DS379"[Hereinafter "Analysis of Public Bodies"], Office of Policy, Import Administration, Department of Commerce, May 18, 2012. at p. 10.

② *Id.*, at p. 14.

③ *Id.*, at pp. 14-17.

④ *Id.*, at pp. 17-20.

⑤ *Id.*, at pp. 20-21.

⑥ *Id.*, at p. 24.

⑦ *Id.*, at pp. 24-26.

第三，中国政府通过国有资产监督管理委员会对国有企业实施控制。① 美国商务部认为，尽管法律法规明确要求国资委代表政府履行出资人职责，而不能行使政府公共管理职能，但通过国资委管理的国有企业仍然不能摆脱政府控制。② 例如，《中央企业投资监督管理暂行办法》和《中央企业发展战略规划管理办法（试行）》中都提到国资委要监督、管理或批准中央企业的投资计划和投资决策，确保投资方向符合政府的产业政策。③ 美国商务部还特别提到国资委负责实施的国有资本经营预算制度，认为该制度通过要求国有企业向政府上缴利润以及政府向企业重新分配资本，以达到控制企业发展符合政府产业政策的目的。④ 此外，国资委不仅承担出资人职责，还扮演管理者角色。截至 2008 年，中央国资委发布了 19 项部门规章和 104 项规范性文件；地方国资委发布了超过 1600 项管理措施。⑤

第四，中国政府控制国有企业高级管理人员的任命，并以此确保政府产业政策目标得以执行。⑥ 美国商务部指出，尽管国资委在名义上有权任命国有企业高管人员，但任命国企最高管理层的实权掌握在中组部手中，副总级别的任命由中央国资委的党委负责，其他高管人员才由国资委人事部门负责任命。⑦ 中组部的人事任免权对国有企业的运营有重要影响，党委和政府可以通过任免企业高级管理人员来干预企业经营决策。⑧ 高级管理人员甚至可以在相互竞争的企业中轮岗。美国商务部援引英国《经济学人》杂志的说法称，中国国有企业的高管首先是政府干部，其次才是企业家。另外，中国《公务员法》也将国有企业高管归入公务员序列。⑨

第五，中国政府通过党组织对国有企业实施"有意义的控制"。⑩ 中国《公司法》规定，各种所有制企业都可以设立党组织。尽管法律没有规定党组织在企业经营中的角色，但对于国有企业来说，美国商务部注意到《中国共产党章程》第 32 条规定："国有企业和集体企业中党的基层组织……围绕企业生产经营开展工作。保证监督党和国家的方针、政策在本企业的贯彻执行"。美国商务部认为，国有企业的党组织在企业战略决策和人事任免中发挥积极作用，董事会仅负责执行已经制定好的决策。⑪

---

① "Section 129 Determination of the Countervailing Duty Investigation of Circular Welded Carbon Quality Steel Pipe; Light-Walled Rectangular Pipe and Tube; Laminated Woven Sacks; and Off-the Road Tires from the People's Republic of China: An Analysis of Public Bodies in the People's Republic of China in Accordance with the WTO Appellate Body's Finding in WTO DS379" [Hereinafter "Analysis of Public Bodies"], Office of Policy, Import Administration, Department of Commerce, May 18, 2012. at p. 26.

② *Id.*, at pp. 26-27.

③ *Id.*, at pp. 27-28.

④ *Id.*, at p. 28.

⑤ *Id.*, at p. 29.

⑥ *Id.*, at p. 30.

⑦ *Id.*, at pp. 30-31.

⑧ *Id.*, at p. 31.

⑨ *Id.*, at p. 32.

⑩ *Id.*, at p. 33.

⑪ *Id.*, at pp. 33-34.

此外，美国商务部还指出，中国民营企业中也广泛存在党组织。因此，美国商务部认为，未来在判断民营企业是否受中国政府控制时，党组织的作用将成为一项考虑因素。[①]

与 DS379 案之前相比，美国商务部这份分析报告大幅放宽了中国国有企业被认定为公共机构的标准和范围。分析报告恣意发挥并歪曲了上诉机构的裁决，对此中国政府本可以在 WTO 争端解决机制中提起执行之诉。但由于该报告中大量涉及中国的基本经济制度以及党和政府的作用问题，内容比较敏感，中国至今也没有将该报告提交 WTO 进行裁决。

（四）印度诉美国反补贴措施案：国际法对公共机构法律标准的进一步澄清

中国并非美国恣意认定"公共机构"的唯一受害方。在随后"印度诉美国特定热轧碳钢扁平轧材产品反补贴措施案"（DS436）中，"公共机构"问题再次成为主要争议点，上诉机构得以进一步澄清"公共机构"的法律含义，特别明确了"有意义的控制"的法律性质。

印度与中国相似，都经历了由计划经济向市场经济转型的历程，改革开始时间比中国更晚。印度国内有大量国有企业，在向美国出口产品时遭遇了与中国相同的问题，其国有企业被美国贸易救济调查机关认定为"公共机构"。这成为印度将美国反补贴措施诉至 WTO 争端解决机构的主要诉因之一。在 DS436 案中，争议的国有企业是印度国家矿产开发公司（NMDC）。该公司 98% 的股权由印度政府持有；公司董事会 13 位董事中，2 位董事由印度政府直接任命，7 位董事的任职须获得印度政府批准。[②]另外，该公司的官方网站上明确写道："印度国家矿产开发公司接受印度政府钢铁和矿产部钢铁司行政控制。"[③]在初审阶段，WTO 争端解决专家组接受了美国的抗辩，依据上诉机构在 DS379 案中提出的"有意义的控制"理论，认为美国贸易救济调查机关在反补贴裁决中将 NMDC 认定为公共机构是适当的。

WTO 争端解决上诉机构于 2014 年 12 月 8 日发布 DS436 案裁决报告，驳回了专家组的初审裁决，并明确判决美国贸易救济调查机关将 NMDC 认定为"公共机构"违反 WTO《补贴与反补贴措施协定》第 1.1（a）（1）条规定。[④]

在上诉过程中，美国主张，依据上诉机构在 DS379 案中对"公共机构"法律含

[①] "Section 129 Determination of the Countervailing Duty Investigation of Circular Welded Carbon Quality Steel Pipe；Light-Walled Rectangular Pipe and Tube；Laminated Woven Sacks；and Off-the Road Tires from the People's Republic of China：An Analysis of Public Bodies in the People's Republic of China in Accordance with the WTO Appellate Body's Finding in WTO DS379"［Hereinafter "Analysis of Public Bodies"］，Office of Policy，Import Administration，Department of Commerce，May 18，2012. at pp. 35-36.

[②] United States-Countervailing Measures on Certain Hot-Rolled Carbon Steel Flat Products from India（DS436），Appellate Body Report，para. 4.33.

[③] Id.，at para. 4.35. 原文为："NMDC is under the administrative control of the Ministry of Steel & Mines，Department of Steel Government of India."

[④] Id.，at para. 4.55.

义的解释,当存在政府对国有企业"有意义的控制"时,贸易救济调查机关不需要再判断该企业是否行使政府职权。因此,一个受政府控制的国有企业,例如政府可以像使用自己的资源一样使用该企业的资源,即属于《补贴与反补贴措施协定》下的"公共机构",无论该企业是否拥有政府职权,或为履行政府职能而行使政府职权。[①]美国在 DS436 案中的主张与在前述关于中国国有企业分析报告中的基本立场一致,即以上诉机构在 DS379 案中的法律解释为由,将判断公共机构的法律标准由"履行政府职能和行使政府职权"替换为政府对国有企业"有意义的控制"。

面对专家组的裁决和美国的主张,上诉机构指出,"公共机构"的法律标准在 DS379 案中已经明确,《补贴与反补贴措施协定》第 1.1(a)(1)条下的"公共机构"是指"拥有、行使或被赋予政府职权的实体"。判断一家企业是否构成公共机构需要审查该企业的核心特征和职能,它与政府的关系以及相关国家的经济和法律环境。因此,有多种不同的证据都能证明一家企业被赋予了政府职能。[②]例如,"有关一个实体事实上正在履行政府职能的证据可以用来证明该实体拥有并被赋予政府职权";或者,"在某些情况下,政府对一个实体及其行为实施有意义的控制的证据可以用来证明该实体拥有政府职权或为履行政府职能而行使政府职权"。但是,在任何情况下,贸易救济调查机关在决定一家企业是否构成公共机构时,都必须考虑并评估与企业相关的所有特征,避免只考虑某一项特征而对其他相关特征不予考察。[③]

针对美国提出的受政府控制的国有企业即构成"公共机构",不需要再考察该企业是否行使政府职权的主张,上诉机构明确指出,实体法律标准和证据标准之间的界限不能混淆。[④]上诉机构对于引起争议的"有意义的控制"的法律性质作出明确定位,即政府对企业实施"有意义的控制"并非判断该企业是否构成公共机构的法律标准,而只是相关证据之一,同时,贸易救济调查机关应避免只关注某一项证据而忽略其他相关证据。至此,美国试图将判断公共机构的法律标准由"履行政府职能和行使政府职权"替换为"政府控制"的企图被上诉机构彻底否定。

具体到涉案的印度国有企业 NMDC,初审专家组根据印度政府持有 NMDC 98%的股份、有权任命和批准董事会成员以及 NMDC 网站上关于其受印度政府行政控制的表述,认为美国调查机关将 NMDC 认定为公共机构符合 WTO 规则。对此,上诉机构指出了两点错误。第一,专家组将印度政府具有控制 NMDC 的能力当作判断 NMDC 是公共机构的决定性因素。[⑤]上诉机构认为,并非任何受政府控制的企业都是

---

① United States-Countervailing Measures on Certain Hot-Rolled Carbon Steel Flat Products from India(DS436), Appellate Body Report, at para. 4.6.

② Id., at para. 4.29.

③ Id., at para. 4.10.

④ Id., at para. 4.37.

⑤ Id., at para. 4.36.

"公共机构"。① 专家组引用的证据,包括印度政府的股权、任命董事的权力以及行政控制的表述,更恰当地说,仅构成"控制的形式标记"。这些证据与认定公共机构相关,但并不足以决定 NMDC 构成公共机构。尽管印度政府具有控制 NMDC 的能力,但专家组并未分析印度政府事实上在多大程度上行使了对 NMDC 及其行为的有意义的控制。② 第二,专家组对印度提出的 NMDC 享有经营自主权的证据没有给予恰当的考虑。印度政府称,NMDC 拥有日常经营的自由,印度政府的指令或政策没有影响 NMDC 的交易或定价决策。③ 上诉机构认为,这些证据与分析印度政府对 NMDC 的控制程度和 NMDC 的独立自主程度是直接相关的,④ 不应被忽略。由于专家组和美国调查机关都仅关注印度政府对 NMDC 形式上的控制,没有全面考察所有相关证据,判断印度政府实际控制 NMDC 及其行为的程度,上诉机构推翻了初审专家组关于美国调查机关将 NMDC 认定为公共机构符合 WTO 规则的裁决。⑤

经过 DS379 案和 DS436 案的判决,上诉机构基本澄清了认定"公共机构"的法律标准和证据规则。简言之,要将一家国有企业认定为公共机构,贸易救济调查机关必须证明该企业拥有、行使或被赋予了政府职权。在某些情况下,政府对国有企业有意义的控制可以作为认定公共机构的证据,但并非决定性的法律标准。政府对一家国有企业控股以及任命董事会成员的权力仅构成"控制的形式标记",并不足以将企业认定为公共机构,调查机关必须调查政府实际行使控制权的情况和对企业的实际控制程度。调查机关在调查上述情况时要综合考察所有相关证据,不能忽视那些证明企业具有独立性、不受政府控制的证据。

三、对美国关于中国国有企业法律定性的评论

美国商务部发布的分析报告可以代表美国对中国国有企业的基本看法。分析报告结论认为:所有中国国有独资或控股企业都是"公共机构";所有国资参股但需要执行中国政府产业政策的企业都可以被认定为"公共机构";拥有很少或没有国有股份的企业也可能成为"公共机构",只要美国商务部认为中国政府对该企业实施了"有意义的控制"。该结论十分偏颇,不仅不符合 WTO 上诉机构在 DS379 案和 DS436 案中的判决,其对中国国内法律和政策体系的描述也有许多谬误,反映了美国长期以来对中国国有企业的偏见。

---

① United States-Countervailing Measures on Certain Hot-Rolled Carbon Steel Flat Products from India (DS436), Appellate Body Report, at para. 4.36.
② Id., at para. 4.43.
③ Id., at para. 4.40.
④ Id., at para. 4.44.
⑤ Id., at para. 4.47.

（一）美国商务部分析报告不符合上诉机构确立的个案全面分析原则

WTO上诉机构在DS379案和DS436案判决中均指出，对于一家国有企业，贸易救济调查机关必须综合考察所有相关证据，判断企业核心特征，才能决定该国有企业是否行使政府职权和是否可以被认定为公共机构。上诉机构的判决隐含了一个推论，即没有哪一类国有企业必然是公共机构，认定公共机构必须进行个案分析。美国商务部分析报告仅用38页篇幅，就将中国所有企业（既包括国有企业，也包括非国有企业）盖棺定论。其论据看似洋洋洒洒，但若遵循上诉机构个案分析的原则，具体到每家国有企业则挂一漏万，完全违反上诉机构要求在综合考察基础上具体分析的证据规则。

另外，上述机构在DS436案中特别指出，调查机关不得忽略与证明国有企业自主性和独立性有关的证据。然而，美国商务部分析报告仅狭隘地着眼于中国政府对国有企业的"控制"，无视中国国有企业的多样性和多年改革发展的成果。尽管国资委"管好资本"的职能定位还有待进一步落实，但不干预具体经营活动，使国有企业拥有经营自主权在实践中已是事实。[①]《企业国有资产法》早已明确："国家出资企业依法享有的经营自主权和其他合法权益受法律保护。"[②] 对于证明中国国有企业自主性和独立性的证据，美国商务部在分析报告中刻意忽略，没有按照上诉机构判决的要求，对所有相关证据做全面综合分析。分析报告的视角和论据是片面的，则结论难以令人信服。

（二）美国商务部对中国政府职能和职权理解错误

上诉机构在论述政府和"公共机构"的特征时谈到了政府职能和政府职权概念："政府的本质特征是有权管理、控制或监督个人或约束其行为，并通过行使法定权力达此目的。……这部分来源于政府履行的职能，部分来源于政府为履行职能而拥有的权力。"[③] 这说明，上诉机构是在政府区别于个人所拥有的强制权力这个意义上谈到政府职能和职权概念的，而并非空泛地谈与政府相关的所有特征。相比之下，美国商务部分析报告将中国的政府职能和职权定义为"坚持公有制为主体"和"巩固和发展国有经济在国民经济中的主导地位"，并以《宪法》和《物权法》中"国家在社会主义初级阶段，坚持公有制为主体"以及"国家保障国有经济的巩固和发展"等表述作为证据。这是对中国政府职能和职权的错误理解。

首先，中国政府的经济职能是为包括国有经济和非国有经济在内的所有市场经

---

① 黄淑和："各级国资委不干预企业法人财产权和经营自主权"，新华网，2013年12月19日，http://news.xinhuanet.com/fortune/2013-12/19/c_118622457.htm，访问时间：2015年5月28日。

② 《企业国有资产法》第16条。

③ United States-Definitive Anti-Dumping and Countervailing Duties on Certain Products from China（DS379），Appellate Body Report, at para. 290.

济主体创造平等竞争的环境。中国政府有职责巩固和发展国有经济，同时也有职责鼓励和发展非国有经济。《宪法》《物权法》以及党的十八届三中全会决定对此都有明确表述。美国商务部报告选择性地将中国政府职能定义为巩固和发展国有经济，失之偏颇。

其次，中国《宪法》序言中所谓"国家的根本制度和根本任务"不能等同于"政府的根本制度和根本任务"。中国《宪法》序言最后一段明确规定："本宪法以法律的形式……规定了国家的根本制度和根本任务，……全国各族人民、一切国家机关和武装力量、各政党和各社会团体、各企业事业组织，都必须以宪法为根本的活动准则……"[①]《宪法》序言已经对"国家"的概念作出了提示，即"国家"应当包括"全国各族人民、一切国家机关和武装力量、各政党和各社会团体、各企业事业组织"，其概念范围远大于中国政府。而美国商务部分析报告以中国《宪法》和《物权法》中"国家在社会主义初级阶段，坚持公有制为主体"以及"国家保障国有经济的巩固和发展"等表述作为证据，试图证明中国政府在中国法律框架下的职能和职权，这是错误地理解了中国《宪法》的关键概念。[②]

最后，中国《宪法》和《物权法》中的上述表述是对于中国在社会主义初级阶段基本经济制度的宣示和共识，表示基本经济制度在社会主义初级阶段适用于中国主权范围内的所有人和事。上述表述不应被理解为规定作为公权力代表的中国政府所拥有的具体职能和权力。联合国国际法委员会在解释《国家责任条款草案》第5条时明确指出：关于个人或实体行使政府职权的规定不包括国内法律对从事某种行为的宏观授权。[③] 换言之，与判断"公共机构"行使政府职能和职权相关的法律所授予的必须是某项具体的政府权力，而不是政府对社会宏观管理的职权。中国《宪法》和《物权法》中对基本经济制度的规定就是宏观性的宣示，并不涉及任何具体政府职权。尽管中国政府有维护基本经济制度的职责，但这种政府职权并非上诉机构在解释"公共机构"含义时谈到的具有具体规范性质的政府职能和政府职权。

（三）中国国有企业执行产业政策无法证明国有企业是"公共机构"

美国商务部分析报告认为中国国有企业是"公共机构"的主要论据就是国有

---

① 《中华人民共和国宪法》，全国人民代表大会，http://www.npc.gov.cn/npc/xinwen/node_505.htm，访问日期：2015年6月1日。

② 美国商务部分析报告对中国法律，尤其是中国《宪法》规定的误解在一定程度上源于中美两国宪法体系和内容的区别。美国宪法基本结构是限权（力）和确权（利）。宪法正文七条的绝大部分内容都是规定联邦和州政府的权力范围和两级政府的关系。因此，美国宪法除了通过"权利法案"和后续修正案确认公民权利以外，其正文的规范内容主要就是政府职能和政府职权。但相同的体系结构并不适用于中国宪法。上诉机构在DS379案中明确指出，哪些职能和权力属于政府职能和政府职权要依据各WTO成员方国内法判断。美国商务部对中国国内法的判断和理解水平有待加强。

③ Draft Articles on Responsibility of States for Internationally Wrongful Facts, with commentaries, International Law Commission, United Nations (2001), at p. 43. 上诉机构在解释"公共机构"概念时特别参考了联合国国际法委员会制定的第5条的内容。

企业需要执行中国政府发布的产业政策。根据分析报告的逻辑,通过发布产业政策干预资源配置和企业决策,中国政府控制了国有企业的发展方向并提供竞争优势,最终实现维护国有经济作为国民经济主导力量的政府职能。因此,发布并要求国有企业执行产业政策是中国政府对国有企业实施"有意义的控制"的主要手段。

　　分析报告关于中国产业政策的分析似是而非。第一,产业政策是各国政府广泛使用的干预和促进经济发展的政策体系,并非中国政府独有,也非政府控制国有企业的手段。对于产业政策,至今缺乏明确定义。但一般认为,产业政策是国家基于特定目的对以产业结构为中心的产业要素进行管理的规范体系,也是许多国家长期使用的经济管理手段。[①]各国政府在促进经济发展过程中都可能使用产业政策,对经济发展进行必要的干预和引导,这并不必然导致政府对某类企业的控制。美国也有产业政策。2012年2月,美国白宫发布《先进制造业国家战略计划》,[②]旨在提供一系列激励措施和政策环境,促进美国先进制造业发展。但并不能因为该战略计划的实施,就认为美国先进制造业企业受到美国政府控制。中国的产业政策与美国相比,可能在某些方面带有一定歧视性,对特定产业采取特殊保护或扶持,但这与政府控制企业发展不可同日而语。

　　第二,中国的产业政策与巩固和发展国有经济在国民经济中的主导地位没有必然联系,也说不上是实现这个所谓中国政府职能的重要方式。美国商务部分析报告对中国政府职能和政府职权认定错误前文已述。即使分析报告对中国政府职能的认定没错,中国的产业政策与维护基本经济制度有交集,但也没有必然联系。中国政府颁布的产业政策内容十分广泛,涉及各行各业。当前产业政策的主要内容是推动经济结构转型升级,根本目的是实现国民经济健康发展。[③]有些产业政策与国有企业有关,更多情况下与国有企业无关。美国商务部将中国国民经济五年计划都作为巩固和发展国有经济主导地位的主要方式,无异于说美国总统发表年度国情咨文是为了巩固和发展资本主义经济主导地位一样荒谬。

　　第三,中国国有企业执行产业政策并不能说明国有企业是"公共机构",履行政府职能并行使政府职权。中国政府颁布的产业政策不论是否具有强制执行力,其适用范围都是国民经济中的所有主体。不仅国有企业需要执行,民营企业与外资企业

---

　　① 宋彪:"论产业政策的法律效力与形式",载《社会科学研究》2008年第6期,中国经济法制网,http://www.cnela.com/article/default.asp? id=314,访问日期:2015年6月1日。
　　② "A National Strategic Plan for Advanced Manufacturing", Executive Office of the President and National Science and Technology Council, February 2012, https://www.whitehouse.gov/sites/default/files/microsites/ostp/iam_advancedmanufacturing_strategicplan_2012.pdf.
　　③ 杨明:"完善政策体系,护航产业结构调整升级",中国工业新闻网,2012年7月10日,http://www.cinn.cn/wzgk/wy/270493.shtml,访问日期:2015年6月7日。

都需要执行。① 尽管产业政策反映政府意志，但执行产业政策不能说明一家企业履行政府职能。

（四）《分析报告》提出的中国政府对国有企业的部分控制方式仅构成"控制的形式标记"

美国在 DS436 案中为证明印度政府对 NMDC 实施"有意义的控制"，提出的证据包括印度政府在 NMDC 中持股比例达 98%；政府有权任命董事会成员；以及 NMDC 网站上明示其受印度政府行政控制。在上诉机构看来，这些证据仅构成"控制的形式标记"，并不足以认定 NMDC 是公共机构；美国调查机关还应考察印度政府实际在多大程度上行使了控制权。

依据上诉机构提出的证据标准，美国商务部分析报告中证明中国政府对国有企业实施"有意义的控制"的部分证据也不过是"控制的形式标记"。首先，分析报告结论中将国有控股企业都认定为公共机构，这沿袭了美国商务部以国有股权作为单一要素判断公共机构的做法。单凭控股权不能证明国有企业是公共机构，这是上诉机构在 DS379 案和 DS436 案中反复重申的结论，而分析报告仍然明知故犯。其次，分析报告提出的部分其他控制方式也仅是"形式控制标记"。例如，分析报告将中国政府控制国有企业高管人员任命作为政府控制国有企业的重要证据。但是，分析报告并未考察中国政府任命的高管在企业实际经营决策中是否保持独立性或者在多大程度上直接听命于中国政府的指示。② 分析报告提到企业中的党组织是中国政府控制企业的手段。但除了援引《中国共产党章程》的原则性规定外，分析报告并未指出党组织在企业经营决策和人事任免中实际发挥了哪些作用。分析报告还提到国有资本经营预算制度，认为该制度通过要求国有企业向政府上缴利润以及政府向企业重新分配资本，以达到政府控制企业行为的目的。但这只是对国有资本经营预算制度运行方式的基本描述，至于该制度在实践中如何影响国有企业的经营决策行为，分析报告并未进一步论证。

尽管如此，分析报告也提出了一些证据，即使以上诉机构确立的证据标准衡量，也可能证明中国国有企业是公共机构。例如，中国政府有时直接干预国有企业的兼并重组，如要求日照钢铁兼并亏损的山东钢铁，以实现产业结构调整的目的。另外，

---

① 以《国务院关于印发工业转型升级规划（2011—2015）的通知》(国发〔2011〕47号）为例，其第三章"工业转型升级的重点任务"第六节的标题为"推动大企业和中小企业协调发展"。该节第一段要求："在规模经济行业促进形成一批具有国际竞争力的大集团，扶持发展大批具有'专精特新'特征的中小企业，加快形成大企业与中小企业协调发展、资源配置更富效率的产业组织结构。"此处的"大集团"和"中小企业"应理解为包括任何所有制形式的企业，并不特指国有企业。

② United States-Countervailing Measures on Certain Hot-Rolled Carbon Steel Flat Products from India（DS436），Appellate Body Report，para. 4.45. 上诉机构否认了印度提出的任命董事和高管人员只是印度政府控股权的衍生权利的主张。但是上诉机构强调，在考察政府任命高管人员的权力之外，还应当考察这些高管人员在经营决策中的独立性。

《中央企业投资监督管理暂行办法》要求国资委监督、管理或批准中央企业的投资计划和投资决策，确保投资方向符合政府的产业政策。这些证据都反映了中国政府为达到特定政策目标，实际控制了国有企业的具体经营决策行为。在此情形下，中国政府不仅对国有企业及其行为实施了"有意义的控制"，受控制的国有企业也确实成为政府实现政策目标的工具。

四、结　语

中国改革开放的目标是为国有经济和非国有经济创造平等竞争的商业环境，激发各类企业主体活力。国有企业可以与其他市场主体实现公平竞争，这在党的十八届三中全会决定中有明确表达。

在全球化背景下国有企业法律定性问题之所以受到关注，是因为国有企业造成不公平竞争的偏见尚有存在土壤。尽管美国商务部将中国国有企业认定为与政府性质类似的"公共机构"有不少谬误之处，但其分析的确抓住了中国国有企业一些改革不完善的问题。要彻底推翻以美国为代表的西方国家对中国国有企业的偏见，维护中国在对外经贸关系中的利益，有赖于继续深化国有企业改革，厘清政府与企业的关系。

必须尽快完善国有企业分类，根据不同企业类型分别制定不同改革方案，形成不同的对外表述口径。有些政策性业务较多的国有企业承担了为社会提供公共产品和服务的职责，具有类似政府的职能，将这类国有企业定性为"公共机构"并无不妥。但对于以竞争性业务为主的国有企业，应加快混合所有制改革，健全完善现代企业制度；对外表述时也应据理力争，避免其他国家将这类企业不恰当地与中国政府等同，损害国家和企业的利益。

与此同时，应进一步降低国有企业的行政色彩，强化其市场主体属性。国有企业在经营决策和人事任免方面与政府的紧密关联是美国商务部将其认定为"公共机构"的主要原因。目前，国企改革中推进董事会建设、建立市场化的职业经理人制度、强化管好资本而不干预企业具体经营活动等措施都是在向强化企业市场主体地位、淡化行政色彩的方向努力。只有将这些改革措施落到实处，使国有企业真正成为市场竞争中平等的一员，才能有力回击外国对我国国有企业提出的诘难。

From Non-market Economy to State-led Economy: A "State-led-economy" Denomination in Investment Agreements and its Implications

Kong Qingjiang[*]

Abstract: The state-led-economy provisions in the U.S. model BIT, which was released in April 2012, aims to impose strict regulations on the State-owned Enterprises (SOEs) and exert great influence on the state-led economy model. China and the U.S. are now in the midst of negotiating a BIT, and the U.S. government insists on negotiating on the basis of its 2012 model BIT. If China is to accept the 2012 U.S. model for the proposed BIT between the two nations, and particularly, if China is denominated, albeit *de facto*, as a state-led economy in the BIT, unprecedented international obligations will be placed in the field of international investment and beyond, which are only analogous to the implications of China's non-market economy denomination in its trade terms with other WTO members.

Key Words: State-owned Enterprise; Non-market Economy; State-led Economy; China-US Bilateral Investment Treaty

Introduction

China's economy has indivisible relationship with State-owned enterprises (SOEs). At present, most of these SOEs have clustered in those sectors that play crucial roles in the national economy such as energy, telecommunication and finances. Despite several

---

[*] Kong Qingjiang, Professor of law, China University of Political Science and Law, and The Collaborative Innovation Centre for Territorial Sovereignty and Maritime Interests.

rounds of reform on the SOEs aiming at a separation of governmental functions from corporate management, and a modern market-oriented governance structure, Chinese SOEs remain monopolies or *de facto* monopolies with exclusive access to many important industries relevant to national economy and people's livelihood. Further, SOEs can enjoy a lot of privileges in their operation, some even have certain regulatory authority which is supposed to be exercised by the government. This kind of economic model is often dubbed as a non-market economy in the context of trade relations or State-led economy in the context of investment relations with the rest of the world.

In this context, research on the issue state-led economy will be of significance to China that is busy negotiating a BIT with the United States. More interesting is an extrapolation of the implications of the state-led economy denomination in investment terms vis-à-vis the non-market economy denomination in trade terms. The author will first examine the non-market economy denomination in the Protocol on China's accession to the World Trade Organization and its fate after December 11, 2016. Then he will identify from the perspective of normative jurisprudence, the economic activities that fall within the scope of state-led economy provisions. He will then project the possible impact of state-led economy provisions. In the end, the author will advise how China should handle negotiation surrounding the state-led economy issue.

I. The Non-market Economy Denomination

The notion of non-market economy (NME) treatment, which was introduced into the General Agreement on Tariffs and Trade and the WTO, has mainly been used in the anti-dumping investigations on certain countries. It seems to stem from the idea that non-market economies are fundamentally different from "market economy" as concerns the amount of hidden subsidies (publicly financed goods and services) present in those markets. In the protocol on China's accession to the WTO, China was named a non-market economy. Such denomination allows countries importing Chinese goods to adjust or disregard Chinese prices and costs when determining whether the imported goods are being dumped onto their markets. The constructed normal value will normally be based on costs and prices from outside the exporting country and thus are likely to be higher. This means that when the comparison is made between the normal value and the export price the level of dumping is likely to be higher. China therefore has a strong interest in arguing that it is a market economy.

The GATT and the WTO offer no detailed guidance as to what constitutes an NME, or how they should be treated in anti-dumping proceedings. As a result, some member states of the WTO, such as the EU and the United States, have developed their own methodologies in the anti-dumping investigation of NMEs. Such methodologies have been doubtfully exerting discriminating and disadvantageous treatment to import products from the NMEs and may not be in conformity with the obligations under the WTO.

As the year of 2016 is approaching, international trading communities and trade lawyers are again debating the issue of China's market economy status on the basis of Paragraph 15 (a) of the Protocol on the Accession of China to the WTO.[①] The issue is not whether China will be automatically entitled to such status after 2016, and not whether Chinese producers are entitled to having their pricing methodologies used in determining the value of their products under investigation after 2016, but whether Chinese producers shall be fairly treated in their trading relationship with the traders from other WTO member countries.

The incorporation of the non-market economy clause in the Protocol was for the existing WTO members to assuage the impact of anticipated massive inflow of Chinese products on the market of importing countries. China accepted the clause in exchange for an earlier conclusion of the accession package. The non-market economy clause was intended as a transitory institutional design, as evidenced by the specified time frame. In this context, it is natural for China to expect a switch from non-market economy status to market economy status.

However, both the Antidumping Agreement and the Agreement on Subsidies Countervailing Measures do not preclude the competent authorities of an importing country from designating a third country (analogous country) to determine the values of the products of the enterprises of an exporting country involved in an antidumping or countervailing investigation, provided that the interested parties or the competent authorities that initiated the investigation can prove that market conditions do not prevail in the industry *with regard to the manufacture, production and sale of the products under investigation.*

---

① The United States agreed to recognize China's market economy status (MES) as soon as possible, according to a statement from the Chinese side on May 26, 2010 upon the conclusion of the second round of the China-US Strategic and Economic Dialogue (S&ED). See Lan Lan and Ding Qinfeng, US to recognize China's market economy status, China Daily, May 27, 2010. Chinese premier Wen Jiabao, speaking at the September 2011 World Economic Forum at Dalian mentioned the "2016 deadline" when he asked, once again, the EU to grant China market-economy status. See World Economic Forum, Press Release, Premier Wen: China Will Do What It Can for Global Economic Stability and Recovery, September 14, 2011.

For a scholastic review, see Van Bael and Bellis, EU Anti-Dumping and Other Trade Defence Instruments, Kluwer Law International 2011.

Under the discriminatory non-market economy clause in the Protocol, the competent authorities of other WTO member countries are not automatically entitled to designate a third country (analogous country) to determine the value of the products involved in an antidumping or countervailing investigation where the Chinese producers have proved, to the satisfaction of the competent authorities, that market conditions prevail in the industry with *regard to the manufacture, production and sale of* the products under investigation; instead it imposes on the Chinese producers a burden of proof: an analogous third county will be designated if Chinese producers cannot prove that the market conditions prevail *with regard to the manufacture, production and sale of* their products. Both the United States and the EU have made clear whether China is or is not a market economy is a technical question under EU law.[①]

It is an open question whether China as a whole has met the criteria set forth by its major trade partners. According to the US Department of Commerce and the EU Commission, however, during the course of investigations into companies in antidumping investigations that firms in China do not comply with international accounting standards, and in anti-subsidy investigations, that many market sectors operate within the framework of the five-year plans which encourage some sectors and discourage others. For example, companies in the encouraged sectors receive funding from state-owned banks without any regard to the risks which such funding might incur. In addition, many countries have questioned whether China allows its currency to float. Brazil has raised this issue in the WTO referring to the concept of monetary dumping.

With or without the non-market economy denomination in the Protocol, the competent authorities of other WTO member countries are entitled to designate an analogous country to determine the value of the products of the Chinese enterprises involved in an antidumping or countervailing investigation, if and only if the interested parties or the competent authorities that have initiated the investigation can prove that market conditions do not prevail in the industry with *regard to the manufacture, production and sale of* the

---

① According to Karel De Gucht, the current EU commissioner for trade, the EU assesses the existence of a market environment using five criteria set out in the EU antidumping regulation. Such conditions can be summarised in the following questions:
- Does the government influence the operative decisions of firms or are they made in response to market signals?
- Does the legacy of the command economy, in terms of public ownership, barter trade and so on, affect firms' operations?
- Do firms have effective accounting standards?
- Do firms operate under an effective framework of bankruptcy regulation and property-rights protection?
- Do firms convert currency at standard market rates?

Chinese products under investigation.

For the same reason, *whatever effect the non-market economy clause may have in 2016*, the competent authority of other WTO member countries will be able to designate an analogous country to determine the value of the products of the Chinese enterprises involved in an antidumping or countervailing investigation, if the interested parties or the competent authorities that have initiated the investigation can prove that market conditions do not prevail in the industry with regard to the manufacture, production and sale of the Chinese products under investigation.

After 2016, Chinese producers under investigation by the competent authorities of other WTO members no longer bear the burden of proof; instead, it will be up to the interested parties or the competent authorities that have initiated the investigation to prove that market conditions do not prevail in the industry with regard to the manufacture, production and sale of the Chinese products, if they do not anticipate the Chinese price to be used in determining the value of the Chinese products under investigation.

It is safe to argue that the non-market economy clause has only the effect of shifting the burden of proof from the Chinese producers whose products are under investigation by competent authorities in the importing countries to the interested parties or the competent authorities that have initiated the investigation.

There is no point waiting for the automatic endowment of a market economy status. Whilst China shall be prepared to claim fair treatment, engaging in further market reform is the only wayout towards *de facto* treatment of market economy status.

II. A Possible State – led Economy Denomination for China in IIAs

A. The Concept of State – led economy

A state-led economy has always been associated with state capitalism. State capitalism is a technical term first used in the literature about international communism movement.[①] Since the financial crisis in 2008, some of the Western scholars have interpreted this concept based on their own understanding, so as to depict emerging economies with

---

[①] See Lenin: A Great Calamity Is at Hand, What Is the Way Out? *Lenin Selected Works Vol. 3*, People's Publishing House 2012, pp. 232-237. Lenin pointed out in this article that destroying capitalism and realizing socialism is to nationalize banks and monopoly organizations, abolish trade secret, force the industrialist, merchant and entrepreneur to join in the union, and force the residence to join in the consumer's cooperative. See also *Lenin Complete Works Vol. 42*, People's Publishing House 1987, p.221; *Lenin Complete Works Vol.34*, People's Publishing House 1985, p.236.

common characteristics, especially China. In the West, state capitalism is invariably linked with China, namely Chinese state capitalism.① Some of the occidental scholars even refer to Chinese state capitalism as the "innovative state capitalism".②

How to cope with the state-market relationship and government-enterprise relationship lies at the core of a modern market economy. In the market-oriented economy, there is a clear divide between government and enterprises. When it comes to SOEs, governments can only act as investors, while the entire operation of SOEs is left entirely to the managers who are under the guidance of the board of directors. In this case, the government shall not involve itself in SOEs' management. Advocates of market economy perceived state capitalism as one kind of capitalism which is, however, led by the government to manipulate the market for political consideration.③ In the system of state capitalism, governments use diverse SOEs and state-controlled enterprises④ to allocate resources, and utilize championed companies to control certain economic fields. SOEs are exactly established to execute national strategic goals.

If we evaluate China's government-SOEs relationship in this way, it seems reasonable to call Chinese economic system as a state-led economy. For a relatively long time, China's economy has featured as semi-market owing to the obvious governmental dominance. In such a special type of economic system, SOEs, championed private enterprises, state-owned banks and sovereign wealth funds play a predominant role. SOEs, as the tools available for governments to regulate economy, allocate resources and fuel economic growth, have long served as semi-governmental tools and semi-market participants. In this process, the government has played dual roles as an administrator and a market participant. Being the administrator, Chinese government has made great contributions to market management; while in contrast, as a market entity, it also safeguards its interests as the owner of over 30 trillion state capital and assets. As the owner and administrator of such a huge amount of state capital, Chinese government has to set both overall and specific plans on the allocation of resources in the forms of coal, electricity, oil and etc. To best utilize this state capital, the government has to implement differentiated treatment in the light of diverse ownerships.

---

① See National Intelligence Council, *Global Trends 2025 : A Transformed World*, November 2008, available at http://www.dni.gov/files/documents/Newsroom/Reports%20and%20Pubs/2025_Global_Trends_Final_Report.pdf.
② See Joshua Kurlantzick, The Rise of Innovative State Capitalism, *Businessweek*, June 28, 2012.
③ Ian Bremmer, The End of the Free Market: Who Wins the War Between States and Corporations? Portfolio, May 2010.
④ State-controlled enterprises include enterprises with governmental shares and private enterprises selected by the government.

Objectively speaking, this modality matches the development stage of China and help China achieve great economic success in a short term. Nowadays, China's SOEs as well as their affiliated companies indeed have contributed to over half of China's GDP and employment.[①] In 2014, 100 mainland China companies were included in the global list of Fortune 500, in which 87 are state-owned or state-controlled enterprises.[②] Apparently, SOEs have played significant roles in the national economy system. With their scale effect, leading role, comparatively abundant human resources and technology reserves, SOEs have become major contributing factors to China's economic achievements.

However, certain flaws still exist in state-led economy, some of which are even fatal. First of all, state-led economy is low-efficient when it comes to allocation of resources. Secondly, there might be some impediments to the sustained development of state-led economy. State-led economy means that the need of the states is given priority over that of the enterprises, which may easily lead to the inefficiency of enterprises and in turn restrict its development. And centralization of power may deprive the enterprises of their innovative capacity with a fear of creative destruction[③] and changes brought by reforms. Furthermore, it is presumable that the abuse of the authority will enable the government to make rules selectively and then provide monopoly access for SOEs by excluding other private and foreign enterprises out of fair competition. This non-transparent state-led economy may also help cover politicians' failure decision in investments, which in the long run will unequivocally hurt a country's economic development.

In 2005, OECD issued the *Guidelines on the Corporate Governance of Stated-Owned Enterprises*.[④] It identified several problems of SOEs' governance under a state-led economy system. Even though most companies have build up a corporate governance

---

① In the end of 2013, central enterprises have total assets of 34 trillion CNY, increased by 11.7% than 2012, among which 68 enterprises have assets over 100 billion CNY; in 2013, central enterprises have operation revenue of 24.4 trillion CNY, increased by 9.1% than 2012, among which 56 enterprises have operation revenue over 100 billion CNY. See *Overall Operation Condition of Central Enterprises*, issued by State-Owned Assets Supervision and Administration Commission of the State Council on July 26, 2014.

② See China Wealth Website: http://www.fortunechina.com/fortune500/c/2014-07/07/content_212317.htm.

③ Joseph Alois Schumpeter pointed out, "Entrepreneurs are the leaders of economic development, and the innovators to realize recombination of production factors. Entrepreneurs are the subjects of innovation, their role is to creatively destruct market imbalance (creative destruction). Dynamic imbalance is a normal status of healthy economy (rather than balance and best allocation claimed by classical economist, while entrepreneurs are the organizers and initiators. Only through creative destruction can entrepreneurs gain the opportunity to make extra profits. See Joseph Alois Schumpeter: *Theory of Economic Development*, translated by He Wei, Yi Jiaxiang, the commercial press 1990, preface of the Chinese version.

④ See *OECD Guidelines on the Corporate Governance of Stated-Owned Enterprises*, available at http://www.oecd.org/corporate/ca/corporategovernanceofstate-ownedenterprises/oecdguidelinesoncorporategovernanceofstate-ownedenterprises.htm.

framework in China, this is still a tough issue, especially in standard running and operation efficiency. SOEs or state-controlled enterprises could not recruit senior officers in employment market but to accept the appointment by the Chinese Communist Party (say, the Organization Department of CCP). The State Commission for State Asset Administration has the authority to determine the transfer of the shares of SOEs. Even though there are several disclosure rules and requirements concerning transfer of shares of listed companies, and stakeholders can also petition for remedies through derivative actions, few people have practiced them yet. As to internal governance of SOEs, it is common that the SOEs are mastered by the insiders, thereby resulting in the fragile internal governance.

In the external environment, certain SOEs or even industries can grow rapidly with the assistance of the national strength under the state-led economy system. SOEs always enjoy more privileges or conveniences than private enterprises, and these preferential policies will enhance their competitiveness on the market, which comes rather from the government support than their own superior management or technologies.[①] Among the financial supporting policies, subsidies are considered as the most direct means. Due to the special political, economic and cultural environment, during the economic reforms, China provides certain enterprises or industries or areas with needed financial support, in order to accommodate to the distortion brought by the centrally planned economy and buffer the harmful effect of economic structure adjustment on the political and social level. These financial subsidies may fall in the regulating scope of competitive neutrality, and it will not merit international investment. In these areas, China is now faced with enormous challenges. Also, SOEs is easily accessible to privileges and conveniences concerning financing and guarantee. In China's current financial system, state-owned banks are major players, and they are more inclined to issue loans to SOEs. Also, China's interest-rate policy has been long offering subsidies to SOEs, which provided lower financing costs for lenders (mainly SOEs). Under the interest-rate policy, the banks can get a 3% net interest margin, while the depositors can only get negative real yields. As a matter of fact, this measure has levied taxes on general public in the interest of state-owned banks and SOEs. Further, considering such factors as economic security, usually the government would allow some SOEs (like those in energy resources, telecommunication and high-tech industries) to form monopoly. Indeed, these enterprises do protect the nation's economic security, but in the long term this may facilitate industry chain monopoly,

---

[①] Zhao Xue-qing, Wen Han, The Influence of the Competitive Neutrality Policy on China's State-owned Enterprises, *Hebei Legal Science*, Vol.31, No.1, Jan., 2013, pp.33-37.

which directly impairs market competition and market access, which violates the non-discrimination rule within the WTO framework, for instance, the General Agreement on Trade in Services (GATS).①

Critics about state capitalism and state-led economy issue are in connection with the mainstream Western economics that has constantly belittled the governments' roles in economy.② By the interaction with scholars, U.S. government has formed theoretical foundation on the judgments of state-led economy. Thus it may become a strategy employed against China. Currently, Western countries are actively engaged in designing new rules including model BITs to contain the state-led economies and the state-led-economy modality.③ It can be foreseen that these kinds of disagreements would be more controversial even than state capitalism. In this context, the Chinese government is in the cross of a tough choice: shall it continue with the state-led-economy modality or not? A decision will rest upon the government's awareness of the pros and cons of its obligations and the different modes of economic growth. It is of great significance to China's development in the foreseeable future to make use of these economic factors to ensure China's economic growth, job opportunities and social welfare.

B. State-Led-Economy Issue Concerning Investment Policy

Being one of the issues around foreign investment policies, state-led economy should be based on acknowledgement as such: state-capitalism may jeopardize fair competition in the world at large due to the existence of sovereign wealth funds and large SOEs; also, SOEs' governance lacked in transparency and accountability and SOEs

---

① Non-discrimination rule under GATS includes National Treatment Principle and Most-Favored-Nation Treatment Principle. National Treatment is prescribed in Article 17: In the sectors inscribed in its Schedule, and subject to any conditions and qualifications set out therein, each member shall accord to services and service suppliers of any other Member, in respect of all measures affecting the supply of services, treatment no less favorable than that it accords to its own like services and service suppliers. Most-Favored-Nation Treatment is prescribed in Article 2: With respect to any measure covered by this Agreement, each Member shall accord immediately and unconditionally to services and service suppliers of any other Member treatment no less favorable than that it accords to like service and service suppliers of any other country.

② The mainstream economics in the West is liberalism, which emphasizes on free competition and the role of law of value in the market, opposes to government intervention and advocates free trade, free production and free business. The founder of liberalism is Adam Smith, who pointed out that the merchants are guided by an invisible hand to achieve a goal that may not be their own purposes. Despite that, it may be a different thing for the society. It will more efficiently promote the society's interest by pursuing own interest than by pursuing the society's interest. See Adam Smith: *The Wealth of Nations*, edited by Charles Elliot, translated by Ran Mingzhi, Beijing Institute of Technology Press 2013, p.326.

③ These new rules are in essence emphasizing the relationship of government and market, remaining free competition. These rules include protection of intellectual property, financial reform and transparency requirement.

may become the instrument for their home country to abuse economic preferences and interfere with other countries' development. Here follows a discussion of the detailed reasons why the state-led economy issue has been heatedly debated in bilateral investment relationships.

a. From the Perspective of the U.S.

The Effect of the State-Led-Economy Modality on Foreign Investors in China

China is in a fast-developing stage under the state-led economy, and foreign enterprises have reaped profits from their business relationship with China's SOEs. However, there are two disadvantages towards foreign investors in China. Firstly, the competitions between foreign enterprises and China's SOEs are unfair as SOEs can garner financial and political support from the government. Secondly, the Chinese government has laid many barriers and requirements concerning market access, which exposes the foreign enterprises to increasing risks. The Chinese government may extend a warmer welcome to foreign investment input since China is in urging need of capital, technology and managerial expertise. But after these foreign enterprises become competitors rather than potential partners, those SOEs may avail themselves of their inherent political and financial resources to obtain a rather favorable competition environment.

The latest examples of government's direct participation in economic activities in China is the New Industrialization Strategy adopted on the 16th National Congress of the Chinese Communist Party in November, 2002[①] and the Indigenous Innovation Scheme jointly promulgated by the Central Committee of the Chinese Communist Party and the State Council in January, 2006.[②] The Chinese authorities made plans about certain industries to conduct indigenous innovation so as to help Chinese enterprises to attain the peak of the industry chain. Even though these industries are also open to foreign investors and may bring foreign enterprises profitable returns for a long time, the problem lies in that this requires the foreign enterprises to share their advanced technology with their Chinese partners, a phenomenon called *forced technology transfer*.[③] This may lift the cost for foreign investors, in turn squeezed their acquirable profits.

---

① In the Report of the Sixteenth National Congress of the Chinese Communist Party in November, 2002, it is emphasized that China shall take a new industrial path of high-tech, efficient economy, low resources consumption, less environment pollution and best use of human resources with information and industrialization mutually promoting each other.

② The Central Committee of the Chinese Communist Party and the State Council, *Decision about Execution of Science and Technology Development Guidelines to Build the Capacity of Indigenous Innovation*, January 26, 2006.

③ See Keth Bradser, G.M. Aims the Volt at China, but Chinese Want Its Secrets, *New York Time*, September 5, 2011.

The Effect of Chinese SOEs' Overseas Investment on Host Countries

China's overseas direct investment (ODI) has been greatly influenced by its mode of economic growth. For now, SOEs still constitute main sources of China's ODI. Take the year 2010 as an example, according to the different types of enterprise registration, SOEs account for 66.2% in the total amount of ODI, in contrast with merely 10.2% in the volumes of ODI projects.

On the whole, the primary motive of SOEs' ODI is to acquire strategic assets, including natural resources, advanced technology, famous brands and market channels. This is different from the developed economies. As it is generally believed, compared with private enterprises, SOEs can obtain more financial support from the government in the process of overseas expansion and care less about the profitability therein, since they have more or less undertaken part of the responsibility of the government to fulfill the nation's strategic goal.[①]

On the contrary, China's overseas investment does not bring as much benefit to the host countries as expected. Usually, the targets of ODI by enterprises are either to avail themselves of low cost in host countries or to expand local market. However, most of overseas expansions in China's SOEs are to promote their own competiveness and to strengthen domestic production, rather than to enlarge overseas production, let alone the relocation of the manufacturing facilities overseas. As mergers and acquisitions (M&A) are the predominant ways that China's SOEs proceed ODI, a mass of dismissal of current employees in the target companies in host country may occur during the transactions.

b. From the Perspective of China

The Effect of Host Countries' National Security Regulation on China's Overseas Investment

Until recently, U.S. has been the largest recipient of FDI considering its least restrictions on foreign investment. Still, there is a special agency–The Committee on Foreign Investment in the United States (CIFUS) – that is authorized to review M&A transactions that could result in control of a U.S. business by a foreign person, in order to determine the effect of such transactions on the national security of the U.S. It is an inter-departmental committee comprising the Department of Treasury, the Department of Commerce, the Department of National Defense and the Department of State, with the Secretary of Treasury chairing this committee. The CIFUS operates pursuant to *Exon-*

---

① See Wang Bijun, The Opportunities and Challenges of China in the Global Investment Governance, *International Economy Review*, 2014, No.1.

Florio Amendment, [①] in accordance with which (1) both parties of an M&A transaction may voluntarily submit a request for review or (2) the CIFUS may also initiate *ex officio*, a review. If within 30 days there is no approval by CFIUS, an investigation must be carried out, the results of which shall be submitted to the President for final decision.

Threat of national security is an important reason for the U.S. and other developed countries to curtail the investment of Chinese enterprises. According to U.S. law, the President is authorized to stop acquisitions, mergers and takeovers that might endanger national security, if under the premises that threat cannot be mitigated and, regulations other than *Exon–Florio Amendment and International Emergency Economic Powers Act* cannot provide the President with sufficient and proper authority to protect national security. CIFUS may conduct review and investigation while only the President has the authority to ban or withdraw a transaction. In the practices, 10–15% of M&A proposals by foreign persons have gone through investigation. Foreign persons hereby refer to foreign citizens, governments or entities; or any entities controlled by foreign citizens, governments or entities (like subordinate units in the U.S. or companies under control). Control is widely defined, referring to the ability to confirm, order, make, reach or prompt a decision without a minimum ownership percentage (but less than 10% of ownership usually have no control). CFIUS will also take many factors into considerations, including such important factors as the nature of the transaction and the identities of the parties. For CFIUS, the enterprises and capitals with foreign government background are the primary focuses under investigation. Foreign government background are not only concerned with ownership such as SOEs, it also relates to (1) the foreign government may exert actual influence on an enterprise to purchase an American enterprise with critical technologies; (2) the foreign government provides too generous incentives in the form of donation, concessional loan or tax preference and etc. Even though the U.S. has not yet conducted many national security reviews, Chinese enterprises are the easy targets. Due to the state–led–economy discourse, Chinese overseas investors, most of which are the SOEs and championed private enterprises, arouse the concern among host countries. In this discourse, SOEs and championed enterprises are deemed as the agents of the Chinese government and overseas investments are suspected to have political motivations, which was confirmed in *Ralls*

[①] CFIUS operates pursuant to section 721 of the Defense Production Act of 1950, as amended by the Foreign Investment and National Security Act of 2007 (FINSA) (section 721) and as implemented by Executive Order 11858, as amended, and regulations at 31 C.F.R. Part 800.

Corp. v. Committee on Foreign Investment in the United States.[1]

China's SOEs may be seen as a threat to national security under the following circumstances. The first is acquisition or control of a critical asset pertaining to agriculture and food, national defense industry, energy sources, public health and health care, banking and finance, water supply, chemicals, commercial facilities, dams, information technology, postal service and transportation. Though it does not mean that all the M&As in relation to these fields shall be under review, CIFUS has enough discretion given the wide range of industries. The second is about a critical technology, especially in connection with national defense such as devices subject to export control and technologies regulated under the *International Traffic in Arms Regulations*.[2] The third is that the target is in a critical location, like near a zone with crucial infrastructures. In *Ralls Corp. v. Committee on Foreign Investment in the United States*, the reason why the project was stopped was its adjacency to a military base.

Till now, there has been a small portion of cases in which CIFUS has stopped the M&A transaction. However, it is not thanks to the tolerance of CIFUS, but due to the fact that most of the foreign investors called off the proposed M&A transactions. Actually, China has been an easy target pertaining to such review of M&A proposals. All the successful cases under *Exon–Florio Amendment* are relative to enterprises with Chinese background.[3] In 1989, the CIFUS and the U.S. President vetoed China Aviation Technology Import and Export Corporation's proposed takeover of Malcolm Company.[4] Another example was Hutchison Whampoa taking over Global Communications in 2003.[5] Lenovo's acquisition of IBM may count as a successful case, even though Lenovo also experienced a 45-days extension review to assess the potential threat.[6] Lenovo even has to drop the most valuable part of the targeted company, a laboratory in The Triangle, to convince CIFUS of approving the transaction.[7] It should be pointed out that the U.S. is

---

[1] *Ralls Corp. v. Committee on Foreign Investment in the United States*, et al., No. 13-5315 (D.C. Cir. July 15, 2014). CIFUS thought the project were too close to a military base and stopped it. In the Court of District of Columbia, the motion was granted. However, the federal appeal court overruled the verdict on July 15, 2014.

[2] *International Traffic in Arms Regulations*, Arms Export Control Act, Title 22, Chapter I, Subchapter M.

[3] In 2012-2013, Chinese enterprises received the most review notices. See CFIUS Annual Report to Congress 2013, pp.16-17.

[4] See Aixinjuluo Tingnan, Issue about the National Security Review System of American Foreign Direct Investment, available at http://ielaw.uibe.edu.cn/html/wenku/guojijingjifa/guojijinrongfa/20091220/13269.html.

[5] See CFIUS Annual Report to Congress 2004.

[6] Lenovo signed an important agreement with IBM for the purpose of acquiring IBM's personal computer department (PCD).

[7] See CFIUS Annual Report to Congress 2006.

cautious to any M&A pertaining to critical technologies[1] such as space flight and aviation, chips, software and biotechnology, and it is rather difficult for its potential competitor, China, to take over these enterprises.

III. Emerging Rules Aiming to Govern State – Led Economies

In the U.S., concerns have been raised about the nations that organize economic activities through SOEs, or via the mechanism to influence and control the latter or championed private enterprises. The U.S has tried to use BIT as a tool to that end. In accordance with the decision of the 5th round of the U.S.–China Strategic and Economic Dialogue, both parties are dedicated to proceeding the BIT negotiations.[2] The U.S. government has insisted that they would base its 2012 model as a blueprint of BIT text negotiation. Seemingly to illustrate, the 6th round of the U.S.–China Strategic and Economic Dialogue has reached a consensus that an earlier launch of negotiation on the negative list will be expected in 2015.[3]

A. Domestic Technology Requirement

In China, the Indigenous Innovation policies, including the central innovation policies[4] and regional ones[5], are mostly concerned with increasing R&D inputs, offering

---

[1] Section 721 (m) (3) requires the annual report to include:

"(i) an evaluation of whether there is credible evidence of a coordinated strategy by one or more countries or companies to acquire United States companies involved in research, development, or production of critical technologies for which the United States is a leading producer; and

"(ii) an evaluation of whether there are industrial espionage activities directed or directly assisted by foreign governments against private United States companies aimed at obtaining commercial secrets related to critical technologies."

[2] See the 5th Round of the U.S.-China Strategic and Economic Dialogue-broad consensus achieved and positive progress made, *People's Daily*, 2013 July 13, p.3.

[3] See the 6th Round of the U.S.-China Strategic and Economic Dialogue-broad consensus achieved and positive progress made, *People's Daily*, 2014 July 11, p.3. See also Ministry of Commerce: http://www.mofcom.gov.cn/article/ae/ai/201407/20140700679069.shtml.

[4] See The Central Committee of the Chinese Communist Party and the State Council, the decision about execution of science and technology guidelines to enhance self-dependent innovation ability, [zhongfa (2006) no.4]; the State Council, policies about executing the mid-long guidelines for development of science and technology, [guofa (2006) no.6]; the State Council General Office, notice of policy of National Development and Reform Commission and other departments on promote the industrialization of indigenous-innovation products, [guobanfa (2006) no.128]; the State Council, notice of circulation of the twelfth five-year plan on national self-innovation capacity-building, [guofa (2013) no.4].

[5] See, for example, Guangdong Province, notice of policy of promoting indigenous-innovation, [yuefu (2006) no.123].

tax incentives, encouraging the financial industries to make more cheap loans available to the needy, providing more convenient customs policy, establishing and perfecting friendly government procurement system, establish science and technology innovation bases and platforms.

Domestic technology requirement refers to such policies that allow domestic investors, and SOEs in particular, to gain competitive advantages by requiring the government to purchase, use or accord a preference to, particular technology in its territory.[①] In the 2012 model BIT, a series of new rules have been designed to avoid domestic technology requirement on government procurement. These rules may have the intention of restricting the innovation policy in China.

B. Participation in Technical Rule – Making and Product Standard – Setting

If product standards of the foreign markets are made in an opaque and unpredictable environment, or even in a discriminatory way, especially when the host governments apply the standards or technical regulations for the competitive advantages of its corporations or technologies, the foreign investors will be in a biased condition. To avoid that, the 2012 model BIT incorporated a provision that the foreign investors participate in the development of standards and technical regulations on terms no less favorable than those it accords to domestic enterprises. This requirement is also applied to non-governmental standardizing bodies.[②]

The American Chamber of Commerce in China, which represents the interests of part of the U.S. investors in China, pointed out in its White Book U.S. *Enterprises in China 2012* that foreign enterprises cannot fully participate in standard-setting in China and the procedures cannot stay transparent.[③] In accordance with the regulations on Standardization Administration of the People's Republic of China, foreign enterprises registered in China are qualified to be part of the standardizing agencies and participate in the standard drafting and voting. In practice, however, it is up to the technical committees or sub-committees to decide whether relevant foreign enterprises can be included. Some of them do not allow foreign enterprises to participate in the process, some only allow the foreign enterprises to participate as an observer, while some of them allow foreign enterprises to participate with voting rights. These committees or sub-committees are mostly controlled by the government, which is considered as the product of state-led-economy. It demonstrates

---

① The U.S. 2012 BIT model Article 8.1 (8).
② The U.S. 2012 BIT model Article 11.8.
③ American Chamber of Commerce in China, *The U.S. Enterprises in China 2012 White Book*, p.79, p.81.

that this kind of BIT provision is quite relevant to the problem facing China.

C. SOEs with Governmental Authority

A case in point is Xinhua News Agency. On one hand, Xinhua News Agency has been authorized to administrate the news and information released by foreign news agencies in China. In accordance with the *Administrative License Law of the People's Republic of China*, Xinhua News Agency issued *Measures for the Administration of Release of News and Information in China by Foreign News Agencies* on September 10, 2006, which specifies that to subscribe to news and information services of foreign news agencies, a user in China shall sign a subscription agreement with a designed entity and shall not, by any means, directly subscribe to, translate, edit or publish the news and information released by a foreign news agency. On the other hand, Xinhua News Agency and its subordinate bodies are also engaged in news and information services. The designated entity is no more than one associated with the official news agency.

Before 2012 BIT model, there wasn't a clear definition of SOEs with Governmental Authority. And because of the vague definition, it was likely to cause controversies over what SOEs should be regulated by BITs. The 2012 BIT model use a footnote to clarify that delegable governmental authority includes a legislative grant, and a government order, directive or other action transferring to the state enterprise or other person, or authorizing the exercise by the state enterprise or other person of, governmental authority. It is then clear that SOEs fall within the scope of BITs.

Unlike on other issues in 2004 model BIT, all the stakeholders have come to a consensus that China's SOEs should be regulated. However, this advice was not adopted, even though the state-led-economy issue has under discussion in the later BIT negotiations.[①] In the 2012 model, the modification concerning SOEs has been made, suggesting that the U.S. government does not have the intent to regulate investment of SOEs, while on the other hand, it doesn't rule out the possibility that a country may be held liable for the actions conducted by the SOEs with governmental authority, even in an unofficial manner.

IV. Implications of the State-led Economy Denomination for China

In China, SOEs assume a valuable role in the domestic economy, and are the main

---

① The U.S.-Uruguay BIT 2006 contains regulations concerning state-owned enterprises, such as Article 2.2.

subjects in the overseas investment. In other words, SOEs-based investment pattern is the extension of Chinese state-led economy model. China is longing for respect and recognition of this kind of investment pattern. Since the state-led economy issue involved many aspects of bilateral investment, *inter alia*, national security, it cannot be more certain that the West will not recognize Chinese SOEs as welcomed investment entities.

The 2012 U.S. BIT model is characterized by the inclusion of the state-led economy provisions, which means that there are more restrictive regulations governing SOEs and their special treatment, and countervailing their competition implication in the host country and their home country. Apart from creating a fair and impartial environment for the investors, this international investment regime, represented by 2012 U.S. BIT model, is in some way, intended to alter the host country's economic governance regime.

For China, a state-led economy denomination in the China-US BIT and other IIAs amount to the fact that the US and western countries make judgments over and intervene into the development path of other countries and even attempt to change the rules made by themselves. The general success of the SOEs leads to a general impression among quite a number of Chinese officials and Chinese SOEs that they have been reshaped in accordance with the modern corporate system with commercially viable governance structure as well as social and public responsibilities. Emerging economies such as China are joining in the economic world with rules mainly made by the occidental countries, and this has consolidated their understanding that the operations of SOEs are consistent with international rules. Chinese elites in general believe that the U.S. has its own interests on state-led economy issue, as in other agenda. The fact that China is to be singled out for a state-led economy denomination exactly demonstrates the strong prejudice and self-interest motives of the US. This action that puts political judgments in the economic field may be somehow rational in fostering fair competition. But its goal is to protect the self-interest and obstruct development of the emerging countries.

Despite the discontent, China is to accept the new BIT model. It is unknown yet whether it will be formally denominated as a state-led economy. The biggest possibility is that China is to be required to follow the rules deriving from the state-led economy treatment, while no specific reference is made to the state-led economy denomination. That being the case, the BIT will bring China a bundle of increasing obligations under this system and an unprecedented impact on China's mode for economic development. The implications are analogous to those of the non-market economy denomination in China's WTO accession Protocol. As a contracting party, China will have to carry out a comprehensively economic reform to comply with the disciplines specified in the BIT. In that case, China will firstly meet two demands through systematic rule-remaking. One is to reduce investment barriers faced by Chinese enterprises, especially remove the political reviews over national security of host countries. And the other is to deepen reform by opening investment market. It is also understandable that the incorporation of the state-led economy provision in the China-U.S. BIT will in turn accelerate the domestic economic reforms. For this, China shall be prepared for the unsustainability of the State-Led-Economy modality and Seize the Opportunity to Promote Domestic Reforms.

One of the criticisms against state-led-economy modality is its unsustainability. The state-led economy is low-efficient, easily corrupted and lack of risk management due to the governmental leadership. The purpose of state-led-economy is to create and retain more job opportunities, realize investment payback, maintain a stable society and promote social wealth. Besides, the state-led-economy modality is unlikely to stimulate greater creativity in satisfaction of public demands for neoteric products and improved services. This is why state-led-economy is incapable of creating a prolonged and profound prosperity at large.

The elements that contribute to the greater economic success, such as the basis or impetus to innovation, all come from creative destruction, which involves participants, resources and ideas of decision makers. Under the prerequisite of creative destruction, once a company or a field is reconstructed with the innovation of new products and services, the customers may then be satisfied. While in a state-led-economy country, the government possesses the companies or factories which are protected by the government via the provision of mounting employments. More importantly, the elites under this system who enjoy the benefit and influence are the staunch force of this state-led-economy modality. In fact, they are afraid of creative destruction and are inclined to boycott reforms.

The state-led economy cannot sustain without limits. China has lost several advantages of maintaining the export-driven mode in this state-led-economy modality. Several years ago, the former premier Wen Jiabao has pointed out that the Chinese model is unstable, imbalanced, uncoordinated and unsustainable.[①] To satisfy the needs of Chinese workers, wages have been raised, and this is cutting the cost advantage of products "Made in China". Before, low labor cost has attracted many foreign enterprises to outsource

---

[①] Speech on the meeting with Chinese and foreign journalists in Beijing Great Hall of the People, March 6, 2007; speech on the meeting with representatives (Beijing) on Chinese development, March 21, 2011; speech on the meeting with representatives (Tianjin) of the Eighteenth National Congress of the Chinese Communist Party, November 8, 2012.

their manufacturing business to Chinese factories, however, for today, more and more Chinese enterprises are outsourcing their business to Southeast Asian countries for availability of cheaper labor force to maintain their competitive advantages.

During the three decades after the introduction of the opening up and reform policy, the Chinese government is gradually reducing its involvement in the economic development and trying to transform the economy into one that relies less on the SOEs and governmental investment. This requires a shift from the manufacturing industry-based economy in the last century to the innovation-based economy in this digital era. The Chinese Communist Party has proposed to deepen economic reform so that the market can play a decisive role in allocating resources.[①] Correspondingly, SOEs are confronted with a re-reform and the state-led economy needs a retrench.

China is a socialist country with a dubbed "socialist market economy", which is quite different from the market economy prevalent in the West. In China, the government has the will and competence to step in the management of economy. In the meantime, China is undergoing the marketization reform, but the reform is advanced from bottom to top and implemented step by step, not in line with the liberalization approach dictated by the Washington Consensus.[②]

Twenty years ago, China took the opportunity of its WTO accession negotiation to build up its marketization reform by, introducing the international standard into Chinese legal system and making the internal market more competitive. This move brings China a ten-year period for robust economic growth and a big increase in its share in global trade. The non-market economy denomination, though disliked by China, has as a matter of fact played a positive part in this regard.

Now, China is facing another opportunity of promoting domestic reforms through an international obligation based on the state-led economy denomination. China–U.S. BIT is under way. This may help Chinese enterprises make overseas investment and expand their business. As a return, enterprises in the U.S. may gain access to China's market. This may enhance the governance of Chinese economy as well as form a rule-based bilateral investment relationship.

Chinese leaders are yearning to transform its mode for economic growth, letting the market play the decisive role in allocating resources, which is actually transforming the state-led-economy modality to market economy modality. This process may come

---

[①] See Xinhua: http://www.sn.xinhuanet.com/2013-11/16/c_118166672.htm.
[②] Williamson, John, *What Washington Means by Policy Reform* in Williamson, John (ed.): *Latin American Readjustment: How Much Has Happened*, Institute for International Economics 1989.

across various barriers, especially the opposition from interest groups. The agreements on agenda, such as highly transparent standard and competitive neutrality discipline pertaining to the state–led economy issue, will help the government use the obligations in the agreements as a leverage to accelerate such reforms vis–à–vis opposing interest groups.

In the Sino–U.S. BIT negotiation, China has agreed to adopt a negative list, which means China will open all the industries for foreign investors except those specified in the negative list. In the past, *The Catalogue of Industries for Guiding Foreign Investment* was actually a positive list, and the foreign investors can only invest in a few industries encouraged or permitted by the government. This does not only affect foreign investors, it also disfavors Chinese private enterprises. If the government can treat the foreign investors equally, private institutions can ask for the same treatment. From the perspective of policy legitimacy, it is hard to imagine that an industry is open to SOEs and foreign investors, but not to the private enterprises. So the new BIT will be helpful for the private enterprises to invest in the industries once monopolized by SOEs and change the state–led economy. And the transparency requirement may be instrumental to reducing black box operations and combating corruption. Once these have been accomplished, it will become the guidelines for a new round reform in China.

As stated above, this will enable China to combat corruption, abolish tedious supervisions, correct unfair law enforcement and reduce the privileges of SOEs. From the experience of China's entry into the WTO, if the regulations can be executed in a fair manner, Chinese enterprises will become the biggest winners. Then why not accept these high standards? Of course, each of the domestic reforms has to sustain the problems of expectation, cost and bearing capacity, which exert impacts on the standpoint considering such items as state–led economy during the BIT negotiations.

论中国非市场经济地位和替代国规则的"毛"和"皮"

傅东辉[*]

一、实现中国平等国际贸易地位是大国外交的要求

根据中国入世议定书第 15 条，中国入世 15 年后，即截止到 2016 年 12 月 11 日，在国际反倾销方面中国不应再被视为非市场经济国家，至少 WTO 其他成员不能再使用替代国对中国反倾销。中国应恢复平等的国际贸易地位，中国企业也将不再是世界二等公民。这将是衡量中国大国崛起的重要标志之一。

15 年，中国在恢复市场经济地位或终止适用替代国问题上，收回我们曾经让渡的权利，这同 1997 年邓小平同志在收回香港主权问题上的立场是一样的，是无条件的。到期的承诺，就得终止。这是一个主权大国的基本立场，也是我们区别于旧中国殖民地半殖民地的本质区别。

但是，近年来，欧盟和美国等西方国家泛起一股逆流，鼓噪着想赖历史的账，试图重新解释中国入世议定书，目的是企图把非市场经济帽子永远扣在中国头上，把中国企业永久定格为世界二等公民，这挑战了中国大国外交的底线、挑战了 WTO 法的底线、挑战了中国入世承诺的底线，我们必须给予坚决回击。

既然欧美要赖账，既然欧盟新任贸易委员都有了类似表态，而美国商务部又装聋作哑，那么，中国理应作出必要反应，尽快亮出自己的方案，而不应仅仅被动地等待西方国家对于市场经济地位的"恩赐"或"否定"。根据我们对中央大国外交政策的理解，大国外交就是要用积极的举措、和平的手段来确立中国崛起的大国地位，维护中国的全球利益。根据我们对 WTO 法和中国入世议定书第 15 条的理解，中国的非市场经济地位只是我们承诺的一个过渡期条款，同意在中国入世 15 年内 WTO 其他成员国可以在对华反倾销中实施"替代国"例外规则。既然目前 15 年大限将至，尽早迫使欧

---

[*] 傅东辉，锦天城律师事务所律师。

美承认中国市场经济,至少在其各自反倾销法中明确放弃对华适用替代国,恢复中国平等的国际贸易地位,应该是我们当前外贸政策的大事。由于欧美是阻碍中国获得市场经济地位的两极,在美欧之间,我们可以先争取欧盟承认中国市场经济地位,或争取欧盟尽早修订法律明确放弃对华适用替代国。一旦欧盟易帜,美国将独木难支。

二、实现中国平等的国际贸易地位是 WTO 法的强制性要求

根据我们对 WTO 法和中国入世议定书第 15 条的理解,中国的非市场经济地位问题只是中国在入世 15 年内一个暂时的权利让渡条款,是中国为了早日参加多边 WTO 条约并为最终实现平等贸易地位所做的权宜之计。然而,按照美欧一些学者政客对中国入世议定书的重新解释,竟然认为中国同意永久放弃市场经济地位,这似乎让人感到他们甚至完全没有 WTO 法的常识。WTO 法的最基本原则就是最惠国待遇和成员国平等一致,把某个成员国永久视为二等成员,或者某一成员国的社会制度需要别的成员国认可,这本身就违反 WTO 的精神,是对 WTO 法的最大冒犯。这也是西方国家对于国际法解释的双重标准。

诚然,在中国入世前夕,西方国家对中国经济体制中计划经济的残留以及对中国出口竞争力的担忧是可以理解的,因此,对 WTO 最惠国原则提出了暂时性的例外适用,形成了在中国入世 15 年内对华反倾销可以实行替代国的例外规则。为了使西方国家能够逐渐适应中国加入 WTO 后对全球贸易秩序发生的影响,中国忍辱负重,接受了临时性让渡条款。但是,对于 WTO 法基本原则对中国的例外适用,则限定了一个固定的期限——15 年。中国议定书上写得清清楚楚,替代国的适用,无论如何不能超过 15 年。15 年,作为一个临时性过渡条款,实际上已经是很长的时间了。15 年,可以把一个刚出生的婴儿变成一个青年。15 年,能够代表有些工业产品的整个生命周期,例如,中国显像管彩电从引入中国生产到被数字电视替代,还不到 15 年。15 年,有些国家甚至消失或分裂了。因此,中国作出 15 年非市场经济地位的让渡,是一个很长的时间。但是,这绝不是我们对于这种让渡的永久性认可。中国忍辱负重同意 15 年的让渡,正是为了在 15 年之后,彻底收回我们的让渡权利。中国入世议定书中关于 15 年的时限规定,不容作任何其他解释。

三、关于市场经济地位与替代国规则的"毛皮"论

毛泽东同志在论述大革命时期中国知识分子的立场时,曾经用中国古代谚语"皮之不存,毛将焉附"来形容中国知识分子的立场。他指出,在中国社会阶级矛盾和阶级斗争异常激烈的时期,所谓知识分子的中立性是不存在的,中国知识分子就像是"毛",只能附属于某个特定阶级这张"皮"上,离开了特定阶级这张"皮","毛"

的独立存是不可能的。中国入世议定书中的非市场经济地位和替代国的例外规则适用，实际就是"毛"和"皮"的关系。

根据中国入世议定书第15条（a）款规定：

"在根据GATT1994年第6条和《反倾销协定》确定价格可比性时，该WTO进口成员应依据下列规则，使用被调查产业的中国价格或成本，或者使用不依据与中国国内价格或成本进行严格比较的方法：

（1）如受调查的生产者能够明确证明，生产该同类产品的产业在制造、生产和销售该产品方面具备市场经济条件，则该WTO进口成员在确定价格可比性时，应使用受调查产业的中国价格或成本；

（2）如受调查的生产者不能明确证明生产该同类产品的产业在制造、生产和销售该产品方面具备市场经济条件，则该WTO进口成员可使用不依据与中国国内价格或成本进行严格比较的方法。"

议定书第15条（a）款（2）项就是被中国企业批评了千万次的"非市场经济条款"。简言之，根据该条款，中国入世后15年内，只要某些WTO成员不愿意承认中国市场经济地位，在其对中国反倾销时就可以任意拒绝中国企业自己的正常价值，代之采用替代国的正常价值与中国企业的出口价格进行比较，用以认定和虚增中国企业的倾销和倾销幅度。由于替代国规则的适用，对中国产品反倾销就如同一个"宇宙黑洞"，非市场经济规则也就成了世界上最黑暗的法律规则，中国企业在采用"替代价"的反倾销打击下，往往遭受灭顶之灾，其中美国彩电反倾销案和欧盟自行车反倾销案都让中国企业不堪回首。然而，这项"非市场经济帽子"从中国入世至今已经戴在中国头上14年了，如果加上中国加入WTO组织之前与美欧的双边关系，那么这项"非市场经济地位帽子"戴的时间就更长了。可以说，这是中国从"二战"成为战胜国摆脱了清朝丧权辱国条约之后，以及新中国成立以来，我们签订的国际条约中最具争议的一个条款。

然而，我们要感谢中国入世谈判代表团在艰难曲折、毫无希望的谈判中，坚持为中国的"非市场经济地位"加入了一个无条件的限制性条款，这就是说，无论其他WTO成员是否承认中国的市场经济地位，对中国反倾销适用"替代国"规则，最多不能超过15年。中国的妥协与坚持，灵活与原则皆系于此条款。正是得益于该无条件限制性条款，中国走出了成功的入世之路。

根据中国入世议定书第15条（d）款的无条件限制性条款规定：

"一旦中国根据该WTO进口成员的国内法证实是一个市场经济体，则（a）项的规定即应终止，但截至加入之日，该WTO进口成员的国内法中须包含有关市场经济的标准。无论如何，（a）款（2）项的规定应在加入之日后15年终止。此外，如中国根据该WTO进口成员的国内法证实一特定产业或部门具备市场经济条件，则（a）款中的非市场经济条款不得再对该产业或部门适用。"

我们认为，议定书第15条（d）款的无条件限制性条款与第15条（a）款（2）

项临时性让渡条款,就是"皮"和"毛"的关系。中国入世的目的是什么?就是为了实现与全球各国各地区的平等贸易地位,这是中华民族在近代为之流血牺牲前赴后继一百多年所追求的目标。离开了这个最终目标,WTO 对于中国将毫无意义。但是,为了最终实现中国的平等国际贸易地位,我们在缺乏其他有效的政治和法律手段的情况下,把过渡性条款时间拉长一点,甚至长达 15 年之久,这种暂时的忍让和折中,体现了中国入世谈判的原则性和灵活性。今天,历史已经证明,中国如果不抓住时机尽快入世,我们就可能错失整体发展的机遇。正是中国的忍辱负重和灵活处置,才有了中国今天的发展和崛起。因此,中国老一代领导人敢于担当的胸怀和气度,是后来者不能忘记的。反之,也正是入世议定书中这个无条件限制性条款,才确保了中国必将实现平等的国际贸易地位,这是任何人都不能否认的。

现在,西方有人发出各种杂音,认为替代国的终止适用并不意味着中国自动获得市场经济地位。只要中国仍然被有些国家视为非市场经济,那么,仍有寻求采用替代国的理由和条件。这些西方学者和政客,为了急功近利遏制中国,竟然连最基本的诚信都不顾,硬要割裂非市场经济地位过渡期条款与 15 年终止替代国条款的内在联系。所以,我们不妨用毛泽东的辩证法来给西方学者和政客洗洗脑。所谓非市场经济的"毛"实际是为了实施替代国或替代价之"皮"所做的一种解释或寻找的理由,那么,2016 年 12 月 11 日,根据议定书中的无条件限制性条款,当实施替代国或替代价规则寿终正寝,替代价之"皮"已荡然无存,那么非市场经济之"毛"又将何以焉附?这种简单的辩证法,不仅应该让西方某些学者和政客明白,实际也有必要让国人都明白。

中国人的敦厚善良容易高估了西方的文明,却恰恰容易忽视西方的政治骗子。例如,美国以伊拉克存在生化武器而对之动武,结果却是一场骗局。作为超级大国的美国总统小布什,只能在回忆录中苦叹总统决策之苦。欧盟小国希腊,竟然理直气壮地高叫赖账,将欧盟整体拉入更加严重的金融危机。当然,还有东方的战败国日本,在"二战"无条件投降后的 70 周年,竟然矢口否认侵略,重祭军国主义的旗帜。因此,我们不能只从字面上去理解国际法,否则,为何那些学识渊博的西方国际法学家,都无法解释上述的国际行骗?为何对于议定书中 15 年终止"替代国"条款毫不在意,却孜孜不休地大谈"非市场经济地位"的永久性?

笔者认为,非市场经济地位之"毛"与替代国或替代价之"皮"具有不可分割性,"皮之不存,毛将焉附",这就是我们对中国入世议定书第 15 条的完整解释,也是中国入世的目的。要想颠覆中国入世议定书第 15 条,除非彻底否定 WTO 法。

四、警惕美欧对"替代国终止条款"留有后手

国内不少人担心,美欧即使不再对华适用"替代国",也会想出其他绝招,适用

"其他替代"。对此我们应该高度警惕,但没有必要杞人忧天,惶惶不可终日。事实上,WTO对正常价值的其他替代是有明确规定的,但不允许各国擅自制定新法。然而,欧盟目前正在对俄罗斯、阿根廷和印度尼西亚适用的"成本替代"规则,正是欧盟背离WTO规则的单边立法,是西方国家正在考虑的对中国终止适用"替代国"以后的后手,值得引起我们注意。

欧盟《反倾销基本条例》第2.5条第2段规定,"如果与被调查产品生产和销售相关的成本在涉案当事方的记录中没有得到合理反映,这些成本应在同一国家的其他生产商或出口商的成本基础上予以调整或确立,或者,如果这些信息没有掌握,或无法使用,则以任何其他合理的依据,包括来自其他具有代表性市场的信息。"欧盟认为,只要被调查国家在原材料或能源供应上存在某种国家的支持,就构成WTO协定第2.2条的"特殊市场状况",就可以借此认定该国企业的成本构成"不合理",因而对该国企业的原材料和能源适用"成本替代",用同一国家的其他生产商或出口商的成本替代,甚至用任何其他合理替代,包括采用替代国的原材料成本和能源成本进行替代。美欧的如意算盘是,如果欧盟在WTO争端获胜,那么今后对于中国就可以适用"成本替代"规则代替现在对中国适用的替代价格规则。这就是目前被俄罗斯、阿根廷和印度尼西亚诉诸WTO的欧盟反倾销法"成本替代"规则。我们认为,这是欧盟《反倾销基本条例》的单边规则,是对WTO反倾销协定第2.2.1.1条文义的曲解,其实施和结果构成了对反倾销协定第2.2.1.1条的滥用。因为,WTO反倾销协定第2.2条对于"特殊市场状况"下的企业内销价格的替代,是有明确规定的,这就是该企业对第三国合适的出口价格,或者是该企业的成本构成价(生产成本加管消费用和合理的利润),除此,WTO反倾销协定不允许任何其他替代。

由于欧盟目前尚未承认中国市场经济地位,在对华反倾销中原则上仍然根据中国入世议定书第15条适用参照国价格来确定中国企业的正常价值,因此,目前对中国企业尚未适用欧盟《反倾销基本条例》第2.5条第2段。但是,根据欧盟对反倾销条例第2.5条第2段的法律解释,对俄罗斯、阿根廷和印度尼西亚反倾销中关于第2.5条第2段的适用,以及中国入世议定书对参照国替代适用的最后期限规定,欧盟极有可能在2016年12月后对中国反倾销适用其《反倾销基本条例》第2.5条第2段成本替代规则。因此,中国应该适时向WTO对欧盟反倾销法"成本替代规则"提起违规立法之诉。由于欧盟反倾销成本替代条款对于中国未来出口贸易具有致命性,中国不应简单等待俄罗斯、阿根廷和印度尼西亚诉欧盟案的结果或仅以第三方介入争端,中国应该凭借自身的理解和实力,直接向欧盟起诉,把握在适用参照国价格或成本替代规则方面的主动权,而不是单纯寄希望于其他国家间诉讼的结果会客观上对中国有利。值得一提的是,俄罗斯诉欧盟案件是由美国律师代理,阿根廷和印度尼西亚诉欧盟案件是由欧洲律师分别代理,我们难道不更应该考虑如何把WTO对规则解释的命运掌握在自己手中吗?

五、实现中国平等国际贸易地位需要采取行动

为了实现国际反倾销对中国市场经济地位的认可，至少不再对中国适用替代国或替代价，真正实现中国 100 多年来追求的平等国际贸易地位，我们应该采取行动，而不应仅仅停留在学术性的讨论上。对于阻碍中国获得市场经济地位的欧盟和美国两极，可以考虑先突破欧盟，一旦欧盟与中国合作，美国将独木难支。

（一）应大张旗鼓驳斥美欧赖账论

美欧正在制造舆论，企图否认对中国入世 15 年后获得市场经济地位的承诺。这是美欧想赖账，我们应在舆论上和法律上坚决驳斥美欧赖账论。要揭露欧美一贯利用条约解释掩盖其国际上巧取豪夺的劣迹，要把中国 100 多年来为争取国际平等地位与中国入世议定书第 15 条挂钩。这不是一个简单的法律问题，是中国崛起的政治条件之一，是中国 100 多年流血牺牲前赴后继的目标。因此，中国不会也不应该做任何退却。但是，欧美一些学者和政客却不断地把中国市场经济地位未定论转输给国人，希望启发中国人的"自觉"，动摇其对于恢复中国平等国际贸易地位的信心，并导致国内舆论偃旗息鼓。对于中国外贸政策上如此之大事，对于中国 100 多年来的奋斗目标，我们不能让此成为国际政治和法律上的一个黑洞。因此，我们要彻底否定美欧赖账论。

（二）应把欧盟的后手"成本替代规则"诉诸 WTO 争端机制

欧盟《反倾销基本条例》第 2.5 条第 2 段"成本替代规则"，是对终止替代国规则的后手，中国应该直接将其诉诸 WTO 争端机制，向欧盟提起立法违规之诉（as such），把握 WTO 争端主动权，避免单纯依赖俄罗斯、阿根廷和印尼诉欧盟的风险。欧盟一败，美国将失去对替代国规则的后手。

（三）应按 WTO 紧固件案判决，把欧盟 51 起违规反倾销措施一起诉诸 WTO，迫其在市场经济问题上退却

中国向 WTO 争端诉欧盟紧固件案，胜算已经在握。紧固件案的特点，动摇了欧盟替代国的制度，向全世界揭露了欧盟暗箱操作，虚增中国企业倾销幅度的滥用事实。我们应借紧固件案的东风，把欧盟现有 51 起明确违规的反倾销措施打包诉诸 WTO 争端机制，确保在 2016 年底前获得上诉裁决和授权报复，使欧委会疲于应对，无所适从，并乘势彻底废除欧盟模式的替代国制度，迫使欧盟加速承认中国市场经济地位。

（四）中国应敦促欧美修改法律，落实终止实施替代国规则

中国应与欧盟、美国尽快磋商，敦促欧盟、美国尽快修订法律，明确对中国在 2016 年 12 月 11 日后不再采用替代国制度，或承认中国市场经济地位。同时，为现有反倾销措施在 2016 年底以后如何落实非替代国规则，商定具体方法和程序。如果

欧盟、美国拒绝修订法律，我们应准备直接诉诸 WTO 争端机制，提起立法违规之诉。中国今天与欧盟和美国就落实市场经济地位的磋商，绝不再是以往单方祈求，望梅止渴。如今是敦促欧盟、美国兑现承诺，并以 WTO 争端和中国国家实力逼迫其就范。中国光伏案是首个以中国国家实力逼迫欧盟退让的典型案例，可以看出，中欧之间的实力对比已经发生了根本性变化。中美之间的实力对比也在出现变化。

（五）政府应为成千上万企业摆脱非市场经济地位给予政策指向

从 2016 年起，中国政府应帮助和指导广大中国企业，准备对现有反倾销措施提起复审，凭借中国企业自己的正常价值，争取取消或降低现有反倾销税率，实现中国外贸新的增长点。此外，万一欧盟和美国在 2017 年反倾销新案或复审案裁决中继续对中国适用替代国，我们应从现在就作出预案，准备以最快的速度向 WTO 争端机制起诉。

六、关于实施替代国终止条款的时限界定

西方也有一些学者和律师同意恢复中国非市场经济地位和彻底终止替代国或替代价规则的适用。但是，有一种具有较大代表性的观点认为，中国不可能在一夜之间实现市场经济，不可能在 2016 年 12 月 10 日还是非市场经济，第二天一觉醒来，2016 年 12 月 11 日就变成了市场经济。因此，西方很多学者都在讨论究竟中国非市场经济地位应该延续到什么时候合适。西方国家的一些政府，也在试图以此与中方讨价还价，希冀在中国非市场经济的最后之夜再大捞一把。而西方的一些律师，则正在根据其本国法（如美国法或欧盟法）的具体规则，"教导"中国企业考虑什么时候对原案反倾销措施提出复审，请求以市场经济规则对该企业重新作出倾销认定。笔者经过仔细分析，发现对终止适用替代国条款，大约会面临以下五种具体情况，需要加以明确。

（1）2017 年 1 月 1 日发起的新反倾销调查，对 2016 年调查期能否继续适用"替代国"？

（2）2017 年 1 月 1 日对原反倾销措施发起复审，对 2016 年调查期能否继续适用"替代国"？

（3）2017 年 1 月 1 日终裁的反倾销案，对 2016 年前的调查期能否继续适用"替代国"？

（4）2017 年 1 月 1 日终裁的反倾销复审案，对 2016 年前的调查期能否继续适用"替代国"？

（5）此外，中国企业对原反倾销措施提出临时复审，要求适用市场经济规则，什么时间可以提出申请，2016 年能否提出申请？

从以上问题可以看到，虽然根据中国入世议定书的规定，中国入世 15 年之后 WTO 其他成员无论如何不能再对中国适用"替代国"，但是，在具体落实这一规则时，仍然会遇到以上很多具体问题。例如，2017 年立案或终裁的案件，WTO 其他成员还能继续适用替代国吗？要回答这个问题，关键是对于 2017 年之前发起调查的新案或复审案件，那时中国仍然被一些国家视为非市场经济时，以当时采用的替代价所认定的倾销，到了 2017 年还有效力吗？反之，如果是某些 WTO 成员在 2017 年 1 月 1 日立案发起的调查，调查机关能够因 2016 年尚未承认中国市场经济地位而拒绝采用中国企业自己的正常价值吗？或者说，调查机关能够继续对中国适用替代国规则吗？

笔者认为，这即是一个政治问题，又是一个法律问题。单纯从字面上看，似乎中国不可能一夜之间由非市场经济变为市场经济，但实则不然。中国从计划经济向市场经济过渡，实际上从 1978 年改革开放就开始了。1994 年，中国复关谈判期间，美国 CIA 的报告都曾确认中国 90% 的商品市场已经市场化。因此，中国在 2001 年入世议定书对于非市场经济地位的承诺，是具有法律效力的政治承诺，而绝不是中国对于自身市场经济的否定，因为，早在中国入世前已经在宪法中写入社会主义市场经济。由于 WTO 对于市场经济没有统一标准，中国同意在过渡期各国可以按照自身标准考量中国是否符合市场经济，但是限定不能超越 15 年。这是对 WTO 法空白的一种灵活处置，但是 15 年是法定的大限，这并不取决于中国是否实现市场经济。这与当年美国和欧盟承认俄罗斯为市场经济国家是一样的，这与俄罗斯是否在当时已经实现市场经济没有必然联系。美欧当时作出的是政治决定，为了在政治上拉拢俄罗斯，但这个政治决定具有了法律效力，并在俄罗斯入世时发挥了作用。因此，中国同意对替代国的适用不能超越 15 年，这具有国际法上的效力，任何企图违背这一规定的尝试，都是在对 WTO 法的底线进行挑战。中国的政治立场和法律底线就是，超越 2016 年 12 月 11 日，不允许 WTO 任何成员继续对中国适用"替代国"或"替代价"规则。

如果西方国家敢于挑战这个底线，那么中国必须坚决诉诸 WTO 争端机制。目前西方学者和政客玄而又玄地对中国议定书进行的各种解释和推论，也只是限于市场经济地位，但还没有人敢于挑战对替代国或替代价的终止适用。然而，由于替代国或替代价在终止适用上可能产生不同理解，因此，中国应该现在要求美欧明确表态，明文修改法律，规定放弃替代国或替代价适用的明确时间表。如果美欧拒绝表态，我们应该立刻向 WTO 起诉，而不应等到 2016 年 12 月 11 日。这将对中国经济发展造成新的负担。中国目前的经济增长已经明显趋缓，中国需要有新的增长点。恢复中国市场经济地位，在反倾销中终止适用"替代国"或"替代价"，这是中国经济和出口的新增长点，我们绝不言放弃；这是中国 15 年忍辱负重的终点，我们应在贸易领域彻底恢复大国地位，以平等地位与其他 WTO 成员共同实现全球公平贸易的发展。

我们承认，WTO 争端案件的裁定存在不确定因素，无论是专家组还是上诉机构，我们都不能轻信之。但是，迄今还没有学者敢于对议定书第 15 条（d）款 15 年终止替代国规定提出相反意见或给予挑战，而且 WTO 上诉机构在欧盟紧固件案中也已对此作了明确裁定。因此，WTO 争端机制将是我们借以实现中国平等的国际贸易地位的最重要手段之一。同时，我们也要尽早将此议题提交 WTO 反倾销委员会或 WTO 对各国法律机制审议会议，应该相信，WTO 中已有 80 多个成员承认了中国市场经济地位，那么，中国在此问题上获得大多数发展中国家的支持应该是可以预计的。如果美国等少数成员欲冒天下之大不韪，那么当年联合国为恢复中国合法席位一边倒那一幕或许就会重演。

然而，关于上述最后一个问题，即中国企业对于原案仍在生效的反倾销措施，应该在什么时候提起反倾销临时复审呢？从规则上讲，中国企业不必等到 2016 年 12 月 11 日以后才提出复审请求，因为，只要是 2017 年 1 月 1 日以后终裁的案件，无论是新案还是复审案件，WTO 其他成员都不能再适用替代国规则。但是，WTO 其他成员在 2016 年 12 月 11 日以前，却可能以各种理由拒绝接受中国企业的复审请求。从这个角度看，中国企业没有必要为此浪费时间，因为调查机关以不具备发生持续性变化理由而拒绝接受复审申请的案例，在 WTO 争端要想获胜存在很大难度。相反，中国企业可以做好准备争取在 2017 年 1 月 1 日对于原案仍在生效的反倾销措施提出复审请求，如遭拒绝，中国绝不应放弃诉诸 WTO 争端机制。

七、结　语

中国古代先贤关于"皮毛论"的哲理，毛泽东同志在中国革命进程中给"皮毛论"赋予的新意，为我们解释 WTO 法和中国入世议定书第 15 条增添了东方的智慧和思辨。虽然西方有一批学者和政客高唱反调，撰文赖账，企图把中国入世议定书第 15 条中非市场经济地位过渡期条款与 15 年无条件终止替代国条款生硬地割裂开来，但其结果，却连这些作者自己都说服不了。相反，国内也有一些人却被忽悠而为此忧心忡忡，被 WTO 玄乎的条约解释搞得不知所措。笔者认为，我们大可不必因为区区几个 WTO 争端案件败诉而惶惶不可终日，不应该为此而丧失对 WTO 基本规则的信心，更不应怀疑中国对 WTO 的承诺本身。WTO 法没有那么玄乎，中国入世议定书第 15 条关于非市场经济过渡期条款与 15 年终止替代国条款就是毛和皮的关系，15 年后，"皮之不存，毛将焉附？"

我们不仅要凭借 WTO 争端为后盾去实现中国平等的国际贸易地位，我们也要贯彻中央大国外交政策，在政治上争取 WTO 广大发展中国家成员的支持，坚定地收回我们应有的国际权利，争取在实现中国平等国际贸易地位上打一场政治和法律的双赢战。任何回避、等待、观望的行为或畏惧和胆怯的心理应该彻底根除，一扫而光。

论中国在WTO框架下的市场经济地位的自然取得

朱兆敏[*]

摘 要：2016年底大限来临，中国市场经济地位自然取得正受到挑战，为了维护中国无歧视的正当权益，中国国际法学界必须选择正确的理论路径，阐明其主张的合理合法性，并且在条约解释的战线击退居心叵测的挑战。

关键词：中国市场经济地位；条约解释；无歧视待遇

2001年中国以非市场经济地位国家的身份加入世界贸易组织。一般认为中国的非市场经济国家地位是一种临时的身份。根据中国加入世界贸易组织协议，15年到期，中国会自动取得市场经济国家地位[①]。在这一时刻为期不很久远之时，遭到了欧洲学者伯纳德·奥康诺尔（Bernard O'Connor）的挑战[②]。2016年12月，中国是否在世界贸易组织框架下自然取得市场经济地位变得模糊起来，为此有必要在国际法上找到突破中国市场经济地位身份困局的路径，厘清这个重大的问题。

一、中国市场经济地位取得的路径

世界贸易组织对于市场经济地位并没有一个准确的定义。中国加入世界贸易组织时是以非市场经济国家身份加入的。非市场经济地位对于国际货物贸易中影响有关国家利益的，主要涉及WTO成员反倾销诉讼中确定公平价格的方法、反补贴诉讼中补贴额的确定和衡量补贴利益的方法以及采取临时保障措施，而不涉及其他方面的利益。其逻辑是，非市场经济国家的价格形成被政府干预行为而扭曲了，出口产

---

[*] 朱兆敏，上海外国语大学教授、国际法研究中心主任。
[①] 温家宝总理2011年9月在大连世界经济论坛上要求欧盟在2016年到期日之前承认中国的市场经济地位，http：//www.voxeu.org/article/china-market-economy。
[②] Bernard O'Connor, Market Economy Status for China Is Not Automatic, http://www.voxeu.org/article/china-market-economy。

品不能反映正常的市场价格，以有时政府对出口产品的补贴也可能被扭曲，因此需要反倾销确定公平价格的方法、反补贴确定补贴额度的方法需要调整，可能适用替代国方法，并在有的情况下采用临时保障措施。

在反倾销反补贴案件中，根据中国加入世界贸易组织议定书的第15条（d）款的规定，WTO授权其他WTO成员根据其国内法上关于市场经济的标准，确定中国出口产品价格是否反映公平的市场价格。由此，不同的WTO成员可以针对中国出口产品价格产生的市场机制，提出不同的市场经济评判标准。美国在《1988年贸易法案》中对非市场经济国家定义为："不以成本或价格结构的市场原则运转的，产品在国内的销售不反映产品的公平价值的任何国家。"修订后的美国《1930年关税法》第771节18段中明确规定了市场经济地位的六项标准：（1）货币可自由兑换；（2）劳资双方可进行工资谈判；（3）设立合资企业或外资企业的自由度；（4）政府对生产方式的所有和控制程度；（5）政府对资源分配、企业产出和价格决策的控制程度；（6）商业部认为合适的其他判断因素[①]。而另一个WTO重要集体成员欧盟则提出了不同于美国的五项标准：（1）市场经济决定价格、成本、投入等；（2）企业有符合国际财会标准的基础会计账簿；（3）企业生产成本与金融状况不受非市场经济体制的扭曲，企业有向国外转移利润或资本、决定出口价格和数量等自由；（4）破产法及资产法适用于企业；（5）汇率变化由市场供求决定[②]。

在GATT成立之初，并没有关注非市场经济国家的问题，随着捷克斯洛伐克入关，市场经济地位的问题提了出来，当时只是对1947年《关税与贸易总协定》第6条作了一个注释的方式临时应对。在乌拉圭谈判过程中，1994年《关税与贸易总协定》附件《反倾销协议》第2.7条和1994年《关税与贸易总协定》附件Ⅰ中对第6条第1款的补充规定，授权其成员通过国内法规定调整反倾销、反补贴措施的市场经济标准[③]。由此关于市场经济含义，各国会有不同的定义。而市场经济在乌拉圭回合谈判以前，仅仅涉及在反倾销调查有关国家对其国际贸易拥有完全的和充分的垄断权力，或所有国内价格由国家确定的情形，允许进口国在有关反倾销调查中对该国企业实行差别待遇。[④] 而1990年以后，美国、欧盟提出的市场经济标准大大超出了GATT初期非市场经济国家垄断国际贸易、国家确定产品价格的范畴，甚至将并不是WTO规则而当下正企图将其上升为WTO规则的概念纳入市场经济标准。比如，汇率自由化并不是WTO的规则，将汇率变化由市场供求决定作为欧盟市场经济标准，就是剥夺《国际货币基金协定》第4条第2款规定的成员国享有决定固定汇率和自由汇率的主权权利，并且将至今为止还未成为IMF和WTO成员义务塞进市场经济标准中，强

[①] 范爱军、罗璇："中国市场经济地位的国内外研究述评"，载《经济社会体制比较》，2007年5月刊。
[②] 同上，第59—60页。
[③] 孙立文："论世界贸易体制中我国非市场经济地位问题之消解"，载《法学评论》2006年第5期。
[④] 同上，第90页。

迫中国接受 IMF 和 WTO 框架范围以外的义务;[1] 又如劳资双方可进行工资谈判标准，实际上美国把市场经济标准加入了结社自由、罢工自由、集体谈判、禁止童工等核心国际劳工权利。国际劳工组织公约所包括的国际劳工权利不是强行国际法规则，更不是 WTO 框架下的法律规则;[2] 美国主张的劳资双方可进行工资谈判的标准加入了核心国际劳工标准以后，实际上通过偷梁换柱的方法，将其竭力主张但遭到发展中国家强烈反对的 WTO 框架范围以外的规则，通过市场经济外衣的包装，强加给中国超出世界贸易组织成员所应承担的义务。这种标准没有国际法依据，是不合理并且是霸道的，中国理应据理力争。

在美国与欧盟对华货物贸易存在较大贸易逆差的情况下，要求美国和欧盟放弃其国内法或经济联盟标准，承认中国的市场经济地位是非常困难的。因此，我们应当合理地运用现存 WTO 规则，反对美国和欧盟严苛的市场经济标准；并且，我们需要应用国际法规则，驳斥欧盟学者片面解释中国加入世界贸易组织议定书第 15 条的荒谬观点，支持中国市场经济地位国家到期自然取得的立场，在两条路径上打赢法律仗。

二、市场经济标准适用不得违反最惠国待遇义务

欧盟在 2004 年对我国进行市场经济初评时认为，我国只达到了市场经济标准中的一条，即市场决定价格、成本、投入，其余四条标准均未达到；美国在 2004 年举行的给予中国市场经济地位听证会上，美国企业代表认为美国商务部提出的六条标准均未达到。因此我国著名学者李晓西与樊刚进行的中国市场经济评估的研究，最终也不能达到美国、欧盟的标准。我国学者的研究表明：2001 年我国市场化程度已经达到 69%，突破了市场经济标准的临界线，市场经济框架已经建立；2004 年我国的市场经济程度已经达到了 73.8%，已经是市场经济国家；[3] 按照弗雷泽研究所的研究数据，2003 年中国经济自由度指数已经达到 5.97，距离世界平均指数水平 6.44，只有 0.47，已经非常接近世界平均水平[4]；根据美国传统基金会的研究数据，中国货币政策比国际平均水平高出 1.1 分；[5] 根据世界银行统计数据，我国的关税率在 2004 年已经降为 6%，[6] 低于发展中国家平均关税率 8%；按照加拿大弗雷泽研究所和美国卡托研究所联合发表的《世界经济 2003 年年度报告》，中国劳动与工资的自由度高于不少发达国家。按照最低工资的作用、员工聘用和解聘是否由合同决定、工资由劳

---

[1] 朱兆敏："中国操纵人民币汇率是伪命题"，载《山西大学学报》2014 年第 1 期。
[2] 朱兆敏："论国际劳工标准与 WTO 贸易规则挂钩"，载《国际贸易法论丛》，2014 年刊。
[3] 李晓西："中国市场化程度的提高与非市场经济问题的解决"，载《国际贸易》2005 年第 7 期。
[4] 范爱军、罗璇："中国市场经济地位的国内外研究述评"，载《经济社会体制比较》，2007 年 5 月刊。
[5] 同上，第 63 页。
[6] 同上，第 63 页。

资双方谈判解决的比重、失业福利与兵源招募对劳动自由度的影响等要素评估,中国劳动管制市场指标得分 4.6 分,在 80 个国家中排第 54 位,高于奥地利、芬兰、德国、希腊、以色列、意大利、立陶宛、俄罗斯、韩国、瑞典。[1]

根据我国学者研究,同为金砖国家的俄罗斯,在 2002 年与美国、欧盟的蜜月期,已经被后者承认为完全的市场经济国家。如果俄罗斯被承认为市场经济国家,如果中国经济自由度的主要指标高于俄罗斯,中国理应成为市场经济国家。

根据加拿大弗雷泽研究所自 1995 年以来对中俄经济自由度的评估情况,1995~2003 年,俄罗斯的经济自由水平始终低于我国,2002 年俄罗斯的经济自由度水平比我国低了 0.8 分。之后中俄差距继续扩大,排位于世界第 116 位,落后我国第 86 位;[2] 根据世界银行的数据,中国的关税水平在 2002 年低于 8%,明显低于俄罗斯的 8.7%;[3] 根据美国传统基金会的数据,俄罗斯的贸易自由度和管制水平与中国均为 4 分,基本持平;[4] 按照我国学者的研究,2003 年俄罗斯的政府开支达 GDP 的 35.5%,而中国仅为 21.6%;[5] 根据世界银行的数据,2003 年俄罗斯消费了 GDP 的 15.9%,而中国仅为 12.6%,[6] 中国政府规模比例要小于俄罗斯;根据弗雷泽研究所的数据,俄罗斯的金融自由度高于中国,而中国金融政策合理性则高于俄罗斯。[7] 总之,中国经济自由度水平高于俄罗斯已成定论。

根据以上世界银行、加拿大弗雷泽研究所、美国传统基金会的研究数据以及我国学者的研究数据,除了个别的领域,比如核心劳工标准结社自由、罢工自由、集体谈判,金融、电信行业开放等方面,中国的市场自由化水平均高于一般发展中国家,而美国、欧盟等西方国家拒绝给予中国市场经济国家地位,违反了 WTO 的无条件最惠国待遇原则。

1947 年《关税与贸易总协定》第 1 条第 1 款明确规定:"在对进出口或有关进出口而征收的,或者为进出口产品的国际支付而征收的关税及任何税费方面,在征收此类税费的方法方面,在与进出口有关的所有规则与手续方面,以及在第 3 条第 2 款与第 4 款所指所有问题方面,任何缔约方给予原产于或运往任何其他国家(或地区)的产品的任何好处、优惠、特权或豁免,应当立即地于无条件地给予原产于或运往所有缔约方境内的相同产品。"[8] 在中国市场自由化水平高于俄罗斯和一般发展中国家成员方的情况下,美国、欧盟及其他西方国家给予俄罗斯和世界绝大多数成员

---

[1] 李晓西:"再论中国市场经济地位",载《财贸经济》2004 年第 10 期。
[2] 范爱军,罗璇:"中国市场经济地位的国内外研究述评",载《经济社会体制比较》,2007 年 5 月刊。
[3] 同上,第 64 页。
[4] 同上。
[5] 同上。
[6] 同上。
[7] 同上。
[8] 赵维田:《世贸组织(WTO)的法律制度》,吉林人民出版社 2000 年版,第 521 页。

方完全的市场经济地位,而拒绝给予中国市场经济地位,对原产于中国的产品使用反倾销措施时适用替代国方法,对原产于中国的产品实施了歧视待遇,违反了1947年《关税与贸易总协定》第1条第1款规定的最惠国待遇义务,属于WTO项下的不法行为,应当予以纠正。

三、歪曲解释中国入世议定书理应回归正道

一位名不见经传的欧洲学者伯纳德·奥康诺尔在《中国加入世界贸易组织议定书》(以下简称《入世议定书》)签订10年以后,发表了一篇短文,别出心裁地提出中国非市场经济地位于2016年到期是一个市井神话(urban myth)。他认为,中国主张存在2016年期限的神话似乎出自于《入世议定书》第15条(d)款。该款规定,一旦中国根据该WTO进口成员的国内法证实其是一个市场经济体,某些替代国的过渡性规定即应终止,但是议定书却是没有规定中国成为市场经济国家的期限。该条文接着规定,该条一个子条款表明特定的替代国方法在中国入世后15年到期。中国成为世界贸易组织成员是在2001年12月,加上15年期限应当是2016年。这个条款不是说中国取得了市场经济地位,而仅仅是指第15条的这个规定将终止适用;而第15条的其他规定继续适用。一个子条款到期解释所谓授予市场经济地位的期限不仅仅是该条款不包含以上内容,同时这样解释国际条约的一个子条款也是不允许的。一个子条款的终止不会改变其余的法律。由此,欧盟仍然会继续根据其法律对中国是否符合欧盟关于市场经济的五项标准进行评估:(1)(中国)政府是否对公司运营决策施加影响或对公司进行市场导向;(2)是否公有制、易货贸易等计划经济的残余会影响公司运营;(3)是否公司存在有效的会计标准;(4)是否公司能在破产法规和财产保护法律框架下运营;(5)是否公司以标准汇率兑换货币。[①]

对于伯纳德·奥康诺尔向中国在2016年自然取得市场经济地位主张的挑战,国内学者分为两派:张燕第一个站出来表示反对,她主要从条约的解释方面阐述中国主张的合法性和合理性,其学术论证路径和方法是正确的,但在论证的法理依据和证明力上还不够全面;另一派以学者刘敬东为首,他主张从法理上讲,伯纳德·奥康诺尔解释条约的方法和路径是正确的,但是中国则可以通过与欧美谈判、WTO争端解决机构的决定等路径获得突围。[②] 笔者认为,这派学者的立场过于消极,其消极的立场存在于条约解释方法的简单化。

张燕在解释《入世议定书》第15条时,做了很好的工作。首先,张燕做得最重要的工作是找到有权解释的依据。伯纳德·奥康诺尔和刘敬东所作的解释,充其量

---

① Bernard O'Connor, Market Economy Status for China Is Not Automatic, http://www.voxeu.org/article/china-market-economy.

② 仅根据刘敬东先生2014年WTO年会的演讲概括。

是学理解释，其与具有准司法功能的 WTO 上诉机构的有权解释的效力相距甚远，不能同日而语。在中国诉欧盟紧固件案上诉机构裁决中，上诉机构指出，在 2016 年之后废止的不仅仅是第 15 条的（a）款（ii）项，而且还包括（a）款（i）项，为《入世议定书》第 15 条之争作了权威的诠释。

第二，张燕运用了条约解释的多种方法，从结合上下文、条约的目的与宗旨、实效性原则进行解释。首先，结合《入世议定书》的上下文，她全面地对《入世议定书》条款的法律效力进行阐述。《入世议定书》不仅仅规定了中国加入世界贸易组织的义务，而且也是世界贸易组织协定的组成部分，对世界贸易组织的其他缔约方具有约束力，约束其他缔约方履行在自 2016 年 12 月 11 日后不得对中国产品采用替代国方法确定反倾销公平价格的义务；同时张燕运用结合上下文解释的原则，分析出 2016 年以后不得适用替代国方法与一个成员承认中国的市场经济地位或者部分地承认中国的市场经济地位之后，在所有中国产品的领域或者在部分中国产品的领域均不得适用替代国方法，这三者是一个平行关系，每个条款必须予以尊重；其次，张燕运用条约的目的、宗旨解释的方法，得出 WTO 和《入世议定书》的目的和宗旨是推动贸易自由化、减少贸易障碍、给予未达到市场经济标准的成员一个过渡期，通过贸易制度审查机制促使该成员符合市场经济标准，而不是对特定成员采取歧视待遇，滥用 WTO 的授权设置贸易障碍的结论。

张燕对《入世议定书》的解释，指出了中国市场经济地位自然取得制度的合理性以及伯纳德·奥康诺尔解释的非逻辑性。对中国市场经济地位自然取得作出了权威解释和学理方面的支持。不过在学理解释方面还不够清晰、透彻，揭露伯纳德·奥康诺尔解释貌似合理，实则霸道、蛮横。

根据《维也纳条约法公约》第 31 条的规定："条约应就其用语按照上下文并参照其目的和宗旨所具有的通常意义，善意的予以解释。"[①] 所谓善意即为完整地对待条约条文的每个用语，尊重条约缔约方的每项权利。《维也纳条约法公约》关于善意解释的规定已经在国际法界前人的基础上结合了诸多条约解释规则，如全有效规则，"应当认为，缔约国当然要使一个条约的条款有某种效果，而不是使它成为毫无意义的条文。因此，一种使一个条款成为毫无意义或毫无效果的解释是不允许的"[②]。"在英伊石油公司案中，国际法院在原则上承认：解释条约应使约文中的每一个字都有其理由和意义"[③]。伯纳德·奥康诺尔解释的伪善在于，它通过形式上的文意解释，将 2016 年的限期局限在《入世议定书》第 15 条（a）款（ii）项的范围内，否定《入世议定书》WTO 协定的组成部分，把两者割裂开来，从而达到剥夺中国免除在 WTO 框架下反倾销诉讼中被适用替代国方法的权利。在《入世议定书》是 WTO 协定组成部分

---

① 李浩培：《条约法概论》，法律出版社 1987 年版，第 425 页。
② 劳特派特：《奥本海国际法》（上卷第二分册），商务印书馆 1989 年版，第 365 页。
③ 同上书，第 365 页。

的情况下，没有明示的条约约文的规定，伯纳德·奥康诺尔默示推定 WTO 成员对其他非市场经济国家有权使用替代国方法是没有依据的。

伯纳德·奥康诺尔解释的非合理性的另一个法理依据是在没有成员方中国明示同意的情况下，它违反了其在 WTO 项下不歧视、最惠国待遇义务。

根据条约法的历史解释方法，美国在 2001 年在与中国的入世协议书中明示承诺中国在入世 15 年后自然取得市场经济地位。这在另一方面又佐证了伯纳德·奥康诺尔的解释方法是不能成立的。

人民币汇率的国际法风险探析[*]

——以《补贴和反补贴措施协议》为视角

张军旗[**]

近些年,美国政界、产业界和学者以 WTO 补贴规则为据指责中国政府人为压低人民币汇率,造成人民币低估,从而构成了对中国出口企业的补贴;同时,以《国际货币基金组织协定》(以下简称《基金协定》)及后续解释性文件为据指责中国政府非法操纵汇率。2003 年 9 月,美国国会参议员查尔斯·舒默等提出针对人民币的第一个法案,声称如果人民币价值不能有效重估,就对所有原产于中国的产品征收惩罚性关税。此后美国国会两院提出了几十项关于人民币汇率的法案,对中国政府施压,要求人民币升值。自从 2005 年我国汇率改革至 2014 年底,人民币相对美元有效汇率已经升值了 40.51%,实际有效汇率升值 51.04%。[①]2015 年 5 月初,基金组织又首次宣布人民币汇率"估值合理"。但美国反对基金组织的判断,在其看来人民币升值还未达到应有的水平,因此争端仍未平息。

对于人民币汇率是否构成 WTO《补贴与反补贴措施协议》(以下简称 SCM 协议)之下的出口补贴,学者们做了不少研究,形成了尖锐对立的两派观点。国内绝大多数学者认为,人民币汇率形成机制并不构成 SCM 协议意义上的非法补贴,理由既不构成 SCM 协议第 1 条意义上的财政资助,也没有授予利益,因此不构成补贴;或者即便是构成补贴,也不构成出口补贴;或者即便构成补贴也不具有专向性。[②]而另一

---

[*] 基金项目:国家社科基金一般项目《WTO 补贴规则与我国产业补贴政策的变革研究》的阶段性成果。

[**] 张军旗,上海财经大学法学院教授,博士生导师。

[①] 网易财经:"世界第二强 2014 年人民币实际有效汇率升值 6.24%",http://money.163.com/15/0211/01/AI4S9RRL00253B0H.html,访问日期 2015 年 5 月 1 日。

[②] 这方面的代表性论文有:杨松:"人民币汇率争端的法律分析",载《中国法学》2012 年第 5 期;韩龙:"人民币汇率补贴论:基于 WTO 补贴构成条件的审视",载《中外法学》2009 年第 3 期;李晓郛:"人民币汇率不构成出口补贴",载《世界贸易组织动态与研究》2012 年第 1 期;龚柏华、尤浩:"美国对华反补贴诉讼中有关人民币汇率的法律问题分析——兼评美国 Nucor 公司告美国商务部拒绝就人民币汇率补贴展开调查案",载《国际商务研究》2011 年第 1 期;贺小勇:"论美国《公平贸易汇率改革法案》的法律缺陷问题——以 IMF 和 WTO 为视角",载《国际商务研究》2011 年第 2 期。

派观点,个别学者认为,中国的人民币汇率制度可能构成 SCM 协议下的出口补贴。①还有学者认为,现有的人民币汇率制度至少构成了 SCM 协议第 1 条意义上的"财政资助"。②

人民币汇率的国际法性质涉及多方面的问题,诸如中国是否存在汇率的非法操纵,WTO 对于汇率问题是否具有管辖权,人民币汇率是否构成出口补贴等等。笔者对这些问题均进行了一定研究,但这里只是摘取了其中一部分内容单独成文,即只从《补贴与反补贴措施协议》的角度来考察人民币汇率安排是否构成禁止性补贴。其余内容在本文中暂不涉及。

本文认为,总体上而言,人民币汇率在 SCM 协议之下都存在一定的法律风险,"有可能"被认定为出口补贴。笔者的研究意在通过对于有关事实和法律的分析,客观地看待人民币汇率问题,以免盲目乐观;也提示政府及早在法律上和政策上作出相应准备。另外,从学术研究的角度看,在此问题上学者们存在各种不同观点,这种学术分歧的激烈性和复杂性也使得人民币汇率问题成为深化理解有关法律规则的一个良好契机。

一、我国政府购汇是否构成财政资助,或收入或价格支持

按照 SCM 协议第 1 条第 1 款的规定,补贴的构成要件有二,一是政府或公共机构提供的财政资助或"GATT1994 第 16 条意义上的任何形式的收入或价格支持",二是授予利益。只有同时满足了这两个条件,才构成 SCM 协议意义上的补贴。其中对于财政资助,穷尽式地列举了四大类表现形式:(1)涉及资金的直接转移(如赠款、贷款和投股)、潜在的资金或债务的直接转移;(2)放弃或未征收在其他情况下应征收的政府税收;(3)政府提供除一般基础设施外的货物或服务,或购买货物;(4)政府向一筹资机制付款,或委托或指示一私营机构履行以上(1)至(3)列举的一种或多种通常应属于政府的职能。但是,(1)(2)两类之下出现的各种具体形式则是列举式的,即诸如贷款、赠款、投股等具体形式对于"资金的直接转移"而言只是举例说明,这意味着还有可能存在其他的直接转移资金的方式。

(一)人民币汇率争议的措施究竟是什么

对争议措施的判断会影响到对其是否属于财政资助的分析。因此,在展开进一步的分析之前,需要解决一个前提性问题,即人民币汇率争议的措施究竟是什么?

---

① 谢皓、韩勋:"论人民币汇率安排是否构成 WTO 框架下专项性补贴",载《上海金融》2012 年第 8 期。
② 白巴根:"人民币汇率与补贴的认定——人民币汇率是否构成'财政资助'",载《中国法学会世界贸易组织法研究会"WTO 法与中国论坛"暨 2010 年年会论文集》(上册),第 279 页。

这似乎是一个不言自明的问题，但实际上并非如此。

为便于说明问题，这里首先简要描述一下政府影响人民币汇率的基本方式及对出口企业发挥作用的过程。企业将出口中所获得的外汇按照外汇交易中心发布的汇率卖给外汇指定银行，此即结汇。出口企业在结汇中获得人民币。按照中央银行的规定，外汇指定银行可以持有一定外汇，但其外汇综合头寸有一定限额，超过限额即应将多余部分的外汇拿到银行间外汇市场交易平仓。当某种外汇增多不足以在银行间外汇市场取得平仓效果时，中央银行为了压制人民币升值，通常会投放基础货币（人民币）购买外汇。当然，中央银行也可在自己认为必要的情况下，主动在银行间外汇市场以人民币购买某种外汇，以压低人民币对该种外汇的汇率。汇率的压制或低估客观上可使出口企业结汇时获取更多的人民币，也可使出口商品的价格与国外同等商品的相对价格显得便宜。以前采用强制结售汇制，加上外汇指定银行的头寸管理，导致出口企业手中的绝大部分外汇最终要流向中央银行。2012年废除了强制结售汇制，采用意愿结售汇制，但由于2008年以后人民币总体保持升值趋势，企业在获得外汇后如果没有用汇需求，仍然会选择结汇，从而出现了意愿结售汇制度下的强制结售汇效果。[①]

从以上描述可以看出，虽然出口企业是向外汇指定银行结汇的，但外汇指定银行只能起到临时、有限蓄水池的作用，超过这个蓄水池容量的外汇，最终还要流向中央银行。而中央银行买入外汇，既是干预汇率的过程，同时又是通过外汇指定银行向出口企业转移资源的过程。

在《基金协定》语境下人民币汇率争议措施是汇率的形成机制或者说是汇率安排。但在WTO规则下略有不同，如果表述得稍微完整一些，争议的措施是"中国政府是否以低估的人民币汇率买入外汇"（以下简称政府购汇）。至于此等措施"是否构成补贴"以及"是否构成出口补贴"属于法律判断，"刺激出口"属于行为的目的，而所争议措施自然应该是一种行为，那么这种行为只能是"政府是否以低估的产生人民币汇率买入外汇的行为"，而不是人民币汇率安排或人民币汇率形成机制，也不是人民币汇率是否低估。人民币汇率安排决定和影响着汇率的高低，而汇率的低估、高估或均衡相当于交易价格，而交易价格必须在实际交易中才能发挥作用。具体到人民币汇率问题上，这种实际交易就是政府购汇行为。汇率的高低只是购汇行为的要素之一（价格要素），尽管从本案来说，其是一个核心要素，但不能因其重要性而取代购汇行为成为争议措施。

当然，由于汇率问题（买卖的价格问题）是争议的核心，人们为了表述之便利，常常将这种争端措施简单表述为诸如"人民币汇率问题""人民币汇率形成机制""人民币汇率低估""汇率低估"甚或只是"人民币汇率"，等等。比如我们有时候会看

[①] 宋玮："对继续完善人民币汇率形成机制的思考"，载《区域金融研究》2012年第5期。

到，有些论文中会讨论"人民币汇率是否构成财政资助""人民币汇率是否构成出口补贴"等等。这样的表述当然并不会引起人们理解上的歧义，但是，还是不能忘记，争端的行为仍然是政府购汇。若忽视了这一点，就可能弄假成真，去论证"人民币汇率生成"或"汇率低估"不构成资金的直接或间接提供和转移，就混淆了其与"在特定汇率条件下进行的交易"行为的区别。[①]

也正因为如此，本文即以"政府购汇"或"人民币汇率机制下的政府购汇"来指代争议的措施。尽管有时也使用大家通常使用的"人民币汇率安排"，但本质上还是人民币汇率安排下的政府购汇行为。

（二）行为主体问题：外汇指定银行是否属于公共机构

WTO规则规范的是政府行为，那么就人民币汇率争议而言，就需要判断是否存在政府行为。

在以上描述的政府——外汇指定银行——出口企业之间的资金流动中，人民币并不是直接由政府流向出口企业，而是存在外汇指定银行这个中间环节，而外汇指定银行的性质（是公共机构还是私人）会影响到对于财政资助具体类型的识别。若外汇指定银行被认定为公共机构，则在WTO规则的意义上视同广义上的政府行为；若其被认定为私人企业，则需要考虑其与政府的关系及其履行的职能，看其是否符合第1条第1款（a）项（1）(iv) 的要求。

公共机构是指那些虽不具有国家机关的正式地位但一定程度上履行政府职能的实体。在DS379案中，上诉机构之所以支持了美国商务部"中国国有商业银行属于公共机构"的观点，其重要依据有二，一是国有商业银行属于国家所有，但这一点不是决定性的。更具有决定意义的是第二项，即《中华人民共和国商业银行法》第34条："商业银行根据国民经济和社会发展的需要，在国家产业政策指导下开展贷款业务。"[②]这一规定在一定程度上赋予了商业银行行使政府管理的职能。但是，在人民币汇率问题上，第34条的规定并不适用，因为这一规定针对的只是"贷款业务"，而并不包括结售汇业务。更何况，可以办理结售汇业务的并不只是国有商业银行。按照2009年11月19日发布的《国家外汇管理局关于进一步完善个人结售汇业务管理的通知》，城市商业银行、农村商业银行、外资银行、个人本外币兑换特许业务试点机构也可以经营结售汇业务。中国人民银行2014年3月26日制定颁布的《银行办理结售汇业务管理办法》不仅没有将结售汇业务的经营者仅限于国有商业银行，而

---

① 事实上，"人民币汇率生成"与"汇率低估"也是两个不同的概念，前者着重于生成汇率的机制和方式，后者表述的是一种结果和状态。

② See Appellate Report, *United States-Definitive Anti-dumping and Countervailing Duties on Certain Products from China*, WT/DS379/AB/R, 11 March 2011, paras.338-347.

且并无类似于《商业银行法》第 34 条的规定。① 所以可以认为，外汇指定银行属于独立的法人，不属于公共机构；即便是国有商业银行在贷款方面具有公共机构的性质，但在结售汇方面并不具有这种地位。

外汇指定银行中既不属于公共机构，其中那些非国有的银行自然属于 SCM 协议第 1 条第 1 款（a）（1）（iv）中所说的私人机构（private body），但国有商业银行又显然不属于我们通常理解的私人机构，那么其有无可能以"私人机构"的身份发挥 SCM 协议第 1 条第 1 款（a）（1）（iv）所规定的作用呢？笔者认为是可以的。因为国有商业银行在法律上属于独立法人，在其不存在《商业银行法》第 34 条规定的义务（至少在某些方面）的情况下，其独立地位相当于私人企业。当然，这里只是在二者均属独立法人的意义上说二者地位相当，并不是国有银行变成了私人投资的企业。

（三）政府是否委托或指示私人机构履行 SCM 协议第 1 条第 1 款（a）（1）（i）～（iii）项的政府职能

既然外汇指定银行不属于公共机构，我们就只能考察中央银行的购汇行为是否构成财政资助。中央银行属于政府机关，这一点是明确的。那么中央银行是否委托或指示私人机构履行 SCM 协议第 1 条第 1 款（a）（1）（i）～（iii）项的政府职能呢？为了回答这一问题，我们首先要假定，若没有经过外汇指定银行这一中间环节，政府直接向企业购汇，是否满足 SCM 协议第 1 条第 1 款（a）（1）（i）～（iii）项的规定。笔者认为，既然是外汇买卖，对于交易双方而言，自然存在经济资源的转移。政府买入外汇，向企业支付人民币，构成了 SCM 协议第 1 条第 1 款（a）（1）（i）中规定的"资金的直接转移"。

实践中，政府并未直接从出口企业手中购汇，而是经由外汇指定银行来进行。而外汇指定银行经营结售汇业务是政府批准的结果，而且也是按照国家指导价从事结售汇业务的。因此，可以说政府委托外汇指定银行履行从出口企业手中购买外汇的职能。既然如此，就不存在资金从政府向出口企业的"直接转移"，而是间接的，所以满足 SCM 协议第 1 条第 1 款（a）（1）（iv）的要求，从而构成"财政资助"。

（四）政府购汇是否构成 GATT1994 第 16 条意义上的收入或价格支持

GATT 秘书处编辑的《GATT 法律与实践——分析索引》曾将 GATT1994 第 16 条意义上的收入或价格支持归纳为六种情形：(1) 将国内价格定得高于世界价格水

---

① 《银行办理结售汇业务管理办法》第 6 条规定："银行申请办理即期结售汇业务,应当具备下列条件：（一）具有金融业务资格；（二）具备完善的业务管理制度；（三）具备办理业务所必需的软硬件设备；（四）拥有具备相应业务工作经验的高级管理人员和业务人员。"第 7 条规定："银行申请办理人民币与外汇衍生产品业务,应当具备下列条件：（一）具有即期结售汇业务资格；（二）具备完善的业务管理制度；（三）拥有具备相应业务工作经验的高级管理人员和业务人员；（四）符合银行业监督管理机构对从事金融衍生产品交易的有关规定。"

平；（2）由非政府机构征集资助的补贴；（3）作为补贴的出口信贷计划；（4）为出口货物规定较低的国内运输费；（5）免税；（6）多种汇率。从形式上看，政府购汇并未落入其中。但由于上述六种情形只是秘书处的总结，并不能当然得将政府购汇排除在外。

如上所述，政府购汇不仅是实现经济资源转移的交易过程，同时也是影响汇率（交易价格）的过程。汇率由于这种交易而被压低（特别是低于合理水平），实际上相当于一种收入和价格支持。从形式上看，是一种价格支持；从内容看，属于收入支持。可是，倘若虽然存在政府购汇行为，却并未导致汇率低于合理水平，则不能认为政府购汇构成一种收入和价格支持。因此，在汇率是否存在低估尚存争议的情形下，不能将政府购汇界定为一种收入和价格支持。

（五）若干特别说明及对其他观点的回应

1. 汇率的高低不影响财政资助的判断

SCM协议第1条第1款中的"财政资助"是对可能构成补贴的政府或公共机构"行为形式"所做的说明，即"财政资助"考察的是政府或公共机构的行为的"表现形式"。在美国出口限制案中，专家组指出："SCM协议的谈判史表明，第1条第1款（a）项（1）（i）~（iii）将政府措施限制为经济资源从政府到私人实体的转移。在这些条款下，政府措施起到的效果应该是，直接地将一些具有价值的东西（无论是金钱、货物还是服务）提供给私人实体。"[①]

特别强调的是，由于"财政资助"考察的是政府或公共机构的行为的"表现形式"，因此对"财政资助"的判断不涉及是否授予利益的问题。是否授予利益是下一阶段要考虑的问题。这样，当政府以市场条件向企业提供贷款时，其虽未授予利益，但贷款行为仍构成了"资金的直接转移"。当然，有些资金转移的方式必然意味着"授予利益"，如赠款、减税。又如，政府购买货物时，价格条件并不影响"购买货物"构成"财政资助"的一种形式。学者们有时自觉不自觉地将这两个要件混淆在一起。比如，有学者认为，在人民币汇率低估的情况下才存在资金从政府向企业的转移。[②] 事实上，在人民币汇率没有低估的情形下，政府的购汇行为也存在资金的转移。

2. SCM协议中既未规定汇率低估，也未规定政府购汇，这不能说明其当然被排除在财政资助的范围之外

虽然SCM协议第1条第1款中"财政资助"与其下的（i）~（iv）项的关系属于穷尽式列举，但是，"资金的直接转移"之下的各种具体形式是非穷尽式、举例式列举。附件1也是"例示清单"，而非穷尽式列举。因此，明确列举的形式之外的其

---

① Panel Report, United States-Measures Treating Export Restrains as Subsidies, WT/DS194/R, 29 June 2001, para.8.65.

② 白巴根："人民币汇率与补贴的认定——人民币汇率是否构成'财政资助'"，载《中国法学会世界贸易组织法研究会"WTO法与中国论坛"暨2010年年会论文集》（上册），第284~289页。

他行为如果符合上述四项中某一项的一般特征,其仍有可能属于财政资助。不能仅因协议条文未明确规定政府购汇而当然将其排除在财政资助的范围之外。

3. 争议措施是政府购汇行为而非汇率安排,亦非外汇市场,因此即便外汇市场构成一般基础设施,它也不能解决政府购汇行为的性质问题

SCM 协议第 1 条第 1 款（iii）项将一般基础设施排除在"财政资助"的范围之外。有学者认为,"中国的外汇市场是中国政府建立、维持和管理的供外汇交易的平台和场所,是一般基础设施。我国中央银行发布或授权发布人民币对其他货币的牌价、实行结汇制度和对汇率进行相关的管理是在履行政府的正常职能,不属于WTO《反补贴协定》所禁止的服务提供",因此人民币汇率安排不属于"财政资助"的范围。[①]

那么汇率机制或者说外汇市场是否属于一般基础设施呢?这牵涉到对"一般基础设施"的解释问题。在"空客案"中,专家组对于"一般基础设施"做了一定解读:"词典中界定的'基础设施'指'与一国经济基础有关的设施和服务（电站、排水系统、道路、住房等）','（一个系统或组织的）基础或基本框架','一个国家或地区的公共工程系统'……我们认为'一般基础设施',按其通常、自然的含义,是指那些非提供给单个实体或少数实体或对单个实体或少数实体有利的基础设施,相反它是可为所有或接近所有的实体利用的。""当然,我们认为要对'一般基础设施'作出抽象的定义,即便不是不可能的,也是非常困难的。"[②]"我们认为,没有任何形式或类型的基础设施本身即内在地具有'一般性',提供的某种货物或服务是否具有'一般基础设施'的性质必须逐案判断。为此必须考虑的因素包括该基础设施产生的背景,基础设施的类型,提供基础设施的条件和环境,基础设施的接受者或受益者,以及该基础设施适用的法律体制,包括利用该基础设施的条件和限制。"[③]

笔者受自身知识结构的限制,无法从专家组提及的诸多方面去全面分析人民币汇率市场是否构成一般基础设施,这里只从基础设施的接受者或获益者的角度做些分析。

按照前引专家组的解释,一般基础设施须是"可为所有或接近所有的实体利用的",而这其中暗含一个意思,即一般基础设施对于所有或接近所有的实体都能够带来好处或者说具有正外部性。对于外汇交易平台或者说外汇市场来说,中国境内的任何个人和企业都可以利用,都可以在这里购汇或结汇。从这个意义上来说,外汇市场"可为所有实体利用",可认为属于一般基础设施。至于汇率机制,它只是形成汇率的方式,应属于外汇市场的组成部分,或者说是外汇市场的要素之一。

但如前所述,人民币汇率问题的关键并不在于外汇市场的存在本身,而在于在

---

① 韩龙:"人民币汇率补贴论:基于 WTO 补贴构成条件的审视",载《中外法学》2009 年第 3 期。
② Panel Report, *European Communities and Certain Member States -Measures Affecting Trade in Large Civil Aircraft*, WT/DS316/R, 30 June 2010, para.45.
③ Panel Report, *European Communities and Certain Member States-Measures Affecting Trade in Large Civil Aircraft*, WT/DS316/R, 30 June 2010, para.46.

外汇市场上，政府（通过外汇指定银行）以什么样的条件（即是否以低估的人民币汇率）买进外汇。简单地说，争议措施是政府购汇行为而非外汇市场或外汇机制的存在。这就好比政府出资修建铁路，铁路属于一般基础设施，人人可以利用，但企业在通过铁路运输货物的过程中所付运费的多少则是另一个不同的问题。若铁路由国有企业管控经营，而政府通过铁路经营企业向特定企业提供运费方面的优惠，那么争议的问题就是以优惠价格提供运输服务，而不是铁路本身是否属于一般基础设施。

二、政府在现有人民币汇率机制下买入外汇是否"授予了利益"

如前所述，专家组和上诉机构在诸多争端中阐明了"授予利益"的一般原则，即以市场条件作为参照的标准。人民币是否低估，须以人民币的公平价格或者说均衡汇率为基础进行衡量。但均衡汇率的确定是经济学上的一个复杂问题，以笔者的知识结构，无法正面解决这个问题。只是在研读现有研究成果的过程中发现，否定授予利益的观点其论据不能令人信服，感觉仍然存在被认定为授予利益的可能性。这里仅结合学者的讨论及本文有限的经济学知识谈一些自己的看法。

有学者认为，"以所谓纯粹的市场力量决定的人民币币值作为基准来衡量人民币现行汇率，在经济学上是不现实的，在法律上也是缺乏依据的"；并且世界上尚且不存在被各国普遍接受的确定货币币值的标准或模型，因而不能轻言低估；若进行诉讼，美国胜算并不大。[1]

笔者承认，很难从绝对准确的意义上衡量由纯粹市场力量决定的人民币汇率，目前也确实不存在广泛认可的标准，但这并不意味着人民币汇率没有被认定为授予利益的可能性。

首先，不存在普遍接受的衡量标准只意味着证明过程中的困难，并不意味着法庭无任何标准可以选择。无论国际法庭还是国内法庭，在无法确定纯粹的市场力量决定的汇率的情况下，为裁断案件，完全有可能退而求其次，寻求与纯粹的市场汇率比较接近的汇率作为判断利益存在的基础。同样，在不存在广泛认可的衡量币值的标准的情况下，完全有可能采用法庭自认为适当的衡量标准，或综合运用其中的几种标准。换句话说，法庭在裁决案件过程中，并不必须去寻求纯粹的市场汇率，也不必刻意追求采用各国"普遍接受"的标准。在各类法庭审理案件的过程中，并非所有证据或法律规则都能够明确、肯定、毫无争议地支持判决。法官在证据或法律规则不尽明确的情形下，可能只能追求相对的公平和公正。[2]

---

[1] 韩龙："人民币汇率补贴论：基于WTO补贴构成条件的审视"，载《中外法学》2009年第3期。

[2] 事实上，类似情形在WTO争端解决的其他方面也有体现。例如，某一成员违反了规则义务，这一违反行为对于申诉方的实际影响是很难在经济学上准确量化的。当申诉方被授权报复，而双方对于报复水平有分歧时，可提交仲裁。虽然仲裁员的裁决毫无疑问不可能是经济学上的准确量化，但作为一种解决争端的方式，裁决对双方具有法律约束力。

以 IMF 之下的"汇率问题顾问组"（Consultative Group on Exchange Rate，CGER）设立的标准为例。2006 年 11 月出台的《CGER 汇率评价方法》提出了一套系统性汇率评价方法，包括三种互相补充的方法：宏观经济平衡法（Macroeconomic Balance Approach，MBA）、简化均衡实际汇率法（Equilibrium Real Exchange Rate Approach，ERER）和外部可持续方法（External Sustainability Approach，ESA）。在 2011 年度进行的《年度审查报告》中，CGER 采用了 IMF 规定的三种测算方法并且结合中国国情进行了评估，并就三种方法下人民币汇率的低估幅度作出了具体的量化：低估 23%（MBA 方法）、低估 3%（ERER 方法）、低估 17%（ES 方法），并据此得出结论，认为人民币汇率与中期均衡汇率相比存在实质性低估。[1] 尽管这套标准并非完美，甚至也未为各国所广泛接受，但是 CGER 是汇率技术问题上的官方机构，一旦发生 WTO 纠纷，在没有更加令人信服、更加没有缺陷衡量方法的情况下，CGER 所提供的技术咨询结果很有可能成为 IMF 的"官方"看法，从而为 WTO 争端解决机构所采用。[2]2012 年 7 月，IMF 发布的一份报告声称："工作人员的评估表明，尽管人民币实际有效汇率升值，但人民币相对一篮子货币仍被中度低估。"[3] 此类内容都有可能在法庭上被参考或援用。当然，情况发生了新的变化，2015 年 5 月初，IMF 宣布人民币估值合理。这确实可以在很大程度上缓解我国政府的压力，但显然并不足以消除所有的风险。

其次，以纯粹的市场汇率为基准衡量现有人民币汇率，并非完全没有法律根据。虽然 SCM 协议中没有作出这样的明文规定，但专家组和上诉机构在诸多争端解决报告中所阐明的"以市场条件作为衡量是否授予利益的基准"的原则同样可以适用于汇率问题。

最后，从本人有限的经济学常识来看，改革开放以来出口是我国经济发展的重要动力，长期维持着巨额贸易顺差，这会导致人民币的需求上升，从而应该进一步导致人民币的价格上升，人民币对美元的汇率也应该上升。可是在 2005 年汇率改革之前，我国采用的是人民币盯住美元的做法，导致人民币应有的升值无法实现，这样会形成人民币汇率的低估。及至 2005 年 7 月汇率改革后，人民币放弃了盯住美元的做法，实行"有管理的浮动汇率制"，2008 年到 2010 年有一段时间重新盯住，但是政府看起来仍然在干预和控制人民币升值，如有学者所指出，"观察我国历次汇率改革后的情况，很容易发现，每次都是人民币汇率比原来上浮，这几乎成为必然的

---

[1] People's Republic of China，2011 Article IV Consultation，IMF Country Report，No.11/192.
[2] 谢皓、韩勋："论人民币汇率安排是否构成 WTO 框架下专项性补贴"，载《上海金融》2012 年第 8 期。
[3] 国际货币基金组织公共信息通告第 12/86 号，《基金组织执董会结束与中华人民共和国 2012 年第四条款磋商》，2012 年 7 月 24 日。

结局,这就是最好的证据。"①

当然,及至今日,人民币汇率已有较大幅度升值,IMF 称人民币"估值合理"了,可是美国反对,认为升值幅度尚未达到合理、均衡的程度。笔者无法从正面回答升值是否达到合理程度,只能说人民币汇率被认定为存在低估的可能性仍然存在,那么以这种低估的汇率进行的政府购汇"有可能"向企业授予利益,从而构成 SCM 协议第 1 条意义上的补贴。

特别强调的是,SCM 协议并不禁止所有补贴,因此人民币汇率即便被认定为补贴,也并不意味着构成非法补贴。②但若构成出口补贴,则必然为非法。下文进行进一步分析。

三、政府在现有人民币汇率机制下买入外汇是否构成出口补贴

为下文讨论之方便,这里假定政府买入外汇构成补贴,那么其是否构成出口补贴?

如前所述,判断出口补贴的标准是看补贴的授予是否"以出口实绩为条件"。由于不存在任何法律或政策文件将对人民币汇率的干预与出口实绩挂起了钩,因此不可能构成法律上的出口补贴。问题的关键在于是否有可能构成事实上的出口补贴。对于"事实上的以出口实绩为条件",SCM 协议脚注 4 对之解释道,如事实证明补贴的给予虽未在法律上以出口实绩为条件,而事实上与实际或预期出口或出口收入相联系(tied to),则符合此标准。

上诉机构在"加拿大———影响民用飞机出口措施"案中指出:"……补贴与出口实绩之间存在的这种条件关系,必须从构成或围绕授予补贴事实的总的把握中得出,任何单个事实本身在特定案件中都不可能具有决定性。"③有学者以这一解释为基础主张,仅有出口企业收汇后按照市场汇率将外汇兑换成人民币这一事实,并不足以得出补贴事实上取决于出口实绩的结论。④应该说,这一判断本身是没错的。问题在于,这一主张似乎暗示,在人民币汇率问题上,只存在出口企业收汇后将外汇兑换成人民币这一事实,而不存在其他事实。笔者认为这种主张比较勉强。长期以来,出口都是我国经济发展的重要动力和努力方向,政府的政策文件中也有促进出口的各种表述。这些表述虽然可能并未与汇率的确定直接、明确地联系在一起,但仍然

---

① 白巴根:"人民币汇率与补贴的认定——人民币汇率是否构成'财政资助'",载《中国法学会世界贸易组织法研究会"WTO 法与中国论坛"暨 2010 年年会论文集》(上册),第 279 页。

② 同样,人民币汇率即便被低估,也并不等于当然违反《基金协定》。参见胡加祥、刘婷、尹楠楠:"人民币汇率补贴论之辨析",载《学习与探索》2013 年第 5 期。

③ Report of the Appellate Body, *United States-Preliminary Determinations with Respect to Certain Softwood Lumber from Canada*, WT/DS236/AB/R, 21 February 2003, paras.167-168.

④ 韩龙:"人民币汇率补贴论:基于 WTO 补贴构成条件的审视",载《中外法学》2009 年第 3 期。

有可能通过国家经济发展的方向将出口与确定较低的汇率联系起来。

当然，对于汇率的干预可能与多种政策目标相联系，诸如防止金融危机、抑制通货膨胀及保持经济稳定等都与汇率的干预有关。促进出口也可能是我国汇率政策的目标之一。需特别强调的是，按照 SCM 协议第 3 条的规定，只要促进出口是提供补贴的"条件之一"，即可构成出口补贴。

从这个意义上说，人民币汇率"有可能"构成出口补贴。诉讼中申诉方能否成功取决于其举证的充分程度。对于中国政府来说，这里只能说，法律风险是存在的，并不像一些论著中认为的那样没有风险。

四、对于汇率补贴专向性的若干不当认识

本来，由于 SCM 协议明文规定禁止性补贴被视为具有专向性，因此若被认定为禁止性补贴，根本无须再讨论专向性问题。可是鉴于一些论著中有对于人民币汇率补贴专向性的讨论错讹之处，兹单列一目做一澄清。

（一）对于专向性在 SCM 规则体系中的地位认识有误

不少论述都认为补贴的构成要件有三：（1）财政资助，或价格支持或收入支持；（2）授予利益；（3）具有专向性。笔者推测这里所说的"补贴的构成要件"是想说"非法补贴的构成要件"，但即便如此，其对构成要件的表述也是不准确的，具体说明如下。

简单地说，按照 SCM 协议的规定，同时满足上述（1）（2）两项即构成补贴，但此时并不判断合法与非法，只是构成"补贴行为"而已。尽管 SCM 协议第 2.3 条的规定，禁止性补贴（出口补贴和进口替代补贴）被视为具有专向性，但客观地说，这一规定没有多大实际用处，因为一旦被认定为禁止性补贴，被诉方即应立即撤销违法补贴，无须再考虑其他因素。实践中，只有对那些未构成禁止性补贴的补贴，讨论其专向性才有实际意义。但除了禁止性补贴这种视为专向性的补贴当然违法之外，其他具有专向性的补贴并不当然违法，即只有当其同时对其他成员造成"不利影响"时，才构成违法，否则仍不违反义务。

对于政府购汇来说，如果认为其不构成补贴，则不必继续讨论专向性问题。倘若认为其不仅构成补贴，而且构成了出口补贴，同样无须讨论专向性问题。

（二）一些对补贴专向性的讨论脱离了受益者范围这一前提

有一种观点认为，"人民币汇率并不是瞄准以出口为导向的企业，也不是有选择地指向我国经济的某一特殊领域或部门，而是适用于我国所有居民和企业，而不论其出口与否。可见，人民币汇率政策与利率政策一样不仅不具有专向性，而且似乎

与专向性相反,属于政府调控经济的广泛的政策措施"。① 这是一种似是而非的观点。低估的人民币汇率同等适用于我国任何居民和企业,这是没错的。可是讨论专向性问题,其本质是讨论补贴措施的"受益者"是否限于有限的范围。而当我们假定在人民币汇率低估时进行的外汇交易(结汇)构成补贴时,以出口为主的企业显然是主要受益者(当然受益者也可以包括向外汇指定银行卖出外汇的个人、来中国旅游的消费者以及来中国留学的留学生,但从产业的角度只考虑出口企业)。进口企业和购汇个人是汇率补贴的受损者而非受益者,怎么能用他们来证明补贴不具有专向性呢?② 可以说,上述说法完全脱离了专向性考察的本意。

---

① 韩龙:"人民币汇率补贴论:基于WTO补贴构成条件的审视",载《中外法学》2009年第3期。另一篇论文也有类似的看法,参见李晓郛:"人民币汇率不构成出口补贴",载《世界贸易组织动态与研究》2012年第1期。

② 事实上,也不是所有的出口企业都受益或有同等程度的受益,那些主要以国内原材料生产出口产品的企业受益程度高,而倘若产品的原材料全部或大部分依赖进口,那么这类企业需要更多付汇,因此其可用于卖给外汇指定银行的外汇数量少。

WTO走向未来：
基于对过去20年的规范和实证评析

李雪平[*]

摘 要：WTO在过去20年里取得了举世瞩目的成就，奠定了对未来国际政治、经济和法治继续施加影响的基础。WTO对法定职责范围的现实突破，不但没有削弱成员对国家经济主权的主张，反而使国际政治问题的贸易化趋势变得愈加明显。WTO推行的"门户开放"政策强化了国际经济问题的透明度，但滥用WTO赋予的权利采取单边措施和贸易保护主义的情形司空见惯，由此增加了诸多国际经济问题的不确定性。WTO构建国际贸易法治的路径、成果及其中存在的挑战，为正确看待联合国推动下的国际法治建设的公正性提供了另一个维度或视角。

关键词：WTO体制；国际经济危机；国际贸易法治；国际政治问题贸易化

自1995年1月1日世界贸易组织（WTO）开门营业起，这个组织已运行20年。在这20年里，WTO新增33个成员，贸易额占全球的98%，开启了多哈回合谈判，解决了400多起贸易争端，抵御了2008年的金融危机，并即将就2013年巴里一揽子多边计划予以实施。[①]在全球经济贸易更加相互依赖的今天，很难想象这个世界没有WTO会是什么样子。

作为沟通国家间贸易来往的桥梁，WTO在促进国际政治合作、国际经济融合、成员利益维护以及全球资源配置等方面都发挥着不容小觑的作用；但同时，由于国家主权的作用以及WTO自身的制度和结构的缺陷，单边主义的强权政治如幽灵般飘荡，新旧贸易保护主义的言行司空见惯，国际贸易法治的灰色区域依旧"黯淡无光"。而WTO内外活跃着的不同利益集团，更使其面临诸如环境保护、公平竞争、劳工权益、区域贸易集团化等一系列的新问题和新挑战。此类情势正如《道德经》所谓之"有无相生，难易相成，长短相形，高下相倾，音声相和，前后相随，"并成就了"万花

---

[*] 李雪平，法学博士，武汉大学国际法研究所教授、博导，主要研究方向为国际法基本理论、联合国法、WTO法、企业社会责任等。

[①] See http://www.wto.org/english/news_e/news15_e/dgra_01jan15_e.htm.

筒"般的多边贸易体制。本文以过去的 20 年为背景,从规范和实证角度分析 WTO 的职责范围对国际政治问题贸易化的作用、论证 WTO "门户开放"政策给国际经济带来的能量与危机,并探讨 WTO 的贸易法治对国际法治的公正性的影响和启示,期望 WTO 在未来之路上能趋利避害,为 WTO 成员及其人民谋取更多的福祉。

一、WTO 对法定职责范围的现实突破与国际政治问题的贸易化

作为全球唯一的多边贸易体制,WTO 为保证全球经济决策的更大一致性,在涉足国际经济领域所有重大问题的同时,也推进了国际政治问题的贸易化。在相当大的程度上,"与其说 WTO 是一个唯一集中处理成员间自由贸易的组织,不如说它是一个通过成员间的政治妥协达成的一套复杂协定来管理贸易的协调机构"。[1]

(一)WTO 对法定职责范围的现实突破

仅就宪法性文件《马拉喀什建立世界贸易组织协定》(以下简称《马拉喀什协定》)的规定看,WTO 是一个"在与本协定附件所含协定和相关法律文件有关的事项方面,为处理其成员间的贸易关系提供共同的组织机构",[2] 其职责范围包括对内和对外两个部分。前者重点包括四个方面:一是实施、管理和运用多边贸易协定和诸边贸易协定;二是为成员间的多边贸易关系提供谈判场所;三是解决贸易争端;四是进行贸易政策审议。后者的重点在于协调与合作:其一,为实现全球经济决策的更大一致性,WTO 应酌情与国际货币基金组织(IMF)和国际复兴开发银行(WB)及其附属机构进行合作;其二,WTO(总理事会)可就与涉及 WTO 有关事项的非政府组织(NGO)进行磋商和合作作出适当安排。[3] 但是,由于 WTO 职责范围条款中的弹性规定和"开放条款(open article)"以及 WTO 各级组织机构运行的实际需要,其职责范围远远超出了法律上的规定。

就弹性规定来看,主要表现在"便利"二字,即 WTO 应为给实施、管理和运用多边贸易协定以及诸边贸易协定提供便利。从 WTO 本身来看,这显然是必需的职责。试想,如果不能为此提供便利,WTO 成员之间的贸易关系就无法顺利进行,WTO 本身也无法顺利运行。但问题是,"便利"的范围或者条件是什么?在什么样的程度上才能称之为便利?由于 WTO 成员组成的多样性和复杂性,国际政治问题的影响和渗透司空见惯,WTO 所提供的"便利"也往往存在被要挟或被滥用的情形,特别表现在 WTO "例外条款"和贸易救济措施的适用方面。

---

[1] Meredith Kolsky Lewis, *The Politics and Indirect Effects of Asymmetrical Bargaining Power in Free Trade Agreements*, in Tomer Broude, Marc L. Busch and Amelia Porges (eds.), The Politics of International Economic Law, New York: Cambridge University Press, 2011, p.19.

[2] 《马拉喀什协定》第 2 条。

[3] 《马拉喀什协定》第 3 条、第 5 条。

这里所说的"开放条款（open article）"，仅指《马拉喀什协定》第3.2条，即"为了促进多边贸易关系以及国际贸易的发展，WTO在根据本协定附件所列协定处理的事项方面，应为其成员间就多边贸易关系进行的谈判提供场所；WTO还可按部长级会议可能作出的决定，为其成员间就它们多边贸易关系的进一步谈判提供场所，并提供实施此类谈判结果的体制"。可以毫不夸张地说，这一规定实际上给WTO多边谈判的议题或内容没有任何限制，从而将WTO变成了可以接纳任何贸易事项或者与贸易有关的事项的"百宝箱"。在WTO成员不断增多的情况下，摆上个"百宝箱"来谈判，当然会加重WTO及其成员的负担，会严重降低多边贸易谈判的效率，削弱WTO多边体制的威望。自2001年开始的多哈回合谈判，虽然在2013年底达成了"巴里一揽子协定（Bali Package）"，但何时才能就该回合中所有议题达成"收官之作"，颇令人费神。甚至，有些成员对多哈回合谈判已不再抱什么希望，转而去参与、推动双边的或区域的贸易谈判，比如《跨太平洋战略经济伙伴关系协定》（TTP）和《跨大西洋贸易与投资伙伴关系协定》（TPIP）。①

这里更不能忽视的是WTO在争端解决实践和贸易政策审议实践中其职责范围的变化。在贸易争端解决中，WTO争端解决机构（DSB）根据《关于争端解决规则与程序的谅解》（DSU）有其法定的职责范围，且应依据《行为守则》来处理争端案件。但专家组和上诉机构持有的"寻求信息的权利"（DSU第13条）以及司法解释方面的自由裁量权（DSU第3条），在一定程度上扩大了WTO的职责范围。我们必须承认WTO争端解决机制的重要性，但作为WTO体制内最具权威性的机构，其一举一动都无不彰显WTO这一组织在国际贸易领域的地位和作用及其对国际经贸关系的影响。关于贸易政策审议，尽管其目的是保证各成员贸易政策的透明度，保证其不对多边贸易协定带来障碍，但由WTO秘书处撰写的审议报告中除了对事实的陈述之外，往往还会给接受审议的成员的贸易政策和做法提出建议。比如，在2014年对美国的贸易政策审议中，WTO秘书处通过对美国国内外相关生产商的调查，认为美国在2008年为应对金融危机而出台的"《购买美国货法案》在某些情况下可以豁免不用了"。②因此说，对WTO职责范围看似简单的规定，在实践中已远不是那回事了。

作为政府间的国际组织，WTO仅关注其对内职责而独善其身显然是不够的，也是不可能的。在很大程度上，WTO在国际组织"队伍"里凸显的地位和作用与其对外职责息息相关。从政府层面看，作为"二战"后世界经济的三大支柱之一，WTO必须协调好其与IMF和WB之间的关系，同时还需要协调与联合国某些专门机构之

---

① 与双边自由贸易协定相比，TPP显然更具有示范效应和信号效应，将成为美国在亚洲地区的一个理想战略部署。See Meredith Lewis, *The Trans-Pacific Partnership: New Paradigm or Wolf in Sheep's Clothing?* Boston College International Law Review, Vol. 34, Issue 1, 2011.

② Report by the Secretariat, WT/TPR/S/307·United States, 11 November 2014, p.87.

间的关系。比如，1994年《关税与贸易总协定》（GATT）第15条"汇率安排"表明了贸易与汇率之间的关系，但如何解释、运用两者之间的关系，还需要WTO与IMF之间的信息沟通和业务合作。国际贸易实践中的盈余和亏缺，总会将WTO的职责范围拓展至IMF和WB的领域，与其说是寻求它们的协助，不如说是要求提供证明——证明贸易与汇率在实践中的密切关系。在中美贸易关系中，美国就一直认为美国巨大的贸易逆差源于中国人民币汇率的低估，并为此在多届WTO部长级会议上喋喋不休。就其与联合国的关系看，WTO的前身GATT本就是联合国贸易与就业会议上的产物。[1] 在WTO运行的20年里，联合国的其他一些专门机构，比如国际劳工组织（ILO）、世界卫生组织（WHO）等，都曾给WTO提出过建议、任务或要求。在非政府层面，环境保护倡议、消费者运动等都给WTO的职责范围提出了挑战，WTO部长级会议召开期间的紧张氛围几乎都来自非政府组织的行为和压力。

在客观分析WTO法定的职责范围及其现实突破的同时，更应该看到卷入其中的国际政治问题。在国家主权依然被看作"神话"的时代，国家利益是贯穿始终的"中轴"和"主要线索"。[2] 在国家间众多的利益冲突中，政治利益冲突是最基本的、最难预测的，也是最危险的一种。20年来，无论是主动的还是被动的，WTO倚着世界文明的进步、民间社会的需求以及政治家们的智慧，通过强化和扩大其职责范围，将许多国际政治问题贸易化了。

（二）WTO对国际政治问题的贸易化及其走向

一说起国际政治问题的贸易化，就不得不提及WTO体制内的"非市场经济地位"问题。它起源于东西方"冷战时期"西方国家贸易法中处理诸如基本贸易待遇和反倾销问题时对共产党领导的社会主义国家采取的一种歧视性做法，是国际政治问题在国际贸易领域内的具体体现。在中国加入WTO的过程中，西方国家也通过《中国加入议定书》和《中国加入WTO工作组报告书》将这一问题予以贸易化和法律化。[3]

国际政治服务于、服从于国家利益，而国际竞争是国际政治最基本、最普遍的运行状态。一国为了实现其国家利益，必然要通过政治的推动和指导在经济、军事、文化等领域同他国相互竞争，因之而发生冲突也是不可避免的。但同时，为了共存和发展，各国在一定领域和范围内，在利益和目标一致或基本一致的基础上进行一定程度的双边、区域或多边的协调与合作。第二次世界大战之后，联合国（UN）、IMF、WB等国际组织的建立以及近些年来的亚太经济合作（APEC）、八国集团（G8）、二十国集团（G20）等国际论坛的存在，都是当代国家间进行政治合作的典型范例。国际政治合作意味着主权之间的协调和让渡，而"在主权被用于政策辩论的绝大多

---

[1] See M. Rafiqul Islam, International Trade Law of the WTO, Oxford University Press, 2010, pp.2-3.
[2] 肖佳玲：《国家主权论》，时事出版社2003年版，第497页。
[3] 《中国加入议定书》第15条以及《中国加入工作组报告书》第150~151段。

数情况,往往关系到国际权力的分配,因为主权决定着国家在相关国际事项上的决策权力。"[1] 在任何成熟的国际组织内,主权权力之间的分配通常存在纵向和横向两种情形,前者反映成员间就某一事项或议题达成一致决定的基础力量(尽管存在差异),后者则表明成员对该决定予以法律化和制度化的调控力量,当然更包含将其能够付诸实施的控制力量(尽管有时存在分散的情况)。

近年来,在国际贸易的"连带"作用下,与贸易有关的问题日渐受到关注和重视,尤其是环境保护、劳工标准等。此类问题往往被定性为与贸易有关的社会问题,但实际上都无不掺杂政治因素,在 WTO 体制内的讨论、辩论更能说明这一点。就环境保护来说,尽管 WTO 成员间的贸易争端多次涉足"贸易与环境"的关系问题,比如海龟案、金枪鱼案、原材料案、稀土案等,DSB 也认为:任何成员有制定国内环境政策或者与贸易有关的环境政策的自主权",但特别强调此类措施必须满足 WTO 贸易规则的要求。[2] 从当前趋势看,劳工问题已成为诸多双边或区域贸易协定、投资协定中的必要条款,比如《美国投资协定示范本》《中国—瑞士自由贸易协定》等。可以肯定地说,关乎劳工、环境与贸易之间的平衡问题已不是"能否"或"可否"在 WTO 框架内得以解决的问题,而只是时间问题、方法问题和技术问题,但绝不是一个简单的"从量变到质变"的过程。当各成员经济发展水平以及对此类问题认识程度有所提高,当正在发生变化的国际市场条件、国际权力结构以及国内政治情势达到一定程度,当 WTO 成员间"讨价还价"的政治和利益较量达到一定程度,WTO 成员间的共同利益需求必会带来谈判内容重叠的区域并走向贸易合作,[3] 如同历经 8 年的乌拉圭回合谈判达成的多边成果一样,也如同《马拉喀什协定》序言部分所载明的 WTO 宗旨和目标要求的那样。

国家间经济关系的建立和发展离不开国家间友好的、富有建设性的政治关系。就当前来看,国际政治力量发生的深刻变化,使各国经济力量的对比也发生了变化,并导致经济全球化的过程和内容日趋复杂起来。由于(或民间或国家的)贸易关系的重要性及其所表现出来的衍生特征,无论大小国家,无论双边还是多边关系,在处理其间的政治关系时,国家间的贸易关系通常被用作调整或者缓和的"杠杆"。[4] 每年北半球夏季来临之时召开的八国峰会(G8 Summit Conference),尽管带有明显的国际政治集会的特征,但其议题通常都包含国际贸易问题,甚至还具体到货物贸易、

---

[1] John H. Jackson, The Jurisprudence of GATT & the WTO: Insight on Treaty Law and Economic Relations, Higher Education Press, 2002, pp.369-370.

[2] See Appellate Body Report, US — Gasoline, para.30 & Appellate Body Report, US — Shrimp, paras. 129-131.

[3] [美]约翰·奥德尔:《世界经济谈判》,孙春英译,世界知识出版社 2009 年版,第 24、66、123 页。

[4] 在双边和多边贸易谈判中,政治影响力较大的国家能够对参与的弱小国家产生直接的作用,对那些不直接绑定该协定的国家产生溢出效应。See Meredith Kolsky Lewis, *The Politics and Indirect of Asymmetrical Bargaining Power in Free Trade Agreement*, in Tomer Broude, Marc L. Busch & Amelia Porges (eds.), The Politics of International Economic Law, Cambridge University Press, 2011, p.38.

服务贸易、竞争政策、劳工标准等领域,由此协调其间的贸易关系,强化多边贸易体制(WTO)的功能和作用,推进全球贸易自由化。2013 年以来的乌克兰危机事件,欧洲联盟(EU)联手美国对俄罗斯采取的贸易制裁措施,使本就不太景气的俄罗斯经济"雪上加霜",这显然是国际政治问题贸易化的又一典型例证。① 2014 年 11 月北京 APEC 峰会上,与会国家达成的建立《亚太自由贸易协定》倡议,凸显亚太地区国家间贸易关系进一步发展的重要性,在一定程度上降低了某些国家在政治事项上存在严重争议的敏感度。更值得关注的是,由发达国家和发展中国家共同参加的 20 国集团尽管不具备执行职能和执行机构,但"由于 G20 是较 G8 更多国家参加的论坛,能够在更大范围内协调各国的经济政策,同时其作出的政治性承诺,在相关国际机构中的代表性更加充分,更容易推动相关国际组织的实体性改革。"② 甚至,2014 年 12 月《二十国集团领导人布里斯班峰会公报》第 16 段明确宣示:我们需要一个在开放型世界经济中的强大贸易体制,以促进经济增长、创造就业,……我们将努力保证双边、区域和诸边贸易协定互为补充、透明,并为在世界贸易组织规则内建设更强大的多边贸易体制作出贡献。

  必须承认,政治问题与贸易问题之间是可以相互转化的,当贸易问题通过有约束力的原则、规则得以法律化之后,"法律就是政治"。③ 1994 年,美国贸易代表将《马拉喀什协定》提请国会通过时,就声明将保留使用美国贸易法 301 条款行使其制裁的权利。1998 年的"香蕉案"中,欧盟为了反击美国对其香蕉进口体制的攻击,向 DSB 提出对美国 301 系列法案的质疑。专家组虽然裁定美国的 301 条款可能违反 WTO 规则,但得出的结论却令人吃惊:由于在美国国会决定执行乌拉圭回合协定时通过的美国《行政行动声明》中表明要保留 301 条款使用的权利,而且在美国随后对专家组的声明中也得到确认,因此,301 条款不违反 WTO 法。可以说,"正是权力决定了权威与市场之间的关系。除非施展权力和拥有权威的人允许,市场不可能在政治经济功能方面发挥主导的作用"。④ 在 WTO 体制内,"只要我们为了政治需要,总是可以发现'损害'的";⑤ 同样为了政治需要,有些贸易争端是可以避免的,也是可以在 WTO 框架内得以温和解决而不予激化的。这不仅反映了 WTO 对政治及其国

---

 ① 俄罗斯在加入 WTO 过程中,与美国、欧盟的谈判最为艰难,甚至俄罗斯当时就保留了禁止进口美国牛肉的权利。See in detail Report of the Working Party on the Accession of the Russian Federation to the WTO, WT/ACC/RUS/70, WT/MIN(11)/2, Annex 4, 17 November 2011. 在乌克兰事件之后,针对欧盟的经济制裁措施,俄罗斯也不甘示弱,扬言要中断供欧的天然气,并在 2014 年初发起了针对欧盟相关成员的轻型商用卡车的反倾销调查并征收反倾销税,由此引发贸易争端。See in detail *Russian Federation — Anti-Dumping Duties on Light Commercial Vehicles from Germany and Italy*, DS479.
 ② 陈德铭等:《经济危机与规则重构》,商务印书馆 2014 年版,第 82 页。
 ③ Louis Henkin, International Law: Politics and Values, Martinus Nijhoff Publishers, 1995, p.3.
 ④ [英] 苏珊·斯特兰奇:《国家与市场》,杨宇光等译,上海人民出版社 2006 年版,第 19 页。
 ⑤ [美] 约翰·H.杰克逊:《世界贸易体制》,张乃根译,复旦大学出版社 2001 年版,第 10 页。

内立法的顺从，[①] 也表明了"国际法律机制对国际政治和国家利益的从属性"。[②]

二、WTO 推行"门户开放"政策的途径与国际经济问题的不确定性

单从功利主义的角度看，国际经济问题无非分为两种：一是发展或增长，一是危机或衰败。这显然取决于政府的经济政策以及由此影响或决定的全球经济政策。自 20 世纪 80 年代以来，世界各国普遍采用自由放任的经济政策，关税和贸易总协定（GATT）作为全球唯一的多边贸易体制也藉此进入快速成长时期。[③] 但由于其自身存在包括法律地位、职责义务、争端解决等的结构缺陷和制度缺漏，已不能满足国际经济发展的要求，WTO 在 1995 年取而代之当在情理之中。WTO 对国际经济的贡献首先在于它提供了一套统一的规则，使不同体制、不同国家的企业能够在共同的规则之下进行竞争，其核心内容就是顺应自由放任的经济主张推行"门户开放"政策（open-door policy）。

（一）WTO 推行"门户开放"政策的途径

在国际贸易实践中，进口方为保护国内市场和国内利益集团的利益，通常使用关税和非关税壁垒将拟进口的产品和服务挡在国门之外；[④] 而出口方由于国内市场需求、自然资源养护、国家安全需要、国际收支平衡、国内环境保护等的原因，并不都愿意打开其市场的大门，推动国内产品和服务的外流。[⑤] WTO 推进"门户开放"政策，就是要求所有成员的经济体制和制度的逐渐趋同，从而为各成员的全球化行动提供适宜的制度环境。

首先，WTO 通过多边贸易谈判，启动"门户开放"政策。多边贸易体制（FATT/WTO）的发展史就是全球自由贸易发展的谈判史。多边谈判是 GATT/WTO 的三大支柱之一，没有多边贸易谈判，就不可能有今天的 WTO 及其所管理的多边贸易规则和纪律。WTO 每两年一次的部长级会议是最具代表性的多边贸易谈判的形式。多边贸易谈判的参与者既包括 WTO 成员，也包括那些正在通过谈判申请加入 WTO 的主权国家和独立关税领土，还包括那些对现有谈判议题感兴趣且愿意参与其中的国家或地区。在谈判过程中，所有谈判方都必须遵循"互利互惠"和"透明度"的原则。在谈判议题上，WTO 一方面根据《马拉喀什协定》及其附件所列协定处理的事项方面，就"门户开放"政策推行过程中存在的问题努力达成一致；另一方面按部长级会议可能作出的决定，为 WTO 成员间的多边贸易关系的进一步谈判提供场所，就

---

① See Daniel Lovric, Deference the Legislature in WTO Challenges to Legislation, Wolters Kluwer, 2010, pp.142-147.
② 曾令良：《世界贸易组织法》，武汉大学出版社 1996 年版，第 16 页。
③ ［英］维托·坦茨：《政府与市场》，王宇译，商务印书馆 2010 年版，第 56 页。
④ ［美］翰·奥德尔：《世界经济谈判》，孙春英译，世界知识出版社 2009 年版，第 189 页。
⑤ 在轰动一时的"原材料案"和"稀土案"中，专家组和上诉机构都一致认为，中国采取的出口限制措施与《中国加入议定书》下的相关承诺不一致。

"门户开放"政策的下一阶段任务和要求达成共识。在谈判内容和方式上,无论是产品对产品还是部门对部门的谈判,无论是关税减让还是非关税壁垒的消除,无论是关税减让公式的选择还是承诺开放的部门,即使在某些情形下存在不同的利益集团,但为着共同的目标和价值,通过"讨价还价"均可达成一致。甚至,为了推进个别谈判议题能够达成一致,在多哈回合谈判开启之后,专门建立了"由总理事会领导的贸易谈判委员会(TNC),并应根据需要建立适当的谈判机制,监督谈判的进程。"[①] 通过提供谈判论坛,WTO保障成员的参与性决策的权利,在一定程度和范围内体现了"门户开放"政策下的国际民主。

其次,WTO通过建立原则和规则体系,将"门户开放"政策予以法律化和制度化。如果说WTO宗旨为"门户开放"政策的制定和落实指明了方向,那么WTO的原则和规则就是对落实这一政策的具体化,并使之具有可操作性。"乌拉圭回合的结果文件确保市场准入的扩大符合所有国家的利益,确保多边贸易纪律框架的加强,保障以更加透明的方式、以更好地认识到开放贸易环境的国内竞争的方式来落实贸易政策。"[②] 就WTO原则来说,作为"各成员公认为不许损抑的、适用于WTO(法)一切领域的、构成WTO法核心的、具有一般指导意义的准则",它们要为WTO的"门户开放"政策"保驾护航",具体包括非歧视原则、公平贸易原则、透明度原则、市场开放原则等。WTO要求成员应遵循此类原则,并保障其对外贸易措施顺应"门户开放"政策且不发生偏离。WTO的实体规则和程序规则皆用来调整成员间在"门户开放"过程中的权利义务关系,并"期望通过达成互惠互利安排,实质性削减关税和其他贸易壁垒,消除国际贸易关系中的歧视待遇"。无论在货物领域还是服务领域或者知识产权领域,如果一成员期望享有另一成员"门户开放"带来的好处,它就必须予以对方同样的好处,而不是单边限制或者关闭本国市场。否则,就可能发生权利与义务关系的失衡,贸易争端即刻呈现。"门户开放"政策的法律化和制度化不仅使WTO成员对未来的国际贸易关系和贸易实践有了安全感和信赖感,也使依托WTO而建立的世界贸易秩序有了稳定性和可预见性。

再次,WTO通过定期审议成员的贸易政策和做法,监督、检查"门户开放"政策的落实情况。在国际贸易实践中,并不是所有成员的贸易政策和做法都能符合多边贸易体制的规则和纪律,即使那些贸易法律和政策比较发达的国家,在实践中也存在某些与多边规则和纪律不一致的情况,这显然不利于"门户开放"政策的落实。在规定的期间内,WTO通过比较接受审议成员提交的报告以及WTO秘书处撰写的报告,"对成员的

---

① WT/MIN(2001)/DEC/1, para.46.

② *Declaration on the Contribution of the World Trade Organization to Achieving Greater Coherence in Global Economic Policymaking*, in John H. Jackson, William J. Davey and Alan O. Sykes, Jr. (eds.), Documents Supplement to Legal Problems of International Economic Relations (6th ed.), St. Paul: West Publishing Corporation, 2013, pp.515-516.

全部贸易政策和做法及其对多边贸易体制运行的影响进行集体评价和评估","提高各成员贸易政策和做法的透明度并使之得到更好的理解,有助于所有成员更好地遵守多边贸易协定和适用的诸边贸易协定的规则、纪律和在各协定项下所作的承诺,从而有助于WTO更加平稳地运行",有助于更顺利地推行"门户开放"政策。20年来的实践表明,WTO贸易政策审议能够及时指出成员的"违规违纪行为",纠正成员采取的与WTO多边协定不一致的措施,有效预防成员采取的不利于落实"门户开放"政策的措施。

又次,WTO通过解决成员间的贸易争端,维护"门户开放"政策的主导地位。实践表明,所有经济政策的制定和落实都是为了满足绝大多数人的需求和利益,其中难免会存在争议或者分歧之处。在WTO体制内,主权国家是构成其"团队的主力军",基于国内政治或经济的需要,某些成员在某些方面不能或者不愿意完全遵循WTO的多边原则、规则和纪律,贸易纠纷或争端时有发生。为了使成员间失衡的权利义务关系回到平衡,WTO提供争端解决的政治方法和司法方法,并要求被DSB裁定违法的成员善意履行通过外交方法达成的谅解或者通过专家组和上诉机构裁定的报告。如果违法成员在规定的期间内对裁决结果不予执行,胜诉方可向DSB申请授权进行平行或交叉的贸易报复。WTO解决贸易争端所具有的强制性,是为了帮助相关成员救济或补偿其在落实"门户开放"政策过程中的受损权益,从而维护"门户开放"政策的主导地位。①

最后,WTO通过推进贸易便利化,为"门户开放"政策提供通畅之路。在"门户开放"政策的推动下,国际贸易的内容和范围进一步扩大,GATT第5条(运输自由)、第8条(与进出口有关的费用)以及第10条(贸易规章的公布和管理)等有关贸易便利化的规定已不能满足国际市场的需求。1996年新加坡首届部长级会议上,指示WTO货物贸易理事会"在吸收其他相关组织工作经验的基础上,对简化贸易程序进行探讨和分析,以确定WTO规则在这一领域的适用范围",并成为"新加坡议题"的一项重要内容。②2001年,《多哈部长宣言》要求,在第五届部长级会议就谈判模式达成明确一致的基础上启动简化贸易程序的议题。经过12年的艰苦谈判,终于在2013年12月巴厘岛部长级会议上达成了《贸易便利化协定》,其生效日期已指日可待,WTO"门户开放"政策的道路将会变得更为通畅。③

(二)WTO"门户开放"政策下国际经济问题的不确定性

在没有"世界贸易政府"的国际社会,在"天下熙熙,皆为利来;天下攘攘,皆

---

① 详见DSU第4—22条。
② 新加坡议题包括投资、竞争政策、政府采购透明度和贸易便利化,因其最早在1996年WTO新加坡部长级会议上提出,故称为"新加坡议题"。
③ See WT/L/939, WT/L/940 & WT/L/941.

为利往"的国际市场竞争中，WTO 的"门户开放"政策着实是"一把双刃剑"，它在促进自由贸易、激励全球经济增长的同时，也会带来一些"副产品"，加剧了国际经济问题的不确定性。

其一，WTO"门户开放"政策与 IMF 的汇率评估措施交结在一起，加剧了国际收支平衡问题的不确定性。国际收支被视作一国相关价值的另一个经济指标，包括贸易余额、境外投资和外方投资。政府作为宏观经济的管理者，在很多情况下要实施不同的宏观经济政策以弥补市场对国际收支平衡调节力度的不足，但在不同的汇率制度下，其所实施的不同的宏观经济政策收到的效果也不同。在 WTO"门户开放"政策下，国际贸易的自由化程度显然比较高，这就会给一国的国际收支平衡带来不同程度的影响。由于外汇措施和贸易措施具有交叉性质，IMF 与 WTO 在法律和实践中已经形成了以技术方法来确定 IMF 在国际收支平衡问题上管辖权的传统，①IMF 对于国际收支平衡例外的磋商结果具有评估的性质，而对于外汇措施是否符合 IMF 协定所作出的决定则构成了法律上的裁决。②尽管 WTO 允许其成员为了维持国际收支平衡可以采取贸易限制措施，但由此引发的贸易争端给成员的国内经济带来诸多不良影响。③美国在历史上曾多次利用汇率工具来减小贸易逆差、维持国际收支平衡，最典型的例子就是 20 世纪 80 年代日美签署的"广场协议（Plaza Accord）"。自 2004 年起，美国因其与中国之间存在的贸易逆差就一直认定中国操控人民币汇率，并不断要求 IMF 就人民币汇率作出评估，给中美贸易关系带来了相当的不确定性。

其二，WTO"门户开放"政策与放任自由的全球金融政策融合在一起，给 WTO 成员方内的经济问题带来了不确定性。如果把世界经济看成"一辆汽车"的话，那么金融就是它的"发动机"。WTO"门户开放"政策的基础是自由放任主义，但由于后者自身的一些弊端，诸如市场监管缺失、金融自由无度等，导致 WTO 运行的 20 年里两次遭遇金融危机以及由此带来的种种磨难。而 2008 年爆发的金融危机，使全球贸易治理的理念发生了重大变化，代表自由主义理念的"华盛顿共识"遭到质疑，更多的国家认识到放任自由将会产生巨大的道德风险和系统性风险。"金融危机导致一国经济急剧衰退，银行重组推升财政成本，而且失业与贫困人口也会大量增加。在这种情况下，要求政府提供'安全网'的呼声不绝于耳。"④美国大大强化了政府的作用，采取了很多直接干预的方式，比如出口倡议、购买国货、财政资助等；南美关税同盟通过"提高进口要求"措施，限制其他成员产品和服务的进口；有的国家甚至还利用知识产权、就业要求等政策，限制产品和服务的进出口。于是，传统的和新

---

① 《马拉喀什协定》第 9 条和 GATT 第 15 条。
② 比如，在"印度—农产品、纺织品和工业品数量限制案"中，专家组就把 WTO 与 IMF 的磋商结果看作是可以自由裁量的内容。See WT/DS90/R，paras.209-211。
③ 《1994 年 GATT》第 12 条、第 18 条 B 节以及《服务贸易总协定》第 12 条。值得说明的是，由于汇率问题，在贸易实践中，发达国家惯用第 12 条，而发展中国家则常用第 18 条 B 节。
④ ［美］维托·坦茨：《政府与市场：变革中的政府职能》，王宇等译，商务印书馆 2014 年版，第 154~155 页。

式的贸易保护主义盛行一时。对此，WTO一方面对成员采取的措施或做法表示理解，但另一方面仍继续呼吁"门户开放"，期望已"元气大伤"的国际贸易秩序能尽快恢复到金融危机之前的样子。[1]

其三，WTO的"门户开放"政策推动自由贸易向深度和广度发展，但增加了全球公共资源配置的不确定性。在经济学上，所谓"公共资源"是指满足以下两个条件的自然资源：一是这些资源不为哪一个人或企业组织所拥有；二是社会成员可以自由地利用这些资源。这两个条件决定公共资源具备"竞争性"但同时却不具备"排他性"的特征。WTO"门户开放"政策为的是推动自由贸易，考虑的是公共资源在国际市场条件下的竞争性，但不考虑成员国内公共资源的稀缺性和有限性，这显然会侵蚀WTO成员对其国内公共资源的处置权，增加了全球公共资源配置的不确定性。在"稀土案"中，DSB认为，中国援用GATT第20条（g）款"为保护可以用竭的自然资源"而采取贸易限制措施，没有满足该条前言"不在情形相同的国家间构成任意的、武断的歧视，不对国际贸易构成变相限制"的要求，也没有满足《中国加入议定书》第5条"贸易权"和第12条"关税"下的相关承诺，即：中国针对稀土出口采取的限制措施与WTO"门户开放"政策不一致，但不考虑中国国内公共资源的紧缺性。这实际上是给予因保护公共资源而采取贸易限制的成员的"三方面"测试（包括成员采取的国内措施、GATT第20条的例外权利以及该条前言部分），强调"贸易不以环境为代价"，[2]但增加了WTO成员在"门户开放"过程中对公共资源配置的不确定性。

其四，WTO"门户开放"政策与纷繁复杂的不具有拘束力的国际标准，增加了非关税贸易壁垒的不确定性。现代经济的运行离不开技术法规和标准，每个国家都有权采取措施保护国内的公用卫生和健康。[3]国家根据各自的科技水平以法律、法规的形式对产品质量与安全提出要求，而一旦这种要求用于国际贸易，就容易造成技术性的贸易壁垒，于是诞生了WTO《技术性贸易壁垒协定》（《TBT协议》）及其"特别法"《卫生与植物卫生措施协定》（《SPS协议》）。在SPS措施下，通常认为存在设定国际标准的"三姊妹"机构，即食品法典委员会（Codex Alimentarius）、世界动物卫生组织（World Organization for Animal Health）、国际植物保护组织（International Plant Protection Convention）。《SPS协议》认为，如果国家愿意设定自己的标准，那么这些SPS措施应该既要基于公认的国际标准，也要基于科学的风险评估。但是，那些既非基于国际标准、指南或者建议，又缺乏科学证明的SPS措施数量在不断增加，

---

[1] See "*Amidst crisis, Lamy says fine balance needed between flexibilities and commitments*", https ://www.wto.org/english/news_e/sppl_e/sppl133b_e.htm & "*Lamy says trade can have a positive impact on job creation during economic downturn*", https ://www.wto.org/english/news_e/sppl_e/sppl148_e.htm.

[2] See *WTO and UNEP Enhance Dialogue on Trade and Environmental Issues*, https ://www.wto.org/english/news_e/pres15_e/pr741_e.htm.

[3] See M. Rafiqul Islam, International Trade Law of the WTO, Oxford University Press, 2010, p.104.

实际上许多成员已经在 SPS 委员会及其他场合提出来了。①而更为重要的是，WTO 通过鼓励区域组织采取更高的标准保护域内公认的社会价值。比如，在欧盟内部，各种各样的产品技术标准盛行。尽管 WTO 对此类"例外"规定的有严苛要求，但其实效性并不理想。

三、WTO 构建国际贸易法治的挑战与国际法治建设的公正性

为了建立一个完整的、更有活力的和持久的多边贸易体系，推进贸易自由化的目标和使命，WTO 成员通过谈判达成了一套纷繁复杂的多边贸易的规则和纪律，并努力构建自成体系的国际法治（international rule of law）模式——WTO 国际贸易法治。

WTO 强调所有机构、所有成员对其公开发布、平等实施和独立裁决的与国际贸易规范和标准相一致的法律负责。在组织机构层面，简而言之，WTO 部长级会议作为最高权力机构，总理事会应履行部长级会议休会期间的职能，秘书处总干事及其他工作人员为 WTO 运行提供支持。WTO 职能的定量、定性和定向分配，要求这三大机构及其附属机构明确各自的职责，通力协作，在整体上做到对 WTO 法律负责。在成员层面，WTO 不仅为成员提供多边贸易谈判的论坛，重视国际贸易的民主化以及成员的参与性决策权，而且还要求所有成员都应接受《马拉喀什协定》和多边贸易协定，并将减让和承诺表附在《1994 年 GATT》之后，将具体承诺减让表附在 GATS 之后，②避免法律上的任意性，而检验成员是否做到对 WTO 法律负责的最好方法就是贸易政策审议。

WTO 的国际贸易法治重点表现在贸易争端解决方面，力求遵循法律至高无上、法律面前人人平等、公正适用法律、法律上的可靠性、避免任意性以及程序和法律透明等原则。③首先，WTO 在慎重考虑国际社会的结构特征的前提下，为成员的贸易争端提供多元化的解决方法，不仅鼓励运用法定的、必经的磋商程序（另有自愿选择的斡旋、调解和调停等方法），而且还设立"一审"（即专家组程序）和"二审"（即上诉机构程序）的司法机构，从而有机地将政治方法与法律方法结合起来，使争端解决的过程更加合理、更加严谨。据 WTO 官方统计，截至 2014 年底，WTO 已受理了 400 多起争端案件，相比其前身 GATT 在近 50 年历史上受理约 500 起案件的记录或者联合国国际法院在成立后的 50 年内受理 74 起争端案件的记录，WTO 的争端解决是相当成功的。④其次，WTO 对 DSB 裁决结果的执行要求，更凸显其在国际贸

---

① See https://www.wto.org/english/tratop_e/sps_e/sps_e.htm.
② 《马拉喀什协定》第 11 条和第 12 条。
③ See *The Rule of Law and Transitional Justice in Conflict and Post-conflict Societies*：*Report of the Secretary-General*，S/2004/616，p.3.
④ See https://docs.wto.org/dol2fe/Pages/FE_Search/FE_S_S005.aspx & http://www.icj-cij.org/docket/index.php？p1=3&p2=2.

易法治上的积极效用。在 WTO 争端解决机制中,执行程序与专家组、上诉机构等程序同等重要。尽管 DSB 的判决被冠以"报告（report）"之名,在报告的结论部分也经常使用"建议（recommend 或 suggestion）"一词来表述,但它们基本上都能被遵行实施。其根本原因就在于 DSU 的强制性要求,即任何败诉方都应主动按照专家组或上诉机构的裁决结果纠正其与适用的协定不一致的措施,并与胜诉方谈判达成补偿性安排,否则,胜诉方即可向 DSB 申请授权贸易报复。[1]显然地,执行程序的效力决定着 WTO 争端解决机制运行的质量,影响着国际贸易法治的发展环境。

随着国际贸易事项、内容和范围的不断扩大和加深,一些与贸易有关的事项受到国际社会的普遍关注,随之而来的希望、要求和指责使 WTO 国际贸易法治面临诸多挑战。而最主要的挑战还是来自多边贸易体制本身,既有实质性的法治议题,也有程序性的法治考量,还有多边体制本身运作方式的羁绊。就公平贸易领域来说,严重不公平的竞争政策掩盖了国际贸易法治的透明度,最为常见的是 WTO 允许的反倾销措施。WTO《反倾销协定》尽管被称之为"贸易救济措施",但诸多条款的复杂措辞以及很强的技术性要求,形成了对保护主义的简单包装,使其看起来有合法形象;即使存在"日落条款""微量忽略不计规则",但它的确不是为了保护公平竞争,而是让国际贸易竞争变得不公平。[2]从经济学角度看,反倾销在根本上就是有缺陷的,且不能通过修补调查方法来弥补这一整体性的缺陷;从实践来说,倾销并没有什么问题,因为它是一种正常的商业行为。WTO 已经认识到了这一点,并建立了"规则谈判小组",就包括反倾销、反补贴等协定下的条款和内容进行谈判、澄清、厘定和完善。[3]从目前情况看,WTO 在一系列的国际贸易法治问题上需要作出果断的抉择:是继续坚持现行组织框架,还是基本保持但作适当调整?是增强 WTO 的规则导向,还是加强其政治或外交动力,抑或二者并进?是继续维持协商一致的决策方式,还是补充加权表决制度?是坚守现有阵地并对其进行加固和提高,还是适当拓展至其他与贸易有关的领域?是限制区域协定的迅猛发展势头并任其对最惠国待遇基石的侵蚀,还是适当限制并加强对区域贸易协定的监督并最大限度地维护最惠国待遇原则的空间效力?是对发展中国家继续涂脂抹粉,还是助其健体强身?[4]

WTO 国际贸易法治尽管存在上述需要抉择的问题,但与联合国所建议和推进的"国际法治"相比,它们都显得清晰明了。[5]2009 年联合国发布的《国际法治年度报告》中认为,国际层面需要加强对国际法治的保障,需要基于国际法治的多边有效

---

[1] DSU 第 21 条和第 22 条。
[2] ［英］伯纳德·霍克曼、迈克尔·考斯泰基:《多边贸易体制的政治经济学》,刘平等译,法律出版社 1999 年版,第 170~184 页。
[3] See Members welcome refresher course on' rules" negotiations, Chair to continue consultations, https：//www.wto.org/english/news_e/news15_e/rule_04may15_e.htm.
[4] 曾令良:"WTO 法治面临的主要挑战及其应对",载《法学杂志》,2011 年第 9 期。
[5] See http：//www.un.org/en/ruleoflaw/index.shtml.

合作，并期待找到更好的方法以支持其会员国及其人民建立一个以法治治理的公正的、安全的国内和国际秩序。[①] 在国家主权的作用下，国际法治必然是一个逐渐演进的过程，但在某种程度上，它也可以被看作是一个法律或者与法律有关的"大箩筐"，甚至有时还会成为一个包含诸多用意的"标语"或者"口号"。在某种程度上，WTO国际贸易法治构建和发展的路径与成果，为正确看待联合国推动下的国际法治建设的公正性提供了另一个维度或视角。重点表现在：

首先，关于国家主权的限制和让渡问题。国际法治最大的主体是拥有主权的国家，它们既是推进国际法治的主力军，也是保障国际法治的效率与公平的重要力量。WTO国际贸易法治的最大主体是WTO成员，包括主权国家、独立关税领土和政府间国际组织，它们是推进WTO法治的中坚力量。由于国家主权的排他性特征和实践，任意行使国家主权显然会对国际法治产生抑制性的作用或者破坏性的影响，对国家主权的必要限制或者国家主权的公平让渡会有利于国际法治的建设与发展，尤其是当某些国际法规范本身高于个别国家的意志时，国家主权当然会受到一定程度和一定范围的限制，包括积极限制和消极限制。积极限制是指主权国家为了在国际政治和经济关系中谋求更大的经济利益而对主权作出的部分让与，通常是自愿的、相互的，因而不存在损害主权的问题；消极限制是指主权国家因其违背国际义务（尤其是违背国际强行法下的义务）而受到其他国家或国际组织对其主权的制裁，或者遭遇外来侵略而受到其他国家或国际组织对其主权的侵犯。在WTO体制内，对国家主权的积极限制表现在WTO成员都自愿承诺接受多边贸易规则的约束，彼此自愿让渡国家部分主权，自愿承担相应的责任和义务，以获得国际贸易利益。这种让渡在很大程度上是对WTO成员经济主权的限制，在形式上是自愿的、平等的、相互的和非歧视性的。而发生贸易争端并严格受拘于DSB的裁决结果时，则凸显WTO对其成员主权的消极限制。WTO成员彼此之间的主权限制，可以被看作是统一作出的让步，或者说是一种合作共赢的形式，这样反而有利于各国在国际社会中实现主权，共谋利益与发展，这显然在一定程度和范围内对国际法治具有一定的借鉴意义。

其次，关于国际争端的和平解决。任何争端的发生都意味着权利和义务之间关系的失衡。国际法治的目标是秩序、公平与效率，这也应是国际社会所期望的法治现状。秩序是国际法治的基础，公平是国际法治的保障，而效率则要保证国际法治主体经济利益和社会效益的最大化。但由于主权及其所保障的利益存在客观分歧，国际法治主体之间发生争端是不可避免的。自《联合国宪章》确立"和平解决国际争端"原则以来，除了协商、谈判、调停、斡旋、调解、国际调查等外交方法外，运用法律方法解决争端日渐为国际社会所关注、重视和倡导。而国际司法机构所具有的强制管辖权及其裁决结果的法律效力加强了和平解决国际争端的效用，这是对

[①] See *Annual report on strengthening and coordinating United Nations rule of law activities*: *Report of the Secretary-General*, A/64/298, p.4.

传统的有关国际争端解决的国际法理论的历史性突破。作为联合国的司法机关，国际法院通过解决争端、解答疑难国际法问题，特别是在解决领土争端案件方面，为国际社会的和平与法治作出了巨大贡献。作为专属性的国际司法机构，联合国国际海洋法庭澄清了《国际海洋法公约》的某些缔约国之间的海域划界、大陆架划界等争端，甚至还用仲裁的方法澄清了较为棘手的"北冰洋日出号案"中的法律问题。[1]但从受理案件的数量、审定案件的效率以及裁决结果的执行情况看，WTO争端解决机制显然要大大优于前述国际司法机构，要求所有成员都应遵循通过谈判达成的WTO多边协定。尽管WTO争端解决机制存在这样那样的问题，但其政治方法和法律方法的综合运用，特别是法律方法中的"两审终审"制以及对裁决结果的强制执行程序，都大大增强了WTO国际贸易法治的能力和效用。因此说，谨慎总结和借鉴WTO争端解决的经验和教训，及时、有效地解决国际法治主体之间的争端而非坐等争端激化进而发展为局部武装冲突，可以保障国际法治的目标和质量。

最后，关于发展中和最不发达国家的特殊和差别待遇。几乎在WTO的每一个多边协定内，都可以找到特殊和差别待遇条款。根据此类条款，发展中和最不发达国家可在一定的范围和条件下，背离各个协定所规定的一般权利和义务而享有较优惠的待遇，已成为WTO处理发展中和最不发达国家贸易问题时遵循的一项原则，并通过"巴里一揽子（Bali Package）"下的《特殊和差别待遇的监督机制》的约束性文件使之能具有普适性、可操作性和实效性。[2]WTO给予此类更为优惠待遇的目的是为发展中和最不发达国家在多边贸易体制内的一体化提供便利，帮助发展中和最不发达国家的贸易和经济发展，保证多边贸易体制的稳定性，促进WTO国际贸易法治的发展和质量。在联合国国际法治的概念和原则下，国际法的适用和实施不应存在真空地带，且实施的过程应保持一致性，为所有国际法主体提供平等的保护，不会因违法者的国际政治地位、经济地位的不同而导致不同的法律后果。实践中，联合国国际法治的活动集中在三个方面：国际层面的法治、与冲突和冲突后情势有关的法治以及与长期发展有关的法治。[3]这些都反映了国际法主体的多样性以及国际情势的复杂性，而且国际法治的成绩或成就，显然从根本上取决于发展中和最不发达国家。对于国际层面的法治，如果全面地、一刀切地推进国际法治，恐怕存在诸多的困难和问题，不仅影响国际法治的进程，更影响国际法治的实效，甚至在某些情况下，国际法治会存在被滥用的危险。从实效角度看，国际法治过程中给予发展中和最不发达国家的特殊和差别待遇，应形成法律上的规定并具有拘束力，且应从WTO汲取经验教训，保证能将其落到实处。

---

[1] See *The Arctic Sunrise Case*（*Kingdom of the Netherlands v. Russian Federation*），https：//www.itlos.org/cases/list-of-cases/case-no-22/.

[2] See *Monitoring Mechanism on Special and Differential Treatment*，WT/MIN（13）/45 WT/L/920.

[3] See UN A/61/636-S/2006/980，p.14.

四、结 论

"这个世界的确是由哈姆雷特、麦克白、李尔王和奥赛罗等组成的，冷静的理性范例充满了我们的教科书，但现实世界却更为丰富多彩。"[①]20 年来，WTO 顺应自由市场经济的要求，运用那只"看不见的手"来调整全球资源配置、创造社会财富、缩小贫富差距、维持可持续发展，从而推动全球的政治稳定与经济融合；同时，WTO 也必须满足其成员的现实需要，关注它们对主权权利的限制、让渡与收回，通过原则、规则、制度及其实施机制来建立和推进国际贸易法治。

WTO 不是世界贸易政府，不能取代主权国家来全面管理国际贸易。WTO 的规则和制度体系虽然随着国际贸易的发展和多边谈判的议题而补充和完善，但变化了的实际以及成员间的贸易争端都充分表明了其中存在的滞后性，并造成了多哈回合谈判的拖沓和危机。作为政府间国际组织，WTO 应拓展其职能范围，协调好成员间的主权关系，在推行"门户开放"政策的过程中，不能仅依据自由市场经济理论，还必须作出足够的市场调查，夯实对多边贸易规则适用和解释的基础。

WTO 走过 20 岁，正值"桃李年华"。作为众多政府间国际组织中的一员，WTO 在世界范围内有着良好的正面形象，但与人们的良好期待还存有差距。20 年前的国际贸易环境、主权国家的需求及其处理国际贸易事务的能力，显然不同于当今的现实。当气候变化、资源短缺、消费者运动、产品价值链、国际劳工标准、区域贸易集团化等为世界各国共同关注和重视时，它们也必然成为 WTO 当前及今后需要着力应对的"必修课"。WTO 的平稳运行和未来发展离不开自身的法律制度和成员间的承诺，只要承诺和规则尚在，只要成员对国际贸易秩序有需求、有希冀，WTO 就能够在求同存异中继续开放、前行、改革，也仍会在国际政治、经济和法治领域扮演一个举足轻重的角色，仍会与其成员一道为人类社会共谋福祉。

---

① ［印度］阿玛蒂亚·森：《伦理学与经济学》，王宇、王文玉译，商务印书馆 2014 年版，第 17 页。

争端解决制度

WTO争端解决中的"个人意见"：不和谐声音抑或积极因素　胡建国 / 107

论WTO争端解决中中国入世法律文件的解释　刘瑛 / 121

Legal Implications of Accession Protocols under WTO Framework: Some Reflections after China-Raw Materials and China-Rare Earths　Liu Yong / 139

美国诉中国"示范基地"出口补贴案评析　漆彤 / 167

中国在WTO争端解决中败诉的原因分析　朱榄叶 / 180

论经济制裁在WTO中的可诉性　谭观福 / 187
　　——"美国有关克里米亚危机银行制裁措施"WTO争端解决预分析

WTO争端解决中的"个人意见"：
不和谐声音抑或积极因素[*]

胡建国[**]

摘　要：《争端解决谅解》允许WTO专家组成员或上诉机构成员在报告中表达"个人意见"。从实践来看，类型多样的"个人意见"日益增多，出现于WTO争端解决的不同阶段，涉及不同的WTO涵盖协定和问题领域。"个人意见"与偏离GATT/WTO先例有着相同的本质——观点分歧——及其他联系，但二者存在一定差异。与其他国际法庭的实践相比，WTO争端解决中的"个人意见"相对较少。"个人意见"虽有其存在的内在必要性，但鉴于"个人意见"具有广泛的制度性影响，专家组尤其是上诉机构成员应当慎重表达"个人意见"。高质量的"个人意见"有助于WTO法律体系协调向前发展，应以更加包容的心态看待WTO争端解决中的"个人意见"。此外，"个人意见"也会对"国际司法互动"产生影响。

关键词：WTO争端解决；个人意见；偏离GATT/WTO先例；WTO法律体系协调发展；国际司法互动

《争端解决谅解》（DSU）明确允许审理特定争端的专家组成员或上诉机构成员匿名表达不同于专家组或上诉庭其他成员的个人意见（individual opinion）。WTO争端解决报告中的匿名个人意见近年来愈加频繁的出现。2006年的一份统计表明，105份专家组报告中仅出现6次个人意见，占比不到6%；66份上诉机构报告中仅出现2次个人意见，占比不到2%[1]。而到2014年底，WTO裁决机构共在19份报告中就21个法律问题发表过个人意见。WTO专家组共发布160余份报告，其中12份报告出现个人意见，占比约为7.5%；上诉机构共发布90余份报告，其中5份报告出现个人意见，占比约为5.6%；第22.6条仲裁小组共在9个案件中发布报复裁决，其中出

---

[*] 基金项目：中央高校基本科研业务费专项资金资助项目"WTO法律体系内部协调发展研究"（NKZXB1207）。

[**] 胡建国，南开大学法学院教授。

现个人意见 2 次，占比超过 20%。2013～2014 年，在涉及我国的 3 个案件的专家组报告中各出现过 1 次个人意见。① 关于"个人意见"的 WTO 法律实践如何？"个人意见"与偏离 WTO 先例有何异同？与其他国际法庭的司法实践相比，WTO 争端解决中的"个人意见"是多了还是少了？如何看待 WTO 争端解决实践中日益增多的"个人意见"？它是 WTO 法律体系协调向前发展过程中的不和谐声音还是积极因素？

一、关于"个人意见"的 WTO 法律实践

（一）"个人意见"的法律基础

由三人法庭审理案件的 WTO 裁决机构主要包括专家组、上诉庭、第 22.6 条报复仲裁小组和第 25.3 条仲裁小组。② 对于专家组成员，DSU 第 14.3 条规定，专家组成员个人在专家组报告中表达的意见应当是匿名的；对于上诉机构成员，DSU 第 17.11 条规定，任职于上诉机构的个人在上诉机构报告中表达的意见应当是匿名的。因此，专家组成员和上诉庭成员都有权匿名发表个人意见。③ 由于先期裁决最终会成为专家组报告的一部分，专家组在先期裁决中亦可发表"个人意见"。对于第 22.6 条仲裁员和第 25.3 条仲裁员，虽然 DSU 并不存在与第 14.3 条和第 17.11 条类似的条款，但可以推定"个人意见"制度适用于这两类仲裁。④[2]

（二）"个人意见"的法律地位

个人意见不能被提起上诉。个人意见属于专家组报告的一部分，但它们并不是专家组的法律解释或裁决。尽管如此，截至目前出现个人意见的已公布 12 个专家组报告都被上诉且均对个人意见涉及的问题提起了上诉，这表明个人意见所涉问题的争议性质和重要程度，一定程度上也表明了个人意见的价值所在——就特定法律点败

---

① 中国诉美国某些产品反补贴案（DS437）、中国诉美国反补贴反倾销措施案（DS449）和美、欧、日诉中国稀土案（DS431/432/433）。

② 第 21.3 (c) 条合理期限仲裁员由一名现任或卸任的上诉机构成员担任，因此不会发生"个人"意见。值得注意的是，在加拿大医药专利案中，仲裁员巴库斯先生偏离了过去各个仲裁员关于合理期限仲裁中举证责任分配的案例法。

③ 美国羊毛衫案专家组指出，"单个专家组成员可以根据 DSU 发表异议意见"（第 7.19 段）。

④ Flett 指出，即便没有 DSU 第 14.3 条和第 17.11 条的规定，三人专家组作出裁决的决策规则（3:0 或者 2:1）也表明单个专家可以发表个人意见。GATT 时期发表的一些个人意见证实了这一观点。GATT 仅有第 22 条和第 23 条两个条款处理争端解决事宜，并未提及"个人意见"。GATT 争端解决实践中至少出现过 3 次"个人意见"，即欧洲经济共同体水果和蔬菜案、欧洲经济共同体意面出口补贴案和欧洲共同体汽车盒式磁带案，后两个案件的专家组报告未获通过。

从某种程度上说，DSU 第 14.3 条和第 17.11 条编撰了 GATT 专家组关于个人意见的实践，明确规定了匿名规则。实际上，发表个人意见有可能是裁决者的一种内在权利。

诉的一方更有理由也更有信心提起上诉①，且不必担心烂诉指控。②通过支持、修改或推翻专家组多数意见的观点，上诉机构对个人意见进行了事实上的审查。在前述12个上诉案件中，上诉机构5次支持专家组报告中的个人意见，7次没有支持，1次回避了个人意见涉及的问题。③从频繁获得上诉机构支持这一事实来看，专家组报告中的个人意见具有一定价值。

个人意见不构成DSB建议和裁决的一部分。尽管个人意见属于专家组或上诉机构报告的一部分并被DSB通过，但是，个人意见并不会因此而构成DSB建议和裁决的一部分。特别是，败诉方必须执行已通过专家组或上诉机构报告中由多数意见形成的裁决和建议，即使个人意见可能会影响败诉方执行相关DSB裁决和建议的意愿。

（三）"个人意见"的主要类型

DSU第14.3条和第17.11条仅仅提到专家组成员或上诉机构成员个人表达的意见，没有明确个人意见的类型。从WTO争端解决实践来看，个人意见包括三类：异议或反对意见（dissenting opinion）、协同意见或声明（concurring opinion or statement）以及单独意见、观点或声明（separate opinion, views or statement）。个人意见的基本类型是异议意见和协同意见。单独意见或属异议意见性质，或属协同意见性质。不论是协同意见还是单独或异议意见，本质上都反映出观点分歧。

异议意见适用于裁决者既不赞同多数意见的最终裁决或结论，也不赞同多数意见的法律解释、法律推理、法律适用或论证过程等。

如裁决者赞同多数意见的最终裁决或结论，但不认同多数意见的法律解释、法律推理、论证过程等，或者希望发表补充性评论或论证，则往往会发表协同意见。在某些案件中，专家组成员或仲裁员虽然没有使用"协同意见"一词，但实质上表达了协同意见。例如，在美欧归零案中，一名专家组成员支持全体专家组的结论——《反倾销协定》第2.4条并不禁止行政复审中的归零做法，但提出了额外的支持性论证。在美国外国销售公司案报复仲裁中，一名仲裁员两次强调，等于补贴数额的反措施并非在每一案件中都是适当的。

单独意见通常出现在发表异议意见的场合，例如美欧持续归零案、美墨金枪鱼案、中国稀土案、美国陆地棉案上诉、美欧归零案执行之上诉和欧盟大飞机案。单独意见也可能出现在发表协同意见的场合。例如，在美欧持续归零案中，一个专家组成

---

① 个人意见对败诉方提供信息的作用是次要的。一般来说，争端各方以及第三方会就特定法律问题反复展开争论，专家组也会以提问题的方式与争端参与方讨论相关问题。单个专家组成员很难提出全新的观点。
② 关于中国能否援引GATT1994第20条抗辩，《中国加入议定书》第11.3段都明确给出了否定答案。中国在稀土案专家组面前再次提出这一问题，并提出了一系列新主张。专家组多数意见给出否定答案，但一个专家组成员给出肯定答案。异议意见的存在导致中国继续上诉这一法律问题而不用担心滥用上诉权指控。
③ 美国归零案涉及2份个人意见。

109

员发表了单独意见,同意多数意见的结论,但不同意其法律推理。

(四)"个人意见"的实践情况

尽管理论上专家组成员和上诉机构成员可自由地发表个人意见,但WTO法官实践中较少行使这一权力。截至目前,专家组成员、上诉机构成员、第22.6条仲裁员共19个案件中明确表达过21次个人意见(以法律问题为标准进行统计)。专家组成员在12个案件中共发表过13次"个人意见",1次出现在先期裁决中。上诉机构共在5个案件中发表过6次"个人意见",第22.6条仲裁员则在2个案件中发表过2次"个人意见"。WTO争端解决中的个人意见尽管仍是例外性质的,但日益频繁发生。

从个人意见的类型看,明确表达的单独意见或单独观点8次,异议意见7次,协同意见或观点2次。即便想发表异议意见,上诉机构从未使用比较扎眼的"异议意见"一词,而是使用"单独意见"。此外,虽然没有明示,但单个专家组成员在欧共体禽肉案和美欧某些产品案中本质上表达了异议意见,仲裁员在美国外国销售公司案报复仲裁、专家组成员在美欧归零案中本质上表达了协同意见。从本质上看,专家组成员、上诉机构成员或仲裁员共发表了15次异议意见和6次协同意见。

从个人意见的形式看,大多数个人意见以专节形式出现。其他个人意见出现在一个或几个段落中,或者出现在脚注中。

从个人意见的分歧程度看,大多数案件是2:1,只有一个案件出现了1:1:1的情况。在欧盟大飞机案中,关于部分私有化与私人对私人销售背景下的补贴用尽问题,三名上诉机构成员发表了三份个人意见。美欧归零案呈现出更为复杂的情况:专家组多数意见认为《反倾销协定》并不禁止行政复审中的简单归零做法,少数意见则认为《反倾销协定》禁止前述行为并得到上诉机构认同(2:1)。就专家组多数意见而言,内部又发生了分歧,其中一名专家组就《反倾销协定》不禁止行政复审中的归零做法的裁决结论提出了额外评论(1:1)。理论上看,就案件最终裁决结果(措施符合或不符合WTO规则)而言,只可能存在3:0或2:1的情况。但是,就特定法律解释或推理问题或者中间裁决来看,可能会出现1:1:1的情况。如专家组出现此种情况,争端方可就所有三份个人意见提起上诉,上诉机构应当接受管辖权[2]。

从所涉问题的领域来看,大多数个人意见涉及农业协定(1次)、GATT1994(4次)《反倾销协定》(归零问题5次)《补贴与反补贴协定》(5次)《技术性贸易壁垒协定》(1次)《争端解决谅解》(报复仲裁2次、专家组请求1次、第21.5条执行程序的范围1次)、议定书与GATT1994的关系(1次)。

从所涉问题的类型来看,大多数个人意见都涉及实体性法律问题,少数涉及程序性法律问题——DS437案中涉及中国专家组请求是否符合DSU第6.2条的问题,美欧归零案执行之上诉涉及DSU第21.5条的适用范围问题。大多数个人意见涉及纯粹的法律或法律解释问题，一些案件涉及法律解释如何适用于案件事实的问题，2份个人意见涉及上诉机构能否完成分析。没有个人意见涉及纯粹的事实认定或证据问题，也没有个人意见涉及专家组或上诉机构作出建议或提议。

从所涉问题的性质来看，大多数个人意见都涉及全新法律问题，少数涉及老问题（《反倾销协定》是否允许归零、GATT1994 第 20 条能否为《中国加入议定书》第 11.3 段违反提供抗辩、GATT1994 第 10.2 条中的"既定统一做法"一词的限定范围、专家组请求是否符合 DSU 第 6.2 条要求等）。

二、"个人意见"与偏离 GATT/WTO 先例

（一）"个人意见"是偏离 GATT/WTO 先例的一种方式

尽管从法律上说遵从先例（stare decisis）并不适用于 WTO 争端解决背景，但专家组和上诉机构在实践中高度依赖过去的专家组报告特别是上诉机构报告，此种做法被称为"事实上依循先例"[3]。

"个人意见"通常针对全新的法律问题，此时并不存在偏离先例的问题。如针对曾经处理过的法律问题，则"个人意见"是偏离 GATT/WTO 先例的一种方式。偏离 GATT/WTO 先例的方式包括：

（1）WTO 裁决机构一致决定偏离 GATT/WTO 先例。例如，美墨归零案专家组一致决定偏离上诉机构关于《反倾销协定》不允许在定期复审中运用简单归零方法的裁决①，遭到上诉机构的猛烈批评。②又如，在 DS449 案中，专家组一致决定不采用欧共体甜点苹果案 GATT 专家组关于 GATT1947 第 10.1 条禁止追溯性配额措施的裁决。③

（2）WTO 裁决机构多数意见决定偏离 GATT/WTO 先例。例如，在 DS449 案中，专家组多数意见决定偏离过去专家组关于第 10.2 条中"既定统一做法"限定范围的案例法。④

（3）WTO 裁决机构少数意见决定偏离 GATT/WTO 先例。例如，在中国稀土案

---

① See，WTO Panel Report，US-Stainless Steel（Mexico），WT/DS344/R，adopted 20 May 2008，paras.7.64-150.
② See，WTO Appellate Body Report，US-Stainless Steel（Mexico），WT/DS344/AB/R，adopted 20 May 2008，paras.145-162.
③ See，WTO Panel Report，US-Countervailing and Anti-dumping Measures（China），WT/DS449/R，adopted 22 July 2014，paras.7.74-77.
④ 欧共体信息技术产品案专家组认为，第 10.2 条中的"既定统一做法"一词限定"导致提高"(effect an advance)。本案专家组多数意见决定偏离这一先例，认为"既定统一做法"仅限定"进口产品税率或其他费用"。但异议专家支持欧共体信息技术产品案专家组的观点。See，WTO Panel Report，US-Countervailing and Anti-dumping Measures（China），WT/DS449/R，adopted 22 July 2014，paras.7.155，7.236-238.

中，一名专家组成员决定偏离上诉机构在中国原材料案中作出的关于中国不得援引GATT1994 第 20 条为《中国加入议定书》第 11.3 段出口税承诺违反进行抗辩的裁决。① 如以"个人意见"偏离先例，则必须慎之又慎，因为不仅出现"个人意见"，也出现了 WTO 争端解决中较为少见的偏离先例。

（二）"个人意见"与偏离 GATT/WTO 先例的异同及联系

偏离先例，本质上不同意已有先例中的观点，类似于在一个案件中少数裁决者不同意多数方的观点。但二者存在一定差异。从法律效力上看，偏离先例意味着后一案件的裁决者偏离已经生效的 WTO 报告中所体现的先例——虽无法律约束力，但已经产生了极强的遵守该先例的期望。尽管存在一定的必要性，但 GATT/WTO 争端解决实践中偏离先例的例子较为少见。发表个人意见出现在裁决阶段，如针对全新法律问题，仅是个认识分歧问题。

既然 DSU 允许且 WTO 争端解决实践中存在一定数量的个人意见，一定范围内允许偏离 WTO 先例也是顺理成章的事情，因为二者有着相同的本质（观点分歧）。②[4] 但是，偏离先例应该更加慎重，因为先例反映在已经通过的专家组或上诉机构报告之中，且在 WTO 成员间创设了很强的期望。

根据《上诉审查工作程序》规则 4.3，负责审理每一上诉的法庭在形成散发给 WTO 各成员的上诉机构报告之前应当与上诉机构其他成员交换意见（"意见交换程序"）。上诉机构各成员在实践中也投入大量时间和精力"交换意见"，努力就上诉涉及的法律问题达成一致意见。然而，最终由具体审理案件的三人上诉庭完成上诉机构报告。没有参与审理的上诉机构成员即便不同意上诉庭的意见，其意见也不会反映在上诉机构报告之中。③[2] 因此，即使一个案件（例如中国原材料案）的上诉机构报告没有出现个人意见，也并不表明上诉机构所有成员就所有法律问题（例如中国能否援引 GATT1994 第 20 条证明《中国加入议定书》第 11.3 段出口税承诺违反的正当性）达成了一致意见。④[2] 上诉机构中持有不同意见的成员只能在另一个上诉案件（例如中国稀土案）中就相同法律问题发表自己的看法。如果后一案件上诉庭有两个

---

① See, WTO Panel Reports, China-Rare Earths, WT/DS431/R, WT/DS432/R, WT/DS433/R, adopted 29 September 2014, paras.7.118-138.

② 运用大数据方法，鲍威林得出结论：上诉机构报告之间大量且密集的相互援引表明，上诉机构报告具有很强的先例效力。但是，只有少数 WTO 成员积极参与上诉程序，意味着少数 WTO 成员引领着 WTO 规则的发展。如果少数成员实际参与了先例的形成且先例影响所有 WTO 成员的权利义务，就存在少数派规则的风险。为此他提出，应认识到这一风险并限制太强的先例规则。

③ 特定案件中没有参与案件审理的上诉机构成员没有机会在上诉机构报告中发表个人意见。Flett 注意到，DSU 第 17.11 条提及"任职于上诉机构的个人"可以匿名发表意见。虽然该用语可以指所有上诉机构成员，实践中以此种方式解释第 17.11 条是不太可能的。

④ 与之不同的是，专家组阶段仅有三名专家参与案件审理并讨论相关法律问题，每名专家都有发表个人意见的机会。因此，如果专家组报告被通过或上诉，任何专家的沉默应被视为同意专家组报告中的裁决和结论。

或两个以上的成员之前就存在不同意见，那么在后一案件中就会成为多数意见并最终成为 DSB 裁决。结果上诉机构偏离了过去的先例。

三、国际司法实践中"个人意见"的比较分析

（一）主要国际法庭关于"个人意见"的实践

国际法院（ICJ）。国际法院由 15 名法官组成，并可临时增加 1 名或 2 名法官。ICJ 通常由全体法官审理案件，法定人数是 9 人。《国际法院规约》第 57 条规定，如果判决并未完全或部分反映法官们的一致意见，任何法官都有权发表单独意见。《1987 年法院规则》第 95.1 条规定，法院判决应当包括构成多数意见的法官人数和姓名。第 95.2 条进一步规定，不论是否与多数意见不同，任何法官都可将其个人意见附于判决；希望记录其协同意见或异议意见但又不陈述其理由的法官可以采取声明（declaration）的形式。不论是规则还是法律实践，ICJ 判决中的个人意见都不是匿名的。1947 年以来，ICJ 处理过 144 个案件，产生了 125 份判决和 765 个单独意见，判决与单独意见的比率超过 1∶6。ICJ 产生如此多单独意见的一个原因是法官们分属不同的意识形态阵营。

国际海洋法法庭（ITLOS）。ITLOS 由 21 名法官组成。实践中全体法官集体审案，法定人数是 11 人。与 ICJ 一样，任何 ITLOS 法官都可以发表单独意见，且无须匿名。ITLOS 法官非常积极地行使了表达个人意见的权力。在发布判决的每一个争端中，都存在着单独意见或异议意见，判决与单独意见的比率约为 1∶7。

北美自由贸易协定（NAFTA）专家组。NAFTA 第 19 章专家组负责对国内反倾销和反补贴行动进行司法审查，第 20 章专家组负责审理其他贸易争端。这些 NAFTA 专家组由 5 名专家组成，争端双方各指派两名专家，另一名专家抽签决定。任何专家都可匿名表达协同意见或单独意见。截至 2006 年，共有 51 起案件，产生了 14 个单独或异议意见，占比超过 27%。

（二）WTO 争端解决中"个人意见"较少出现的原因分析

与 ICJ、ITLOS 以及 NAFTA 专家组的实践相比，出现个人意见的 WTO 贸易争端占到已审结案件总数的比例较低。WTO 争端解决中较少出现"个人意见"的原因可能包括：

第一，WTO 争端解决机制的准司法性质。WTO 争端解决机制的准司法性质主要体现在：术语方面使用"争端解决机构""专家组""上诉机构""报告""建议和裁决"，而非"法院""法官""判决""法律意见"等更能体现司法性质的词语；专家组和上诉机构报告须经 DSB 通过方可生效，专家组和上诉机构裁决据此成为 DSB 的裁决。这会从两个方面导致专家组特别是上诉机构不愿意发表个人意见。首先，专家组成

员和上诉机构成员会认为自己以机构身份而非个人身份裁决贸易争端。上诉机构成员尤其如此,它们不仅代表争端解决机构而且代表上诉机构本身。这会导致它们克制发表个人意见。[1][2] 其次,由于专家组和上诉机构报告需要DSB通过之后才能生效,各成员可在通过相关报告的会议上就报告内容发表评论意见。实践中几乎每个报告都遭到了批评。这会导致专家组或上诉庭尽量避免发表个人意见。

第二,WTO裁决机构由3人组成。ICJ、ITLOS和NAFTA专家组至少由5名法官组成,WTO专家组、上诉庭或报复仲裁庭则由3人组成。审理单个案件的法官人数对于个人意见出现的频率具有重要影响。法官人数越多,就越可能持有更多的不同观点,也越难达成一致意见。ICJ（15人）、ITLOS（21人）、NAFTA专家组（5人）与WTO裁决机构（3人）的人数与个人意见出现频率的关系证明了前述结论。

第三,WTO专家的临时性质以及上诉机构成员任期较短（4年）且面临重新指派压力。这一特征导致WTO法官可能拒绝发表个人意见,以寻求再次获得指派或者连任[2]。相比之下,个人意见盛行的ICJ或ITLOS的法官任期是9年,且可连任。

第四,审案法官与争端参与方没有联系。ICJ、ITLOS和NAFTA专家组在审理案件时都会出现涉案国家的法官,这就大大增加了出现个人意见的概率,同时也会导致争端方更加看重法官的选择以及法官的个人意见（而不是法庭的判决）。争端各方或第三方国民不会作为WTO专家组成员审理案件（该规则并不适用于上诉机构）。这反映了DSU不去关注个人及其可能动机的一般趋势,切合个人意见的例外性质[2]。笔者认为,相比ICJ、ITLOS和NAFTA专家组,WTO专家组成员与争端方或第三方没有联系可能事实上降低了出现个人意见的概率,但是无法支持WTO裁决者应当少发表个人意见的观点。同时,即使出现了个人意见,与争端参与方没有联系的特征也有利于避免个人意见的负面影响,例如不会被指责不独立。相比之下,如争端方国民参与案件审理,单个法官发表个人意见往往会有利于本国,从而难免受到不独立指责。

第五,匿名规则的实际效果有限。DSU明确规定专家组成员或上诉机构成员的个人意见应当匿名,这可能会导致它们发表更多个人意见。但在实践中,WTO争端解决中的个人意见可能并不是完全匿名的。尽管一般大众、WTO全体成员以及争端方和第三方并不知道异议者是谁,但是,持多数意见的两个专家或上诉庭成员却知道是谁;就上诉机构而言,没有参与审理案件的其他4个上诉机构成员也可能知道是谁。这可能会导致"集体协同（collegial concurrence）",据此上诉机构成员或专家为

---

① WTO争端解决机制在某种程度上类似于大陆法而非普通法。在大陆法背景下,法官将自己视为机构的一部分而不是具有创造性的个人,他们更可能觉得存在"正确答案",不太可能寻求发表个人意见。而在普通法背景下,异议意见更受称赞,因为普通法将法官视为个人。前美国最高法院法官休斯曾说,"异议意见使法官能够表达其个性。他没有义务代表法院说话,没有义务确保多数意见的协同性。他可以自由发表异议意见。

了避免在同事间产生紧张关系而决定不发表可能是无用的异议意见,除非它们就争议问题持有坚定立场[1]。总之,同行压力会导致个人意见的较少出现。① 如果集体协同在 WTO 背景下起作用,可以预料专家组成员相比上诉机构成员会发布相对较多的单独意见,因为上诉机构成员需经常在一起工作,更有动机本着集体会商的精神行事。相比之下,专家组成员在临时基础上选定,且不太可能经常被选中,更不用说与共事专家一并被选中。从实践来看,专家组成员或上诉机构成员一般只对重要的争议问题发表过个人意见[1]。

第六,WTO 秘书处和上诉机构秘书处的突出作用。WTO 秘书处和上诉机构秘书处在争端解决中发挥了重要作用。不仅在行政事务方面,而且在一个争端提出的实体性问题方面,秘书处向专家组提供了重要协助。由于经验丰富的 WTO 秘书处和上诉机构秘书处已就实体性法律问题提供了重要指南,持有相反观点的专家或上诉机构成员如不赞同这一专业性,需要有很强的情感和意志[1]。

关于上诉机构较少发表个人意见的原因,Lewis 认为下列因素导致上诉机构积极阻止个人意见:(1)期望获得合法性。用同一个声音说话将会表明上诉机构的独立性。如果发表异议意见,将会减弱它们所属的团体的有效性和声誉。(2)期望被认为有能力胜任工作和具有可信任性。作为新机构,上诉机构给予全体一致决策特别优先地位,因为展现出来的内部意见不合会破坏它们作为 WTO 事项最终裁判者的作用。协商一致决策增加了上诉机构裁决的可信性。(3)担心个人意见会导致主要成员不执行 WTO 裁决以及随之而来的制度崩溃。(4)首任上诉机构主席巴库斯先生深受美国最高法院早期实践(厌恶个人意见)的影响,并将有关理念带到上诉机构[1]。此外,一系列制度特征也导致上诉机构较少发表个人意见。Lewis 认为下列制度特征导致上诉机构较少发表个人意见:集体会商方法;专家组和上诉机构之间没有任何中间机构;上诉机构面临不确定的待审案件数量;相比 DSU 的最初预想,上诉机构工作量更为繁重。后两个特征导致上诉机构成员没有足够时间发展相互冲突的观点[1]。Flett 则指出了下列因素:上诉机构更加规则导向和更为尊重法律的文化;上诉机构成员的资格和经验;它们是常设机构,今后必须一起工作;所有案件由三人上诉庭审理[2]。此外,上诉公开听证会有助于加强集体会商,因为没有审理案件的其他上诉机构成员可以观摩听证会[2]。笔者不赞同最后一点,因为对于争议问题,上诉机构成员会通过"意见交换程序"进行详细讨论以达成共识。是否观摩听证会不会影响上诉机构全体成员对于争议问题的深入讨论。

---

① 一致意见的高百分比可能是由于上诉机构成员间事实上达成了全体一致。但这似乎是不可能的,因为前上诉机构成员的评论表明存在分歧领域。由于上诉机构经常面临许多首次出现的挑战性问题,事实上全体一致更不可能。可能的情况是,某些争端中出现了"集体协同",持有不同意见的成员不论出于何种原因并不觉得"值得"发表异议意见。这表明,异议意见只会发生在具有高度制度重要性的事项上,而不是只会影响争端双方的事项上。例如,欧共体石棉案中不同寻常的协同意见与争议事项有关:上诉机构报告中的单独意见是不同寻常的,这本身倾向于强调考虑中的问题的重要性。

（三）WTO 裁决者是否应该更多地表达"个人意见"？

争议问题在于，与 ICJ、ITLOS 和 NAFTA 专家组相比，WTO 裁决者是否应该更多地表达个人意见？一种观点认为，WTO 实践在所有国际法庭中并不具有代表性。WTO 一致判决的高比例是国际争端解决中的例外而非规则。Lewis 认为，WTO 争端解决中缺少异议意见并非偶然，而是反映了上诉机构成员尽可能达成协商一致的共同努力。鉴于 WTO 成立时本质上已经拒绝了以协商一致为基础的争端解决，这一努力似乎是不协调的，可能事实上反映了紧紧抓住 GATT 争端解决的外交方面的努力。相反观点则认为，即使频繁出现单独意见是国际法中的规则，WTO 是例外，但也并非必然得出结论说，WTO 应该效仿 ICJ 或 ITLOS 的实践。相反，ICJ 和 ITLOS 可能需要向 WTO 学习。尽管与 NAFTA 范式更为接近，但二者存在着核心差异。因此，就个人意见而言，ICJ、ITLOS 和 NAFTA 专家组的实践很难说特别适合 WTO 裁决机构[2]。经常互不说话的不同法官的多个协同和异议意见导致 ICJ 和某些其他国际法庭的判决负担沉重。上诉机构避免了这一做法，这会对一致性、连续性和连贯性形象作出重要贡献。

四、关于 WTO 争端解决中"个人意见"的不同观点

如何看待 WTO 争端解决中的"个人意见"，学界存在激烈分歧。一种观点主张允许更多的不同意见[1]，相反观点则主张不同意见应当是例外性质的[2]。

（一）支持论

支持论者认为，不同意见的缺乏对于 WTO 法律体制不利，裁决表面上的全体一致令人忧虑。限制不同意见最终可能会侵蚀争端解决机制的优点，阻碍 WTO 各成员对涵盖协定作出适当修改的能力。由于全体一致有助于加强 WTO 争端解决机制的合法性、不同意见减损其合法性，在 WTO 争端解决机制的最初发展阶段挫败不同意见可能有着很好的理由。但是，在运行 10 年之后，专家组成员表达少数个人意见不再会对 WTO 争端解决机制造成任何特别严重的减损或危害。因此，尽管表达不同意见做起来并不容易，但也不应积极阻止不同意见。尽管异议意见因对 WTO 的凝聚力、合法性与集体会商具有腐蚀效果而应该睿智地运用，但在恰当情况下，异议意见会发挥有价值的作用。这类作用包括：

（1）协助 WTO 各成员。个人意见有利于 WTO 各成员获得关于特定问题的不同观点或解释，从而推动 WTO 各成员修改 WTO 协定。

（2）协助专家组和上诉机构。即异议意见有助于改进多数意见的观点，也可为今后重审相同问题的法官提供有用的参照点。专家组报告中的不同意见能够向上诉机构提供更多信息，以使上诉机构考虑哪种方法更好，也会产生更好的上诉机构报告。

（3）传递信号。即使上诉机构成员发表了单独意见，仍然具有价值。在美欧归零第 21.5 条案和美国持续性中止案中，上诉机构成员表达了不同意见。这些意见有着重要的功能。在美欧归零第 21.5 条案中，不同意见本质上是说，关于归零法的两大阵营相互都不会妥协，但是，为了体制的利益，有必要与上诉机构和判例协调起来。这对未来的专家组表达了一种强烈的信号，它们不应再次反对归零问题。如果没有该单独的意见，就无法传递这种信号。

（4）增加 WTO 争端解决机制透明度。个人意见有助于增加 WTO 争端解决机制的透明度。WTO 经常被批评为不够透明。相比呈现永久性的全体一致，通过偶尔的单独意见或不同意见表达分歧更为透明和诚实。

（二）反对论

反对论者质疑"不同意见"的价值，认为"不同意见"对 WTO 体制有害，主张它们应是例外性质的。个人意见成为一种例外符合 WTO 的长远利益。反对论者提出的理由主要包括：

（1）不同意见几乎没有存在的必要。第一，从实践来看，WTO 争端解决中的许多不同意见是可以避免的。第二，WTO 专家组和上诉机构成员有能力达成一致意见，因此不需要不同意见。第三，WTO 法律体制为各成员表达不同意见提供了机会，专家组和上诉机构因此没有必要在报告中附上个人意见。第四，WTO 秘书处在专家组阶段的作用很大，可以尽量避免专家组阶段不同意见的出现。

（2）不同意见几乎没有内在价值。关于不同意见是否具有内在的法律价值，不同学者有不同看法。一种观点认为，70% 的专家组成员目前仍然只服务过一次。大多数专家组成员都是一次性的专家。这意味着专家组群体内部缺乏专业知识或经验。因此，人们无法期望这类专家组成员留下有法律价值的不同意见。相反观点则认为，秘书处在起草专家组报告方面的重要作用很大程度上源自以下事实：其指派给特定案件的法律官员全职服务于该案件，而专家组成员则是"兼职的"。就贡献给特定案件的时间而言，几乎所有的"不同意见"都很短，通常是一两个段落。因此，不同意见很大程度上是一个时间问题，而不是一个专业知识方面的问题。[①]

（3）不同意见可能损害 WTO 争端解决机制。异议意见可能会导致 WTO 裁决的执行问题。如果 WTO 报告包含的个人意见的结果是争端败诉成员的措施事实上符合 WTO，该败诉成员就更可能拖延遵守或者拒绝完全遵守 DSB 建议和裁决。该成员可能采取抵制态度，希望异议意见会导致规则以有利于自己的方式得以澄清。败诉成员可能将个人意见作为不执行的借口，异议意见也会导致国内更加难以实现遵守。基于这些考虑，WTO 裁决者可能不愿意公开发表个人意见。

---

① See, http://worldtradelaw.typepad.com/ielpblog/2010/06/a-debate-on-dissents-james-opening-post.html.

（三）折中论

此种观点认为，应允许专家组阶段的不同意见，但不应允许上诉机构成员发表不同意见，理由如下：第一，专家组是临时性机构，因此，没有什么必要维持专家组成员间的一致性，而上诉机构是一个常设机构，出于制度性原因，更有必要维持连贯性。第二，专家组报告面临上诉，应允许不同意见，以给予上诉机构更多的观点选择。如果不同意见存在任何问题，上诉机构也能够纠正该问题。然而，上诉机构是最后裁决者。因此，这些考虑因素并不适用，不应允许上诉阶段的不同意见。

五、结论性评论

（一）WTO争端解决中的高质量个人意见有助于WTO法律体系协调向前发展

WTO争端解决活动通过解释和适用涵盖协定条款极大地丰富了WTO法的内容，有力推动了WTO法律体系向前发展。WTO法律体系协调向前发展的一个要求是尽量避免不和谐声音。从某种程度上说，个人意见以及偏离先例都可视为一种不和谐声音，应当尽量避免。然而，WTO法律体系协调发展有一个重要的前提：WTO裁决机构的法律解释或法律裁决必须正确与合理。WTO先例必须正确或合理才有必要予以遵循，否则可偏离之。①[5]因此，核心问题在于如何判定或者如何形成正确或更为合理的案例法。笔者认为，关于特定裁决不同主体会有不同看法，因此，除明显的法律错误外，很难说特定裁决正确与否，WTO涵盖协定并未明确处理的争议法律问题尤其如此。从某种程度上说，WTO裁决者及争端各方和第三方通过一系列争端解决互动（包括在当前案件以及涉及相同法律问题的后续案件中），WTO成员通过包括贸易谈判在内的外交互动，可以通过不断磨合形成更为合理的WTO规则。从这个角度看，高质量的个人意见有助于WTO相关主体的良性互动，从而有助于WTO法律体系的协调向前发展。

（二）应当以更加包容的心态看待WTO争端解决中的个人意见

WTO争端解决机制相比建立之初更为成熟。这为偏离GATT/WTO先例实现"有错必纠"、接纳高质量"个人意见"营造了良好氛围。不宜过分强调刚性的WTO先例制度，应当允许WTO上诉机构在例外情况下偏离先前错误或者过时的先例，实现"有错必纠"或者WTO法的适应性发展。同时也应以更加包容的心态看待WTO争端解决中出现的"个人意见"。

---

① 如果对于特定WTO涵盖协定条款的解释和适用本来就存在问题，依循这一案例法将是不可取的。例如，澳大利亚汽车皮革案执行专家组的追溯性裁决引起了包括胜诉方在内的几乎所有WTO成员的一致反对，因此几乎不能形成案例法。

（三）WTO 争端解决中的个人意见会对"国际司法互动"产生法律影响

一些国际法庭（例如国际投资仲裁庭[6]）和国内法院（例如美国法院、欧盟法院）经常会面临如何考虑 WTO 裁决的问题，其核心是给予 WTO 裁决机构的法律解释和推理、最终裁决和结论多大尊重。一般来说，是否以及给予 WTO 裁决多大尊重是这些国际法庭或国内法院的法官享有的裁量权。WTO 报告中个人意见的出现意味着，国际法庭或国内法院更加不会自动接受相关 WTO 裁决，而是需要运用裁量权仔细甄别和权衡，然后决定是否采纳。

就 WTO 裁决的国内效力而言，欧盟和美国晚近都对 WTO 裁决持有更加怀疑的立场。欧盟法院明确否定了 WTO 裁决的直接效力，美国法院甚至不承认 WTO 裁决的间接效力——即拒绝对国内法规采取与 WTO 裁决一致的解释。WTO 报告中日益增多的个人意见进一步强化了国内法院的前述立场。最高法院《关于审理国际贸易行政案件若干问题的规定》要求国内法院在解释模糊性法律和行政法规时采取与 WTO 协定相一致的解释（一致解释规则），但没有规定如何对待 WTO 裁决。我国法院应当持有与美欧法院类似的立场[7]。法院可参照 WTO 裁决（包括多数意见和个人意见）自行确定 WTO 协定条款的含义，然后适用一致解释规则。

2014 年 4 月 8 日签署的《韩澳自由贸易协定》第 20.5 条（解释规则）规定："任何专家组都应根据国际公法的习惯解释规则（包括反映在《维也纳条约法公约》中的习惯解释规则）解释本协定。如果本协定项下的一项义务与《WTO 协定》项下的一项义务相同或者实质上相同，专家组应当采纳与 DSB 裁决确立的任何相关解释一致的解释。"该条款的亮点在于要求韩澳 FTA 专家组接受 WTO 裁决机构的相关解释。法律背景在于 FTAs 诸多条款模仿了 WTO 涵盖协定条款。同为国际法庭，要求 FTA 专家组尊重 WTO 裁决是适当的。第 20.5 条第二句也为 FTA 专家组保留了一定空间，即 FTA 专家组尊重 WTO 裁决是有条件的：一是"义务相同或者实质上相同"；二是相关解释由 DSB 裁决确立。"DSB 裁决确立的任何相关解释"是指反映在专家组或上诉机构报告中的法律解释。在出现个人意见的情况下，是指多数意见的法律解释。该条款的问题在于要求韩澳 FTA 专家组自动接受 WTO 专家组或上诉机构的法律解释。鉴于个人意见日益增多且某些个人意见可能反映了正确的法律解释，此种自动尊重要求是不恰当的。更好的解决方案是规定 FTA 专家组"可以参照"WTO 裁决机构的相关解释[8]。

参考文献：

[1] Meredith Kolsky Lewis. The Lack of Dissent in WTO Dispute Settlement. [J]. JIEL, 2006（4）：895-931.

[2] James Flett. Collective Intelligence and the Possibility of Dissent：Anonymous Individual

Opinions in WTO Jurisprudence. [J]. JIEL, 2010（2）：287–320.

［3］ 左海聪.论WTO专家组和上诉机构可适用的法律［J］.法学评论,2005（5）：72.

［4］ Joost Pauwelyn. Minority Rules：Precedent and Participation before the WTO Appellate Body [G] //. Joanna Jemielniak, Laura Nielsen & Henrik Palmer Olsen. Judicial Authority in International Economic Law（Forthcoming）. Available at SSRN：http：//ssrn.com/abstract=2474611.

［5］ Gavin Goh & Andreas R. Ziegler. Retrospective Remedies in the WTO after Automotive Leather. [J]. JIEL, 2003（3）：545–564.

［6］ 梁丹妮.国际投资协定一般例外条款研究——与WTO共同但有区别的司法经验［J］.法学评论,2014（1）：100–106.

［7］ 胡建国.WTO争端解决裁决的国内效力问题研究——以国家主权为视角［J］.法学评论,2014（6）：144–151.

［8］ 陈咏梅.WTO法在区域贸易协定解释中的适用探究［J］.现代法学,2014（4）：154–163.

论WTO争端解决中中国入世法律文件的解释[*]

刘 瑛[**]

摘 要：WTO争端解决机构已经处理了多起涉中国入世法律文件争端，在解释入世法律文件时采取了与解释多边贸易协定类似的方法，但也有偏离约文的解释，并倾向于扩大贸易自由化的解释。本文建议在中国入世法律文件解释中不宜僵化拘泥于约文解释，应将WTO多边贸易协定都作为入世法律文件解释的上下文，同时宜更多运用条约目的和宗旨善意地解释，也应允许中国援引加入谈判中的历史文件来证明自己的解释主张。

关键词：入世法律文件；解释；争端解决

《马拉喀什建立世界贸易组织协定》（以下简称《WTO协定》）第12条规定了新成员的加入，但并未对新成员加入法律文件与WTO既有多边贸易协定的法律关系作出规定，至今WTO权威解释机构也没有对此作出解释。但随着涉中国入世法律文件争端[①]的不断增加，中国入世法律文件与WTO多边贸易协定的关系成为实践中乃至理论上难以回避的问题，本文尝试从争端解决实践入手探讨这一WTO法理问题。

一、WTO涉中国入世法律文件案件概览

中国自2001年正式加入WTO以来，已经多次作为WTO争端解决机构（DSB）的申诉方或被申诉方，其中大多数争端，特别是中国作为被申诉方的争端都涉及

---

[*] 中国法学会世界贸易组织法研究会重点课题"《中国入世议定书》在WTO法律体系中的地位与解释"资助。

[**] 刘瑛，武汉大学国际法研究所教授。

[①] 与《中国入世议定书》所有条款都并入WTO多边贸易协定进而具有约束力不同，《中国加入工作组报告》并非所有段落都有约束力，只有列入《中国加入工作组报告》第342段的段落才与《中国入世议定书》条款具有相同地位，共同构成WTO多边贸易协定组成部分。本文所称的中国入世法律文件即指《中国入世议定书》与《中国加入工作组报告》第342段列明段落的共同体。

《中国入世议定书》和《中国加入工作组报告》的条款。以下表格列出了中国作为申诉方或被申诉方的援引了《中国入世议定书》和《中国加入工作组报告》条款的争端。

案号	申诉方	被申诉方	案名	所涉及的WTO多边协定条款	所涉及的条款	案件状态
DS339 DS340 DS342	欧盟 美国 加拿大	中国	中国影响汽车零部件进口措施案	GATT1994第2、2.1、3、3.2、3.4、3.5和11.1条，《补贴和反补贴措施协定》第3、3.1（b）和3.2条，《与贸易有关的投资措施协定》第2和2.1条	《中国入世议定书》第一部分第1.2、7.2和7.3条，《中国加入工作组报告》第93和203段	已执行专家组和上诉机构报告
DS358 DS359	美国 墨西哥	中国	国内税收和其他支付的退、减、免措施案	GATT1994第3.4条，《补贴和反补贴措施协定》第3、3.1（b）和3.2条，《与贸易有关的投资措施协定》第2和2.1条以及附件1	《中国入世议定书》第一部分第1.2、7.2、7.3和10.3条，《中国加入工作组报告》第167和203段	成立专家组后和解撤案
DS363	美国	中国	中国影响出版物和视听娱乐产品的贸易权和分销服务措施案	《服务贸易总协定》第16和17条，GATT1994第3.4和11.1条	《中国入世议定书》第一部分第1.2、5.1和5.2条，《中国加入工作组报告》第83和84段	执行专家组和上诉机构报告，有争议
DS372 DS373 DS378	欧盟 美国 加拿大	中国	影响金融信息服务和外国金融信息提供者措施案	《服务贸易总协定》第16、17和18条	《中国入世议定书》第一部分第1.2条，《中国加入工作组报告》第309段	磋商达成协议
DS379	中国	美国	对来自中国的特定产品的双反税案	《反倾销协定》第1、2、6、9和18条，GATT1994第1和6条，《补贴和反补贴措施协定》第1、2、6、9、10、12、13、14、19和32条	《中国入世议定书》第一部分第15条	专家组和上诉机构报告执行中
DS387 DS388 DS390	美国 墨西哥 危地马拉	中国	名牌产品补贴措施案	《农业协定》第3、9和10条，GATT1994第3.4条，《补贴和反补贴措施协定》第3条	《中国入世议定书》第1.2和12.1条，《中国加入工作组报告》第234段	未申请成立专家组

续表

案号	申诉方	被申诉方	案名	所涉及的WTO多边协定条款	所涉及的条款	案件状态
DS394 DS395 DS398	美国欧盟墨西哥	中国	中国原材料出口相关限制措施案	GATT1994第8、8.1、8.4、10、10.1、10.3、11和11.1条	《中国入世议定书》第一部分第1.2、5.1、5.2、8.2和11.3条,《中国加入工作组报告》第83、84、162和165段	已执行专家组和上诉机构报告
DS397	中国	欧盟	对中国钢材和钢铁紧固件的反倾销措施案	《反倾销协定》第1、2、2.1、2.2、2.4、2.6、3、3.1、3.2、3.4、4、3.5、4.1、5、5.4、6、6.1、6.2、6.4、6.5、6.10、9、9.2、9.3、9.4、12.2.2、17.6和2.2（a）(i)条 GATT1994第1、1.1、6.1和10.3（a）条 《建立世界贸易组织协定》第16.4条	《中国入世议定书》第一部分第15条	执行专家组程序中
DS399	中国	美国	对中国特定客车和轻型卡车轮胎特保措施案	GATT1994第1.1、2和19条	《中国入世议定书》第一部分第16.1、16.3、16.4和16.6条	专家组和上诉机构报告已通过
DS405	中国	欧盟	对中国鞋类产品的反倾销措施案	《反倾销协定》第1、2.1、2.2.2、2.4、2.6、3.1、3.2、3.3、3.4、3.5、5.3、6.1.1、6.1.2、6.2、6.4、6.5、6.5.1、6.5.2、6.8、6.9、6.10、6.10.2、9、9.1、17.6、9.2、9.3、9.4、11.3、12.2.2、17.6、18.1和18.4条； GATT1994第1、1.1、6.1、16.4和10.3（a）条 《建立世界贸易组织协定》第16.4条	《中国入世议定书》第一部分第15（a）、15（a）(ii)条,《中国加入工作组报告》第151（e）和（f）段	专家组报告通过并执行

123

续表

案号	申诉方	被申诉方	案名	所涉及的WTO多边协定条款	所涉及的条款	案件状态
DS419	美国	中国	影响风能设备措施案	GATT1994第16.1条，《补贴与反补贴措施协定》第3、25.1、25.2、25.3和25.4条	《中国入世议定书》第一部分第1.2条、《中国加入工作组报告》第334段	未成立专家组
DS431 DS432 DS433	美国 欧盟 日本	中国	中国稀土、钨和钼相关出口限制措施案	GATT 1994第7、8、10、11、11.1和10.3(a)条	《中国入世议定书》第一部分第1.2、2（A）2、2（C）1、5.1、11.3、5.2、8.2和7.2条	上诉机构报告已散发
DS437	中国	美国	对特定中国产品的反补贴措施案	《补贴和反补贴措施协定》第1.1、1.1（a）(1)、1.1（b）、2、10、11、11.1、11.2、11.3、12.7、14（d）、30和32.1条，GATT1994第6和23条	《中国入世议定书》第一部分第15条	专家组报告已散发
DS450	美国	中国	汽车及汽车零部件产业措施案	GATT 1994第16.1条《补贴与反补贴措施协定》第25.1、25.2、25.3和25.4条	《中国入世议定书》第一部分第1.2、2（C）（1）和2（C）（2）条	尚未成立专家组
DS451	墨西哥	中国	衣服和纺织品生产和出口措施案	《农业协定》第3、9、10条 GATT 1994第3.4、16条 《补贴与反补贴措施协定》第1、1.1（a）、1.1（b）、2、2.1、2.2、2.3、3.1（a）、3.1（b）、4.2、5（c）、6.3（b）、6.3（c）、6.4、6.5、7.2条	《中国入世议定书》第一部分第1.2条，《中国加入工作组报告》第18、19、22、46、47、60、62、64、70、73、107、115、116、122、123、132、157、167、168、170、171、172、173、174、210、222、223、225、227、228、231、232、233、234、235、238、322和334段。	尚未成立专家组

从上表可见，涉《中国入世议定书》和《中国加入工作组报告》的争端共计15件，按照案号计则是26个。其中，中国作为被诉方的争端居多，计10件，21个案号。作为申诉方的争端则为5件，5个案号。进而，中国所有的被诉案件共计20件，案号31个，中国作为申诉方则为12件，19个案号。两相比较，在被诉案件中，涉《中国入世议定书》和《中国加入工作组报告》的比例是很高的，涉《中国入世议定书》和《中国加入工作组报告》的争端数量和案号数量分别占到中国被诉的总争端和总案号的50%和68%。在中国作为申诉方的案件中，涉及《中国入世议定书》和《中国加入工作组报告》的比例则相对较低，分别占到争端总量和案号总量的42%和26%。从这个差异也可以看到，由于中国在《中国入世议定书》和《中国加入工作组报告》中作出了大量的具体承诺，乃至超出了WTO多边协定为WTO成员所设定的普遍义务，在实践中这些的义务性条款就容易成为被诉的法律依据。

中国作为申诉方的五件争端涉及的《中国入世议定书》条款集中在第15、16条和通过《中国入世议定书》第1.2条纳入到《中国入世议定书》的《中国加入工作组报告》第151（e）和（f）段。其中中国认为被申诉方违反第15条的措施主要集中在反倾销中非以中国的国内价格或成本来确定正常价值和不以中国的国内情况和条件来确定补贴利益上，并且由于这样的做法，在同时对来自中国的某类产品采取反倾销和反补贴措施时产生的双重救济问题，这就是中国在《中国入世议定书》明确允许其他成员以此来对中国出口产品反倾销和反补贴所引发的问题，而第15条就是典型的次WTO权利。《中国加入工作组报告》第151（e）和（f）段则是对进口WTO成员方在依据第15（a）(ii)条视中国为非市场经济进而不用中国的国内价格或成本来确定正常价值时的程序要求，要求进口成员方保障中国生产者和出口商在具体案件中维护利益的充分机会，并提供对一具体案件所做初步和最终裁定的足够详细的理由，中国的诉请则是缘于欧盟没有在其对华鞋类反倾销调查中严格依循前述程序要求。

中国作为被申诉方所涉及的《中国入世议定书》和《中国加入工作组报告》条款则覆盖面更广，涉及《中国入世议定书》第2（A）2、2（C）1、2（C）(2)、5.1、5.2、7.2、7.3、8.2、10.3、11.3和12.1条，通过《中国入世议定书》第1.2条纳入到《中国入世议定书》的《中国加入工作组报告》第18、19、22、46、47、60、62、64、70、73、83、84、93、107、115、116、122、123、132、157、162、165、167、168、170、171、172、173、174、203、210、222、223、225、227、228、231、232、233、234、235、238、309、322和334段，内容涵盖从执法方式、透明度、开放贸易权、进口许可程序、出口许可证和配额分配上的外资国民待遇、取消所有禁止性补贴、普遍取消出口税、取消所有农产品出口补贴、外资的一般国民待遇、国有贸易企业、国家定价和价格控制、地方法规的WTO相符性、WTO义务的境内统一适用、汽车关税、进口税和国内税、进口关税配额管理、进口非关税措施及其实施、进出口管理实体披露、非自动许可限制、国企补贴、特殊经济区、农产品进口管理、农业出口补贴、农业国内支持到服务贸易管理者与服务提供者关系等广泛层面。而其中大部分都是超 WTO 义务，显示出超 WTO 义务争端多发的特点。

在 15 件涉及《中国入世议定书》和《中国加入工作组报告》的争端中，有 6 件没有专家组或上诉机构报告，或是通过磋商解决了，或是尚未申请设立专家组。其余 9 起案件中，专家组和上诉机构都结合案情，对所涉《中国入世议定书》和《中国加入工作组报告》条款做了解释适用。本文拟探究专家组和上诉机构对中国入世法律文件条款的解释方法及其完善。

二、中国入世法律文件的解释方法探析

在解释方法上，DSB 并未对 WTO 多边贸易协定和中国入世法律文件的解释方法做一般性区分，诚如上诉机构在中国原材料出口相关限制措施案（以下简称"中国原材料案"）中所指出的，因为《中国入世议定书》第 1.2 条规定《中国入世议定书》和《中国加入工作组报告》的部分段落是《WTO 协定》的组成部分，则依据 DSU 第 3.2 条，应适用《维也纳条约法公约》第 31 和 32 条来澄清中国入世法律文件条款的含义。[①] 约文解释是专家组和上诉机构解释中国入世法律文件的主要方法，大部分的中国入世法律文件的用语都是明确的，可以结合上下文确定约文用语的通常含义。由于约文解释在所有涉中国入世法律文件争端中都得到延用，本文仅就中国入世法律文件解释和适用中的特别之处试作举例说明。

（一）偏离约文的解释

尽管约文解释是主要方法，但在涉中国入世法律文件案件中，也不难发现偏离约文解释方法的实例。例如，在中国汽车零部件案中，专家组在解释和适用《中国加入工作组报告》第 93 段，并未采取严格的约文解释方法。

《中国加入工作组报告》第 93 段规定，"某些工作组成员对汽车部门的关税待遇表示特别关注。对于有关汽车零件关税待遇的问题，中国代表确认未对汽车的成套散件和半成套散件设立关税税号。如中国设立此类税号，则关税将不超过 10%。"

专家组首先从约文出发，指出第 93 段的字面含义是设立税号。各方对中国入世时没有在关税减让表中对汽车的成套散件和半成套散件设立关税税号无异议，但申诉方之一加拿大提供了一份中国 2005 年的《海关进出口关税表》，中国在十位税号中设立了"成套组件"（complete sets of assemblies），例如在 87.03 "汽车和其他载人机动车辆"下的 8703.2334.90 和 8703.2130.90 都是关于全散件的税号，并且加拿大

[①] Appellate Body Reports, China -Measures Related to the Exportation of Various Raw Materials（China-Raw Materials）, WT/DS394/AB/R, WT/DS395/AB/R, WT/DS398/AB/R, 30 January 2012, para.278.

提供了一份汽车生产商在 8703.2334.90 税号下为"别克 2800CC 汽车全散件"（CKD for Buick 2800cc cars）所做的报关单。专家组据此认为，中国在其关税表的十位税号中为全散件和半散件设立了单独的十位税号，第 93 段的适用前提因此得以满足。① 笔者认为，专家组此处的分析逻辑并不严密。申诉方提出的、专家组赖以认定中国对汽车全散件和半散件设立了单独关税税号的证据只是一份 2005 年的《海关进出口关税表》中的一项十位税号，而且该税号只是全散件，而没有半散件单独税号的任何证据。申诉方所提供的企业报关证据只限于一款别克车在这一十位税号下的报关单，而专家组由此就得出了中国在其关税表的十位税号中为全散件和半散件设立了单独的十位税号的结论，是不具有充分说服力的。

也许是因为认识到了证据和分析的不足，专家组紧接着又提出，即使不考虑前述证明中国已经设立了全散件和半散件税号的证据，依据作为涉诉措施的《构成整车特征的汽车零部件进口管理办法》（以下简称"《第 125 号法令》"）第 21（1）条②，用于组装汽车的进口成套散件和半成套散件被归类为整车，汽车生产企业可以按照《第 125 号法令》第 2（2）条③在进口时以整车申报并按照整车税率纳税，问题也可以由此演变为，当一成员采取措施有效地将一种货物归结到某一关税税号下并以此征税、偏离了该成员的入世承诺时，是否就可以认为该成员设立了关税税号，而专家组对此给出肯定回答。尽管中国辩称，中国没有按照其国内法所要求的程序修改减让表为全散件和半散件设立新的关税税号，专家组依然认为，关键是中国在 WTO 项下的承诺，而不是中国是否满足了国内法上的程序要求。如果如中国所主张的，满足适用第 93 段承诺的条件就取决于中国的意愿了。在专家组看来，一旦中国决定采取涉诉措施系统地给全散件和半散件进口以一定的关税税号，这种行为就有效地设立了全散件和半散件税号，否则中国将永远可以诉诸其国内法主张没有修改减让表，进而没有设立新的税号，从而使第 93 段的承诺失去意义。如果采纳中国的抗辩，设立新税号就完全在中国国内法自由裁量的范围内，而专家组认为必须考虑中国措施的实质效果来评估第 93 段中中国承诺的前提条件的满足。④ 由此不难看出，专家组的逻辑是，即使中国形式上没有设立独立的税号，所谓的"设立"也不符合中国国内法，但只要中国通过某项贸易措施有效地对进口全散件和半散件征收了整车关税，高出了 10% 的约束关税水平，就违反了第 93 段承诺，否则就会影响第 93 段承诺的约束效果，即中国不得对进口全散件和半散件征收超出 10% 的关税。暂不

---

① Panel Report, China-Measures Affecting Imports of Automobile Parts（China-Automobile Parts）, WT/DS339/R, 18 July 2008, paras.7.748-7.752.

② 《第 125 号法令》第 21（1）条规定，"有下列情形之一的，进口汽车零部件构成整车特征:(1) 进口 CKD 或 SKD 组装汽车的……"

③ 《第 125 号法令》第 2（2）条规定，"汽车生产企业进口全散件（CKD）或半散件（SKD）的，可在企业所在地海关办理报关手续并缴纳税款，则这些规则将不适用"。

④ Panel Report, China-Automobile Parts, paras.7.753-7.756.

论专家组的这一解释是否正确,但专家组这里采取了事实上的目的解释,而这种直接从承诺的效果的角度来解读第 93 段的方法至少表明专家组认识到严格的约文解释在解释中国入世法律文件上是有局限性的。

很遗憾的是,尽管中国对专家组关于中国违反《中国加入工作组报告》第 93 段承诺的裁定提出上诉,上诉机构也确实推翻了专家组关于中国违反《中国加入工作组报告》第 93 段承诺的裁定,但上诉机构是基于专家组在没有充分证据和特征分析的情况下将《第 125 号法令》第 2(2)条下对全散件和半散件征收的税定性为普通关税而不是国内税,[①] 也即专家组适用第 93 段的更初步的前提没有满足,并不涉及专家组前述解释过程和方法,因此上诉机构对专家组前述偏离约文的目的解释态度如何不得而知。

(二)减让表和具体承诺表的解释元素更加丰富

本报告在总结 DSB 的一般解释方法时已经指出,专家组和上诉机构并未因为减让表和具体承诺表的单边性而区别对待减让表和服务贸易具体承诺表的解释,主要解释方法与作为 DSU 涵盖协定的多边贸易协定相同,但较多使用了第 32 条所规定缔约情况来辅助解释。在解释中国入世时的货物贸易减让表和服务贸易具体承诺表时,专家组和上诉机构也是如此。这里以中国影响出版物和视听娱乐产品的贸易权和分销服务措施案(以下简称"中国出版物案")中的服务贸易具体承诺表解释试作说明。

中国出版物案中美国提出多项申诉,其中一项是中国的《互联网文化管理通知》第 2 条、《网络音乐管理意见》第 8 条等涉诉措施违反了中国在服务贸易具体承诺表第 2.D "视听服务"项下的"录音制品分销服务"条目所做的国民待遇承诺,因为中国禁止外商投资企业从事录音制品在中国的电子分销,而同类的国内服务提供商却没有受到类似限制。这里首先涉及对具体承诺表的解释,即"录音制品分销服务"是否包括了电子分销。

1. 词典定义

专家组首先借助词典定义"录音制品"(sound recording)和"分销服务"(distribution services),并在不同范围的词典义项中选择了《简明牛津英语词典》中的宽泛定义,认定词典定义表明中国的承诺涵盖了录音制品的电子分销,而不限于中国所说的以有形载体的方式分销。[②]

对此,中国在上诉中认为专家组未采取《维也纳条约法公约》第 31 条所规定的整体解释方式,在没有考察上下文、目的宗旨情况下过早得出结论,也无视了中国

[①] Appellate Body Report, China-Automobile Parts, 15 December 2008, paras.216-245.

[②] Panel Report, China-Measures Affecting Trading Rights and Distribution Services for Certain Publications and Audiovisual Entertainment Products(China-Publications), WT/DS363/R, 12 August 2009, paras.7.1172-7.1181.

举证中提供的其他词典的解释,特别是《美国传统英语词典》中关于"录音"是"录制了声音或可视图影像的物品"和"分销"是"市场营销和供应货物的过程,特别是给分销商"的含义,而这些含义将"录音制品分销服务"限制在有形载体上。

上诉机构发现中国提交给专家组的词典解释包含一系列"录音"和"分销"的定义,包括专家组所采纳的含义,即便是上诉中中国强调的《美国传统英语词典》也将"被录制的声音或图片"作为"录音"的释义之一,对"分销"的界定也有义项与专家组选择的一致。尽管专家组确实曾使用"通常含义"作为"词典含义"的同义词,但专家组的确考察了多个义项,并随后考察了相关上下文和目的宗旨,为此上诉机构认定专家组对"录音"和"分销"的词典定义没有错误。①

2. 上下文

专家组考察了中国具体承诺表第2.D"视听服务"标题下紧接的文本和其他该范围内的条目②和部分4"分销服务"下的条文③,GATS的一些条款④和其他成员的GATS具体承诺表⑤作为上下文,并认为所有这些上下文都支持录音制品分销,包括电子分销的结论。

中国在上诉中指出,专家组对所有这些要素的分析对"录音制品分销服务"是否扩及电子分销形式都不是决定性的,上下文分析并不支持专家组对词典含义的选择,上诉机构支持了中国的少量诉请,但还是支持了专家组的结论。⑥

应该说,专家组和上诉机构的上下文分析并非完全逻辑严密。以中国具体承诺表第2.D"视听服务"这一上下文为例,中国在2.D"视听服务"下列了三个子项,分别是"录像的分销服务""录音制品分销服务"和"电影院服务",其中"录像的分销服务"和"录音制品分销服务"又归为一大类,对它们的市场准入模式3和国民待遇模式4做了限制,同时将电影排除在外。上诉机构发现各方对"电影"指被储存在有形物品上的无形内容无异议。中国在前述承诺时排除电影,即意味着电影本来是属于"视听产品"的,也意味着"视听产品"和"录音制品分销服务"是包含有形产品和无形产品的,从而支持"录音制品分销服务"包括电子分销的解释。⑦笔者认为上诉机构这里用词略混乱,而且这里讨论的主要是媒介问题,电影分销是有形媒介,无法证明作为其上位类的录音制品可以是无形媒介传播,而是相反的证据。

这个案件反映出,中国和专家组、上诉机构在上下文解释上存在思路上的差异。中国认为上下文如果不能确切说明"录音制品分销服务"包含电子形式的分销而是

---

① Appellate Body Report, China-Publications, WT/DS/AB/R, 21 December 2009, paras.354-357.
② Panel Report, China-Publications, para.7.1186.
③ Panel Report, China-Publications, paras.7.1204-1205.
④ Panel Report, China-Publications, para.7.1209.
⑤ Panel Report, China-Publications, para.7.1218.
⑥ Appellate Body Report, China-Publications, paras.365, 367-369, 371-372, 377-379, 382-384.
⑦ Appellate Body Report, China-Publications, para.365.

两可，就不能认为涵盖。专家组和上诉机构的思路则是，上下文表明"录音制品分销服务"可以包括电子形式的分销，则除非中国在具体承诺表中作出明确地排除或限制，就不能视为排除，不能改变字面含义。尽管前文已经指出专家组和上诉机构在有些解释上有逻辑问题，但总体思路上贯彻了促进更大程度开放的总体方向。

3. 目的和宗旨

专家组接着审查了反映在 GATS 前言部分的 GATS 目的和宗旨，裁定中国在"录音制品分销服务"上的承诺符合这样的目的和宗旨。①

中国认为专家组依据这些词汇的当代含义来解释"录音制品分销服务"，不符合逐步自由化原则，使得成员的承诺范围扩大了。上诉机构指出，GATS 前言包括"在透明度和逐步自由化的条件下扩大服务贸易原则和制度的框架"和"通过连续的多边谈判达到逐步提高贸易自由化程度的目标"，与"录音制品分销服务"涵盖录音制品电子分销的解释没有任何冲突，也没有为"录音制品分销服务"的解释提供具体的指引，逐步自由化原则也不支持成员限制其已经作出并受其约束的特定承诺的领域及范围的解释。②

这里上诉机构认为 GATS 目的宗旨不能为此处减让表的解释提供具体指引，在此后的中国原材料案中也被重申，③显示出上诉机构弱化目的宗旨解释的倾向，因为具有抽象特征的条约目的和宗旨不可能为条约条款或减让表的用语解释提供直接、具体的解释指引，这样的要求只会令目的宗旨在 WTO 的争端解决解释中无所作为。

4. 缔约情况

专家组最后还援引《维也纳条约法公约》第 32 条的补充解释手段来确认其依据第 31 条作出的解释。专家组参考了服务部门分类表和 1993 年具体承诺表的说明进一步确认"录音制品分销服务"，并认定在中国的具体承诺表生效前，电子分销已经是技术上可行且商业上现实的方式。④

中国认为专家组从一开始就不是按照第 32 条来确定承诺表用语的含义，而是确认适用第 31 条所得出的错误的初步结论。上诉机构认为中国没有指出专家组衡量准备工作时具体的法律错误，也不认同中国所说的专家组依赖中国入世时录音制品电子分销已经是技术上可行且商业上现实的事实来得出解释结论，认为专家组只是得出缔约情形不排除中国的承诺涵盖录音制品电子分销的结论，也即符合第 31 条下的解释结论。⑤

综上，可以清晰地看到，专家组和上诉机构是严格依据《维也纳条约法公约》

---

① Panel Report，China-Publications，paras.7.1219.
② Appellate Body Report，China-Publications，paras.392-397.
③ Appellate Body Reports，China-Raw Materials，para. 305.
④ Panel Report，China-Publications，paras.7.1221-7.1247.
⑤ Appellate Body Report，China-Publications，paras.405-409.

第 31 条和第 32 条解释中国具体承诺表的，而且最倚重的依然是根据词典确定的通常含义，而且专家组和上诉机构在多个义项中具有较大的选择权，上下文、目的宗旨只要不与选择的义项矛盾即可，能够支持更佳。正如前文介绍到的，在减让表和具体承诺表的解释上，更多会考虑缔约情况，这里专家组在依据第 31 条已经可以得出确定结论的情况下依然运用了缔约情况辅助解释。而且从本案中的专家组和上诉机构解释看，倾向于选择使得承诺扩大化的解释，因为分销对象包不包括无形媒介的音像制品，依据词典都是可以的，并没有直接证据证明应选择包涵，但专家组和上诉机构都选择了更广泛的含义，以此为基础只有明确排除才不包含，这和中国所希望的正相反。可见，专家组和上诉机构都在贯彻扩大贸易开放的解释思路，而这对中国入世承诺的解释显然是不利的。

三、中国入世法律文件解释重塑

本文认为，由于加入法律文件不同于多边贸易协定的诸多特点，在依据《维也纳条约法公约》解释之余，对中国入世法律文件的解释应特别注意以下方面。

（一）防止对约文解释的僵化运用

诚如前文所述，专家组和上诉机构的涵盖协定解释以约文解释为基本特征。约文解释素来被视为 WTO 协定解释的"黄金规则"，特别是上诉机构，基本"奉行了'词典式'的条约解释风格"。[1] 但约文解释只有在措辞严谨的条约文本下适用方能体现条约本意和目的性。近年来，针对中国入世法律文件的解释实际上对 WTO 协定惯常使用的约文解释提出了挑战。前文已经介绍到，专家组在对中国入世法律文件承诺的解释中不乏跨越文本含义、直接诉诸有关条款所要实现的开放承诺效果的实例，在中国入世减让表和具体承诺表解释中则更加广泛地突破了约文解释局限。而关于 GATT1994 一般例外对中国入世法律文件条款的适用性的解释，则更是激起广大成员和学者对逐条分析中国入世法律文件条文是否直接或间接提及 WTO 涵盖协定的约文解释，是否真正反映缔约国本意的普遍质疑。

诚然，《维也纳条约法公约》的解释规则是以约文解释为主的，但约文解释往往基于这样一个假定，即缔约各方在起草条约时有法律及相关专家参与或辅助，缔约各方的意思忠实表现于该条约的词语，条约用语通常已经体现了缔约各方的真正意思而无须再另行探求，从而解释者的任务主要是解释该条约所用的词语。应该说，WTO 多边协定的约文起草基本符合这一前提假定，在乌拉圭回合多边贸易谈判的过程中，GATT 秘书处就成立了专门的法律起草小组将各代表团的建议整合成法律文本。但是与一般国际条约以及 WTO 多边贸易协定的起草和制定过程不同，中国入

---

[1] 张乃根："论 WTO 争端解决的条约解释"，载《时代法学》2005 年第 6 期。

世法律文件是在双边谈判和多边谈判的基础上形成的,将不同时间段、与不同谈判对象谈判所达成的承诺与规则综合到一起,有可能在条款与条款之间的衔接上不连贯,或在表述上有所不同。中国入世法律文件的这一起草和制定过程决定了议定书的用词不可能如 WTO 多边贸易协定般严谨和仔细,因此在许多方面并不符合《维也纳条约法公约》推崇约文解释的假定前提。[①] 例如,《中国加入工作组报告》第 18 段是一个关于国民待遇的条款,没有任何的限制条件,使用"same"而不是"no less favorable",与包括 GATT1994 在内的 WTO 多边贸易协定的用语"no less favorable"并不一致。也正因为如此,严苛的约文为主的解释方法难以胜任中国入世法律文件的解释。

以《中国入世议定书》第 11.3 条为例,原材料案和中国稀土、钨和钼相关出口限制措施案(以下简称"中国稀土案")的专家组报告和上诉机构报告都以是否存在文本援引为判断标准,得出的结论是,中国普遍取消出口税的承诺剥夺了其在"市场失灵"时援引 WTO 所允许的政府管理市场的例外的权利。我们必须拷问,这是否是《中国入世议定书》第 11.3 条的本意呢?如果如 WTO 秘书处所言,对于新加入成员方在谈判过程中增设超 WTO 义务条款和次 WTO 权利条款是为了确定申请加入方的贸易管理体制是否符合 WTO 规则或在必要的情形下如何使其贸易管理措施符合 WTO 规则,则我们需要合理评估剥夺中国适用 GATT 第 20 条一般例外条款的权利对于促成其遵守 WTO 规则是否是必要的。此时若忽略取消出口税义务在《中国入世议定书》中存在的目的而仅适用严格的约文解释或字面解释就会产生出口税义务不能援引 GATT1994 一般例外,而出口配额等出口限制措施却可以援引 GATT1994 一般例外的荒谬结论。如此,WTO 致力减轻或消除的贸易限制性更强的数量限制措施却比贸易限制性不那么强的出口税措施更易得到 WTO 协定的豁免,不仅本身结论荒谬,而且放大了由于《中国入世议定书》中的超 WTO 义务条款所带来的 WTO 成员方权利义务不对等的问题。[②] 虽然专家组和上诉机构得出前述不适用结论的根源在于对中国入世法律文件与 WTO 多边贸易协定关系的错误认定上,即在解释《中国入世议定书》时将议定书视为完全独立于多边贸易协定之外的协议,从而依赖个案的具体条款解释来确定是否应将相关的多边贸易协定权利义务条款适用于各该《中国入世议定书》条款的解释。但即便基于这一错误预设,若不是机械地运用文义解释,片面要求《中国入世议定书》与 GATT1994 及其一般例外条款的文本联系,而是如前文所阐述那样的运用《维也纳条约法公约》所规定的更多解释元素对《中国入世议定书》做全面解释,也可以避免作出不适用结论,僵化的约文解释因此也是作出

---

① Julia Ya Qin, The Challenge of Interpreting "WTO-plus Provisions", 44(1)Journal of World Trade 127(2010).

② 王燕:"WTO 下一般例外条款对中国适用置疑——兼评中国原材料出口限制案专家组的解释",载《现代财经(天津财经大学学报)》2012 年第 1 期。

不适用裁决的症结所在。严格的约文解释是一种司法保守主义，虽然这种防守型的司法解释哲学在多数情况下并不减损成员方权利，但在某些场合下却也不能维护成员方的正当利益，特别对中国入世法律文件这类本身文本不够严谨的条约，更不能仅仅依赖僵化的约文解释，而应积极地考虑宗旨目标等要素。

（二）将 WTO 多边贸易协定都作为中国入世法律文件解释的上下文

与 WTO 其他多边贸易协定不同，中国入世法律文件不是针对货物贸易、服务、投资措施、知识产权等单一主题的协议，更不是针对货物贸易管理的某一方面，如反倾销、海关估价、农产品贸易等的协议，中国入世法律文件几乎涵盖了 WTO 多边贸易协定所涉及的各种贸易管理事项。在涵盖事项如此广泛的情况下，以中国入世法律文件的有限篇幅绝不可能对中国的 WTO 权利义务做完备的规定，对《中国入世议定书》权利义务的理解必须结合 WTO 全部多边贸易协定，不可能离开 WTO 多边贸易协议的一般规则来解释中国入世法律文件的承诺。以出口税为例，《中国入世议定书》中的取消或限制出口税义务与 GATT 关于关税和出口数量限制的规则之间就存在着不可分割的内在联系。因此，合理的解释路径应当是，将 GATT 相关规则以及适用于这些规则的公共政策例外条款都作为出口税承诺的相关条约上下文来对待。[①]

在美国对巴基斯坦精梳棉纱过渡期保障措施案中，专家组则指出，根据国际法委员会对《维也纳条约法公约》最后文本的解释，用语的通常含义不可能凭空产生，必须参考条约的上下文以及条约的目的和宗旨，同时国际常设法院也曾指出，上下文不仅指特定用语出现的某一条文或某一节条文，还包括整个条约，并进而指出在该案中，整个条约（treaty as a whole）应是《WTO 协定》及其所有附件，而不仅仅是《纺织品与服装协定》。该案专家组因此认定，GATT1994 第 3 条有关"直接竞争或可替代产品"的解释与对《纺织品与服装协定》第 6 条"直接竞争或可替代产品"的解释有关联。[②] 由此可见，当条文中的词语的通常含义较多时，专家组和上诉机构重视通过上下文来确定用词的确切含义。[③] 争端解决机构在实践中确定上下文的一个通行做法就是首先看与被解释的条款所规定事项相同的其他条款，这不仅限于被解释的条款所在的条约，也包括其他 DSU 适用协定。

应该说，WTO 争端解决机制十分重视对体系解释的运用，即以法律条文在法律体系中的地位，依其编、章、节、条、款、项的前后关联位置来阐明其含义，这也正是体现在《维也纳条约法公约》第 31.1 条"上下文"规定中的解释方法。反观中国入世法律文件，其内容横跨了 WTO 各多边贸易协定，是以 WTO 既有多边贸易协

---

① 有关这一问题的系统分析，参见 Julia YaQin, The Challenge of Interpreting "WTO-plus Provisions，44（1）Journal of World Trade 127（2010），pp. 127-172.

② Panel Reports，United States-Transitional Safeguard Measure on Combed Cotton Yarn from Pakistan，WT/DS192/R，31 May 2001，para.7.46.

③ 贺小勇："理性看待'原材料案'的法律解释问题"，载《国际贸易》2012 年第 11 期。

定的原有规定为基础和背景的细化或特别化规定，因此议定书用语所要表达的意思不仅要从整个议定书本身的角度来理解，也应当置于整个 WTO 的条约体系中来理解。几乎所有中国入世法律文件条款都明确引入了 WTO 多边贸易协定，例如《中国入世议定书》第 8 条是关于进出口许可程序的规定，与该条直接对应的 WTO 多边贸易协定上下文应当是《进口许可程序协定》以及 GATT1994 第 13 条中有关进出口程序的规定，但该条只是在第 1 款明确提及了"《WTO 协定》和《进口许可程序协定》"，第 2 款则没有提及任何多边贸易协定，但显然也必须结合多边贸易协定理解，需要结合该款内容确定。第 8 条第 2 款规定在进口许可证和配额分配方面的非歧视待遇还应当给予"外国个人、企业和外商投资企业"，而"外国个人、企业和外商投资企业"既可以是"产品"提供者，也可以是"服务"提供者，或两者兼而有之，从而使得适用于中国的进口许可证和关税配额制度变得错综复杂。也因此对于《中国入世议定书》第 8 条第 2 款的解释不仅要结合 GATT，还应当从 GATS 以及 GATT 与 GATS 交叉的角度审视。诚如有的学者所言,新加入成员的加入议定书不是一个单独的协定，而是 WTO 规则针对每一个新成员的具体化和特殊性规定，因此无论《中国入世议定书》是否援引 WTO 多边附件协定，理论上包括 GATT1994 在内的全部多边贸易协定及其条款均适用于新成员。中国入世法律文件的有些条款确实未提及《WTO 协定》或 GATT1994 等多边贸易协定，但主要是因为这些条款属于并未包含在现有多边贸易协定中的新义务，即便如此，这些条款也要与 WTO 多边贸易协定一道解读，而不是视其为新的、独立的 WTO 规则。[①] 特别是中国入世法律文件有一些重要条款缺失，例如没有一般性的例外条款，那么相对应的多边贸易协定中的普遍性例外规则应能作为解释的上下文，而不以文本援引为限。

由是观之，中国入世法律文件应以 WTO 多边贸易协定作为上下文，而且这一上下文不以文本援引为限，而应根据条款所涉内容和解释的需要。同时，需要强调的是，以同一法律规范中的条款作为优先上下文基于这样一个前提，即在同一规则体系中的不同规范彼此在事理上应相互一致。然而，诚如前文所述，中国入世法律文件是在双边谈判和多边谈判中不断更新和累积起来的，而由于整个加入过程时间跨度很大，议定书自身不同条款之间也可能存在衔接上的不连贯或表述上的前后不一致，也因此将同一议定书不同内容之间的措辞作为最重要乃至唯一的上下文解释来源并不适当。中国入世法律文件用语的解释还应以多边贸易协定为上下文。

（三）在中国入世法律文件解释中宜多运用目的宗旨解释

诚如前文所介绍的，专家组和上诉机构过度依赖约文解释方法，只将条约的目的及宗旨作为解释的辅助和参考。上诉机构通常会寻求确保单个条款的用语与条约

[①] Matthew Kennedy, The Integration of Accession Protocols into the WTO Agreement, 47 (1) Journal of World Trad 45 (2013), p. 75.

目的与宗旨相一致的解释。①

一般认为，一般性国际条约比较适合采用约文解释的方法，而双边条约"由于其实质在于缔约双方权利义务的平衡，解释时更应注重探求缔约双方缔约时的共同意志，以发现条约的目的而据以解释"。②从缔约方来看，《中国入世议定书》本质上是一个双边条约，而中国入世法律文件的实质也确实在于平衡中国加入WTO后与其他成员方之间的权利与义务。那么，中国入世法律文件的解释不能仅仅局限于字面意思，在解释中应更多探求缔约方共同意图和缔约目的。事实上，在中国入世法律文件解释中，专家组和上诉机构确实使用了目的解释，但恰如前文所举的中国汽车零部件案中的目的解释，专家组在该案中的目的解释在一定意义上超越了文本本身，以确保中国关于零部件关税水平在10%以下的承诺得到切实遵守，而不论中国的涉诉措施是否违反了《中国加入工作组报告》第93段的字面含义。本文认同在中国入世法律文件解释上，条约目的解释的防御性更具重要意义，可用于严格约文解释的纠偏，从而消除约文含义与中国入世法律文件及《WTO协定》宗旨不一致并与WTO其他涵盖协定冲突的情形，但前文的约文解释超越还是值得商榷的，毕竟条约用语始终是基础，背离条约用语含义是不适当的，除非证明条约用语本身存在错误或与条约宗旨背离，而第93段的字面含义并不背离条约宗旨。相反，在宜更多使用目的和宗旨解释的地方，专家组和上诉机构却以目的和宗旨太抽象不能为条约解释提供具体指引为由拒绝诉诸条约目的和宗旨。这方面的典型的例子是中国原材料案中专家组和上诉机构都以此为由拒绝运用可持续发展宗旨来解释一般例外的可适用性问题。综上，本文认为，专家组和上诉机构在中国入世法律文件解释中对目的和宗旨运用并不十分得当。对于约文本身不够严谨的双边条约，中国入世法律文件解释中需要更多地参照目的和宗旨，但又不能因此扭曲文意本身，而是用以填补文本的缺失和模糊。

另一个操作性的问题是，中国入世法律文件并没有明确规定其目的与宗旨，那么实践中如何确定中国入世法律文件的宗旨。关于条约目的和宗旨，上诉机构在欧共体鸡块案中强调了条约解释所参照的目的及宗旨必须是条约作为一个"整体"的目的及宗旨，而非所要解释的条约用语或条款本身的目的及宗旨，并分析指出《维也纳条约法公约》第31（1）条中"目的与宗旨"之前的限定词是"its"，表明应将条约看作一个整体确定其目的宗旨，而如果这里的"目的与宗旨"是指单个条款的目的宗旨限定词就应当是复数的，即"their"。上诉机构认为个别条款的目的宗旨通

---

① Isabelle Van Damme, Treaty Interpretation by the WTO Appellate Body, 21（3）The European Journal of International Law 605（2010），pp. 605-648.

② 李浩培：《条约法概论》，法律出版社2003年第2版，第361页。李浩培先生在该书中阐述了解释一般性国际条约和双边条约的区别，指出一般性国际条约和建立国际组织制度的条约的实质不在于缔约各方权利义务的平衡而在于为国际社会创立一般国际法或建立国际组织或制度，因此解释时应注重条约所建立的法律、组织或制度的社会目的及其发展，可以超出各缔约方缔约时的意思，详见第342页。

常能够帮助确定条约整体的目的宗旨，完全没有必要对两者进行明确区分。① 由于《WTO 协定》第 12 条和《中国入世议定书》第 1.2 条的共同作用，中国入世法律文件成为《WTO 协定》及其所附多边贸易协定的组成部分，由此《WTO 协定》序言所界定的目的宗旨也当然成为中国入世法律文件的目的宗旨，例如"建立一个完整、更可行和持久的多边贸易体制"，又如"可持续发展"，这些目的和宗旨都可以运用在中国入世法律文件解释中。而在解释中国入世法律文件时，应设定底线来尽可能保证中国入世法律文件与 WTO 各涵盖协定的一致性，这种底线应将 WTO 的基本原则、基本目标以及成员方在"经济失灵"时运用政府管理的一般权利纳入其中，以充分体现《WTO 协定》的目的宗旨。因为《中国入世议定书》的谈判特点和条文的非严谨性，在解释中应该更加注重目的宗旨解释。中国原材料案中的非适用结论部分就是由于在缄默的解释中没有考虑《WTO 协定》的前言中所确立的可持续发展宗旨，而一般例外条款以及《WTO 协定》所附多边贸易协定中的普遍例外条款都与《WTO 协定》宗旨直接相关，应属于底线之内，不受中国入世法律文件具体条款是否援引的影响，而可以直接运用目的宗旨解释来补缺。这也是专家组和上诉机构在今后的中国入世法律文件解释中应特别注意的。

（四）中国入世法律文件应一秉善意加以解释

《维也纳条约法公约》第 31 条所规定的条约解释要素有四个，除了用语、上下文、目的宗旨，还有善意。尽管第 31 条在列明条约用语、上下文、目的和宗旨以及善意四大要素本身时并未设定等级适用次序，但从 DSB 争端解决实践来看，上诉机构实际上倾向于优先按照条约用语的文义解释方法对条款做单一含义的解释。条约的上下文、目的与宗旨、善意等实际上都是为了确认词语通常含义而采取的辅助手段，② 而在这些辅助确定文意的手段中，又特别强调上下文而在一定程度上忽略了目的宗旨和善意。与目的宗旨解释在专家组和上诉机构条约解释实践中常被忽视类似，善意要素也没有得到充分运用，专家组和上诉机构对善意要素的运用和解释是零碎的、语焉不详的。③

诚然，在条约解释上一直以来有客观解释主义和主观解释主义之争，《维也纳条约法公约》也主要秉承客观解释主义，但毋庸置疑的是，客观解释是手段，通过条

---

① Appellate Body Reports, European Communities-Customs Classification of Frozen Boneless Chicken Cuts WT/DS269/AB/R, WT/DS286/AB/R, 12 September 2005, para. 238.
② 贺小勇："理性看待'原材料案'的法律解释问题"，载《国际贸易》2012 年第 11 期。
③ Panel Report, United States-Sections 301-310 of the Trade Act 1974, WT/DS152/R, 22 December 1999, paras. 7.22, 7.64 & 7.68, Panel Report, United States-Measures Affecting the Cross-Border Supply of Gambling and Betting Services, WT/DS285/R, 10 November 2004, paras. 6.49-6.50 & footnote 605, Appellate Body Report, United States-Definitive Anti-Dumping and Countervailing Duties on Certain Products from China (US-Anti-Dumping and Countervailing Duties (China)), WT/DS379/AB/R, 11 March 2011, para.326.

约用语、上下文、目的宗旨等客观要素善意解释的最终目的还是确定缔约者的主观意图。相较于 WTO 的一揽子多边贸易协定，中国入世法律文件义务的单边性和不对等性使得在善意确定缔约方共同意图时加重考虑中国的意图有了必要性。事实上，国际法委员会在第 48 届会议（1996 年）工作报告中建议大会将"国家的单方面行为"作为一项适于编纂和逐渐发展国际法的专题列入议程，并指派维克托·罗德里格斯·赛德尼奥作为该专题的特别报告员。特别报告员对此作了 10 期专题报告，总结了国际法领域关于国家单方面行为的习惯法，并在第 4 次报告中就单方面行为的解释规则作了专题阐述并形成了建议草案。报告所阐述的解释规则在形式和结构上与《维也纳条约法公约》的解释规则相差无几，但在内容上更强调行为作出国的意图。① 尽管中国入世法律文件不是严格意义上的单边行为，但其所具有的单边性与一般的国际条约的性质存在较大差异，对议定书的解释在一定程度上也要与一般国际条约存在差别，即应当适当给予中国意志更多关注。对中国入世法律文件解释而言，善意解释显得尤为重要，因为《中国入世议定书》的结构安排和缔约过程都决定了它并不能完全准确地反映缔约方的真实或全面意图。中国入世法律文件在如此简短的篇幅中需要覆盖几乎所有的 WTO 多边贸易协定的事项，必然不可能对所有事项都做详尽规定，遗漏一些对权利义务的约定在所难免，而中国入世法律文件的漫长的谈判过程和错综的谈判对象变化也对中国入世法律文件的体系严谨性和用语考究性带来重大挑战。不难发现，中国入世法律文件中存在缺漏和不严谨的表述，这就更需要专家组和上诉机构在中国入世法律文件解释中跳出用语的禁锢，适时运用善意原则推断缔约方缔约时的真实意图，得出合理和合乎逻辑的解释，保护缔约方，特别是加入谈判中处于绝对弱势地位的中国的合法期望。相较于 DSU 其他涵盖协定的解释，中国入世法律文件解释中无疑应更多地运用善意解释。而仅今年备受关注的中国原材料案和中国稀土案专家组和上诉机构报告所做的不可适用解释，在相当程度上就是没有一秉善意，而以善意度处之，难以作出中国意图放弃或其他缔约方意图要求中国放弃援引一般例外的权利的结论。

（五）《中国入世议定书》解释中宜结合更多辅助解释要素

诚如有些学者所总结的，专家组和上诉机构在解释某一特定成员的议定承诺时，相对较多地求助于条约准备工作和缔约过程的情况。② 中国入世法律文件主体即是中

---

① 典型的表现是，关于国家单边行为解释的草案将"解释的一般规则"表述为"单方面行为应按照在声明中所使用的措辞在其上下文所具有的通常意义并依照行为国的意图善意地予以解释"，用"行为国的意图"替换了《维也纳条约法公约》第 31 条第 1 款中的"目的和宗旨"。

② ［美］戴维·帕尔米特、［希腊］佩特罗斯·C.马弗鲁迪斯：《WTO 中的争端解决：实践与程序（第二版）》，罗培新、李春林译，北京大学出版社 2005 年版，第 69 页。实践中如 Appellate Body Report, Canada-Measures Affecting the Importation of Milk and the Exportation of Dairy Products, WT/DS103/AB/R, 13 October 1999, para.138；Panel Report, Korea-Measures Affecting Government Procurement, WT/DS163/R, 1 May 2000, para.7.74.

国的入世特别承诺，议定书条文也因为是多头谈判结果的粗糙整合而存在诸多不严密之处。在具体争端解决的过程中，需要对某中国入世法律文件条款或其附件减让表、具体承诺表进行解释，而该条款或其附件减让表、具体承诺表条款用语存在歧义、模糊或疏漏时，应允许中国承担举证责任，通过提交入世筹备和谈判文件等反映 WTO 成员方和中国主观意图的证据来证明其主张的主观意图。在对中国入世法律文件的字面含义有两种以上解释方式时，应尽可能采纳使中国入世法律文件的条文与 WTO 各涵盖协定所规定的成员方权利和义务不相冲突的解释。

此外，笔者认为，在中国入世法律文件解释中，还需要考虑 WTO 的非歧视原则和公平原则。新成员的加入议定书以成员甄别权利和义务，本身就具有单边性，这与以统一多边规则为导向的多边贸易体制格格不入，也有悖于 WTO 最为珍视的非歧视原则，而中国入世法律文件因为超 WTO 义务和次 WTO 权利承诺众多，背离更为严重。对已经明确作出的超 WTO 义务和次 WTO 权利，当然还是应该依据条约解释的习惯规则加以解释，但当遇有疑义时，在前文给出的所有理由之外，从公平原则出发，也宜从轻解释。对中国入世法律文件文本的疏漏，也应考虑公平原则，例如在一般例外对《中国入世议定书》第 11.3 条的适用性上就应作出可适用解释，以防止取消出口税这一超 WTO 义务所造成的权利义务不对称现象进一步恶化。

Legal Implications of Accession Protocols under WTO Framework: Some Reflections after China-Raw Materials and China-Rare Earths

Liu Yong[*]

Abstract: The consistently negative rulings against the respondent in the case of *China-Raw Material* and *China-Rare Earths*, i.e. non-availability of Article XX of GATT 1994 to Paragraph 11.3 of China's Accession Protocol, strongly invited our attention to the unique nature of accession protocols under WTO framework. This paper seeks to logically and legitimately locate accession protocol under WTO system or clarify about how to deal with the relationship between it and other WTO legal instruments. This paper argues that accession protocol in its substance is a multilateral treaty made by acceded Member and incumbent Members collectively. To a large extent, it can be deemed as a part of carefully balanced commercial contract to exchange and bind market access commitments. This paper proposes that, before the legislative body officially clarify the legal status of accession protocol and thus locate it under WTO system, the adjudicative body may choose to holistically and systematically interpret and apply it by following several guidelines, in order to maintain the integrity, universality and fairness of world trade system as much as possible.

Key words: Negotiation Process; Accession Protocols; WTO; *China-Raw Materials*; *China-Rare Earths*

---

[*] Liu Yong, Ph.D. Associate Professor, Law School, Zhejiang University of Finance and Economics, China. The author can be contacted by liuyong@zufe.edu.cn.

1 Introduction

As of April 2015 and out of one hundred and sixty-one Members under WTO system, thirty-three States or territories have acceded to WTO (thereafter referred to as acceded Member) by way of accession protocol① and twenty-two States' accession negotiations are currently proceeding (thereafter referred to as applicant).② The accession protocol set out the terms and conditions for the entry of new Member. From a legal perspective, an acceded Member's accession documents (thereafter referred to as accession protocol or accession package interchangeably) always consist of three parts: Accession Protocol *as such*, its annexed documents (e.g. Schedules in goods and services), certain provisions of Working Party Report which were incorporated into the accession protocol by express reference in that report.

New Members' entrance not only enhanced global trade liberalization and promoted popularity of multilateral trading system, but also gave rise to diverse rights and obligations and multiple membership under WTO legal system, mainly resulting from the various textual and jurisprudential differences between new entrant's accession protocol and common law of WTO, i.e. Marrakesh Agreement Establishing the World Trade Organization (hereinafter referred to as Marrakesh Agreement) and its annexed treaties (collectively known as WTO Agreement).③ For example, the Panel and Appellate Body consistently ruled in *China-Raw Materials* that the application of export duties to certain raw materials was inconsistent with Paragraph 11.3 of China's Accession Protocol which provides that China shall eliminate all taxes and charges applied to exports except in rare circumstance ④ and GATT Article XX (general exception) is not applicable to obligation

---

① WTO, Protocol accession for new members from 1995, available at http://www.wto.org/english/thewto_e/acc_e/completeacc_e.htm (accessed 28 April 2015).

② WTO, Summary table for ongoing accessions, available at http://www.wto.org/english/thewto_e/acc_e/status_e.htm (accessed 28 April 2015).

③ WTO Agreement can be commonly referred to in two different contexts: firstly, in narrow sense, it only indicates to Marrakesh Agreement itself; Secondly, in broad sense, it covers both Marrakesh Agreement itself and annexed multilateral, plurilateral trade agreements which are the integral parts of the former (as stated in paragraph 2 of Article II of former). This article always refers to WTO Agreement in broad sense (excluding plurilateral trade agreements), unless otherwise stated.

④ The full content of Paragraph 11.3 is that, China shall eliminate all taxes and charges applied to exports unless specifically provided for in Annex 6 of this Protocol or applied in conformity with the provisions of Article VIII of GATT1994.

imposed on China under Paragraph 11.3 of Accession Protocol.⑤ This standpoint was then upheld by the Panel of *China–Rare Earths*.⑥ It should be noted that the majority of WTO Members did not assume obligations on elimination of export duties. In this respect, China became increasingly aware of its embarrassing membership in WTO, mainly owing to some seemingly ridiculous and intolerable failures in dispute settlements rulings based on some demanding provisions of its Accession Protocol.

From 2011 to 2014, negative rulings made by dispute settlement system against China, ranging from trading rights of cultural productions, market access commitments in service sectors, product–specific transitional safeguard measures, to export restriction on natural resources, had invited widespread attention to the provisions of China's accession protocol and their far–reaching influences on China's ability to autonomously regulate foreign trade. A lot of Chinese scholars and experts had made valuable literature to illustrate the heated debates in certain trade disputes and analyzed the controversial undertakings in China's accession package which were invoked by complaining parties to challenge China's measure at issue. Subsequent rulings made by the Panel and Appellate Body of WTO are also scrutinized carefully and even criticized severely by them.⑦ It was interesting to note that, to a large extent, Chinese scholars' opinions were strongly echoed by a lot of foreign commentators.⑧

Admittedly, there is an ironical fact that, on the one hand, every accession protocol

---

⑤ WTO Panel and Appellate Body Report, *China-Measures Related to the Exportation of Various Raw Materials* (*China-Raw Materials*), adopted 22 February 2012, WT/DS394/R, WT/DS395/R, WT/DS398/R, paras.8.2, 8.9, 8.16; WT/DS394/ABR, WT/DS395/ABR, WT/DS398/ABR, para.362.

⑥ WTO Panel Report, *China-Measures Related to the Exportation of Rare Earths, Tungsten and Molybdenum* (*China-Rare Earths*), adopted 29 August 2014, WT/DS431/R, WT/DS432/R, WT/DS433/R, paras.8.1, 8.6, 8.11.

⑦ E.g. Julia Ya Qin, *Pushing the Limits of Global Governance: Trading Rights Censorship and WTO Jurisprudence- A Commentary on China-Publication Case*, Chinese Journal of International Law, Vol.10 (2), 2011, pp.271-322. Bin GU, *Applicability of GATT Article XX in China-Raw Materials Case: A Clash within the WTO Agreement*, Journal of International Economic Law, Vol.15 (4), 2012, pp.1007-1031. Julia Ya Qin, *The Predicament of China's WTO-plus Obligation to Eliminate Export Duties: A Commentary of China-Raw Material Case*, Chinese Journal of International Law, Vol.11 (2), 2012, pp.237-246. Julia Ya Qin, *Reforming WTO Discipline on Export Duties: Sovereignty over Natural Resources, Economic Development and Environmental Protection*, Journal of World Trade, Vol.46 (5), 2012, pp.1147-1190.Wenwei Guan, *How General should the General Exception Be?A Critique of 'Common Intention' Approach of Interpretation*, Journal of World Trade, 48 (2), 2014, pp.219-258.

⑧ Mitali Tyagi, *Flesh on A Legal Fiction: Early Practice in the WTO on Accession Protocol*, Journal of International Economic Law, Vol.15 (2), 2012, pp.391-441. Ilaria Espa, *The Appellate Body Approach to the Applicability of Article XX GATT In the Light of China-Raw Materials: A Missed Opportunity?*, Journal of World Trade, Vol.46 (6), 2012, pp.1399-1423. Matthew Kennedy, *The Integration of Accession Protocols into the WTO Agreement*, Journal of World Trade, Vol.47 (1), 2013, pp.45-75.

stipulates that it is an integral part of WTO Agreement[9] which was recognized expressly by WTO dispute settlement ruling (integration)[10] and, on the other hand, claim of reading accession protocol and WTO Agreement as a whole, aiming to maintain balanced rights and obligations in multilateral trade system as a whole, was otherwise roughly denied by WTO adjudicatory body (deviation).[11] Besides, divergence is also well evidenced by apparently textual divergence between provisions of some acceded Members' accession protocols and WTO Agreement (deviation). For example, China made extremely extensive and strict commitments about coverage and rates of export tariffs, which are explicitly beyond the scope of common code of conduct of WTO.

This article is structured as follows: Section 2 clarifies the legal character of accession protocols from the perspective of treaty law. Section 3 argues that accession protocol is an integral part of carefully balanced commercial contract to exchange and bind market access commitments between the acceded Member and incumbent Members. Section 4 discusses the possible ways to locate accession protocol under WTO system as well as deal with its relationship with other WTO agreements. Section 5 makes a conclusion.

2 Bilateral Treaties or Multilateral Treaties

According to Article XII of WTO Agreement, any State or eligible territory may accede to this Agreement, on terms to be agreed *between it and the WTO* (emphasis added). It seems to us that accession protocol is a bilateral treaty between applicant and WTO. This view seemingly can also be verified by the fact that preamble of each accession protocol reiterates that the WTO, pursuant to Article XII of WTO Agreement, and [the name of applicant], agrees as follows…This argument was expressly or implicitly supported by some excellent experts. For example, both Mitali Tyagi and Katthew Kennedy briefly regarded accession protocol as bilateral agreement between acceding Member and WTO, without any further legal observations.[12] For another example, Qin simply argued that since the Accession Protocol of China was concluded between China and the WTO, it is technically a bilateral treaty between a State and an international organization. By virtue of the integration clause in this protocol which provides that it

---

[9] E.g. Paragraph 1.2 of China's Accession Protocol stipulates that, this protocol, which shall include the commitments referred to in paragraph 342 of the Working Party Report, shall be an integral part of the WTO Agreement.

[10] E.g. WTO Panel report, *China-Rare Earths*, *supra* n 5, paras.7. 113-114.

[11] See *supra* n 5, n 6.

[12] See Tyagi, *supra* n 8, at 412. Kennedy, *supra* n 8, at 46.

should be an integral part of WTO Agreement, all the protocol provisions have become part of a multilateral agreement.[13]

However, this argument can not be taken for granted. WTO Agreement is absolutely a multilateral treaty concluded by a large number of Members and consequently create rights and obligations at the multilateral level. If we deem accession protocol as a bilateral treaty between applicant and WTO, it will definitely contradict with the general principle of *pacta tertiis nec nocent nec prosunt* (agreements neither harm nor benefit third parties) which was embodied in Article 34 of VCLT,[14] since obviously there are different contracting parties between accession protocol and WTO Agreement. Besides, both accession protocol and WTO Agreement are legally binding to acceded Member and incumbent Members. So we can not explain why a bilateral treaty made by applicant (later as acceded Member) and WTO can create rights and obligations to incumbent Members (third parties to this treaty) since WTO and its Members have separate legal personality under international law. Alternatively, it remains unclear how a bilateral treaty between a State and the WTO could transform itself smoothly and legitimately into a multilateral treaty among WTO Members, despite the above mentioned integration clause.[15] To regard accession package as bilateral treaty also contradicts with the common understanding of contesting parties and judicial ruling of the Panel that it can be invoked and enforced under WTO dispute settlement system,[16] since it is Member of WTO, not WTO itself, who can instigate the dispute resolution proceedings.

As illustrated by previous parts of this paper, the content of accession package is negotiated and formulated by applicant and incumbent Members collectively, subject to 'offer and acceptance' rationale. Further, it is true that accession package should be approved by Ministerial Conference or General Council before applicant finally accepted it. This approval procedure of decision-making body can be considered as acceptance of WTO in its formality. However, when approving the draft of accession package, the Ministerial Conference or General Council never make amendments or reject it. In this respect, when adopting a new Member, Ministerial Conference or

---

[13] Julia Ya Qin, *The Challenge of Interpreting 'WTO-Plus' Provisions*, Journal of World Trade, Vol.10 (1), 2010, pp.132-133.

[14] For further description of this principle and stipulation, see Dorr & Schmalenbach, above n 37, at 605-642.

[15] This point was admitted by Qin when she initially asserted that China's accession protocol is a bilateral treaty. See Qin, *supra* 55, at 133.

[16] WTO Panel Report, *China-Raw Materials*, *supra* n 5, para.7. 40. Admittedly, this brief ruling and argument had been questioned by commentator. See Tyagi, *supra* n 8, at 398-402.

General Council never makes their own decision outside that of incumbent Members as a whole and the accession package should be deemed as multilateral treaties among applicant and incumbent Members.

This viewpoint is also in conformity with the character of WTO as an international organization. WTO is a Member-driven, consensus-based institution and run by its member governments. All major decisions are made by the membership as a whole. WTO is different from some other international organizations such as the World Bank and International Monetary Fund since its power is not delegated to a board of directors or the organization's head.[17] In other words, it is incumbent Members, not WTO, who negotiate and formulate the terms and conditions for entrance with the applicant. Furthermore, this argument can be confirmed by common understanding of WTO's top officials or bodies. For example, after the Ministerial Conference approved the Yemen's accession package on 4 December 2013, it was stated by Deputy Director-General David Shark that the documents constituted Yemen's terms and conditions of entry into the WTO and resulted from a tough and successful engagement between Yemen and *WTO Members*.[18] WTO Secretariat also confessed that the accession protocol sets out the terms of accession agreed between WTO *Members* and the acceding government in a single package.[19] This general understanding was reaffirmed in the WTO dispute settlement rulings. For example, it was concluded by the Panel of *China–Raw Materials* that accession to the WTO is achieved through negotiation with other WTO Members and accessions take place "on terms to be agreed" between the acceding Member and the WTO membership.[20]

Based on the above reasoning, when a new Member successfully enters the global trade body, he makes a collective bargaining with any other incumbent Members, which takes the form of conclusion of accession protocols, along with the acceptance of Marrakesh Agreement and its annexed multilateral trade agreements. The above mentioned legal instruments collectively constitute a package of rights and obligations which, in principle, should be universally obeyed and applied in the implementation of WTO rules, unless there are expressive provisions to the contrary.

---

[17] WTO, Whose WTO is it anyway, available at http://www.wto.org/english/thewto_e/whatis_e/tif_e/org1_e.htm (accessed 7 October 2014).

[18] WTO, Ministerial Conference Approves Yemen's WTO Membership, available at http://www.wto.org/english/news_e/news13_e/acc_yem_03dec13_e.htm (accessed 25 September 2014).

[19] WT/ACC/10/Rev.4, *supra* n 12, at 2.

[20] See the WTO Panel Report, *China-Raw Material*, *supra* n 5, para.7. 112.

3 An integral part of carefully balanced commercial contract to exchange and bind market access commitments

Some accession protocols' textual deviation or departure from common code of conduct under WTO framework had been long discussed by experts. Early in 2003, Qin had made pioneering works to use 'WTO–plus' and 'WTO–minus' terminology respectively in textually analyzing China's special accession commitments which are deviated from scope of WTO Agreement. In her view, 'WTO–plus' obligations refer to provisions that impose more stringent disciplines on China than required by the WTO Agreement, which cover subjects ranging from transparency, trading rights, judicial review, export tariffs, to economic reform and compliance review, etc. 'WTO–minus' disciplines and rights refers to special rules of conduct that weaken the existing WTO disciplines and reduce the rights of China as a WTO Member. Such rules concern primarily trade remedies, i.e. antidumping, anti–subsidy and safeguard measures.[21] Qin's valuable works and rational categorization had been widely cited and applauded later, while there were slightly different definition and classification about 'WTO–plus' and 'WTO–minus' commitments under WTO system.[22]

This paper argues that 'WTO–minus' terms in substance lead to a legal consequence same as 'WTO–plus' terms since the former category means that China has weakened rights less than those of other Members under WTO Agreement and is presumed to bear more obligations which are comparable to the latter category. Besides, the two categories share the common nature in that both of them refer to special disciplines which apparently deviate from general disciplines of WTO and not covered within the legal framework of WTO. Consequently, this paper uses the term 'WTO–plus' commitments to encompass 'WTO–minus' terms.

Interestingly, the seemingly two–tier or unequal membership arising from 'WTO–plus'

---

[21] Julia Ya Qin, *WTO-Plus Obligations and Their Implications for the World Trade Organization Legal System-An Appraisal of the China Accession Protocol*, Journal of World Trade, Vol.37 (3), 2003, p.490.

[22] Charnovitz had developed a new typology to distinguish and categorize various provisions in accession protocols by using the same terminology, i.e. 'WTO-plus' and 'WTO-minus'. However, he classified accession disciplines into four categories: Applicant WTO-plus, Applicant WTO-minus, Incumbent WTO-plus and Incumbent WTO-minus. See Charnovitz, *supra* n 42, at 18-38. To a large extent, his categorizations overlapped with Qin's analysis but he widened the scope of latter since he explored other acceded Members' accession protocols (e.g. Saudi Arabia, Jordan, Chinese Taipei, Latvia, Estonia), and paid attention to some special terms in China's protocol which were not discussed in Qin's articles, e.g. 'Reservation by WTO Members'. In short, Charnovitz also had made inspirational works.

commitments is also implicitly acknowledged with sympathy by WTO adjudication body. For example, in *China–Publications*, the clear difference between the member–specific accession protocol and the common law of WTO is noted by the Panel in the following statements:

We must mindful of the possibility that the accession protocol may impose obligation on China that are not imposed on other Members under the WTO Agreement, or are stricter than those applicable to other Member. [23]

In *China–Raw Materials*, the Panel is also mindful that:

Excluding the applicability of Article XX justifications from the obligations contained in Paragraph 11.3 means that China is in a position unlike that of most other WTO Members who are not prohibited from using export duties, either via the terms of their respective accession protocols or their membership to the WTO at the time of its inception. [24]

This paper had explained briefly and pragmatically that lack of detailed rules, Member–driven character in accession negotiation and prevailing use of bargaining power are collectively responsible for the various 'WTO–plus' commitments. On the other hand, it could be argued that the accession package, including textual deviation from WTO Agreement, largely responded to the inherent 'commercial exchange' or 'contract–based' nature of WTO multilateral trading system.

We have to admit that on the surface, accession negotiations are deliberately one–sided affairs, with all of the requests coming from the existing members and the full burden of adjustment falling on the acceding country. [25] Consequently, the bargaining is entirely asymmetrical as existing WTO Members need not concede anything beyond what is already codified under WTO rules or their own accession terms. [26] It's true that incumbent Members have no need to make any changes for their foreign trade regulatory system or market access conditions while acceding country has to make tremendous concessions. However, these ostensibly asymmetrical exchanges do not simply imply that acceding Member does not make free and equal bargaining with incumbent Members through a *win–win* deal.

Firstly, tariff concessions or services commitments from the specific members are always stationary unless they are amended in specified circumstances pursuant to Article XXVIII of GATT1994 or Article XXI of GATS. Namely, the request for new tariff concessions or services commitments from incumbent Members, if any, will not be

---

[23] WTO Panel Report, *China-Measures Affecting Trading Rights and Distribution Services for Certain Publications and Audiovisual Entertainment Products* (China-Publications), WT/DS363/R, adopted 19 January 2010, para.7.281.

[24] WTO Panel Report, *China-Raw Materials*, WT/DS394/R, WT/DS395/R, WT/DS398/R, para.7.160.

[25] Vangrasstek, *supra* n 33, at 126.

[26] Neumayer, *supra* n 27, at 674.

addressed in accession negotiation.

Secondly, accession negotiation experienced by China indicated that WTO–plus commitments were made by its free consent. For example, shortly after China officially submitted its application for entrance to WTO, USTR Michael Kantor alleged that US planned to invoke non–application of multilateral trade agreements between it and China pursuant to Article XIII of Marrakesh Agreement.㉗ This position was fiercely rejected by China's government since non–application between China and its biggest trading partner will obviously make its accession substantially meaningless and China's industries or consumers will not obtain the full benefit of its WTO commitments. Besides, one of the main purposes of China's accession is to terminate the discriminatory treatment in Sino–US trade relationship imposed by Jackson–Vanik Amendment to the Trade Act of 1974㉘ and urge US congress to accord Permanent Normal Trade Relation (hereinafter referred to as PNTR). After arduous negotiation, two nations made a significant deal: US government successfully persuaded congress to pass a bill for China's PNTR in 2000 and committed that it will not invoke the non–application clause; in turn, when concluding a bilateral agreement with US, China accepted to make a large number of special commitments initiated by US and tolerate discriminatory treatments in specified period after its entrance.㉙

Thirdly, to deem accession negotiations as one–sided affairs is not convincing and revealing enough. As argued by a political expert, the one–sided nature of negotiations means that the logic of reciprocity, which underlies much of the WTO trading system, is suspended.㉚ However, he also confessed that entrants gain real market access when they join, though they do not gain any more or less of this market access if they offer more or fewer concessions of their own. They are faced with a "price" of accession that has no direct relationship to what they gain as a result.㉛ It means that, to the applicant for accession, 'one–sided affairs' rests on *stationary* gains as well as *dynamic* offers. It does

---

㉗ Article XIII.1 of Marrakesh Agreement stated that this Agreement and the Multilateral Trade Agreements in Annexes 1 and 2 shall not apply as between any Member and any other Member if either of the Members, at the time either becomes a Member, does not consent to such application.

㉘ Under Jackson-Vanik Amendment, certain non-market countries' MFN status should be subject to an annual renewal process by the US President and negotiating a bilateral trade agreement. Even though the President's decision to extend MFN to a covered country can usually be taken for granted, it is subject to a potential Congressional override. Jackson-Vanik Amendment and non-application issue were again addressed when the Russia's accession negotiation was approaching to the end. See Warren H.Maruyama, *Russia PNTR: Who is Going to Lead the Charge?*, Global Trade and Customs Journal, Vol.7 (4), 2012, pp.117-118.

㉙ See Shi Guangshen (eds.), *Negotiation Process of China's Accession to WTO (Chinese Version)*, People's Publishing House, 2011, pp.187-200. Shi Guangshen was the chief negotiator of China's accession to WTO.

㉚ Pelc, *supra* n 43, at 641.

㉛ Ibid, at 648.

not follow that the new Member indeed has no gains from the accession.

Lastly, based on the theory of *pubic goods*, [32] WTO as '*club goods*' determines that new entrant has to pay the price for the exchange of interests he can obtain from accession. It is well understood that the overriding purpose of WTO is to legalize international trade liberalization, help trade flow as freely as possible under normative framework and ensure market access to other countries or territories mainly by way of reducing tariff and non‒tariff barrier and eliminating all forms of discrimination treatments. The significant function of WTO multilateral trade system is to provide legally binding framework which should be applied to each Member consistently and neutralize the externality of unilateral operation of trade policy. Consequently, the WTO provides a forum for tariff negotiations that otherwise would not exist because of a collective action problem. The forum can be viewed as a *public good* in the sense that all WTO Members can profit from its existence and can use it to advance private ends. However, the WTO is not free for all; in fact non‒Members are excluded from using this forum.[33] In this regard, WTO constitutes global trade *club goods* (non‒rivalrous but excludable) since non‒Members are excluded and only Members can enjoy the *public goods* it provides.

Needless to say, every applicant should pay fee or cost for entrance to this club. That means, when a newly acceded Member successfully joined this institution, it can economically benefit from its accession since it can obtain more massive trade opportunity and enjoy more steadily fair treatment than before. So naturally the applicant has to do the deal with incumbent Members and make commitments to pay the specific entry fee for exchange of these privileges during accession negotiation. As Qin correctly argued, the acceding Member will benefit from the access to the markets of other WTO Members that were liberalized through previous negotiation rounds, it is expected to reciprocate by opening up its own markets.[34] As to acceded Members, all market access commitments are

---

[32] A public good is defined by two characteristics: non-rivalry and non-excludability. First, there is no rivalry between potential users of the good: one person can use it without diminishing its availability to others. Secondly, people cannot practically be excluded from using the good. Thus it is available to everyone, whether they contributed to producing it or not. However, the concept of public goods is an ideal type. Few, if any, goods are fully non-rivalrous and non-excludable (for example, climate change and biodiversity). A commonly-used terminology refers to goods that are non-rivalrous but excludable (for example, cable television signals) as 'club goods' and goods that are non-excludable but rivalrous (for example, high seas fisheries) as 'common pool resources'. See Daniel Bodansky, *What's in a Concept? Global Public Goods, International Law, and Legitimacy*, European Journal of International Law, Vol.23 (3), 2012, pp.652-653

[33] Petros C. Mavroidis, *Free Lunches? WTO as Public Good, and the WTO's View of Public Goods*, European Journal of International Law, Vol.23 (3), 2012, p.741.

[34] Qin, *supra* n 7, at 1153.

ruled and disciplined by various provisions of accession package, including WTO-plus obligations. In this respect, the conclusion of accession negotiation should be understood that both applicant and incumbent Members agreed to exchange their market access commitments or trade opportunities pursuant to carefully formulated disciplines, as embodied both in accession package and other legal instruments under WTO Agreement.

In general, each WTO Member retains the ultimate authority to decide whether or not it will be bound by any new international trade obligations negotiated and agreed within the WTO's institutional structure.[35] In other words, no matter how burdensome and stringent they may be, a new Member's accession commitments, along with other WTO instruments as a whole, can be collectively regarded as a carefully balanced commercial contract between it and existing Members. Alternatively, accession commitments can be deemed as a part of commercial contract between acceded Member and incumbent Members. This view was shared by WTO itself in that WTO's agreements essentially are *contracts*, guaranteeing member countries important trade rights. They also bind governments to keep their trade policies within *agreed limits* to everybody's benefit.[36]

Furthermore, the international trade and WTO multilateral trade system are firmly rooted on the widely accepted notion of mutual benefit or reciprocity which motivates China to enter into the global trade body on the conditions set out in its accession protocol. As pointed out by James Bacchus, a former chairman of the Appellate Body of WTO, the mutual reciprocity of trade is an act of mutual and enlightened self-interest in pursuit of the 'gains from trade' directly and indirectly; the overarching goal of the WTO is to serve the mutual self-interest of all WTO Members.[37] This rationale was also evidenced in the preamble of Marrakesh Agreement which states that the Members of WTO seek to enter into reciprocal and mutually advantageous arrangements directed to the substantial reduction of tariffs and other barriers to trade and to the elimination of discriminatory treatment in international trade relations.

To consider accession protocols as an integral part of carefully balanced commercial contract to exchange and bind market access commitments may have the following legal implications. Firstly, in order to exchange and bind market access commitments in multiple dimensions, accession protocols may cover wide rage of trade or trade-related

---

[35] Matthew Kennedy, *Two Single Undertakings-Can the WTO Implement the Results of a Round?*, Journal of International Economic Law, Vol.14 (1), 2011, p.88.

[36] WTO, *WTO in brief*, available at http://www.wto.org/english/thewto_e/whatis_e/inbrief_e/inbr00_e.htm (accessed 15 October 2014).

[37] James Bacchus, *The Bicycle Club: Affirming the American Interest in the Future of the WTO*, Journal of World Trade, Vol.37 (3), 2003, pp.432-433.

issues, including trade in goods, trade in services, protection of intellectual property rights and investment measures, which run across other multilateral trade agreements. Logically, the provisions of accession protocols have objective connection with those of other WTO instruments and consequently they should be understood in conjunction and applied cumulatively. Secondly, when addressing the issues which are covered in the accession protocols but outside of other WTO instruments, we should bear in mind the significance to maintain the balance of rights and obligations under such a *single contract*. It follows that each provision of accession protocol should be implemented, if possible, with due reference to the relevant rights and obligations under other WTO agreements. This point will be further discussed in the next subsection.

4 Possible ways to locate accession protocol under WTO system as well as deal with its relationship with other WTO agreements

When we concluded that new Member's accession protocol should be considered as a carefully formed commercial contract aiming to exchange and bind market access commitments, the problem still remained unresolved concerning how to locate the accession protocol under WTO system smoothly and legitimately, or how to reasonably clarify the relationship between it and other WTO agreements. In other words, another paradox that we have to address is that, given that there are various 'WTO-plus' commitments in some accession protocols which are expressly Member-specific and impose more stringent obligations than those of general discipline of WTO, it seems that they can hardly be regarded as 'an integral part of WTO Agreement', as stated by each accession protocol.

Although the location of accession protocol under WTO framework as well as the systematic relationship between it and other WTO instruments are absolutely beyond the scope of the dispute settlement mechanism, these disputable issues had been inevitably discussed more or less in *China–Raw Materials* and *China–Rare Earths*, focusing on the applicability of Article XX of GATT 1994 to Paragraph 11.3 of China's Accession Protocol. This paper partly disagrees with the Panel and the Appellate Body's conclusions of above two cases and contends to separate two distinct problems: for one thing, the applicability of exceptions clauses under GATT 1994 or other WTO agreements to defend violation of obligations under accession protocol; on the other hand, the possibility to successfully justify such violation under exceptions clauses of GATT 1994 other WTO agreements. The following section will scrutinize the arguments and rulings of two cases and then explore the possible ways to locate accession protocol under WTO system as well as deal with the relationship between it and other WTO agreements.

4.1 The contesting arguments and rulings in *China–Raw Materials* and *China–Rare Earths*

The relationship between accession protocols and other legal instruments under WTO system were raised in various disputes. For example, in *China–Raw Materials* and *China–Rare Earths*, the defendant consistently sought to invoke Article XX of GATT1994 to justify alleged breach of Paragraph 11.3 of its accession protocol and this argument was continuously denied by complainants who stressed that Article XX was only applicable to any violation of obligations under GATT1994 itself. Consequently, dispute settlement Panels and/or Appellate Body had to face the unprecedented task to assess whether a GATT exception clause can be applicable to defend a non–GATT challenge and if possible, clarify the interaction between accession documents and GATT1994 or other agreements under WTO system.

The Panels and Appellate Body in above disputes conservatively and consistently ruled that Article XX of GATT1994 was not applicable to Paragraph 11.3 of China's Accession Protocol because GATT1994 or WTO Agreement was not directly or indirectly incorporated into the texts of this provision by cross–reference. Notably, their legal reasoning was mainly based on the narrow textual interpretation of contesting provision of China's Accession Protocol, without paying adequate attention to their contexts, objects and purposes.

In *China–Raw Material*, the Panel briefly ruled that there is no general reference to the WTO Agreement or even to the GATT 1994 in Paragraph 11.3. While Paragraph 11.3 would have been possible to include a reference to the GATT 1994 or to Article XX, WTO Members evidently decided not to do so. The deliberate choice of *language* providing for exceptions in Paragraph 11.3, together with the omission of general references to the WTO Agreement or to the GATT 1994, suggest to us that the WTO Members and China did not intend to incorporate Paragraph 11.3 the defenses set out in Article XX of GATT1994.[38]

In the same case, when China requested the Appellate Body to consider the various objectives contained in the preamble of Marrakesh Agreement, the latter rashly concluded that the objectives reflect the balance struck by WTO Members between

---

[38] WTO Panel Report, *China-Raw Materials*, supra n 5, WT/DS394/R, WT/DS395/R, WT/DS398/R, paras.7.120-7.129.

trade and non-trade-related concerns but none of them provides specific guidance on the question of whether Article XX of the GATT 1994 is applicable to Paragraph 11.3 of China's Accession Protocol. It further contended that, in the light of China's explicit commitment contained in Paragraph 11.3 to eliminate export duties and the lack of any textual reference to Article XX of the GATT 1994 in that provision, there was no *basis* to find that Article XX of the GATT 1994 is applicable to export duties found to be inconsistent with Paragraph 11.3.[39]

The textualist interpretations and problematic conclusions of *China–Raw Materials* received widespread criticisms from experts and commentators. For example, as argued by Ilaria Espa, the Appellate Body of *China–Raw Materials* would have strengthened, and not undermine, the overall integrity and coherence of the system had it ruled for the admissibility of an exception to the general approach to Article XX of GATT1994. It designed a rigid approach and missed the opportunity to further enhance the protection of values on only within the GATT1994 but also in the definition of the mission of the Organization itself as stated in the preamble of the WTO Agreement.[40] Matthew Kennedy, formerly a senior lawyer in the WTO Secretariat, also made remarkable works to integrate the accession protocol into the WTO Agreement as a whole. He criticized the potions held by the Panel and Appellate Body in *China–Raw Materials* about the availability of Article XX of GATT 1994 to China's protocol accession. As he argued, accession protocols can be read together with the WTO Agreement as a whole, including the annexed multilateral trade agreements, e.g. GATT 1994, mainly by referring to the very provision in every accession protocol that it is the integral part of WTO Agreement and reviewing the relevant textual wordings in various annexed multilateral trade agreements. It was firmly indicated that the provisions in accession protocols, WTO Agreement itself and annexed multilateral trade agreements should be applied coherently provided that they deal with the same subject matter. He also proposed to resolve the conflicts between accession protocols and multilateral trade agreements by treaty interpretation.[41]

It was not surprising to us that the Appellate Body's contentions and rulings of *China–Raw Materials* were firmly followed in *China–Rare Earths*. In the latter dispute, China argued that the Appellate Body's ruling in *China–Raw Materials* on the non-applicability of Article XX as a defense to a violation of Paragraph 11.3 was not consistent with the object

---

[39] WTO Appellate Body Report, *China-Raw Materials*, *supra* n 5, WT/DS394/AB/R, WT/DS395/AB/R, WT/DS398/AB/R, WT, paras.300-306.
[40] Espa, *supra* n 8, at 1123.
[41] Kennedy, *supra* n 8, at 45-76.

and purpose of the WTO Agreement. After recalling the ruling of the Appellate Body in the previous case, the Panel concluded that China had not presented this Panel with any *cogent reason* for departing from the Appellate Body's finding. Accordingly, the Panel finds that the obligation in Paragraph 11.3 of China's Accession Protocol is not subject to the general exceptions in Article XX.[42]

Nonetheless, it should be noted that one panelist of this case anonymously expressed separate opinions concerning the applicability of Article XX of the GATT 1994 to the obligations under accession protocols, which never occurred before and to a large extent clarified the legal complexity of this contesting issue. In his (her) view, a proper interpretation of the relevant provisions at issue leads to the conclusion that the obligations in Paragraph 11.3 of China's Accession Protocol are subject to the general exceptions in Article XX of the GATT 1994,[43] through analyzing the interaction between provisions of accession protocol and WTO Agreement as a whole, including GATT 1994 and other multilateral trade instruments. The main reasoning processes comprised as follows.

Firstly, as to the relationship between the terms of an accession package and provisions of the WTO Agreement, there was a general conclusion that a WTO accession protocol serves to specify the terms of application of the WTO Agreement to the acceding Member and each term of an accession package calls for a distinct interpretation analysis and the determination of each term's relationship with provisions of the WTO Agreement requires a specific analysis. It was further explained that as a WTO–plus obligation, paragraph 11.3 on export tariffs/duties exists and works in conjunction with other existing WTO obligations applicable to trade in goods, including provisions of the GATT 1994, and in particular those related to border tariff measures.[44]

Secondly, concerning the relationship between paragraph 11.3 of China's Accession Protocol and GATT 1994, it was generally stressed that China's export tariff commitments under Paragraph 11.3, by their nature, expand China's obligations in the area of trade in goods and in particular paragraph 11.3 adds to the provisions of Articles II and XI: 1 of the GATT 1994, which deal, *inter alia*, with the overlapping subject matter of border tariff duties. Specifically, interpreting and applying rights and obligations of an accession package together with the related provisions of an existing WTO agreement facilitates the coherent implementation of an acceding Member's obligations. Consequently,

---

[42] WTO Panel Report, *China-Rare Earths*, *supra* n 5, paras.7.105-115.
[43] *Ibid.*, para.7.119.
[44] *Ibid.*, paras.7.130-132.

paragraph 11.3 of China's Accession Protocol became, upon accession, an integral part of the GATT 1994 as GATT 1994 applies between China and the WTO Members.[45]

Lastly, as to the problem at issue, it was firmly viewed that defenses provided in the GATT 1994 are automatically available to justify any GATT-related obligations, including border tariff-related obligations, unless a contrary intention is expressed by the acceding Member and WTO Members. Nothing in China's Accession Protocol or elsewhere clearly indicates that it was the negotiating parties' common intention that China should not have access to the general exceptions of Article XX of the GATT 1994 to defend violations of the export duty commitments it made upon acceding to the WTO. In that context, the flexibilities provided in Article XX of GATT 1994 and other exception clauses of it which are generally applicable to GATT violation can in principle be invoked to justify violations of Paragraph 11.3.[46]

This dissenting opinion was mentioned by the Appellate Body in *China–Rare Earths* although the ruling about availability of Article XX of GATT 1994 to Paragraph 11.3 of China's Accession Protocol was not directly appealed in this case. Nonetheless, this breakthrough was simply rejected by the Appellate Body on the grounds that this argument has no legal basis and rights and obligations *cannot be automatically transposed* from one part of the WTO legal framework to another.[47] We regretted to find that the Appellate Body made no further elaboration.

Besides, in *China–Rare Earths*, one of China's appealing petitions was to request the Appellate Body to reverse the Panel's interpretations and conclusions concerning the second sentences both of Paragraph 1.2 of China's Accession Protocol [48] and Article XII.1 of the Marrakesh Agreement, [49] hoping to form a jurisprudential linkage between accession protocols and other WTO agreements. China further stated that its appeals were intended to seek coherent guidance on the precise legal nature of post-1994 accession protocols, and to obtain clarification as to the systemic relationship between, on the one hand, specific provisions of China's Accession Protocol and, on the other hand, the Marrakesh

---

[45] *Ibid.*, para.7.136.

[46] *Ibid.*, paras.7.137-138.

[47] WTO Appellate Body Report, *China-Rare Earths*, WT/DS431/AB/R, WT/DS432/AB/R, WT/DS433/AB/R *supra* n 21, para.5.68, footnote 504.

[48] The second sentence of Paragraph 1.2 of China's Accession Protocol provides that this Protocol, which shall include the commitments referred to in paragraph 342 of the Working Party Report, shall be *an integral part* of the WTO Agreement.

[49] The second sentence of Article XII.1 states that *such accession* shall apply to this Agreement and the Multilateral Trade Agreements annexed thereto.

Agreement and the Multilateral Trade Agreements annexed.[50]

It was encouraging to note that the Appellate Body in *China–Rare Earths* made an important step forward and correctly ruled that Paragraph 1.2 of China's Accession Protocol, along with Article XII.1 of the Marrakesh Agreement, indicated that the Marrakesh Agreement, Multilateral Trade Agreements, and China's Accession Protocol together form a single package of rights and obligations or a single treaty under WTO.[51] However, it still refused to further clarify the systematic relationships among different parts of this single package or treaty. The asserted reason is that these provisions did not textually answer the questions of whether there is an objective link between *an individual provision* in China's Accession Protocol and existing obligations under the Marrakesh Agreements or Multilateral Trade Agreements, or whether China may rely on an exception provided for in those agreements to justify a breach of such Protocol provision. Such questions must be answered through a thorough analysis of the relevant provisions on the basis of the customary rules of treaty interpretation and the circumstances of the dispute, taking into account its context.[52]

This paper argues that, while the adjudicative body failed to generate general approaches in order to find a right place for accession protocols reasonably and legitimately, it can be well understood that they intentionally refused to deeply address these controversial issues and chose to resolve them case by case. The cautious and prudent position held by the Panel can be well demonstrated by the following assertions. After the Panel of *China–Rare Earths* concluded that Article XX of GATT1994 is not available to justify the violation of paragraph 11.3 of China's Accession Protocol, it unprecedently and deliberately emphasized that:

The Panel wishes to underscore how limited the implications of this finding are in terms of China being able to adopt and maintain measures to protect the environment and the life and health of its population. When seeking to address environmental concerns and protect the life and health of its population, China must, according to Paragraph 11.3 of its Accession Protocol, use instruments and means other than export duties to do so (except to the extent it has provided for in its Accession Protocol). That is the only implication of this finding. In our view, this finding in no way impairs China's ability to pursue those legitimate objectives.[53]

---

[50] WTO Appellate Body Report, *China-Rare Earths*, supra n 21, para.2.10.
[51] Ibid., para.5.70.
[52] Ibid., para.5.74.
[53] WTO Panel Report, *China-Rare Earths*, supra n 5, para.7.117.

This assertion obviously sought to lessen the dissatisfaction or anxiety of the defendant. However, with respect to clarifying the position of accession protocols under WTO legal framework, as well as facilitating the implementation of accession commitments, the intentional statement as well as the findings in the above two cases are disputable and unacceptable. This author don't believe that export duty is the legitimate and effective tool to address environmental concerns or protect the life and health of people, because the negative impacts or environmental externality derived from the production and consumption, not trade, of natural resources. In other words, the reasonable alternative is to restrict the production and consumption, such as imposition of environmental taxes, increasing environmental standards, quantitative restriction of production or consumption, etc. Therefore, even if Article XX of GATT 1994 could be available as a defense for the violation of obligations under Paragraph 11.3 of China's Accession Protocol, it is almost impossible to conclude that the disputing measures both in *China–Raw Materials* and *China–Rare Earths* could be justified as 'necessary to protect human, animal or plant life or health' or 'relating to the conservation of exhaustible natural resources', pursuant to paragraph (b) or (g) respectively under Article XX of GATT 1994, let alone meeting the requirement of chapeau.[54] Admittedly, the findings in two cases did not impair China's ability to pursue various environmental objectives since China can adopt other instruments, such as more stringent pollutant standards or taxation on pollution. However, the possibility to justify a breach of Paragraph 11.3 of China's Accession Protocol under Article XX of GATT 1994 and the applicability of Article XX of GATT 1994 to Paragraph 11.3 are two separate problems. Moreover, we are concerned that, if GATT1994 or WTO Agreement is not explicitly or implicitly incorporated into the texts of accession protocols, whether exception clauses of GATT1994 are applicable to defense a violation of accession commitments in regard to trade in goods? Or, in its broad sense, whether an acceded Member can invoke exception clauses in GATT1994 or elsewhere under WTO Agreement when implementing WTO–plus commitments under its accession protocol and seeking to protect non–trade values? These concerns may be shared by a number of acceded Members who make various WTO–plus accession commitments similar to those of China, e.g. Russia, Vietnam or Ukraine.[55]

---

[54] As to the application of paragraph (b), (g) and chapeau of Article XX of GATT1994 through dispute settlement process, see James K.R.Watson, *The WTO and the Environment: Development of Competence Beyond Trade*, Routledge, 2013, pp.198-219.

[55] As a third party in *China-Rare Earths*, Russia expressed its serious concerns on this issue. See WTO Appellate Body Report, *China-Rare Earths*, supra n 21, para.2.240.

It should be noted that, in *China–Rare Earths*, there were more than ten Members (as third parties to this dispute) who made comments on the Panel's argumentations and rulings. For example, Brazil contended that general exceptions under Article XX of the GATT 1994 are fundamental provisions of the multilateral trading system that strike a balance between WTO Members' policy space to pursue legitimate objectives and their WTO obligations. In the absence of explicit textual references excluding the applicability of provisions of the covered agreements, an acceding Member should be presumed to be subject to the same rights and obligations applicable to other WTO Members. Thus, the exceptions provided for under the GATT 1994 should enable an acceding Member to rely on legitimate objectives in connection with GATT–plus accession commitments.[56] This viewpoint was largely supported by Columbia who argued that China's Accession Protocol is not a stand–alone text that holds no relation to the Multilateral Trade Agreements. Rather, an accession protocol contains commitments that are to be undertaken together with obligations covered in the Multilateral Trade Agreements. Paragraph 11.3 of China's Accession Protocol "modifies" and "broadens" China's obligations under Article XI.1 of the GATT 1994 and, given that it regulates trade in goods, it is either an integral part of the GATT 1994 or an independent obligation under Annex 1A to the Marrakesh Agreement. The exceptions under Article XX of the GATT 1994 are applicable to measures regarding China's commitments under Paragraph 11.3 of China's Accession Protocol.[57]

Meanwhile, some other Members held different views. For example, Canada briefly argued that there were no differences in the circumstances of these disputes that would make the Appellate Body's findings in *China–Raw Materials* unworkable.[58] Saudi Arabia submitted that where the accession commitments have a close and obvious relationship with provisions in one or more of the covered agreements, the relevant provisions of the agreements must be read in the light of and in combination with the accession commitment. However, this did not necessarily mean that all of the defenses provided in the relevant covered agreements are automatically available to justify also the violation of the accession commitment. In the absent direct or indirect references to the availability of exceptions clauses, the Member has agreed to abide by its accession commitment, without exception.[59]

---

[56] WTO Appellate Body Report, *China-Rare Earths*, supra n 21, para.2.222.
[57] WTO Appellate Body Report, *China-Rare Earths*, supra n 21, para.2.236.
[58] Ibid., para.2.228.
[59] Ibid., para.2.241.

4.2 Several guidelines for exploring the relationship between accession protocol and other WTO legal instruments

An ideal way to clarify the legal position of accession protocols under WTO system is that, pursuant to Article IX (decision-making) of Marrakesh Agreement, Ministerial Conference or General Council may adopt an interpretative decision about how to conclude accession "terms" under Article XII and how to locate these "terms" in the WTO legal framework. However, in terms of discouraging operation of decision-making bodies in current times, this proposal is obviously unfeasible in the near future.

Alternatively, this paper proposes that the adjudicative body of WTO should set the ball rolling and play a constructive role in reviewing provisions of accession protocols, aiming to maintain the integrity, certainty and fairness of WTO system and mitigate the uncertainties arising from implementation of accession protocols as much as possible. This assignment is an important echo to the Article 3.2 of Understanding on Rules and Procedures Governing Dispute Settlement (hereinafter referred to as DSU): the dispute settlement system of the WTO is a central element in providing *security* and *predictability* to the multilateral trading system. Furthermore, we can kindly understand the conservative role played by the Panel and Appellate Body in *China–Raw Materials* and *China–Rare Earths* that they intentionally attempted to avoid the potential risk of rewriting rights and obligations of WTO Members, probably resulting from rashly filling the legal loophole. However, when facing an unprecedented task to interpret and apply the ambiguous clauses in accession protocols, and without any legal guidelines to find relationship between them and other WTO instruments, the adjudicative body may choose to adopt holistic and systematic approaches when resolving disputes, in order to maintain security and predictability of multilateral trade system. This paper would like to emphasize that the holistic and systematic approaches will not necessarily *reshape* the rights and obligations of each Member, because their purposes are to *disclose the structure and interconnection of rights and obligations* under WTO Agreement as a whole as well as *clarify the ambiguities in accession protocols* deriving from unimaginably multiple and burdensome negotiations.

There are several points which need to be considered seriously when dealing with the interpretation and application of accession protocols in the adjudicative practices.

Firstly, there is a general *principle* that the provisions of accession protocol should be read in combination with GATT 1994 or other multilateral trade agreements, when they cover the same subject matter in broad sense, e.g. trade in goods or services. Besides, the treaty interpreter must identify the WTO agreement with which an accession obligation is to be read in each case.[60] However, it does not necessarily mean that one provision of accession protocol is an integral part of GATT 1994 or other multilateral trade agreements.

This position could be *implied* from the preamble of Marrakesh Agreement which stated that the Members desire to *develop an integrated, more viable and durable multilateral trading system* and the need to maintain the integrity and conformity of WTO legal framework. Given that each accession protocol is an integral part of WTO Agreement as a whole, it could not be applied in isolation with other relevant WTO rights and obligations. In principle, different provisions in the accession protocols may integrate with different WTO agreements.[61] For example, when China imposes export duties pursuant to Paragraph 11.3 of China's Accession Protocol, he should also obey the MFN obligation in Article I of the GATT 1994, even without any express reference in this regard. As argued by a Chinese expert, for those issues which are simultaneously covered by the accession protocol, Marrakesh Agreement or its annexes, it is appropriate to firstly determine the nature of the issues, that is, to sort out which categories they belong to, be it trade in goods, trade in services, intellectual property rights or investment. Following this, relevant provisions in the accession protocol should be interpreted together with the specific type of the WTO covered agreement.[62]

However, this paper contends that there is no need to explore whether Paragraph 11.3 or other provision of China's Accession Protocol is an integral part of GATT 1994 or other multilateral trade agreement. *For one thing*, as the Appellate Body in *China–Rare Earths* concluded, accession protocols as well as Marrakesh Agreement and multilateral trade agreements already constitute a single package of rights and obligations or a single treaty. Thus, it goes without saying that the interconnection of rights and obligation occurs in such a single package, irrespective of, for example, whether Paragraph 11.3 of China's Accession Protocol is an integral part of GATT 1994. *On the other hand*, without the explicit language to this effect, and in fear of 'modifying' or 'broadening' the multilateral trade agreements, the Panel or Appellate Body can hardly rule that certain provisions of an accession protocol can be deemed as integral parts of one or more of the multilateral trade agreements annexed to the Marrakesh Agreement. In *China–Rare Earths*, China attempted

---

[60] Kennedy, *supra* n 8, at 67.
[61] Ibid., at 66.
[62] Jingdong Liu, *Accession Protocols: Legal Status in the WTO Legal System*, Journal of World Trade, Vol.48 (4), 2014, p.769.

to contend that Paragraph 11.3 is an integral part of the GATT 1994 on the grounds that it has an '*intrinsic relationship*' with the GATT 1994. This argument was rejected by both the Panel[63] and the Appellate Body[64] mainly because of lack of textual basis.

Secondly, there is a general *presumption* under overall WTO system that each Member has built-in and inherent right to protect environment, public health, public morals, human rights or other non-trade values, which is only circumvented by the *explicit requirements* of WTO code of conduct. This *presumption* can be inferred from the Member-driven character of WTO system as well as the preamble of Marrakesh Agreement, whose language reflects the intention of negotiators to respect the autonomy of Members' to address non-trade concerns. For example, as to the objective of *sustainable development* encompassed in the preamble of Marrakesh Agreement, the Appellate Body argued that, in the preamble to the Marrakesh Agreement and in the Decision on Trade and Environment, there is specific acknowledgement to be found about the importance of coordinating policies on trade and the environment. *WTO Members have a large measure of autonomy to determine their own policies on the environment (including its relationship with trade), their environmental objectives and the environmental legislation they enact and implement.*[65]

Presumably, when a country enters the global trade body, it has a reasonable expectation that its autonomy of pursuing public policy objects will be maintained unless this autonomy is expressly derogated or deprived of under WTO agreements. This reasonable expectation should be fully respected and consistently taken into account throughout the operation of WTO, including the dispute settlement mechanism. As argued by Mitali Tyagi, then as a senior legal officer of Australian Attorney-General's Department, *acceded Members should be able expect that they are not at risk of a deprivation of their rights as Members of the WTO due to the operation of an accession protocol.*[66] Consequently, while reading provisions of accession protocol and other related multilateral trade agreements as a whole, an acceded Member's right to invoke exception clauses under multilateral trade agreements generally can not be deprived of, unless it was explicitly waived in the accession protocol or elsewhere in any WTO legal instruments. Therefore, the absence of general reference to the WTO Agreement or GATT 1994 in Paragraph 11.3 of China's Accession Protocol did

---

[63] WTO Panel Report, *China-Rare Earths*, supra n 5, paras.7.75-7.94.

[64] WTO Appellate Body Report, *China-Rare Earths*, supra n 21, paras.5.32-5.73.

[65] WTO Appellate Body Report, *United States- Standards for Reformulated and Conventional Gasoline*, WT/DS2/AB/R, adopted on 20 May 1996, p.30.

[66] Tyagi, *supra* n 8, at 409.

not simply indicate that China and other negotiators deliberately agree to deprive of China's right to invoke Article XX of GATT 1994 to justify the violation of obligation under Paragraph 11.3, mainly because that this right was not expressively and clearly waived anywhere under WTO legal framework.

In *China–Rare Earths*, Russia as a third party expressed its serious concerns about the applicability of Article XX of GATT 1994 to accession commitments. It disclosed that during its accession negotiations, upon assurance by the incumbent WTO Members that defense under the WTO agreements are equally available to all WTO Members, Russia agreed to delete the following statement from its Accession Protocol: *"nothing in these commitments shall be understood to derogate from the rights of the Russian Federation under the WTO Agreement as applied between the Members of the WTO by the date of accession of the Russian Federation to the WTO."* In Russia's view, the Panel's above finding means that the statement Russia agreed to delete should have been included in the accession protocols of all newly acceded WTO Members. For Russia, an acceding Member's intention to waive its right to protect important values such as life and health must be clearly and unambiguously explained. In this regard, Russia stresses its agreement with the views of the dissenting member of the Panel.[67] Russia's experiences and contentions can firmly support our arguments.

Thirdly, in order to preserve the integrity and consistency of multilateral trade system as well as mitigate the jurisprudential differences between accession protocols and other WTO agreements, the adjudication body should adopt more creative and holistic interpretative approaches. For example, when dealing with disputes arising from implementation of accession protocols, the Panel and Appellate Body should take due account of *the object and purpose* of WTO code of conduct as a whole, instead of rigidly adhering to the textual interpretation of contesting provisions.

The preamble of Marrakesh Agreement sets out *the object and purpose* of WTO Agreement as a whole, since WTO's other legal instruments, including accession protocols, are collectively annexed to this agreement and constitute integral parts of it. As argued by an expert, for those provisions in an accession protocols which do not explicitly exclude the application of the universality of the WTO rules, and those which have ambiguous regulations, they should be interpreted and applied in full respect of the aims and principles of the WTO.[68] This paper contends that there are three important objectives in the preamble of Marrakesh Agreement which should be considered

---

[67] WTO Appellate Body Report, *China-Rare Earths*, *supra* n 21, para.2.240.
[68] Jingdong Liu, *supra* n 104, at 764.

seriously: *to achieve sustainable development, to enter into reciprocal and mutually advantageous arrangements and to develop an integrated, more viable and durable multilateral trading system*. These objectives should be used to direct the behaviours of treaty interpreters when seeking to clarify the meaning of certain provisions of accession protocols and their relationships with other WTO instruments. Treaty interpreters have the obligations to explain why these objectives are useful or not useful to clarify the meanings of contesting provisions under accession protocols. Furthermore, as a general principle, *the interpretation and application of accession protocols should not impair or derogate the ability of Members to pursue such policy objects*, since they are the milestones of operation and evolution of WTO multilateral trade system.

With regard to the interpretative significance of the preamble, it was early stated by the Appellate Body in *US–Shrimp* that, at the end of the Uruguay Round, negotiators fashioned an appropriate preamble for the new WTO Agreement, which strengthened the multilateral trading system by establishing an international organization, inter alia, to facilitate the implementation, administration and operation, and *to further the objectives, of that Agreement and the other agreements resulting from that Round*. The specific language of the preamble of Marrakesh Agreement must *add color, texture and shading to the interpretation of the agreements* annexed to it.[69] In that case, after recalling the objective of sustainable development in the preamble of the Marrakesh Agreement, the Appellate Body concluded that it was too late to suppose that the term of "exhaustible natural resources" under Paragraph (g) of Article XX of the GATT 1994 may be read as referring only to the conservation of exhaustible mineral or other nonliving natural resources. This term may embrace both living and nonliving natural resources, including turtles in this case.[70] Even though this finding was somewhat disputable since it can hardly accord with the intentions of negotiators, it did reconcile with the objective of sustainable development embodied in the preamble of Marrakesh Agreement and accommodate to the contemporary concerns of the community of nations about the protection and conservation of the environment.

However, the object and purpose of WTO Agreement as a whole were not appropriately considered both in *China–Raw Materials* and *China–Rare Earths*. In the prior case, the Appellate Body simply concluded that the preamble of Marrakesh Agreement did not *provide specific guidance* on the question of whether Article XX of the GATT 1994

---

[69] WTO Appellate Body Report, *United States-Import Prohibition of Certain Shrimp and Shrimp Products* (*US-Shrimp*), WT/DS58/AB/R, adopted 6 November 1998, paras.152-155.

[70] *Ibid.*, paras.129-131.

is applicable to Paragraph 11.3 of China's Accession Protocol [71] and as a result did not fully address interpretative functions of the object and purpose of WTO Agreement as a whole. In the latter case, the above finding was severely questioned by China in that the Appellate Body's ruling was inconsistent with the object and purpose of WTO Agreement and "the summary dismissal of the interpretative value of the WTO's fundamental objectives without any further explanation" did not rise to the level of a proper objective assessment of legal issues before it. Consequently the Panel of *China–Rare Earths* was asked to reverse this finding. The Panel found that it agreed with China that "an interpretation of the covered agreements that resulted in sovereign States being legally prevented from taking measures that are necessary to protect the environment or human, animal or plant life or health would likely be inconsistent with *the object and purpose of the WTO Agreement.*" Nonetheless, the Panel argued that this is not the result of the Appellate Body's finding because, when seeking to address environmental concerns and protect the life and health of its population, China may use instruments and means other than export duties to do so (unless those export duties are imposed on products within the maximum rates "specifically provided for" in Annex 6 of China's Accession Protocol). [72]

This paper disagrees with the finding of the Panel since it did not correctly address China's argument. *Firstly*, although the preamble of Marrakesh Agreement did not specifically answered the question of whether Article XX of the GATT 1994 is applicable to Paragraph 11.3 of China's Accession Protocol, the Appellate Body in *China–Raw Materials* failed to further explain why it is not helpful to address this issue. As an adjudicator and treaty interpreter, the Appellate Body has the obligation to elaborate the reasons for its interpretative choices, in order to make an objective assessment of legal issues before it. Besides, it is interesting to note that in the case of *US–Shrimp*, the objective of sustainable development also did not *provide specific guidance* on the meaning of "*exhaustible natural resources*", but this objective was very essential for the Appellate Body to make its conclusions. In this respect, it was somewhat unaccountable for the Appellate Body to disregard its old findings in *US–Shrimp* more than ten years ago, irrespective of intentionally or unintentionally.

Secondly, the Panel made a significant mistake when reviewing the conclusion of the Appellate Body in *China–Raw Materials*. The result of the Appellate Body's finding undoubtedly did not prevent China to use legitimate instruments and means to pursue the goals of environmental protection or public health for the purpose *to achieve sustainable*

---

[71] WTO Appellate Body Report, *China-Raw Materials*, supra n 5, paras.300-306.
[72] WTO Panel Report, *China-Rare Earths*, supra n 6, paras.7.105-114.

development. However, there is another logic result of this finding that, wherever the GATT 1994 or WTO Agreement is not textually incorporated into one provision of accession protocol, the exception clauses of GATT 1994 is not available to defend a violation of that provision. Such result was manifestly absurd and harmful to *develop an integrated, more viable and durable multilateral trading system*, since it may illegitimately have negative impacts on the implementation of newly acceded Members' commitments under accession protocols and subsequently sever the *integrated* and *interconnected* structure of rights and obligations under WTO system. Unfortunately, this legal issue was outside of the Panel's analysis.[73]

Thirdly, the Panel in *China–Rare Earths* again did not attempt to review interpretative value of the WTO's fundamental objectives contained in the preamble of Marrakesh Agreement without further explanation. As a result, it failed to "make an objective assessment of the matter before it, including an objective assessment of the facts of the case and the applicability of and conformity with the relevant covered agreements", as required by the Article 11 of DSU.

In short, based on the above discussions, this paper can make a jurisprudential conclusion for the legal status of accession protocols under WTO framework. Given that the content of each accession protocol addresses various legal issues which run across the scope of multilateral trade agreements annexed to the Marrakesh Agreement, along with the objective to *develop an integrated, more viable and durable multilateral trading system*, it should be interpreted and applied in parallel with the corresponding multilateral trade agreements on the condition that there are no explicit conflicts between different instruments. For example, the exception clauses under Article XX or Article XXI of GATT 1994 are generally available for China to defense the violation of obligation under Paragraph 11.3 of its accession protocol, since the China's right of invoking XX or Article XXI was never explicitly waived in China's Accession Protocol or elsewhere in any WTO instruments. However, it does not necessarily mean that such violation could be successfully justified under Article XX or Article XXI of GATT 1994.

Furthermore, the right place where the accession protocol should be located is that it operates at the legal level same as that of multilateral trade agreements and both of them are

---

[73] In this regard, this author does not think that China presented a good argumentation in *China-Rare Earths* because it was mostly based on *the objective of sustainable development*. China should have argued that the Appellate Body's conclusion in *China-Raw Materials* would prevent Members to *develop an integrated, more viable and durable multilateral trading system*. Given that this objective embodied in the preamble of Marrakesh Agreement was never invoked and reviewed in the previous cases, it will turn out to be an extremely challenging issue for the Panel or/and the Appellate Body if that occurs.

integral parts of WTO Agreement. However, when any textual conflicts occur, the terms of accession protocol prevail over the counterparts of multilateral trade agreements, which can be deemed as changing the application of multilateral trade agreements to the specific acceded Member. For example, China's obligation to widely eliminate export duties under Paragraph 11.3 of its accession protocol is manifestly inconsistent with the general permission of such trade policy instrument under Article XI.1 of GATT 1994.[74] Thus, China's right to maintain export duties may be deemed to be changed by Paragraph 11.3 of its accession protocol and then the latter prevails.

5 Conclusion

The textual disparity between China's Accession Protocol and common rules of WTO has increasingly became a complicated legal issue and aroused tensions among different Members during the dispute settlement processes. This also invited our close attention to the negotiation process and legal status of accession protocols under WTO framework.

In general, the lack of precise legal guidance for accession negotiation and prevalence of power-oriented and Member-driven negotiation process, along with unreasonable demands of powerful incumbent Member, should be blamed for these troublesome problems when addressing various special terms of accession. Furthermore, some 'WTO-plus' commitments which were incorporated into accession protocols but outside of general disciplines of WTO, such as strict reduction or elimination of export tariffs and widespread availability of trading rights, produced negative impacts on the consistency, integrity and non-discrimination principle of the rule-orientated multilateral trading system. Thus, it is not surprising to note that China reluctantly found its membership of WTO uniquely 'no longer outside, not yet equal'.[75] However, this paper still contends that accession protocol in its substance is a multilateral treaty made by acceded Member and incumbent Members collectively. To a large extent, it can be deemed as a part of carefully balanced commercial contract to exchange and bind market access commitments.

Needless to say, there are various difficulties and paradoxes about how to rationally

---

[74] Article XI.1 of GATT 1994 provides that, no prohibitions or restrictions *other than duties*, *taxes* or other charges, whether made effective through quotas, import or export licences or other measures, shall be instituted or maintained by any contracting party on the importation of any product of the territory of any other contracting party or on the exportation or sale for export of any product destined for the territory of any other contracting party.

[75] This appropriate wording about China's membership was originally cited by a Chinese scholar. See Xiaohui Wu, *No Longer Outside, Not Yet Equal: Rethinking the China's Membership in World Trade Organization*, Chinese Journal of International Law, Vol.10 (2), 2011, pp.227-270.

and legitimately incorporate new entrants' accession package into WTO legal system, or how to find a right place for accession protocols under WTO framework. WTO Ministerial Conference or General Council may adopt an authoritative interpretation with regard to the meaning of Article XII.1 of the Marrakesh Agreement, especially about how to determine the 'terms' for accession during negotiations and how to locate it under WTO legal system. This paper proposes that, before the legislative body officially clarify the legal status of accession protocol and thus integrate it into WTO system thoroughly, the adjudication body may choose to holistically and systematically interpret and apply it by following several guidelines, in order to maintain the integrity and conformity of world trade system as much as possible.

Broadly speaking, the sharp differences between Member-specific accession protocol and the common code of conduct of WTO has also reflected a growingly serious problem. Namely, the challenges facing the WTO are in one way or another related to the growing number and diversity of the membership in conjunction with the single undertaking approach of binding all Members to all agreements.[76] When confronting those challenges, the architecture and operation of WTO multilateral trade system should be adaptable and progressively respond to the ever-changing external environment and internal community.

We have to bear in mind that, like a bicycle, the world trading system must always go forward. For, if it ever stops going forward, it will surely fall and fail. We must move steadily, gradually, incrementally forward on the bicycle, because, if we do not, the world will be overwhelmed by all the many reactionary forces that would have the nations of the world retreat from trade.[77]

---

[76] Nordstroem, *supra* n 22, at 852.
[77] Bacchus, *supra* n 79, at 441-442.

美国诉中国"示范基地"出口补贴案评析

漆 彤[*]

摘 要：为加快转变外贸发展方式，促进对外贸易健康稳定发展，我国近年在全国开展了大范围的外贸转型升级示范基地和公共服务平台建设。美国认为中国的上述计划有提供出口补贴之嫌，并为此诉诸 WTO 争端解决机构。通过具体考察本案系争措施可以发现，中国在实施示范基地和公共服务平台的过程中，尽管 WTO 合规性较以往已有很大的提高，但部分措施仍无法通过禁止性出口补贴的三要件测试，即存在政府资助、授予利益且在法律上或事实上以出口实绩为条件，属于《出口补贴例示清单》中所列举的措施。本案提示中国政府在出台整体性贸易政策的过程中，不仅应重视中央层级措施的 WTO 合规性审查，更应该在地方层级配套措施方面给予合规性指导和审查，通过更为合理的方式来促进外贸健康稳定发展，切实履行中国所承担的 WTO 条约法义务。同时，本案即便部分败诉，也并不意味着中方应当放弃外贸转型升级发展方向，仍应大力发展平台经济，占领未来国际市场竞争的制高点。

关键词：示范基地；公共服务平台；出口补贴；争端解决

一、案情简介

2015 年 2 月 11 日，美国向 WTO 争端解决机构及中国代表正式提出磋商请求，认为中国政府通过实施"外贸转型和升级示范基地"（Foreign Trade Transformation and Upgrading Demonstration Bases，以下简称"示范基地"）及"公共服务平台"（Common Service Platforms）计划，向特定企业提供出口补贴，从而与《补贴和反补

---

[*] 漆彤，武汉大学法学院、武汉大学国际法研究所，教授、博士生导师，办公电话：027-68753762，电子邮箱：tongwinxp@163.com，微信公众号：武大国经法评论。

贴措施协定》第 3.1（a）条和第 3.2 条规定不符。[①][②]2015 年 3 月 13 日和 4 月 1—2 日，双方经过两次磋商未能解决争议。2015 年 5 月 22 日，经 DSB 第二次会议通过，成立本案专家组。

根据 5 月 9 日有关成立专家组的申请，美国共列举了 175 项[③]涉嫌违法的中国中央和地方政府措施，认为中国通过这些措施向企业提供了出口补贴。[④]中方 175 项系争措施，分为以下两个大类：第一类是"示范基地/公共服务平台计划和补贴"（Demonstration Base / Common Service Platform Program and Subsidies），其中的示范基地文件 59 个，公共服务区平台文件 107 个；第二类是"示范基地赠款计划和补贴"（Demonstration Base Grant Programs and Subsidies）共列举了 9 个文件。其中，第一类的所有文件包括示范基地和公共服务平台两个子类，各自又分为中央层级和地方层级两类；第二类所涉措施则均为地方性文件，如《宝安区关于进一步促进台资企业转型升级的若干措施》等。

（一）示范基地/公共服务平台计划和补贴

1. 涉及示范基地的中央层级文件，共 8 项

包括：（1）2013 年 12 月 23 日发布的《第三批国家外贸转型升级专业型示范基地名单公示》；（2）2013 年 7 月 17 日发布的《商务部关于组织申报第三批国家外贸转型升级专业型示范基地有关材料的通知》（商贸函〔2013〕467 号）；（3）2012 年 12 月 12 日发布的《第二批国家外贸转型升级专业型示范基地名单公示》；（4）2012 年 4 月 26 日发布的《对外贸易发展"十二五"规划》；（5）2012 年 4 月 10 日发布的《商务部关于开展第二批国家外贸转型升级专业型示范基地认定工作的通知》（商贸函〔2012〕208 号）；（6）2012 年 3 月 15 日发布的《商务部关于外贸转型升级平台发展现状调研通知》（商办贸函〔2012〕No. 185）；（7）2011 年 12 月 12 日发布

[①] Request For Consultations By The United States, China-Measures Related To Demonstration Bases and Common Service Platforms Programmes, WT/DS489/1, 19 February 2015.

[②] SCM 协定第 3 条就禁止性补贴规定如下：

3.1 除《农业协定》的规定外，下列属第 1 条范围内的补贴应予禁止：

（a）法律或事实上视出口实绩为惟一条件或多种其他条件之一而给予的补贴，包括附件 1 列举的补贴；

（b）视使用国产货物而非进口货物的情况为惟一条件或多种其他条件之一而给予的补贴。

3.2 一成员不得给予或维持第 1 款所指的补贴。

第 3.1（a）条有两项注释，注释 4 就"法律或事实上"用语予以澄清：如事实证明补贴的给予虽未在法律上视出口实绩而定，而事实上与实际或预期出口或出口收入联系在一起，则符合此标准。将补贴给予从事出口的企业这一事实本身不得成为被视为属本规定含义范围内的出口补贴的原因。注释 5 就"附件 1 列举的补贴"予以澄清：附件 1 所指的不构成出口补贴的措施不得根据本规定和本协定任何其他规定而被禁止。

[③] 美国在磋商请求中共列举了 182 项涉嫌违法的中国中央和地方政府措施，但在成立专家组申请中减少为 175 项。

[④] Request For Consultations By The United States, China-Measures Related To Demonstration Bases and Common Service Platforms Programmes, WT/DS489/6, 10 April 2015.

的《第一批国家外贸转型升级专业型示范基地名单》（商贸函〔2011〕No. 1084）；（8）2011年2月1日发布的《商务部关于开展外贸转型升级示范基地培育工作的函》（商贸函〔2011〕62号）。

2. 涉及示范基地的地方层级文件，共50项

这些地方层级文件则存在较为明显的政府资金支持规定。例如，171、发布时间：2012年12月25日《龙华新区关于加快推进工业转型升级的若干措施（试行）》第11条规定："降低出口企业资金成本。对使用市外贸发展专项资金贷款的企业，给予利息的50%、不超过200万元，每年1次的贷款贴息。对企业投保一年期内出口信用保险，给予保费50%、最高100万元的资助。"又如，广东省商务厅《关于做好2012年广东省外贸转型升级示范基地建设资金使用管理工作的通知》第2条"关于支持的对象和方式"规定，"国家汽车及零部件出口基地、国家船舶出口基地、国家软件出口基地和国家医药出口基地可申请本项资金支持。"

3. 涉及公共服务平台的中央层级文件，共8项

包括：（1）《财政部、商务部关于印发〈外经贸发展专项资金管理办法〉的通知》（财企〔2014〕36号）；（2）《关于2014年度外经贸发展专项资金申报工作的通知》（财企〔2014〕58号）；（3）财政部、商务部《关于做好2013年外贸公共服务平台建设资金管理工作的通知》（财企〔2013〕101号）；（4）财政部、商务部《关于废止外贸公共服务平台建设资金管理有关文件的通知》2013年9月30日（财企〔2013〕293号）；（5）《国务院办公厅关于促进外贸稳定增长的若干意见》（国办发〔2012〕第49号）；（6）财政部、商务部《关于做好2012年外贸公共服务平台建设资金管理工作的通知》（财企〔2012〕147号）；（7）《财政部、商务部关于做好2011年外贸公共服务平台建设资金管理工作的通知》（财企〔2011〕88号）；（8）《财政部关于2011年外贸公共服务平台建设资金安排的通知》（财企〔2010〕245号）等。

4. 涉及公共服务平台的地方层级文件，共102项

例如，上海市商务委员会、上海市财政局印发的《上海市外经贸发展专项资金实施细则》沪商财〔2015〕26号、[①]北京市财政局、北京市商务委员会关于印发《北京市外经贸发展专项资金管理实施细则》的通知（京财企〔2014〕2494号）[②]等。

（二）示范基地拨款计划和补贴

包括2013年3月1日发布的《宝安区关于进一步促进台资企业转型升级的若干措施》《珠海市扩大进口专项配套资金管理办法》《珠海市扩大进口专项配套资金管理办法》（珠科工贸信〔2012〕1145号）、[③]2012年9月5日发布的《大埔县加快陶

[①] http://www.scofcom.gov.cn/zxxxgk/237549.htm.
[②] http://www.bjcoc.gov.cn/nsjg/fwmy/fwwb/zcfgFWWB/201505/t20150529_67806.html.
[③] 已修订，原文件废止。2014年修订版：http://www.zhsswj.gov.cn/zwgk/zcfg/201501/t20150113_7125328.html.

瓷产业发展优惠办法》〔2012〕84号、[①]《佛山市南海区推进品牌战略与自主创新扶持奖励办法》(南府〔2011〕85号)、[②]2012年8月28日发布的《龙华新区关于加快推进工业转型升级的若干措施》等。美国认为这9项措施作为中国实施上述示范基地计划的一部分(operating in conjunction with the Demonstration Base program),基于参与示范基地计划的企业出口表现向其提供了资助。

二、法律分析

要证明中国的示范基地及公共服务平台计划构成第3.1(a)条所规定的法律上的出口补贴,加拿大——支线飞机出口信贷及贷款担保案提供了很好的分析线索。该案中,专家组强调了WTO一贯主张要把任意性的规范和强制性的规范区分开来,并据此认为,巴西要证明加拿大所进行的项目存在法律上的强制性,就要证明这些文件要求:政府或任何公共机构提供财政资助、这种资助给予接受者利益,而且补贴取决于出口实绩。[③]换言之,如果想证明一成员方存在应予禁止的出口补贴,应首先证明存在第1条[④]中规定的补贴,即所涉措施是一种财政资助并授予利益;其次,如果符合补贴要件,则进一步分析其是否属于第3.1(a)条所指的法律上或事实上以出口实绩为唯一条件或多个条件之一而授予的补贴,在此过程中,亦可结合附件1《出口补贴例示清单》予以考察。因此,下文有关本案的分析分为四步:(1)是否存在政府财政资助;(2)是否授予利益;(3)是否视出口实绩为条件;(4)是否属于《出口补贴例示清单》中所列举的措施范围。

(一)是否存在政府财政资助

根据SCM协定第1条补贴定义规定,政府财政资助包括(i)涉及资金的直接转移(如赠款、贷款和投股)、潜在的资金或债务的直接转移(如贷款担保)的政府

[①] http://www.dabu.gov.cn/index.php?m=content&c=index&a=show&catid=23&id=10466.
[②] http://www.fstaixie.com/falingfagui/2013-07-26/78.html.
[③] 朱榄叶:《世界贸易组织国际贸易纠纷案例评析(1995–2002)》,下册,法律出版社,2004年版,第626页。
[④] SCM协定第1条就补贴的定义规定如下:
1.1 就本协定而言,如出现下列情况应视为存在补贴:
(a)(1)在一成员(本协定中称"政府")领土内,存在由政府或任何公共机构提供的财政资助,即如果:(i)涉及资金的直接转移(如赠款、贷款和投股)、潜在的资金或债务的直接转移(如贷款担保)的政府做法;
(ii)放弃或未征收在其他情况下应征收的政府税收(如税收抵免之类的财政鼓励);
(iii)政府提供除一般基础设施外的货物或服务,或购买货物;
(vi)政府向一筹资机构付款,或委托或指示一私营机构履行以上(i)至(iii)列举的一种或多种通常属于政府的职能,且此种做法与政府通常采用的做法并无实质差别;或
(a)(2)存在GATT 1994第16条意义上的任何形式的收入或价格支持;及
(b)则因此而授予一项利益。

做法；(ⅱ)放弃或未征收在其他情况下应征收的政府税收(如税收抵免之类的财政鼓励)；(ⅲ)政府提供除一般基础设施外的货物或服务，或购买货物；(ⅵ)政府向一筹资机构付款，或委托或指示一私营机构履行以上(ⅰ)至(ⅲ)列举的一种或多种通常应属于政府的职能，且此种做法与政府通常采用的做法并无实质差别；或政府提供的GATT 1994第16条意义上的任何形式的收入或价格支持。

1. 示范基地

美国成立专家组请求共列举涉及示范基地的8项中央层级文件和50项地方层级文件。

商务部根据一定客观标准[①]挑选国家级示范基地(8项中央文件中占6项：2011—2013年公布的三批《国家外贸转型升级专业型示范基地认定通知》及《公示名单》)，商务部主导全国范围内的外贸转型升级示范基地培育工作，各省市主管机关依职权发展地方级外贸转型升级示范基地(8项中央文件中的另2项：《对外贸易发展"十二五"规划》、商务部62号文)。根据这些文件，设立示范基地的目的是为了发展特定产业或产品，以达规模经济效益，除鼓励出口外，也奖励发展内销市场。例如，商务部的62号文件指出，"为加快转变外贸发展方式，巩固贸易大国地位，推进贸易强国进程，提升外贸发展质量和水平，商务部决定在全国开展外贸转型升级示范基地培育工作，并制定《商务部外贸转型升级示范基地培育工作总体方案》及《2011年国家外贸转型升级专业型示范基地认定工作方案》，并要求各地积极配合，协助组织实施。"

上述中央层级文件的内容虽然有"加大对示范基地及其培育工作的支持力度""不断增强各类示范基地在国际市场的创造力、竞争力和影响力""要求各地加大对培育工作的配套支持力度"这类表述，但都并未直接提及"财政资助"或类似文字，也未规定中央和地方采取支持措施的具体形式。不过，如果结合各地方层级示范基地文件，则可发现存在较为明显的"政府财政资助"证据，资助形式包括中央或地方专项资金拨款、提供奖励金、贷款贴息、退税优惠、展费资助等，基本涵盖SCM协定第1.1(a)(1)条所列举的4种补贴形式。例如，2012年12月25日发布的《龙华新区关于加快推进工业转型升级的若干措施(试行)》中涉及有多种形式的政府财政资助，如对国家级外贸转型示范基地的一次性奖励、对使用外贸发展专项资金贷款的出口企业给予贷款贴息、来料加工企业转型补助、出口信用保险50%保费资助、展位费补助、市场开拓资助等等。

2. 公共服务平台

美国成立专家组请求共列举涉及公共服务平台的8项中央层级文件和102项地方层级文件。

[①] 标准主要包括"公共服务平台建设"情况、品牌建设情况、出口龙头企业等项。

根据公共服务平台计划，中国为建设各类示范基地而设立专项资金，以支持"为上述基地内企业提供公共服务的各类平台建设。"具体包括产品设计中心、公共试验检测平台、公共技术研发平台、公共认证与注册服务平台、农产品品质可追溯体系平台、国际行销服务平台、国际孵化器平台、公共交易平台、公共展示平台、公共讯息平台、公共培训平台、公共物流平台等。根据商务部《国家外贸公共服务平台建设资金 2012 年申请指南》，专项资金采取自愿申报方式，由财政部会同商务部统一核发。[①] 资助对象为示范基地内提供优惠服务的服务企业或行业协会。

从有关文件来看，公共服务平台计划的资助对象主要是为示范基地内企业提供优惠服务的服务企业，而并非出口企业，但示范基地内的特定产业或企业可能从中间接受益。除对各类服务平台建设提供资助外，中国也鼓励服务平台内金融机构向示范基地内出口商提供融资，一些文件还涉及企业国际化经营能力的直接资助。前者例如，《国务院办公厅关于促进外贸稳定增长的若干意见》（国办发〔2012〕第49号）第一部分"做好出口退税和金融服务"规定，"支持商业银行按照'风险可控、商业可持续'原则，增加对有订单、有效益、符合审慎信贷条件的出口企业贷款，加大出口信用保险支持力度。认真落实大型成套设备出口融资保险专项安排。鼓励银行扩大出口信用保险规模，提高出口信用保险覆盖面。发展对小微企业的信用保险，支持中小企业开拓国际市场。"后者例如，《财政部、商务部关于印发〈外经贸发展专项资金管理办法〉的通知》（财企〔2014〕36号）规定，"鼓励各地区对 2013 年进出口额低于 4500 万美元的企业提升国际化经营能力提供支持。包括：企业培训和信息化建设，国际市场考察、宣传、推介及展览，境外专利申请、商标注册及资质认证，境外投（议）标等。"

与前述有关示范基地的文件相似，相对而言，中央层级文件更为注重并多次强调公共服务平台建设计划与 WTO 的合规性问题。例如，《财政部、商务部关于做好2011 年外贸公共服务平台建设资金管理工作的通知》（财企〔2011〕88号）在第1条"使用原则"中明确指出，支持公共服务平台建设，应"符合世贸组织规则和公共财政的要求"。2014 年 4 月 9 日新修订的《外经贸发展专项资金管理办法》第 3 条规定，外经贸发展专项资金的使用和管理应符合以下要求："履行中国在国际贸易投资协定中的义务，有利于建立互利共赢的国际经济合作机制。"这类表述虽不能否定中国的公共服务平台计划存在政府财政资助的事实，但也表明中国注意到上述计划有可能涉嫌违反 SCM 协定。作为落实中央文件的地方层级文件，在具体实施时往往无法回避政府财政资助的存在。例如上海市商务委员会、上海市财政局印发的《上海市外经贸发展专项资金实施细则》（沪商财〔2015〕26号）[②]第六条有关"支持方

---

① http://www.mofcom.gov.cn/article/difang/shenzhen/201211/20121108414421.shtml.
② http://www.scofcom.gov.cn/zxxxgk/237549.htm.

式和标准"的规定、① 北京市财政局北京市商务委员会关于印发《北京市外经贸发展专项资金管理实施细则》的通知（京财企〔2014〕2494号）中的相关规定。②

总体而言，在存在政府财政资助这一点上，双方似应争议不大。

（二）是否授予利益

政府提供财政资助，应授予接受者"利益"，才能构成第1.1条意义上的补贴。

在加拿大飞机案中，上诉机构明确指出，仅有政府成本并不足以认定利益存在；利益并非抽象存在，而需由受益人接受并享有。③ 换言之，利益仅在自然人或法人事实上已接受若干事务时始会产生。④ 毫无疑问，中方的示范基地及公共服务平台计划确实存在"政府成本"（cost to government）的支出，但企业是否从中受益仍应具体考虑。就此，上诉机构指出，是否存在"利益"，隐含某种比较（some kind of comparison），即除非财政资助使接受者比未接受前享有更好的地位，否则并不存在所谓的"利益"。

从中国示范基地及公共服务平台计划的内容来看，其支持方向大体可分为企业项目和团体项目两类。

鉴于示范基地内的部分企业可以在境外展览、会议、企业管理体系认证、产品认证、境外专利申请、国际市场宣传推介、信息化建设、境外广告或商标注册、国际市场考察、洽谈、境外投（议）标、企业培训等方面获得优于市场的条件，从而可能从整体上降低企业出口的成本，因此存在利益的授予。至少从表面上来看，示范基地内出口企业确实应该从该项计划中获得比从前更好的地位，例如贷款贴息使之获得较市场商业贷款更有利的条件，展会补助、保费资助等使之获得更有利的营

---

① 该条规定：对外贸转型升级基地企业开展的各类公共服务平台的设备、统计信息资料购置、系统和技术研发费用，以及产品设计平台发生的设计费用；公共展示平台发生的相关场租费用；公共培训平台发生的相关场租费用及相关培训材料编印及培训专家聘请费用；国际孵化器平台发生的相关场地费及通信网络等共享设施费用；国际市场营销项目或公共服务平台发生的营销策划、信息咨询、市场推介等相关专项活动费，给予不超过50%的支持，单个申请单位每年度最高资助总金额不超过500万元。对国际营销网络的场租费、开发维护费、前期咨询费给予不超过50%的支持，单个申请单位每年度最高资助总金额不超过200万元。对进口贸易促进创新示范区的租金、信息服务及资料购置费、信息系统建设及维护费给予最高50%的支持，单个申请单位每年度最高资助总金额不超过200万元；对海关特殊监管区备货中心提供公共服务发生的租金、设备购置费、软件开发费用等给予最高50%的支持，单个申请单位每年度最高资助总金额不超过100万元。对开展跨境贸易电子商务的项目或平台的设备购置费、系统开发费用，对为中小型外贸企业提供公共服务物流、仓储、运输、监管等项目，以及自贸试验区、出口加工区或者市级主管部门认定的跨境电子商务基地搭建的进出口货物备货分拨平台的租金、设备购置费、软件开发费给予最高不超过50%的支持，单个申请单位每年度最高资助总金额不超过500万元。对经市商务委认定的上海市外贸综合服务企业，根据其服务本市中小外贸企业数量、出口规模及增长速度给予分档支持，对其相关服务系统的开发费用、设备购置费、软件和信息资料购置费给予最高不超过50%的支持。单个申请单位每年度最高资助总金额不超过500万元。对产业转移公共服务发生的办公用房租金、物业管理费、网络费等给予支持，单个申请单位每年度最高资助总金额不超过80万元。
② http://www.bjcoc.gov.cn/nsjg/fwmy/fwwb/zcfgFWWB/201505/t20150529_67806.html.
③ Appellate Body Report, Canada-Airports, WT/DS70/AB/R, para 154.
④ 林彩瑜，第245页。

销成本，至于市场上无法取得的专项拨款、奖金等项，更可直接推定存在利益。

即便是那些并非直接资助出口商而是提供给基地或平台的建设资金，美国也可能主张其虽然不是直接针对示范基地内的出口商，但是出口商实际因此获得降低成本之利益，从而构成事实上的出口补贴。关于这类间接资助是否授予利益，在某些情形下需要考虑是否存在"利益传递"（benefit pass-through）。在加拿大软木案中，专家组认为，"传递"的核心是，若补贴的接受者并非被调查产品的生产者或出口商，补贴可否被认为对该被调查产品授予了利益。如果没有证明补贴从补贴接受者传递到了该产品的生产者或出口商，就不能认定存在补贴。[①] 中国的公共服务平台计划通过提供部分资金等方式，鼓励服务型企业参与平台建设，企业事实上也必须负担一定成本，在利益传递分析中似也应考虑进去。由于SCM协定并未对传递分析提供任何直接的指引，多哈回合有关规则谈判也尚未结束，因此，间接形式的补贴在判定上仍存在较大的模糊性。

中国的另一辩护理由，可能来自SCM协定第1.1（a）（1）（iii）条"政府提供除一般基础设施外的货物或服务，或购买货物"。中方可能主张上述对于示范基地特别是公共服务平台建设的支出，是否属于该条所规定的"一般基础设施"范围。在欧共体大型民用飞机案（DS316）中，专家组对"一般基础设施"用语进行了解释，指出，所谓"基础设施"是指一个经济体的经济基础设施与服务（例如电力供应、马路建设等）、基本系统或组织建构以及国家或地方的公共工程系统；而"一般"则指包含或影响所有或几乎所有领域内、组织内经济整体，不能仅涵盖特定、部分的地方或部门；因此，"一般基础设施"指经济体内全部或几乎所有企业得以享受的基础设施或服务，而非仅供给单一、有限的企业的优惠。专家组指出，在认定"一般基础设施"时，最关键的要素是"一般"要件，是要存在法律上或事实上限制进入或使用，本身即违反"一般"要件而无须考虑其他。中国所资助的公共服务平台应属于"国家或地方的公共工程系统"无疑，但是否满足"一般"要件，则需具体考察系争措施是否规定公共服务平台仅限于示范基地内的企业或产业才能使用。以《财政部、商务部关于做好2011年外贸公共服务平台建设资金管理工作的通知》（财企〔2011〕88号文）为例，该通知第3条规定，"专项资金支持为上述基地内企业提供公共服务的各类平台建设。"显然，从满足该项例外"一般"要件的角度来看，中国有关公共服务平台的这一地域性限制是完全没有必要的。

（三）是否视出口实绩为条件

本案中，美国的指控仅限于SCM协定第3条下的出口补贴。依据《SCM协定》第2条第3款，禁止性补贴被认为对贸易具有直接的扭曲效果，因而具有专向性，所以无须进行第2条规定的专向性测试。但出口补贴需满足"视出口实绩为条件"

[①] 加拿大软木案（WT/DS257）。

（subsidies contingent upon export performance）这一核心要件。

对于补贴与出口实绩的关系，上诉机构在数个案件中围绕"视……为条件（contingent）"展开了大量阐述。在加拿大飞机案中，上诉机构从"视……为条件"的字典解释出发，认为其通常含义是"有前提的"或"其存在依赖于其他事物的"，① 因此，如果补贴是以"接受者的出口"为条件而授予，或补贴的存在依赖于"接受者的出口"，则该补贴即为"视出口实绩为条件"。"视出口实绩为条件"可作为提供出口补贴的唯一条件或条件之一。

上诉机构在加拿大汽车案中对"法律上以出口为条件"和"事实上以出口为条件"作出区分。为了确定一项补贴是否在法律上是以出口实绩为条件，首先应该确定的是从表面上看，该法律或法律文件规定是否以出口实绩为条件。② 换言之，考察的重点在于该法律文件的措辞本身而不是所涉案件的事实性因素。上诉机构指出，考察系争补贴措施的法律文字，足以决定在法律上是否有以出口实绩为要件的规定。上诉机构在该案中也强调指出，并不要求法律条文中明确规定（expressly provide）有这种条件性，只要可以明确推论出这种条件性，哪怕该含义是隐含的，也可以足以证明存在上述的条件性。③ 加拿大飞机案中，加拿大辩称其政府的一项规章在于提供全方位的风险管理服务及融资产品，其目的在于"直接或间接支持和促进加拿大的出口贸易"。④ 上诉机构认为，仅凭上述措辞本身就可以断定存在"法律上以出口实绩为条件"。⑤

因此，就本案中法律上的出口补贴指控而言，美国只需提出系争措施作为证据就足够了，即仅需考察中国中央和地方层级文件本身的规定，而无须考察外部事实，或作任何操作层面上的补贴数额认定。美国所列举的某些措施中，确实存在这类以出口实绩为条件的补贴，例如，2012年9月5日发布的《大埔县加快陶瓷产业发展优惠办法》（[2012]84号）第17条规定，"对外贸转型升级基地内的陶瓷企业，年出口销售额达1000万美元以上（含1000万美元），且实现正增长的给予奖励10万元。"还有一些文件虽不涉及以出口为条件给予补贴的明确规定，但隐含这种条件性，例如，广东省商务厅《关于做好2012年广东省外贸转型升级示范基地建设资金使用管理工作的通知》规定，国家汽车及零部件出口基地、国家船舶出口基地、国家软件出口基地和国家医药出口基地可申请本项资金支持，竞争性扶持条件包括基地出口总额、特色产品出口额等出口实绩的考察。

在韩国影响商用船舶贸易措施案（DS273）中，欧共体指控韩国进出口银行法律

---

① Appellate Body Report, *Canada-Aircraft*, Para 166.
② WT/DS142/AB/R, para. 100.
③ WT/DS142/AB/R, para. 100.
④ WT/DS70/R, para. 6.52.
⑤ Appellate Body Report, Canada-Autos, WT/DS70/AB/R, Para 100.

体系本身违反 SCM 协定,应证明该体系"要求"(mandates)提供补贴。① 就本案而言,美方挑战的主要是中国的示范基地及公共服务平台计划本身,而非特定出口企业获得政府补贴的事实。因此,美国如果要证明中国国家层面的示范基地培育计划"本身"违反 SCM 协定,也应证明这些文件在法律上明确"要求"(mandates)提供上述类型的补贴。但从部分文件来看,中国有关示范基地及公共服务平台的资助,并非完全取决于法律上的强制性要求,而是通过设立一定的客观标准,由相关主体主动申请,从而提供的资助。

就事实上的出口补贴而言,SCM 协定注释 4 专门就此作出解释:"如事实证明补贴的给予虽未在法律上视出口实绩而定,而事实上与实际或预期出口或出口收入联系在一起,则符合此标准。将补贴给予从事出口的企业这一事实本身不得成为被视为属本规定含义范围内的出口补贴的原因。"该规定表明,对于本来就是出口导向的企业授予补贴并不当然构成出口补贴。在美国外国销售公司案中,上诉机构引用了加拿大飞机案和加拿大汽车案中有关"以⋯为条件"的解释。② 上诉机构认为:脚注 4 中的规定体现了授予补贴应该与出口实绩存在紧密关联(close connection);与出口实绩相关联指的是在授予补贴的过程中,出口实绩是唯一的条件或多个条件之一。③ 符合脚注 4 的标准,必须证明"授予补贴""相联结"(is ⋯ tied to)以及"实际或预期的出口或出口盈余"三个要件。就本案而言,美国可能主张部分文件虽然不是直接针对示范基地内的出口企业,但事实上出口商因此获得降低成本等利益,从而构成事实上的出口补贴,但其需要证明对公共服务平台的补贴与出口实绩有紧密关联,这一点可能有利于中方的抗辩。此外,在加拿大飞机案中,专家组指出,其注意到对"单纯研究"的补贴或对"基于一般目的例如提高效率或采取新的科技"的补贴,相较于"直接协助企业将产品带至出口市场的补贴",较不可能构成事实上以出口为条件的补贴。因此,对于本案中那些未明文规定法律上以出口实绩为条件的补贴措施而言,例如为提高效率、便利企业这类一般目的而出资建设公共服务平台的补贴措施,要证明它们构成事实上的出口补贴而应予禁止,难度应相对更大。

SCM 协定第 3.1(a)条规定,出口补贴应包括附件 1 列举的补贴,因此,附件 1"出口补贴例示清单"所列举的 12 种常见出口补贴形式,对于判断系争措施是否属于出口补贴,也具有重要解释价值。在加拿大汽车案中,专家组确认附件 1 并非做了穷尽式列举,某一措施即便不属于清单所规定的情形,也不能排除它是应予禁止的补贴。在美国外国销售公司案中,上诉机构也认为:一项不属于例示清单的措施,并不能使之不被认定为其他形式的补贴,例如,它也可能属于《SCM 协定》第 5 条所规定的可诉补贴。同时,尽管例示清单列举的是出口补贴,但它还有一个作用,

---

① 朱榄叶,p.387.
② WT/DS108/AB/RW.
③ Ibid., para. 111.

即将一些补贴从出口补贴中排除,并规定这些补贴不得被禁止。[①]例如,脚注 5 在解释例示清单时指出"附件 1 所指的不构成出口补贴的措施不得根据本规定和本协定任何其他规定而被禁止";又如脚注 59 指出"当所采取的措施是为了避免对来源于国外的收入双重征税时,该出口补贴措施具有正当性。"就本案而言,鉴于美方指控仅限于出口补贴,则系争措施必须归属于附件 1 所列 12 种形式,如仅属于可诉补贴,则不在专家组审理范围。不过,如前所述,某些措施表明,中国确实通过示范基地及公共服务平台计划,由中央商务部或地方商务厅出资,订立达到一定出口标准的资助,可能构成附件 1 第(a)项的直接补贴、第 e 项的直接税减免以及第 j 项的出口信用保险等禁止性出口补贴类型。例如,前述《龙华新区关于加快推进工业转型升级的若干措施(试行)》包含出口信用保险方面的保费资助,《大埔县加快陶瓷产业发展优惠办法》包含以奖金形式体现的直接补贴。

三、案件评析

(一)中方在本案中仍有一定辩护空间

本案主要涉及 SCM 协定第 3.1(a)条的解释和适用问题。对于出口补贴,SCM 协定提供了两种救济方式:其一为国内调查程序;其二为直接诉诸 WTO 争端解决程序。可能是由于该案涉及中国从中央到地方有关示范基地和公共服务平台的大量文件及不同产业类型,加之许多补贴是通过示范基地或公共服务平台间接提供,较难估算受补贴的程度,因此美国选择直接向 WTO 起诉中国示范基地及公共服务平台计划而非展开国内单边调查。

上文分析表明,中国的示范基地和公共服务平台计划在构成 SCM 协定第 1.1(a)(1)条款意义上的财政资助,以及授予利益方面似无太大争议,其中部分措施也确实涉嫌"以出口实绩为条件"从而构成第 3.1(a)条下应当予以禁止的出口补贴。但这并不表明中方在本案中完全处于被动,本案仍然存在许多的争议点需要澄清。例如,在法律上的出口补贴方面,需证明中国的示范基地和公共服务平台计划在法律上强制性"要求"(mandates)对出口商提供直接或间接补贴。而实际上中国有关示范基地及公共服务平台的资助,并非完全取决于法律上的强制性要求,而是由相关主体主动申请,并根据一定的客观标准予以审查后加以提供;在事实上的出口补贴方面,需证明中国所授予补贴与出口实绩之间存在紧密关联(close connection)。鉴于中国的政府补贴大多并非直接针对示范基地内的出口企业,而主要是针对示范基地和公共服务平台的建设。虽然出口商可能因此获得降低成本等利益,但在是否存在利益传递、是否与出口实绩存在紧密关联等问题上仍是存疑的。而且,中国的公

---

① 邓得雄:《国外对华反补贴研究——政策转变、影响及对策》,中国商务出版社 2010 年版,第 38 页。

共服务平台计划亦可援引第1.1（a）（1）（iii）条项下的一般基础设施例外进行抗辩。即便最终不能满足该条要件，此类公共服务平台亦有可能被归入"基于一般目的例如提高效率或采取新的科技"的补贴类，相较于"直接协助企业将产品带至出口市场的补贴"，较不可能构成事实上以出口为条件的补贴。

（二）中方是否应中止示范基地及公共服务平台计划

如前所述，由于部分措施存在较为明显的违法嫌疑，中国在本案中无疑是处于被动地位的，但是也不存在完全败诉的可能。本文认为，即便DSB最终裁定部分措施违法，中国也仅需对那些明显违法的部分进行废止或者修订即可，而无须整体上中止示范基地及公共服务平台计划。从这一层意义上来说，美国的起诉将很难阻止或者破坏中国开展外贸产业转型的努力。

中国的公共服务平台计划与当前的创新商业模式——平台经济（Platform Economics）颇为类似。所谓平台经济是一种全新的经济形态，主要是指企业通过运用互联网信息技术，搭建线上线下互动的交易平台，从事信息互动、多方交易、信用支付、增值服务或媒体传播等高技术服务业新领域。其特点是跨越产业边界、跨越地域界限、跨越传统发展模式，具有信息海量化、交易平台化、产业融合化、业态新型化、服务专业化等内涵特征。平台经济并不是一种完全崭新的商业模式，早年经常提到的中介公司所扮演的就是平台型企业的角色，其所从事的经济活动即属于平台经济。晚近的平台经济则更多借助于互联网络，使人们突破沟通交流的空间限制，电子支付技术和现代物流服务又给人们在金融交易和实际货物交易方面带来极大便利，各种平台由此迅速建立并不断扩张。平台经济将改变企业的营销方式和人们的消费方式，也在推动现代经济的变革和重塑。因此，发展公共服务平台关系到中国未来数十年里能否在全球市场竞争中抢占先机取得优势地位，具有十分深远的战略意义。

与示范基地所具备的天然的地区专项性特征相比，由政府出资，搭建不具有地域限制的公共服务平台，更容易满足WTO合规性要求。因此，在示范基地和公共服务平台计划二者之间，本文更倾向于对后者予以保留并升级。

（三）应突出强调地方性文件的WTO合规性审查

中国入世虽然已有近15个年头，已成为世界第一货物贸易大国和第二大经济体，是120多个国家的第一大贸易伙伴。但由于法律体系本身存在一些历史遗留的固有缺陷，在补贴政策等方面一直存在颇为严重的混乱状况，并受到WTO其他成员方的长期关注。为了切实履行WTO条约法义务，中国政府在加强贸易政策合规性审查方面开展了大量的卓有成效的工作。商务部也曾多次发布《关于（进一步）加强贸易政策合规工作的通知》。在国务院的高度重视下，各部委及地方行政机关日益认识到贸易政策合规工作的重要性，商务部受理各部门送交的征求合规意见文件数量大幅上升。2014年12月12日，为增强贸易政策合规工作的规范性和操作性，商务部还就此专门发布了《贸易政策合规工作实施办法（试行）》，就可能影响贸易的三大类政策措施进行合规审查。①

  如前所述，在美国所列举的中方有关示范基地和公共服务平台计划的中央和地方层级文件中，绝大多数中央层级文件均颇为充分地意识到WTO合规性工作的重要性，一些文件还就此专门进行了文字性规定，提及应"符合世贸组织规则要求""履行中国在国际贸易投资协定中的义务"等；在涉及有争议性补贴方面的措辞用语上也颇为考究，较难被人抓住把柄。不过，可以发现，在地方层级上，一些文件仍然存在较为突出的合规性问题，这表明在我国某些地区仍然存在法治意识不强、专业人才配备不足等问题，亟待加强。

---

① 参见《中国国际法治发展报告》（2014年），武汉大学出版社2015年版。

中国在WTO争端解决中败诉的原因分析

朱榄叶[*]

摘 要：文章认为，中国在 WTO 争端解决中败诉率高有如下原因：WTO 成员对争端解决机制一般都持谨慎利用的态度，不存在"滥用诉讼权利"的情况；中国制定行政法规或部门规章的机构之间缺乏协调；中国承担了超 WTO 义务；反倾销反补贴行政机构在反倾销反补贴调查的细节上还有缺陷。

中国入世已经 13 年多了。2004 年，中国第一次在 WTO 争端解决机制成为被申诉方，在之后的 10 年时间里，中国被诉案件大量出现，成为继美国和欧盟之后第三大被诉方。[①]

中国在 WTO 争端解决机制作为被申诉方的案件有 33 个，涉及 14 项国内政策和 7 项反补贴反倾销措施，成立了 13 个专家组（20 个案件），[②] 其中有 10 个专家组/上诉机构报告已经通过，其余 3 个还在上诉或专家组工作阶段。已经有结果的 11 个报告（包括上诉机构目前还在审理的）都是中国败诉，[③] 败诉率为 100%。中国作为申诉方的 13 个案件中有 10 个通过专家组程序，在已经有结果的 9 个案件中也有一个败诉，败诉率为 11.1%。同期美国作为申诉方和被诉方的败诉率分别为 0% 和 90.5%，欧盟为 11.7% 和 100%。无论是作为申诉方还是被诉方，中国的败诉率都高于美欧。[④] 中国败诉的案件涉及面广，包括国民待遇、数量限制、服务贸易、知识产权、反倾销、反补贴和保障措施等多项协定和原则，近年来还涉及中国对进口产品实施的反倾销、反补贴措施。造成中国败诉率高的原因，究竟是由于中国在入世时承担了比其他成

---

[*] 朱榄叶，华东政法大学国际法学院教授。
[①] 自 2001 年 12 月 11 日中国成为 WTO 成员至 2015 年 5 月 31 日，WTO 的 DSB 共受理了 251 个申诉，其中美国被诉 68 次，欧盟被诉 49 次，中国被诉 33 次，排在被诉第 4 位的墨西哥仅有 8 次。
[②] WTO 对不同申诉方针对同一被申诉方的同一措施提出的申诉，往往成立一个专家组解决。针对中国的 20 个案件涉及 13 项措施。
[③] 只要专家组/上诉机构认定被诉措施中存在违反 WTO 义务的情况，需要纠正的，即使申诉方的某些诉请没有得到支持，笔者也作为案件败诉统计。
[④] 按照 1995 年 1 月 1 日至 2015 年 5 月 31 日的数据计算，美国作为申诉方和被诉方的败诉率分别为 9.8% 和 91.4%，欧盟为 6.1% 和 87.1%。

员更多的义务,还是中国的法律体制与中国的国际义务不协调?有没有其他的原因?本文希望通过研究这些现象,从中找出普遍的问题。为今后有针对性地提出对策提供一些基础。

笔者认为,中国败诉率高的原因是多方面的,既有客观原因,也有主观原因。

首先从客观方面看。WTO 的争端解决机制为各成员解决它们之间的贸易纠纷提供了一个有效的途径。尽管这一机制本身还存在各种问题,但由于有比较完善的程序设计,WTO 争端解决机制运行 20 年得到各成员和学界等各方面的好评。WTO 总干事阿泽维多在新书 A History of Law and Lawyers in GATT/WTO 发布会上指出:"一个高效且有效的争端解决机制的存在帮助我们在世界经济危险的时刻阻止了可能造成灾难的保护主义。"在该书的前言中,他指出"在不到 20 年的时间里,有近 500 个案件提交到 WTO。成员们以这种方式利用这一机制,是对其有效性的充分肯定。"[①]各成员作为主权国家或单独关税区,在利用 WTO 的争端解决机制问题上是很认真的,只有在双边磋商无法解决问题的时候,才会启动 WTO 的争端解决机制。这一点从 WTO 争端解决案件胜诉率可以得知。至 2015 年 5 月 31 日,DSB 受理的案件已经有 200 个案件的专家组/上诉机构报告获得通过,[②]申诉方胜诉率达 92%,申诉方败诉的案件只有 16 个,其中 10 个案件是专家组认为申诉方没有能够提供充分的证据支持其主张。[③]由此看来,争端的相对双方是哪些成员,争端涉及什么措施与败诉率之间并没有直接关系。WTO 成员并不轻易地将其他成员"告上法庭",每个成员都经过"深思熟虑"才提出申诉。WTO 的 161 个成员中,只有 47 个提出过申诉,还不到成员总数的三分之一,这也显示了 WTO 成员在利用争端解决机制方面是很谨慎的。对于申诉涉及的措施违反了 WTO 的哪个协定的哪项规定,申诉方都在国内经过认真研究,因此申诉得不到支持的概率就很小。

笔者认为申诉方针对争议措施进行的诉前准备是中国(包括其他被诉方)败诉率高的主要原因。就以美国诉中国知识产权保护措施案为例,美国 20 多年来一直对中国的知识产权保护制度横加指责。中国成为 WTO 成员后,美国的业界普遍要求政府在 WTO 指控中国。[④] 但一直到了 2005 年 10 月,美国才和日本、瑞士一起启动了 TRIPS 协定第 63 条下的程序,要求中国就知识产权保护提供更具体更详尽的数据和资料。[⑤] 此后又酝酿了一年半多,美国才正式向 WTO 提出涉及中国知识产权保护制

---

① https://www.wto.org/english/news_e/spra_e/spra63_e.htm 2015 年 6 月 5 日访问。
② 还有 22 个专家组或上诉机构正在工作,25 个专家组没有组成。
③ 参见笔者论文"赢多输少还是输多赢少?——WTO争端解决机制申诉方败诉案件解析",载《现代法学》2009 年第 6 期。
④ 美国国际知识产权联盟 2002 年报告要求继续把中国至于特殊 301 条款的监督之下,要求美国政府督促中国遵守其在 TRIPS 协定下的义务,特别是实施知识产权的义务。http://www.iipa.com/countryreports.html,2015 年 6 月 5 日访问。
⑤ "美国要借 WTO 施压中国知识产权保护日本也跟风",载《第一财经日报》2005 年 10 月 28 日,转引自 http://www.unitalen.com.cn/html/report/20205-1.htm,2015 年 6 月 2 日访问。

度的指控。①

笔者认为，中国败诉率高的另一个原因是中国有权力制定经济活动法规的机构既分散又有交叉，这难免会产生冲突，包括积极冲突和消极冲突，不同机构都来行使管辖权，都对某类活动制定规范，或机构之间"踢皮球"。中国的行政机构在规范经济运行时，不同的行政机关在自己负责的部门或领域制定规则，常常是政出多门，缺乏沟通和协调，在新的规则发布前，并没有与有关联的其他部门充分沟通，这也容易造成某些政策性措施被认定违反 WTO 规则，从而使我国败诉。例如，汽车零部件案，为了应对某些汽车企业规避整车进口关税而进口散件或半散件的非法行为，②中国出台了《构成整车特征的汽车零部件进口管理办法》和《进口汽车零部件构成整车特征核定规则》，对符合条件的零部件进口，不再按 10% 征税，而按整车征收 25% 的关税。文件规定的条件之一是：经过组装后进口零部件价值超过整车价值 60%，也就是在中国国内增值不到 40%，即按整车征税。专家组和上诉机构认为这一措施是"国内税费"，确认这一措施违反了 GATT 第 3.2 条的国民待遇原则。在《工作组报告》关于"原产地规则"的第 97 段和 98 段，中国代表"确定实质性改变的标准是：……（b）增值部分所占新产品总值的比例达到或超过 30%"，"依照以上所列标准，当一进口产品在几个国家加工和制造时，原产地应为对产品进行实质性改变的最后一个国家。用于统计目的的原产地规则也是如此"。如果上述关于汽车进口关税的文件中的标准不是 60% 而是 70%，即进口零部件达到整车价值的 70% 以上，则中国完全可以争辩说，这样的汽车在中国的增值不到 30%，根据各方都知晓的中国确定原产地的原则，该汽车只能被作为外国产品。虽然笔者不能肯定这样规定是不是能够让专家组对中国措施的合规性有不同的看法，但至少可以保证中国制定的政策在书面上满足了 WTO 义务的要求。

2009 年的原材料案也显露出我们的机构之间缺乏协调。为了保护环境，阻止由于乱开采造成的环境恶化，中国的相关政府部门出台了一系列文件，通过出口配额和出口关税的方式限制铝矾土、焦炭、萤石、镁、锰、碳化硅、金属硅、黄磷和锌的出口。众所周知，要保护环境，可以采取从技术到法律的多种措施。最有效的当然是从源头上管理。而原材料案涉及的措施，偏偏选择了控制出口的方式。中国为自己提出了 GATT 第 20 条抗辩，认为中国的措施是保护环境所必需的。在分析这个措施"必要性"的问题上，申诉方提出了一系列"替代措施"以证明中国的出口限制措施不是"必需的"。③ 中国抗辩说出口限制会使环境成本内化，这一观点没有被

---

① WT/DS362，2007 年 4 月 10 日提出。
② 根据中国入世承诺，整车进口关税是 25%，汽车零部件进口关税是 10%。
③ 这些措施包括：向环境友好型技术投资、消费品回收利用、提高环境标准、对矿渣回收利用的基础设施投资、在不影响国内供应的情况下鼓励国内回收利用矿渣，实施生产限制或更严格的污染控制措施等等。

专家组接受。① 如果在相关政策出台前，由商务部牵头，认真分析可能采取的措施与 WTO 义务的相符性，有针对性地设计措施，应该可以在达到政策设计目的的同时不违反 WTO 义务。中国改革开放毕竟才 30 多年，入世也还不到 14 年，国内经济决策体制与市场经济的要求的不协调之处还需要不断适应和调整，继续改进。这些不协调之处也是造成中国败诉率高的又一个原因。

除了以上两点原因，中国在入世时承担了比其他成员更多的义务，这也是中国因实体规范被诉和败诉率高的一个原因。每个新会员在加入 WTO 时，要和已有的 WTO 成员谈判，签订加入文件，《加入议定书》和《工作组报告》是加入 WTO 的正式文件之一，是申请加入成员与 WTO 已有成员谈判的成果。新加入的成员作出的一些承诺，往往是其他已有成员无须承担的义务，这就是许多学者所说的"超 WTO 义务"，中国在《加入议定书》和《工作组报告》中也作出过这样的承诺。

由于稀土案的缘故，许多人了解了《加入议定书》的特定条款，也知道了在中国作为被申诉方的案件中，中国《加入议定书》和《工作组报告》频频成为申诉方提出申诉的重要依据。据统计，至 2015 年 5 月 31 日，针对上述 21 项法规或措施提出的 33 个案件，有 10 项措施（20 个案件）的申诉涉及中国《加入议定书》；经过专家组程序处理的涉及中国 13 项法规或措施的 20 个案件，涉及《加入议定书》的有 4 项法规（10 个案件），② 分别是 China–Auto Parts（DS339/340/342），③ China–Publications and Audiovisual Products（DS363），④ China–Exportation of Raw Materials（DS394/395/398），⑤ China — Rare Earths（DS431/432/433）。⑥ 这些案件涉及的都是我国关系国民经济全局的政策层面的法规，与 2010 年以后美欧针对我国商务部具体的反倾销、反补贴措施提出的申诉不同。

据笔者统计，以成员的《加入议定书》作为争端解决中提出申诉的依据，中国是迄今被诉方中唯一的成员。具体观察中国被诉案件涉及的《加入议定书》和《工作组报告》的条款，所涉及的是贸易权（《加入议定书》第 5 条，《工作组报告》第 83 段和 84 段）、非关税措施（《加入议定书》第 7 条）以及进出口税费和出口许可制度（《加入议定书》第 11 条，《工作组报告》第 93 段、162 段和 165 段）。

以原材料案和稀土案涉及的出口税为例。WTO 诸协定中都没有具体规定允许或禁止成员方征收出口税，虽然 GATT 第 11 条涉及了出口限制，但是该条规定要求普

---

① 专家组认为出口限制造成国内供应量增加，从而导致产品价格下降，这会刺激国内消费的增加，反过来会增加国内生产。因此，普遍接受的观点是出口限制不是解决环境问题的好方法。
② 其余案件主要涉及中国对美国和欧盟产品的反倾销反补贴措施，见附表。
③ 涉及《加入议定书》第 1.2 条、7.2 条和 7.3 条，《工作组报告》第 93 段、203 段、342 段。
④ 涉及《加入议定书》第 1.2 条、5.1 条和 5.2 条，《工作组报告》第 83（d）段、84（a）段、84（b）段。
⑤ 涉及《加入议定书》第 1.2 条、5.1 条、5.2 条、11.3 条，《工作组报告》第 83 段、84（a）段、84（b）段、第 162 段、165 段、附件 6。
⑥ 涉及《加入议定书》第 5.1 条和 11.3 条，《工作组报告》第 83 段、84 段、162 段、165 段。

遍消除进出口数量限制，而没有涉及出口关税。在 WTO 没有设定义务的领域，实际上是 WTO 允许各成员在该领域享有完全自主权，加入方当然享有自由设定规则的权利。在 WTO 体系中，有很多方面都没有进行调整，这本身意味着成员方可以自由支配这些方面的权利。但是，许多新加入成员方却在《加入议定书》中就这些部分设置了禁止性规则。比如，中国《加入议定书》第 11.3 条明确承诺，"除非在本议定书的附件 6 中明确规定或按照 GATT1994 第 8 条的规定，中国应取消对出口产品的全部税费"。很明显，与自主决定出口税的 WTO 初始成员和没有作出此项承诺的新加入成员相比，中国承担着更重的义务。① 不仅如此，专家组还通过字面解释、引入解释等方法，认为 GATT 第 20 条不适用于中国出口税，将中国的措施排除出 WTO 成员可以援引的例外情况，使中国处于更加不利的境地而败诉。

除了前述有关国内和国际环境上的客观因素和主观因素，中国国内行政程序上缺少符合 WTO 义务的操作规范，也是中国在 WTO 被诉和败诉率高的重要因素。

从 2010 年开始，中国反倾销反补贴调查机关的行政决定也越来越多地受到美国和欧盟的指控。② 这些指控针对的主要是行政决定中存在的程序问题，包括：中国调查机关在决定发起调查时是否有足够的证据（《反补贴协定》第 11.2 条和第 11.3 条），未给利害关系方提供申辩机会（《反倾销协定》第 6.2 条），保密材料的非保密概要（《反倾销协定》第 6.5.1 条，《反补贴协定》第 12.4.1 条），在调查中使用可得事实（《反倾销协定》第 6.8 条和附件 II 第一段，《反补贴协定》第 12.7 条），对价格影响的分析（《反倾销协定》第 3.1 条、第 3.2 条、第 3.4 条、第 3.5 条、第 6.9 条和第 12.2 条，《反补贴协定》第 15.1 条、第 15.2 条、第 12.8 条和第 22.5 条），因果关系分析（《反倾销协定》第 3.1 条，《反补贴协定》第 15.1 条），反倾销反补贴税率的计算（《反倾销协定》第 2.2.1 条，《反补贴协定》第 19.4 条），终裁决定公告信息是否充分（《反倾销协定》第 6.9 条和第 12.2 条，《反补贴协定》第 12.8 条、第 22.3 条和第 22.5 条）。反倾销反补贴税残值计算《反倾销协定》第 6.8 条和附件 II，《反补贴协定》第 12.7 条）。在反倾销反补贴调查和征税的具体步骤方面，即便是有多年的行政实践经验的美国和欧盟的调查机关，但在涉及具体措施的案件中都被判定违反相关协定的某些具体规定，更遑论是中国的调查机关。③ 中国从 1997 年才开始有了反倾销反补贴调查和征税的法规，入世前我国虽然对此做了新的规定，最近又作了修改，但毕竟我国反倾销反补贴条例实施的时间不长，调查机关的具体做法不符合 WTO 相关规定也不足为奇。

笔者认为，WTO 成员对争端解决机制一般都抱着谨慎利用的态度，中国制定行政法规或部门规章的机构之间缺乏协调，中国承担的超 WTO 义务，反倾销反补贴行

---

① 克罗地亚、沙特阿拉伯、拉脱维亚、蒙古、乌克兰和越南作为新成员在加入时也作过类似承诺。
② 占 2010 年以来中国被诉的 17 个案件中的 8 件。
③ 经过专家组程序处理的，以美国和欧盟为被申诉方的反倾销反补贴措施案件分别是 39 件和 28 件。美国和欧盟都败诉。

政机构在反倾销反补贴调查的细节上还有缺陷,这些是造成中国在 WTO 争端解决中败诉率高的原因。针对这些原因,应该制定不同的对策。

附表:
WTO 争端解决机制涉及中国的案件

表1　中国作为申诉方的案件

序号	案号	被诉方	提出	纠纷	状况
1	252	美国	2002	钢产品最终保障措施	终结
2	368	美国	2007	铜版纸反倾销和反补贴初裁决定	磋商
3	379	美国	2008	对某些产品的反补贴和反倾销措施	终结
4	392	美国	2009	影响中国禽肉进口的措施	终结(未上诉)
5	397	欧共体	2009	对中国紧固件的反倾销措施	终结
6	399	美国	2009	影响中国轿车和轻货车轮胎进口的措施	终结
7	405	欧共体	2010	对中国皮鞋的反倾销措施	终结(未上诉)
8	422	美国	2011	对冷冻温水虾的反倾销措施	终结(未上诉)
9	437	美国	2012	对中国产品的反补贴措施	终结
10	449	美国	2012	反补贴反倾销措施	终结
11	452	欧盟	2012	影响新能源发电产业的某些措施	磋商
12	471	美国	2013	涉及中国的反倾销程序中的方法及其适用	专家组未组成
13	492	欧盟	2015	影响禽类产品关税减让的措施	磋商

表2　中国作为被申诉方的案件

序号	案号	申诉方	提出	纠纷	状况
1	309	美国	2004	集成电路增值税	和解
2	339	欧共体	2006	影响汽车零部件进口的措施	终结
3	340	美国	2006		
4	342	加拿大	2006		
5	358	美国	2007	对税收和其他费用的返还和减免措施	和解
6	359	墨西哥	2007		
7	362	美国	2007	影响知识产权保护和实施的措施	终结(未上诉)
8	363	美国	2007	影响出版物和音像制品贸易权和分销服务的措施	终结

续表

序号	案号	申诉方	提出	纠纷	状况
9	372	欧共体	2008	影响金融服务信息服务和外国金融信息提供者的措施	和解
10	373	美国	2008		
11	378	加拿大	2008		
12	387	美国	2008	赠与、贷款和其他激励措施	和解[①]
13	388	墨西哥	2008		
14	390	危地马拉	2009		
15	394	美国	2009	涉及各种原料出口的措施	终结
16	395	欧共体	2009		
17	398	墨西哥	2009		
18	407	欧盟	2010	对欧盟钢铁紧固件的反倾销税	磋商
19	413	美国	2010	影响电子支付的措施	终结（未上诉）
20	414	美国	2010	对来自美国的取向电工钢的反补贴反倾销税	终结
21	419	美国	2010	涉及风能设备的措施	和解[②]
22	425	欧盟	2011	对X射线检测设备的反倾销税	终结（未上诉）
23	427	美国	2011	对肉鸡产品的反倾销反补贴措施	终结（未上诉）
24	431	美国	2012	稀土出口限制措施	终结
25	432	日本	2012		
26	433	欧盟	2012		
27	440	美国	2012	对汽车的反倾销反补贴税	终结（未上诉）
28	450	美国	2012	对汽车产业的补贴	磋商
29	451	墨西哥	2012	支持纺织品和服装生产和出口的措施	磋商
30	454	日本	2012	高性能不锈钢无缝焊管反倾销措施	上诉
31	460	欧盟	2013		
32	483	加拿大	2014	对进口浆粕的反倾销措施	专家组
33	489	美国	2015	示范基地和公共服务平台项目	专家组未组成

① 据悉这些案件已经和解，未通知的原因不详。
② 据悉这一案件已经和解，未通知的原因不详。

论经济制裁在WTO中的可诉性

——"美国有关克里米亚危机银行制裁措施"WTO争端解决预分析

谭观福[*]

摘　要：本文从WTO争端解决视角，对"美国有关克里米亚危机银行制裁措施"争端进行了预分析。文章认为，在WTO解决该争端将更加公平、高效。美国的银行制裁措施属于GATS第I.1条所指的"影响服务贸易的措施"，GATS在本案中具有可适用性。美国的银行制裁措施很可能违反GATS下国民待遇和最惠国待遇义务。俄罗斯亦可尝试"非违反之诉"进行主张。WTO一旦受理该案，美国很可能援引安全例外条款进行抗辩，但由于该条款在WTO争端解决实践中并未得到澄清，俄罗斯仍存在反驳的余地。美国有关次级制裁措施很容易被指控违反最惠国待遇义务。俄罗斯的反经济制裁措施不具有WTO法上的合规性。

关键词：WTO；争端解决；经济制裁

乌克兰问题本是一般的国内政治问题，但由于加入了美国和俄罗斯的立场，就牵动了全世界的神经。随着俄罗斯持续威胁乌克兰，西方国家陷入了一场对俄罗斯的制裁战之中。2014年4月，美国扩大了对俄罗斯的制裁力度，制裁对象覆盖了特定个人所持有或控制的19个公司或实体，这些公司大都集中于金融、能源和建筑行业。美国商务部还对其中的13家公司施加了额外的高技术产品出口限制。[①]

2014年4月16日，根据俄罗斯经济发展部部长的意见，俄罗斯政府正在考虑将"美国有关克里米亚危机银行制裁措施"提交到WTO。该部长随后发布了关于俄罗斯经济情势恶化的报告，包括了"投资暂停"（其几乎使经济增长停止）。俄罗斯在日内瓦的代表团已经讨论了将美国制裁措施在WTO起诉的可能性。俄罗斯经济发展

---

[*] 谭观福，上海对外经贸大学WTO研究教育学院硕士研究生，研究方向：国际经济法、WTO法。
[①] Gary Clyde Hufbauer, Cathleen Cimino, and Tyler Moran, Ukraine-Related Sanctions: Facts and Assessment, May 12, 2014, http://blogs.piie.com/realtime/?p=4309Gary, 最后访问时间：2015年3月1日。

部部长 Alexei Ulyukayev 认为,美国对俄罗斯银行的制裁措施属于 WTO 管辖的范围,并希望利用 WTO 机制使其合作伙伴受到规制。美国针对俄罗斯银行的制裁措施影响了银行的运营,俄罗斯的经济形势目前处于高度不稳定的状态。经济增长的下滑主要与私人资本领域内的"投资暂停"(其已严重减少了投资的流动)有关。[①]

如果俄罗斯真的将"美国有关克里米亚危机银行制裁措施"告到 WTO,这将提升 WTO 争端解决机制的地位。人类将用更文明的手段——国际法治,来解决国家之间的争端。

一、美国有关"银行制裁措施"争端是否可在 WTO 解决

经济制裁(economic sanctions)是指采用断绝外交关系以外的非武力强制性措施进行制裁,常见的方式包括:实施贸易禁运、中断经济合作、切断经济或技术援助等。《联合国宪章》第 41 条规定,"安全理事会得决定所应采武力以外之办法,以实施其决议,并得促请联合国会员国执行此项办法。此项办法得包括经济关系、铁路、海运、航空、邮、电、无线电及其他交通工具之局部或全部停止,以及外交关系之断绝。"可以说,《联合国宪章》为国家实施经济制裁行为提供了国际法上的依据。但从联合国通过决议的数量可以看出,安理会并不经常动用制裁的手段。其中,对伊拉克的经济制裁甚至造成了严重的人道主义灾难。

俄罗斯希望通过 WTO 来解决"银行制裁措施"争端,那么 WTO 对该类争端是否享有管辖权?研究 WTO 的管辖范围应首先从《关于争端解决规则与程序的谅解》(DSU)入手。根据 DSU 第 1.1 条的规定,WTO 争端解决机制应当适用于依据 WTO "适用协定"(covered agreements)所产生的争端,第 3.1 条也表明,DSU 是根据 GATT1947 第 22 条和第 23 条进一步详述而得出的规则和程序,GATT 第 22 条和第 23 条是 DSU 管辖权的来源和依据。[②] 依据 GATT 第 23 条的表述,WTO 管辖的案件包括违反之诉(violation complaint)、非违反之诉(non-violation complaint)和其他情形之诉(situation complaint)。因此,WTO 的管辖范围相当宽泛,特定争端只要与 WTO 适用协议相关,且导致成员方在协定项下直接或间接获得的利益正在丧失或减损,或协定任何目标的实现正在受到阻碍,成员方即可向 WTO 寻求救济。

虽然 WTO 协定并未涉及"经济制裁",但 WTO 规则对经济制裁行为沉默的事实并不表示这些规则不适用。众所周知,一般国际法适用于 WTO,WTO 规则是国际公法更广泛主体的一部分。[③] 因此,存在于 WTO 条约签订之前的非 WTO 规则,

---

① Jenny Johnson, Russia May Lodge WTO Complaint Against U.S. Over Sanctions Targeting Banks, http://blog.sina.com.cn/s/blog_4c0f444d0101j00q.html,访问时间:2015 年 3 月 1 日。

② 黄志瑾:"论国家安全审查措施在 WTO 中的可诉性",载《河北法学》2013 年第 12 期。

③ Joost Pauwelyn, The Role of Public International Law in the WTO: How Far Can We Go? *American Journal of International Law*, Vol. 95, Issue 3 (July 2001), p. 538.

并未被 WTO 条约所分离或替换，而继续得到适用。在解释 WTO 协定的必要范围内，专家组和上诉机构有权使用或考虑其他各种条约、习惯和一般法律原则。[①] 在解释"银行制裁措施"时，所有的这些非 WTO 规则应当包括经济主权和不干涉经济事务的习惯规范。这在 DSU 第 3.2 条得到了明确的证实，该条规定，WTO 适用协定应当依照解释国际公法的惯例予以澄清。笔者认为，"经济制裁措施"争端可以在 WTO 框架内解决，若不承认该主张将违背 WTO 协定的字面含义和内在精神。

以规则为导向的 WTO 争端解决具有强有力的执行机制，具有准司法性。DSB 享有广泛的自由裁量权来解释什么构成一项可审理的主张（claim）。由于 WTO 已经专门为公平贸易和竞争提供了法律框架，它有权力和必要的机关来确保裁决的执行，因此，在 WTO 解决"银行制裁措施"争端将更加公平、高效。

二、GATS 协定在美国有关"银行制裁措施"争端中的适用

《服务贸易总协定》（GATS）第 1 条第 1 款规定："本协定适用于各成员方影响服务贸易的措施。"美国的银行制裁措施涉及对俄罗斯银行服务业的影响，那么该措施是否属于 GATS 中的"影响服务贸易的措施"？

根据 GATS 第 1 条第 3 款[②]以及 GATS 第 28 条[③]的规定，GATS 下的措施包括成员方的立法、司法和行政行为，只要这些行为涉及服务贸易，则不能违反 GATS 下的义务。

"措施"对服务贸易的"影响"，在 GATS 第 28 条（c）项中有比较模糊的说明，即，"各成员影响服务贸易的措施"包括关于下列内容的措施：（i）服务的购买、支付或使用；（ii）与服务的提供有关的、各成员要求向公众普遍提供的服务的获得和使用；（iii）一成员的个人为在另一成员领土内提供服务的存在，包括商业存在。

在"欧共体香蕉案"中，专家组认为，"影响"一词意味着"效果"的意思，可以包含任何类型、任何领域的措施，并不能因为 GATS 第 28 条（c）项使用了"关于"的表述而缩小"影响"一词的范围。[④] 上诉机构也认为，"影响"一词的普通含义意味着，一项措施对某事物产生影响（an effect on），其适用范围是很广泛的。[⑤] 因

[①] 许楚敬：《非 WTO 法在 WTO 争端解决中的运用》，社会科学文献出版社 2012 年版，第 246 页。

[②] GATS 第 1 条第 3 款规定，"就本协定而言：'成员的措施'是指：（i）由中央、地区或地方政府和主管机关所采取的措施；及（ii）由中央、地区或地方政府或主管机关授权行使权力的非政府机构所采取的措施。"

[③] GATS 第 28 条进一步说明："'措施'指一成员的任何措施，无论是以法律、法规、规则、程序、决定、行政行为的形式还是以任何其他形式。"

[④] European Communities-Regime for the Importation, Sale and Distribution of Bananas, WT/DS27/R/ECU(22 May 1997), papa.7.280.

[⑤] European Communities-Regime for the Importation, Sale and Distribution of Bananas, WT/DS27/ABR/(9 September 1997), papa.220.

此，上诉机构同意专家组的意见，即成员方采取的任何措施，只要影响到了服务贸易，都属于 GATS 的适用范围，无论这项措施是直接规范服务贸易还是因直接规范其他事项而影响到服务贸易。

俄罗斯农业银行、俄罗斯外贸银行和莫斯科银行等金融机构被美国列入黑名单，美国或在美国境内居民禁止向这些银行提供资金或提供超过 90 天的贷款。[①] 这显然对俄罗斯银行服务业的提供产生了影响，因此，美国的银行制裁措施属于 GATS 第 1 条第 1 款所指的 "影响服务贸易的措施"，GATS 在本案中具有可适用性。

那么美国的措施是否违反了 GATS 规则下的相关义务？要回答这个问题，首先必须具体分析美国《服务贸易具体承诺减让表》（以下简称《减让表》）是否对相关银行服务作出了市场准入和国民待遇的承诺以及承诺的具体范围。美国的《减让表》对银行服务作出了有条件的开放承诺，例如对于银行服务业在商业存在模式下的市场准入设置了准入资本金、所有权结构、准入业务等方面的限制。在本案中，美国的银行制裁措施并不构成对市场准入义务的直接违反。但就国民待遇义务而言，笔者暂且不谈美国在《减让表》中对银行服务业的具体承诺，美国对俄罗斯银行的制裁本身很显然违反了国民待遇原则。GATS 第 17.3 条规定："如形式上相同或不同的待遇改变竞争条件，与任何其他成员的同类服务或服务提供者相比，有利于该成员的服务或服务提供者，则此类待遇应被视为较为不利的待遇。"美国的制裁措施显然不可能也对国内实施，其对俄制裁使得国内同类银行服务业和服务提供者[②] 处于较为有利地位，所以违反了国民待遇义务。此外，由于最惠国待遇义务是无条件的，美国将其银行制裁措施有选择性地针对俄罗斯很容易被指控违反最惠国待遇原则。

三、美国有关"银行制裁措施"非违反之诉分析

即便俄罗斯通过援引 WTO 条文进行起诉存在一定困难，俄罗斯亦可尝试 "非违反之诉"进行主张。非违反之诉的法律依据来源于 GATT1947 第 23 条第 1 款（b）项，但它在 WTO 争端解决实践中很少适用。"日本消费胶卷和相纸案"是 WTO 中第一起涉及非违反之诉的案件，专家组在该案的裁决报告中指出，尽管非违反之诉在 GATT/WTO 争端解决中是一种重要且被广泛接受的救济手段，且被载入书中已有近 50 年，但专家组或工作组在实践中只有在 8 个案件中实质上涉及非违反之诉。这意味着无论是 GATT 缔约方还是 WTO 成员方都将非违反之诉视为争端解决机制的例外，使用时比较谨慎。[③]

---

① 盛海燕："乌克兰危机下西方与俄罗斯的制裁战及其影响"，载《西伯利亚研究》2014 年第 5 期。
② GATS国民待遇条款适用的一个前提是 "同类服务和服务提供者" 的确定，相关判定依据参见李晓玲："GATS下服务与服务提供者的'同类性'研究"，载《上海对外经贸大学学报》2014 年第 4 期。
③ Japan-Measures Affecting Consumer Photographic Film and Paper，WT/DS44/R（31 March 1998），para.10.36.

提起非违反之诉，申诉方必须证明：（1）被诉方采取某种措施；（2）申诉方利益受到丧失或损害，或者 WTO 目标实现受阻；（3）被诉方的行为是申诉方不能合理预期的。[①]

俄罗斯证明美国有关"银行制裁措施"的存在应较为容易。如前文所述，美国的银行制裁措施使俄罗斯经济受到严重影响。一系列俄罗斯银行进入美国资本市场受到阻碍，这严重影响了投资的流动，导致俄罗斯经济增长的下滑。据此，俄罗斯利益受到丧失或损害可见一斑。不过在现实的 WTO 诉讼中，俄方还需提交具体的统计数据和相关报告。此外，经济制裁行为事实上表明了发起国意图干涉另一个主权国家的决策过程，这也与《马拉喀什建立世界贸易组织协定》所倡导的"建立一个完整的、更可行的和持久的多边贸易体制"的 WTO 宗旨背道而驰。

那么，美国的银行制裁措施能否为俄罗斯所预期？专家组在"日本消费胶卷和相纸案"的裁决报告中指出，若申诉方证明被诉方采取的措施在双方达成关税减让之后，则可初步推定申诉方在关税减让时不能合理预期被诉方会采取争议措施；这时被诉方必须提供证明反驳这种推定，例如，被诉方可以证明争议措施可以通过早期的措施清楚地预期到，不过必须确证二者有直接的关系。[②]

俄罗斯于 2012 年 8 月正式加入 WTO，美国此次对俄银行的制裁措施发生在俄入世以后，按照专家组的上述分析逻辑似乎可以初步推定俄罗斯在入世时无法预期该措施。然而，经济制裁长期作为美国对外政策中的一个重要工具，其根源可以追溯到威尔逊总统。1919 年，威尔逊总统在一次演讲中大力鼓吹经济制裁，宣称"一个遭受联合（经济）抵制的国家就是一个即将向我们投降的国家。运用（经济制裁）这一和平、无声而又致命的手段就无诉诸武力的需要。"自此，经济制裁成为美国对外推行霸权主义与强权政治的重要手段。[③] 据此，美国可能主张俄罗斯从美国长期实施经济制裁的历史可以预期该措施。那么，美国经济制裁的历史与本次对俄银行的制裁是否有"直接关系"？应当认为，一项具体措施由于仅仅是一国政策的延续就被认定为是可预期的，这种主张是不充分的。

当然，依据 DSU 第 26 条，在非违反之诉中，由于被诉方的措施并未违反 WTO 适用协定的规定，因此虽然争端解决机构可以建议相关成员作出调整，但采取此类措施的成员并没有义务撤销或修改此类措施。换言之，争端解决机构作出的调整建议并不具有约束力。因此，非违反之诉仅是俄罗斯的备选方案。

[①] 曹建明、贺小勇：《世界贸易组织》，法律出版社 2011 年版，第 51 页。

[②] Japan-Measures Affecting Consumer Photographic Film and Paper, WT/DS44/R（31 March 1998），para.10.79.

[③] 颜剑英、熊伟："20 世纪 90 年代以来美国经济制裁的发展趋势"，载《国际关系学院学报》2005 年第 2 期。

四、美国有关"银行制裁措施"援引安全例外条款分析

在 GATT 时期，美国曾三次引用 GATT 第 21 条为其针对捷克斯洛伐克（和其他社会主义国家）、古巴和尼加拉瓜实施的贸易限制行为进行辩解。本案一旦被诉诸 WTO 争端解决机制，美国很可能会援引 WTO 安全例外条款作为抗辩的依据之一，主张有关"银行制裁措施"是维护美国国家安全所必需的措施。[①]

GATS 第 14 条之二（安全例外）规定，本协定的规定不得解释为：（a）要求任何成员提供其认为如披露则会违背其根本安全利益的任何信息；或（b）阻止任何成员采取其认为对保护其根本安全利益所必需的任何行动：（i）与直接或间接为军事机关提供给养的服务有关的行动；（ii）与裂变和聚变物质或衍生这些物质的物质有关的行动；（iii）在战时或国际关系中的其他紧急情况下采取的行动；或（c）阻止任何成员为履行其在《联合国宪章》项下的维护国际和平与安全的义务而采取的任何行动。

（b）款中"其认为对保护其根本安全利益所必需的行动"该如何理解？WTO 争端解决实践并未对"根本安全利益"进行界定，"其认为"的措辞也引发了援引该例外的行为是否具有"可裁判性"的争议。那么，WTO 争端解决机制是否可对该类行为进行审查？在已有的争端案件中并没有涉及 GATS 第 14 条之二的解释，但由于 GATS 安全例外与 GATT 第 21 条的措辞与内容几无二致，而且 GATT 第 21 条是 WTO 安全例外条款的立法渊源，因此 GATT 第 21 条的实践对 GATS 安全例外的运用具有参考价值。

在 1985 年美国对尼加拉瓜的贸易禁令案中，美国认为，其针对尼加拉瓜禁运属于 GATT 第 21 条（b）款（iii）项下的措施。GATT 理事会虽然在该案中成立了一个专家组，但最终宣告："专家组没有被授权审查美国援引 GATT 安全例外条款的合法性。专家组既不能认定美国符合 GATT 项下的义务，也不能认定美国违反了在该协定项下的义务"。[②] 国外有学者指出，不管 WTO 专家组在将来是否将安全例外解释为自我裁决，在过去的 60 年里，它已成为国家惯例意义上的自我裁决了。[③] 对此，中国有学者认为，所谓的国家惯例事实上大多数是以美国主导的西方法治所主导。[④]

笔者认为，从 GATS 第 14 条之二的措辞来看，GATT/WTO 并没有授予成员完

[①] 美国历来擅长以"国家安全"为名行"贸易保护"之实，例如"三一重工案"就是典型的一例。有关该案的分析参见龚柏华、谭观福："美国总统以国家安全为由否决外资并购令可诉性分析——兼析中国三一集团告美国总统否决并购侵权案"，载《国际商务研究》2014 年第 3 期。

[②] L/6053, dated 13 October 1986 (unadopted), para.5.3.

[③] Roger P. Alford, The Self-Judging WTO Security Exception, *Utah Law Review*, Vol.2011, Issue 3(2011), p.708.

[④] 王淑敏："国际投资中的次级制裁问题研究——以乌克兰危机引发的对俄制裁为切入点"，载《法商研究》2015 年第 1 期。

全的自由裁量权。"认为"一词的主观色彩并不阻碍安全例外条款具有客观标准，GATS第14条之二（b）款列举的三项具体行动事实上为"认为"的判断提供了相应标准。倘若此处的"认为"表示绝对的自由，那么这三种具体行为的列举就变得毫无意义。考虑到多边贸易体制的发展，成员方主张安全例外所采取的行为应当受到WTO争端解决机构（DSB）的审查。

美国的银行制裁措施是否属于第14条之二（b）款（iii）项中的"战时或国际关系中的其他紧急情况下采取的行动"？通常意义上，"战时"是指"战争持续期间，即从战争开始到战争结束的全过程"。[①] 美国的措施是否处于"战时"应存在较大争议，因为美国与俄罗斯之间并不存在"战争"。那么，其是否属于"国际关系中的其他紧急情况"？又是一个模糊的表述，由于WTO争端解决实践并未对该问题进行解释，因此极易被滥用。但国外也有学者指出，当国家关系进入战争或紧急状态，GATT这类技术文件由于不具有调整这类国际冲突的功能，应退居幕后。[②] 但笔者对该外国学者的观点持保留态度。WTO争端解决机制，作为唯一的世界贸易争端解决体制，它不仅实现了贸易争端的有序解决，加强了世界范围内国际法实现的力度，更通过这种有序解决，在很大程度上促进了国家间的和平共处和和谐发展，从而为世界和平与发展这两大主题作出了重大贡献。[③] 任何成员加入WTO，即意味着接受它的强制管辖。美国有关克里米亚危机银行制裁措施争端虽然涉及政治因素，但仍属于与贸易有关的争端，仍在WTO管辖范围内，因此WTO对此应当有所作为。

不同于GATT第20条所规定的一般例外条款，GATT第21条安全例外所允许的行为无须符合"不在情形相同的国家之间构成任意或不合理歧视的手段或构成对国际贸易的变相限制的要求"。为了防止安全例外条款被滥用，GATT缔约方全体曾在1982年通过了一个《关于GATT第21条的决定》，提出了在未来缔约方对第21条进行正式解释之前，对该条款的适用应当确立的若干程序性指导方针。这些程序性指导方针包括：（1）除第21条第（a）款外，根据第21条采取的贸易措施应最大限度地通知各缔约方；（2）一缔约方根据第21条采取行动后，所有受此类行动影响的缔约方保留其在总协定下的全部权利；（3）受影响的缔约方可以请求理事会在适当的时候考虑这一问题。[④]

在GATT时期，成员方在实施维护国家安全利益的贸易制裁措施时援引或参考

[①] 熊武一、周家法总编：《军事大辞海》（下卷），长城出版社2000年版，第2110页。

[②] Micheal J. Hahn, Vital Interests and the Law of GATT: An Analysis of GATT's Security Exception, Michigan Journal of International Law, Vol. 12, Issue 3（Spring 1991）, p.587.

[③] 杨国华：《模范国际法——祝贺WTO成立二十周年》，来源：北大法律信息网，http://www.cssn.cn/fx/fx_gjfx/201403/t20140303_1008526.shtml，访问时间：2015年4月20日。

[④] World Trade Organization, GATT Analytical Index: Guide to GATT Law and Practice（1995）, p.606. https://www.wto.org/english/res_e/booksp_e/gatt_ai_e/art21_e.pdf，最后访问时间：2015年5月21日。

第 21 条的案例已有多起,[①] 正因为没有满足通知要求,很多制裁行动无法用 21 条为自己辩解,并且未经 GATT 的正式批准,也没有被指责或评判。[②] 俄罗斯应重视参照上述"决定"在本案争端解决中的运用。

五、美国有关"银行制裁措施"引发的次级制裁和俄罗斯反制裁

(一)美国有关"次级制裁措施"WTO 合规性分析

为了减轻美国银行制裁措施对俄经济的冲击,俄罗斯已另寻合作伙伴,如亚洲和金砖国家。[③] 美国为了实现其制裁目的,进而实施次级制裁措施。次级制裁(secondary sanction,亦称二级制裁),是指经济制裁发起国在对目标国进行制裁时,针对第三国的公司或个人进行的旨在阻止其与目标国金融、贸易往来的制裁活动。[④] 我国有学者指出,次级制裁措施把国内法凌驾于多边贸易规则之上,其措施不仅施加于目标国,还要针对毫不相关的第三国,这是帝国主义和殖民主义时代残存的法理,早该废止。[⑤]

美国的次级制裁对在俄投资的企业(包括中国企业)产生了巨大影响。在 WTO 争端解决视角下,美国的次级制裁措施是否具有合法性?由于最惠国待遇的无条件性,美国将制裁措施指向与其毫无关联的第三方,这种有选择性的次级制裁措施同样容易被指控违反最惠国待遇义务。

(二)俄罗斯"反经济制裁措施"WTO 合规性分析

俄罗斯在受到美国的经济制裁后,采取了一系列反制措施。2014 年 8 月 7 日起,俄罗斯对美国、欧盟等国进口的牛肉、猪肉、水果、禽类奶酪和乳制品实施了一年期限制。分析人士认为,强硬的俄罗斯将采取更为激烈的反制裁措施,将可能波及其他西方国家的企业,诸多跨国公司将受到牵连。与此同时,欧盟多个成员国的经济也将遭受严重打击。[⑥]

俄罗斯的反经济制裁措施是否符合 WTO 规则? WTO 法中并未涉及"反制",只规定了"贸易报复"(严格来讲应表述为"中止减让")。在 WTO 框架下,贸易报

---

① 在 GATT 时期,涉及安全例外条款的案件除了美国对尼加拉瓜贸易禁令案(1985)外,还有瑞典对鞋类进口配额案(1975)、欧共体对阿根廷贸易禁令案(1982)、欧共体对南斯拉夫贸易制裁案(1991)等。在 WTO 时期,仅有美国《霍尔姆斯——伯顿法案》案(DS38, 1996)对国家安全例外有所提及,该案虽成立了专家组,但成员方于 1998 年 4 月 22 日撤回了诉讼,未正式进入专家组程序。
② [美]加利·克莱德·霍夫鲍尔、杰弗里·J.斯科特等:《反思经济制裁》,杜涛译,上海人民出版社 2011 年版,第 111 页。
③ 白朝阳:"美欧日联手制裁俄罗斯",载《中国经济周刊》2014 年 8 月 11 日。
④ 颜剑英、熊伟:"20 世纪 90 年代以来美国经济制裁的发展趋势",载《国际关系学院学报》2005 年第 2 期。
⑤ 李仲周:"治外法权践踏世贸组织根本规则",载《WTO 经济导刊》2012 年第 9 期。
⑥ 国相:"俄罗斯打响反制裁战",载《中国对外贸易》2014 年第 9 期。

复是申诉方促使被诉方执行裁决的最后手段。根据 DSU 第 22 条，若被诉方不执行争端裁决，申诉方可寻求 DSB 授权对被诉方"中止减让或其他义务"。贸易报复是因贸易问题引发纠纷后，在 WTO 授权情况下方可实施的经济行为，而反制是政治目的驱动的，与 WTO 法所适用的报复不同。①

因此，俄罗斯的反制裁措施不属于 WTO 中的"贸易报复"。其若要援引该主张，只能等到先前胜诉裁决生效后，并得到 DSB 授权后才具有合法性。

六、结　语

"美国有关克里米亚危机银行制裁措施"争端掺杂了很多政治因素，一旦该案被提交到 WTO，将提升 WTO 争端解决机制的地位。在可预见的未来，经济制裁仍然将会是国家实施经济外交时的重要手段。虽然国际制度安排没有也不可能排除大国的政治影响，但在一定程度上也是对大国霸权的一种超越和制约，使许多权力政治问题规范化和程序化。② 在 WTO 框架下解决经济制裁争端将更加公平、高效。

美国的银行制裁措施属于 GATS 第 1 条第 1 款所指的"影响服务贸易的措施"，GATS 在本案中具有可适用性。美国的银行制裁措施很可能违反 GATS 下国民待遇和最惠国待遇义务。即便俄罗斯通过援引 WTO 条文进行起诉存在一定困难，俄罗斯亦可尝试"非违反之诉"。由于美国是援引安全例外条款最多的国家，美国很可能主张其制裁措施是为了维护国家安全所必需的措施。对此，俄罗斯也存在一定的反驳余地，例如，参照援引《关于 GATT 第 21 条的决定》在本案的适用。美国有关次级制裁措施很容易被指控违反最惠国待遇义务。对于俄罗斯实施的反经济制裁措施，笔者认为其不属于 WTO 法上的"贸易报复"，在 DSB 授权之前不具有 WTO 法上的合规性。

---

① 程大为："乌克兰危机中经济制裁的合法性分析"，载《WTO 经济导刊》2014 年第 12 期。
② 邵亚楼："国际经济制裁：历史演进与理论探析"，世界经济研究所 2008 年博士学位论文，第 126~127 页。

FTZs和FTAs

上海自贸区投资管理制度改革实践、思考与展望　冯军 / 199
区域贸易协定与WTO多边贸易规则的挑战与发展　陈胜 / 203
论RTA与WTO管辖权的冲突与调和　曾炜 / 211
　　——以RTA反措施为视角

上海自贸区投资管理制度改革实践、思考与展望

冯 军

21世纪以来，全球贸易投资制度正处在变革和孕育新规则的过程中。以跨国公司为主导力量的经济全球化持续发展，主要发达国家力推的国际经贸规则重构活动在多边、区域、诸边和双边贸易投资谈判方兴未艾，全球贸易投资制度正从有规则的贸易制度向有规则的投资制度演变。全球贸易投资规则重构谈判主要体现在美欧主导的 TPP、TTIP、GPA、ITA expansion 等谈判中，其包括了一系列的21世纪新议题，例如投资规则、服务贸易协定（TiSA）、电子商务、竞争中立、劳工和环保、知识产权（例如服务器非本地化）等等。

一、改革实践

我国经济发展的三驾马车，在外贸、内需和投资增长三方面均出现了增长趋势放缓的现象。为顺应我国在国内外经济可持续发展的需要，努力构建我国全方位对外开放新格局，改革我国现有的投资管理体制，中国（上海）自由贸易试验区和粤津闽自贸区等由此应运而生。上海自贸区的投资管理制度的改革实践主要包括了以下三个方面：

一是通过对外资实施"准入前国民待遇"加上负面清单管理模式来改革外资投资管理体制；二是进一步扩大开放内外资投资领域；三是与国际通行规则衔接。

第一方面的改革外资投资管理体制，具体包括下列3个层面的内容：第1层面，上海自贸区对外资投资管理制度的改革具体是通过探索建立负面清单管理模式，按国际通行规则，对外商投资试行准入前国民待遇，研究制订试验区外商投资与国民待遇等不符的负面清单，改革外商投资管理模式。对负面清单之外的领域，按照内外资一致的原则，将外商投资项目由核准制改为备案制。但国务院规定对国内投资项目保留核准的除外。"其原则上可以理解为建立了"法无禁止及法律允许"的投资管理制度。同时，根据"中央全面深化改革若干重大问题的决定"，"建立公平开放

透明的市场规则。实行统一的市场准入制度,在制定负面清单基础上,各类市场主体可依法平等进入清单之外领域。探索对外商投资实行准入前国民待遇加负面清单的管理模式。第二层面是推进工商注册制度便利化,由先证后照改为先照后证,把注册资本实缴登记制逐步改为认缴登记制。在自贸区改革实践中,通过对内外资申办设立企业审批制的改革,从以前的先证后照改为先照后证。第三层面是投资领域的扩大开放。扩大开放也从2013年公布的外商投资"负面清单"涉及的190小类限制和禁止的行业缩减到2014版的139条,2015年又缩减到122条。

此外,2013年上海自贸区的服务业的开放表现为正面清单。在六大类服务业中选择扩大开放,包括金融服务、航运服务、商贸服务、专业服务、文化服务以及社会服务领域扩大开放,暂停或取消投资者资质要求、股比限制、经营范围限制等准入限制措施。2014年又新增了14条服务业的开放措施。2015年前,金融业的扩大开放主要集中在"央行30条"涵盖的自由贸易账户、人民币国际化和金融市场利率市场化等的试验和实践。上海自贸区的企业利用自由贸易账户,境外资金汇入自贸区内,资金从区内汇至境外,以及自贸区内的企业向海外融资更加便利。而在上海自贸区13年和14年公布负面清单的基础上,2015年4月国务院公布了粤津闽粤四个自贸区共用一个"负面清单"(即2015版'负面清单'),其中包括15个门类、50个条目。2015版'负面清单'限制投资的领域进一步减少,为122项,开放程度进一步提高,外商对华投资领域进一步扩大,已经扩大到服务业的几乎所有门类:包括四、电力、热力、燃气及水生产和供应业,五、批发和零售业,六、交通运输、仓储和邮政业,七、信息传输、软件和信息技术服务业,八、金融业,九、租赁和商务服务业,十、科学研究和技术服务业,十一、水利、环境和公共设施管理业,十二、教育,十三、卫生和社会工作,十四、文化、体育和娱乐业,一直到十五。

通过"负面清单"的投资管理模式的改革实践,上海自贸区开创和探索确立了"非禁即入"的政府管理内外资投资的原则。凡不属"负面清单"所列经济行业部门,外国投资不需要事先取得政府批准,只需备案后即进行公司登记。从有利于投资者和营商的角度出发,投资者投资公司的资本制度采用认缴资本制。同时也改进政府监管职能,由"事前审批、审核"逐渐向"事中、事后监管"转变的本质,是要大幅度削减事前的审批流程,为经济主体提供流程更简便、成本较低的营商环境。

上海自贸区作为国家全面深化改革举措的试验田,改革重点在投资体制改革,其通过投资管理体制机制的创新,已经逐步积累了可复制可推广经验,并开始推广粤、津、闽、沪四个扩大了的自贸区。

二是提高了投资管理制度的透明度。不仅提高了政府管理的透明度,也界定了政府投资管理的边界,市场主体对经营的边界有了预期。通过负面清单的管理模式的实践,进一步提高了政府投资管理制度及其实践的透明度。国际贸易行政管理中的对涉及贸易管理的法律政策要包含透明度要求,要求公布、通知并遵守公认的程序透明标准。包括 WTO 和 FTA 和 BIT 等协定中通常规定成员应保证将其涉及本协议涵盖范围的法律、规定、程序及一般适用的行政命令，尽快公开发布，要使利益相关的个人和成员能够了解，并通过自贸区的外资投资管理透明度实践予以进一步提高。该实践也包含了外资投资管理制度也要做到不公布不实施和预先通知，以及投资管理政策的公布期到实施期要有评议和过渡阶段等内容，以确保投资利益相关方对投资政策等有可能具有可预见性。

通过公布投资管理的负面清单模式，既提高政府管理的透明度，也较好地界定了政府投资管理的边界，还对市场主体经营的边界有了可能的预期。同时，由于管理者和市场主体都通过负面清单管理模式的投资领域有了明确的界定，和非禁即入的原则，也会在一定程度上限制滥用行政权力寻租的空间。

三是衔接国际通行规则。在经济全球化的背景下，国际通行规则需要的是公平、开放、竞争的市场经济体制，并形成对资本具有吸引力的国际营商环境。

上海自贸区的相关试验，例如，对外国投资给予准入前国民待遇、探索投资管理的负面清单管理模式、进一步扩大制造业和服务金融业的开放，从企业设立需要审批转向企业设立的备案登记制，即由"事前审批、审核"逐渐向"事中、事后监管"的监管模式的转变等等，都显示了自贸区尝试的与通行国际规则的进一步衔接。

二、若干思考与展望

跨国公司及其资本要素和资源在全球的流动和配置，伴随着互联网和电子技术的创新，逐步在贸易和投资领域形成了一系列新业态和新问题，全球化也孕育着一系列新的贸易和投资规则。上海和粤津闽自贸区如何适应这种新业态、新问题和新规则的变革，有以下若干思考与展望：

思考与展望一，进一步促进贸易投资的便利化。上海自贸区要通过体制机制的创新来提高贸易和投资的便利化，尤其是促进投资、服务贸易和金融的便利化。由于传统的自贸区主要是通过海关对货物贸易的监管方面予以便利化，来促进贸易。而上海自贸区的改革重点主要是集中在投资体制、服务贸易和金融方面，因此，必须在上海自贸区的投资管理体制、服务贸易和金融监管方面进一步进行体制机制的创新，加强事中事后的监管，形成在亚太有竞争力的、有利于投资便利化、服务贸易便利化和金融发展便利化的营商环境和经营监管制度。

思考与展望二，如何面对电子商务（数字贸易）服务贸易和货物贸易融合问题。当前，国际货物贸易和数字贸易已经高度融为一体。例如，数字产品和数字贸易的概念和规则已经在美韩 FTA 中有了明确的法律规定和实践。而我国最近刚签署的中韩 FTA 协定的电子商务章中，数字产品和数字贸易的内容尚未有涉及，而这显然是目前我们在国内努力发展的智能化和互联网＋的发展模式密切相关，如何考虑我国在工业化联网和智能产品迅速发展，尽早缩小美欧等成员力推的数字贸易的零关税的差距，是我们必须面对的挑战。

思考与展望三，贸易模式的新变化引起的监管模式的创新。贸易模式的新变化引起的监管模式创新，主要表现为传统的自贸区是以货物贸易的便利化为主，因此，许多监管措施都是在卡口的完成的，包括海关、TBT 和 SPS 等的监管措施。而上海自贸区除了原有的货物贸易便利化的措施要进一步强化外，还要试验更多的服务贸易、金融服务和投资便利化的措施，而这些业态和监管措施已经远远越过了传统的卡口监管层面，是不可能只在卡口进行管理的，必须是动态的过程或状态的管理。例如，一个苹果手机用户在 Apple Store 上买各类软件，尽管有跨境交付，但是既不会交关税也没有增值税。因此我们的关税和增值税的监管模式必须适应此种交易模式的变化，并作出相应的改革。

思考与展望四，按照国际通行规则建立市场化、法制化的国际营商环境。上海自贸区在实践过程中，对外国投资给予准入前国民待遇、探索投资管理的负面清单管理模式、进一步扩大制造业和服务金融业的开放等等，都是与国际通行规则的衔接。不过，对比目前正在谈判的中美 BI 和中国已经申请加入的 TISA 谈判，在按照国际通行规则建立市场化、法制化的国际营商环境尚有不少差距，例如，在国际投资领域，以 2012 年美国 BIT 范本和美欧 2012 年关于国际投资的七原则为例，目前上海以及扩大的粤津闽自贸区的实践仅在准入前国民待遇条款的准入方面开了试验的口子，而上述范本和七原则涉及的关于投资领域的竞争中立、外汇自由转移、业绩要求、高管禁止、PTG 仲裁等等，目前还只是在中美 BIT 谈判会有所涉及，而上海及粤津闽自贸区在这方面的改革和试验却亟待开展。

最后，我们一定要努力建设一个国际化、法制化的营商环境，在经济全球化的背景下使我国在国际服务贸易、国际金融、国际投资经营环境中具有竞争力，这不仅是上海及粤津闽自贸区改革的试验，也是我国构建全方位经济开放新格局的目标。

区域贸易协定与WTO多边贸易规则的挑战与发展

陈 胜*

摘 要：2015年6月1日，中韩正式签订了自由贸易协定，这是迄今为止我国对外签署的议题范围最广的自贸协定。在区域贸易协定（RTAs）繁荣发展的同时，其与WTO多边贸易体系的冲突与协调问题仍是当今WTO法领域研究的热点问题之一。如今问题的关键是如何让区域贸易协定融入WTO多边贸易规则，让二者协同作用，加深彼此的运用与发展。比如可以通过加强区域贸易协定之间的整合、改变WTO的协商机制、提供区域贸易协定之间对话的平台等来使二者相互融合、相互发展，最终促进全球贸易的自由化。

关键词：区域贸易协定（RTAs）；WTO多边贸易协定；区域贸易协定整合

作为GATT24条规定的最惠国原则例外的区域贸易协定，在近年来呈网状式的迅速覆盖全球，相反WTO多边贸易体制从2001年多哈发展回合之后就停滞不前，二者的冲突与矛盾如何协调解决是国际社会共同关注的问题。

一、区域贸易协定与WTO多边贸易体系的现状

（一）区域贸易协定的蓬勃发展

近些年来，区域贸易协定呈现质与量的飞越，不仅数量急剧增加，而且内容和目标也得到了极大的扩展，比如涉及的劳工标准、知识产权、农产品关税、投资等等议题。截至2014年6月，向WTO通报的区域贸易协议有585个，其中379个已经实施，区域贸易协定正在如荼如火地进行。[1]

---

* 陈胜，金杜律师事务所律师。
[1] 宋锡祥、闵亮："美欧TRIP谈判最新进展及中国的应对策略"，载《国际商务研究》2015年第202期。

区域贸易协定在若干方面也呈现出一些新的特征和趋势。①第一，区域贸易协定已经成为绝大多数国家在国际贸易领域的政策考量重心，除了蒙古国，其他的WTO成员全都已经缔结了区域贸易协定；第二，区域贸易协定的内容趋向复杂化。很多RTAs的范围不再局限于货物贸易，而更多的是服务贸易，还有的是带有政治色彩的如TPP，以及有关可持续发展的谈判等等；第三，新型的区域贸易协定实际上在逐步取代过去的优惠贸易协定，像美国与欧盟牵头的TPP、TTIP等。因为新的优惠条件要强于旧的区域贸易协定中给予的，一些未参与到新的RTAs中的国家实际上待遇受到一定程度的缩减。

WTO的161个成员方全部都追寻区域贸易协定的理由是多方面的，有的是出于出口国、进口国以及投资者游说团体等利益集团的压力；有的是为了在政治上领导别人；另外还有一些是在世界经济和政治战略上的考虑。②

对一些多产的WTO贸易国家，如智利、秘鲁、墨西哥、印度以及东盟国家等，区域贸易协议是他们现在与贸易伙伴进行经济交流的首选和最重要的手段。对贸易大国美国、中国、欧盟以及日本等也是同样的道理。

此外，区域贸易协定相比GATS等有很多进步的地方，比如在金融服务方面。教育服务等的规定更具有实质性，利用负面清单的形式开放更多。北美自由协定（NAFTA）的承诺范围也是要广于GATS。区域贸易协定范围扩大对全球贸易、投资、全球价值链等的重新塑造带来了动态的影响。

（二）WTO多边贸易体系的停滞不前

WTO多边贸易体系自从2003年9月在坎昆会议上失败后，基本处于停滞状态。其原因也可以概括为两个方面：一是发达国家成员与发展中国家成员在一些关键议题上，如非农业市场准入、棉花补贴、农业补贴等的分歧在会议上难于达成妥协。二是发达国家成员和一些重要或较大的发展中国家成员积极性不高。他们纷纷在坎昆会议之前投入大量的精力探讨和从事自由贸易区协定的谈判与缔结工作。③

多哈发展回合原计划在2005年以前完成21个议题的谈判，但是其取得的成果亦有限。在2013年12月WTO第九届部长级会议上得到了一定进展，通过了《巴厘部长宣言》，达成了"巴厘一揽子协定"。这份WTO成立18年以来的首个全球贸易协定，共包括10份文件，其中涵盖允许发展中国家在粮食安全上有更多选择权、简化海关及口岸通关程序、协助最不发达国家发展贸易等内容，多哈回合谈判12年僵局也终获历史性突破。但是上述协议的落实和执行并不顺利。

同时，在有关区域贸易协定方面，美欧主导的TPP、TTIP、TISA也已经箭在弦上，

---

① 曾令良："区域贸易协定新趋势下〈跨大西洋伙伴协定〉的负面影响与中国的对策"，载《武汉大学学报》2015年第2期。
② 许健："WTO视角下区域贸易协定问题探析"，载《太原理工大学学报》2014年4月第2期。
③ 逯婷婷："WTO多边贸易体制与区域贸易协定的冲突与协调"，2010年南京大学硕士学位论文。

美国重塑世界贸易体系的格局已初现雏形。① 这其中，TPP 成员国是美国最大的商品和服务出口市场，TTIP 连接的美国和欧洲的 GDP 占世界总额的近一半。其与多哈回合的分歧主要集中在农产品关税削减和出口补贴等方面，那么如果最后结果处理得不好，则很有可能会裂变成两个阵营。WTO 多边贸易体系的地位则岌岌可危。

虽然 WTO 正在遭受一系列的挑战，但作为已经对全球贸易发挥重要影响的组织和制度，其前景还是值得期待的。但是为了能够更好地发挥 WTO 的作用，其自身还是需要进行不断的改革与突破。

二、区域贸易协定与 WTO 多边贸易体系的矛盾与协调

有学者认为，区域贸易协定对多边贸易体制的整体作用可以被归结为"碎片化"，其中最重要的体现是大量贸易规则的相互矛盾。② 有的学者还认为，大多数区域贸易协定是仅仅是贸易转移而不能产生贸易创造。但是在多哈回合谈判停滞不前的情况下，区域贸易协定在一定程度上促进了全球的贸易发展，而在有些领域更加的前沿化与系统化。所以如今问题的关键是如何让区域贸易协定融入 WTO 多边贸易规则，让二者协同作用，加深彼此的运用与发展。

（一）区域贸易协定带来的三种挑战③

GATT 体系从一开始就允许各成员国以自由贸易区或者关税同盟的形式相互给予优惠待遇，正如 GATT24 条所规定的。但是针对区域贸易协定的传统讨论仍是 RTAs 是促进还是阻碍了全球贸易体系和最惠国待遇原则。区域贸易协定给全球带来的挑战主要有以下三个方面：

第一，RTAs 对最惠国待遇原则的冲击

在区域贸易协定的实践中，绝大多数成员国都没有消除影响贸易的所有关税和其他限制，反而在区域内部实行贸易自由，对外部则采取贸易的限制政策，构成了一定程度的歧视。④ 例如，因为美国后来与智利、哥伦比亚和秘鲁等签订的自由贸易协定，墨西哥在美国市场的优势有所稀释，关税优惠的差距等与其他国家相比变大。⑤

第二，RTAs 的"意大利面碗现象"导致交易成本高⑥

在现阶段 TPP、TTIP 以及其他自由贸易协议的签订会造成"意大利面碗现象"，

---

① 宋锡祥、闵亮："美欧 TTIP 谈判最新进展及中国的应对策略"，载《国际商务研究》2015 年第 202 期。
② 车路遥："论区域经济一体化对多边贸易体制的碎片化作用"，载《武大国际法评论》第 16 卷第 2 期。
③ Regional Trade Agreements Development Challenges and Policy Options ［R］: report prepared for the ICTSD-IDB E-15 expert's dialogue on RTAs in 2012.
④ 张宇轩："论区域贸易协定与多边贸易体制的冲突与发展"，载《南京大学学报》2009 年 12 期。
⑤ 张洁："RTAs 的新特点及对 WTO 的法律影响"，载《当代法学》2003 年第 9 期。
⑥ Regional Trade Agreements Development Challenges and Policy Options ［R］: report prepared for the ICTSD-IDB E-15 exper's dialogue on RTAs in 2012.

即由于存在相互重叠的自由贸易协议,同样的商品可能会面临不同的关税税率、原产地原则等,使得企业的交易成本上升,引发国际贸易体系的混乱。

据美洲和亚洲开发银行的研究表明,像秘鲁、新加坡、泰国和墨西哥这些贸易出口国中大约有 60% 到 80% 的大公司希望有个较统一的贸易规则,而不是如今这样一种割裂的局面。

第三,RTAs 谈判的低效率

WTO 的所有成员几乎至少属于一个区域贸易协定。一个国家如果为了达到一个削减关税的目的的需要和不同的国家进行多次谈判,这期间所耗费的时间总的加起来肯定远远超过一项多边贸易协定。对世界资源来说,这无疑是一种浪费,也远远降低了谈判的效率。

区域贸易协定带来的挑战肯定远远不止以上三点,还有诸如造成贸易的不平衡以及产生贸易的转移等,但是总体来说区域贸易协定对全球贸易的发展还是功不可没。

(二)区域贸易协定与 WTO 多边贸易体制中争端解决的竞合

从争端解决程序来看,WTO 引入的是专家组和上诉机构程序,并且按照"反向协商一致"的原则来决策,还规定有交叉报复等内容。但是在各国的区域贸易协定中对争端解决的约定却是各式各样,有时也会与 WTO 的争端解决产生冲突。

如在南共市共同体中设置有"南共市常设仲裁法庭"。如果争端方首先向该仲裁庭提出仲裁,被驳回后又将同一争端向 WTO 提交。若 WTO 作出不利于其的裁决,则其又可能援引先前进行的南共市常设仲裁庭裁决结果,主张将争端再次提交 WTO 违反了禁反言原则等,这样就使区域贸易协定与 WTO 多边贸易体制中的争端解决发生了竞合,导致了不确定性。

从 RTA 争端解决程序自身来看,其司法化水平存在较大差异性、裁决能否被得到承认与执行、机制是否健全等都会给其适用带来一定阻碍。[1]

(三)WTO 多边贸易体制对区域贸易协定的监管存在缺陷

从 20 世纪 80 年代开始,WTO 系统就针对如何控制区域贸易协定进行了多次讨论,但是 GATT 理事会从来没有作出任何区域贸易协定违反多边贸易规则的报告,更不用说要修改 GATT24 条。

在 1996 年,WTO 总理事会设立了区域贸易协定委员会(CRTA)来检验 RTAs,并考量他们对多边贸易体制的影响。但由于美国和欧盟的不配合,在 1996~2001 期间 CRTA 没有发布任何检查。[2]

---

[1] 蔡莉妍:"论区域贸易协定和 WTO 协定的法律竞合",载《沈阳大学学报》2014 年第 4 期。
[2] 钟冲:"美国主导下国际贸易体系中的均势策略与集体安全——从 WTO 到 TPP 与 TTIP",载《当代论坛》2015 年第 10 期。

在 2006 年，WTO 又设立了区域贸易协定透明化的机制，要求 WTO 成员在区域贸易谈判前和谈判后都要向秘书处报告。但目前也都是在一些程序上的检查，对区域贸易协定的内容是否违反 WTO 最惠国原则、透明度要求等并不做实质性审查。

出现这种状况的主要原因是各国为了追求各自在区域贸易协定上的利益，不愿意让 WTO 来管制与约束自己。

（四）区域贸易协定与 WTO 多边贸易体系矛盾的解决

区域贸易协定与 WTO 多边贸易体制虽然有很多矛盾的地方，但二者之间不是平行线的关系，也不是不可共存的方向。WTO 多边贸易体制完全可以利用区域贸易协定来推动自己的前进、促进多边贸易的自由化。

第一，促进区域贸易协定的整合

归根到底，区域贸易协定与 WTO 多边贸易体制的目的都是为了促进国家间贸易的发展。但是现行存在的无数国家间的区域贸易协定交织、重复在一起产生的是"意大利面碗现象"，在交易成本以及企业适用的便利上都大打折扣。

一些国家正在努力进行各自的双边或诸边贸易协定的整合，来汇聚到更广泛的整合集团中。从"意大利面碗现象"转为"烤宽面条盘子"现象。二者之间的关系，下图可以清晰地表达出来：[①]

Figure 3

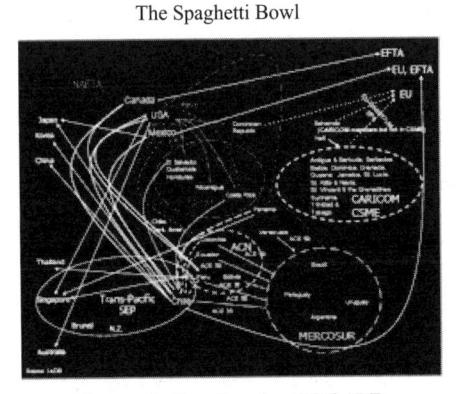

The Spaghetti Bowl　　　　　　　　　　　　The Lasagna Plates

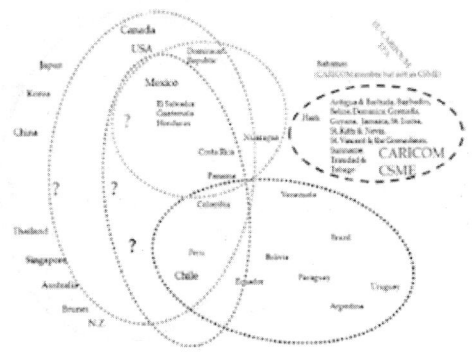

Source: Authors based on INTRADE

通过这种区域贸易协定之间的整合，整个全球贸易的图景瞬间清晰。我们相信这种情况对 WTO 多边贸易体系来说也是万分珍惜的，如果不能让所有的 WTO 成员都签署同一个全球贸易协定，那么就让一个区域协定能够涵盖尽可能多的主体，WTO 做好审查工作。

区域贸易协定整合最杰出的例子发生在 1999 年的欧洲，欧盟整合了其成员间所

---

① 该图转引自 Regional Trade Agreements Development Challenges and Policy Options [R]: report prepared for the ICTSD-IDB E-15 expert's dialogue on RTAs in 2012.

有的双边贸易协定，并创立了统一的规则。目前中国与东盟之间的区域贸易协定，美国的"跨太平洋伙伴关系协议""跨大西洋贸易与投资伙伴协议"等都是很好的例子。TPP 目前的成员有 11 个，而在此之前这些成员之间的区域贸易协定有 20 多个，如今只需适用一个规则即可。

第二，WTO 需改变谈判协商的模式

WTO 由于地位独特，可以给所有 WTO 成员提供一个专门论坛，供不同区域贸易协定之间讨论其具体的规则和实践，这样就可以把一个 RTA 的最好实践传授给另一个 RTA，让更多有共同意向的国家加入到现有的区域贸易协定中。例如，很多的国家就可以从北美自由贸易协定中学到很多具体的规则。

WTO 也要改变一直自上而下的纵向的管理姿态，而要不断地促进区域贸易间的横向交流、融合。此外，在 WTO 的表决机制上一直主要遵循的是"协商一致"原则，只有在无法协商一致时才通过投票决定。WTO 需要对协商一致原则进行相应的修改，在一些意愿联盟队伍的成员足够多，而可以达到群聚效应时，使其协商的机制可以迅速通过。

所以 WTO 不应该拒绝运用 RTAs 来改革多边贸易协商、促进多边贸易自由化。从狭义上来讲，区域贸易协定是 WTO 多边贸易体系的组成部分，区域贸易协定是对 WTO 多边贸易体系的补充，是多边贸易体系的实验场，RTAs 最终将回归多边贸易体系，前者是不可能取代后者。

三、中国签订区域贸易协定的状况及应对

中国近些年来也在一直积极地参与区域贸易协定的谈判，也取得了阶段性的胜利。在 2015 年 6 月 1 日，中国与韩国正式签署了双边贸易协定。中韩自贸协定是我国迄今为止对外签署的覆盖议题范围最广、涉及国别贸易额最大的自贸协定，对中韩双方而言是一个互利、双赢的协定。但是在处理区域贸易协定与 WTO 多边贸易协定的关系上还是需要作出不断的努力。

（一）中国签订区域贸易协定的状况

目前，中国在建自贸区共 19 个，涉及 32 个国家和地区。其中，已经签署区域贸易协定 11 个，涉及 20 个国家和地区，分别是中国与韩国、瑞士、冰岛、哥斯达黎加、秘鲁、智利、东盟、新加坡、巴基斯坦和新西兰自贸区以及中国内地与香港、澳门更紧密经贸关系安排。[①]

另外正在谈判中的区域贸易协定共有 8 个，分别包括中国与"中国—东盟"升级版、海湾合作委员会（GCC）、澳大利亚、斯里兰卡和挪威的自贸协定，以及中日韩自贸协定和区域全面经济伙伴关系。再有就是正在研究的区域贸易协定，如中国

---

① 摘自《中国自由贸易区服务网》，http://fta.mofcom.gov.cn/list/ftazixun/1/catlist.html。

与印度、哥伦比亚以及马尔代夫等。

但是中国区域贸易协定的规模与美国、欧盟自贸区所占贸易总额相比还是较少，美欧能达到40%左右，中国才占到20%。其次，中国签订区域贸易协议主要是与周边国家和发展中国家，范围比较窄。再有就是中国区域贸易协定的水平比较低，多是关于关税减让。[①]

中国政府目前已经提出要加快进行中国区域贸易协定的谈判的战略方针，这也是与国际的趋势保持一致的方式，也展现了中国积极参与全球贸易一体化的决心与信心。

（二）中国如何应对区域贸易协定和多边贸易体系的挑战

面对国际上区域贸易协定的蓬勃发展与WTO多边贸易体系的奋力协调的双重挑战，中国作为RTAs体制和WTO多边贸易体制的后来者，不能只是静观其变，而是要积极地接受并参与到国际社会的挑战中，并根据国际贸易的新变化不断作出策略上的调整。

第一，促进中国区域贸易协定的实质性发展。面对新的国际形势，中国理应加快区域贸易协定的建设步伐，逐步建立起属于中国的自由贸易区网络体系。在与韩国签署了中韩贸易协定后，应该乘势加快中日韩区域贸易协定的谈判，还应促进中国与欧盟、美国自由贸易区签订。

第二，中国还要加强对美国、欧盟等区域贸易协定的研究，特别是TPP、TTIP等对中国的借鉴意义非凡，中国要在不断地学习中逐步扩大与其他国家区域贸易协定的谈判范围以及议题的水平。

（三）协调好中国区域贸易协定与WTO多边贸易协定

在推动中国区域贸易协定签订的同时，还应该积极推动多哈回合的谈判，不能抛弃WTO这个大平台。

一方面，中国应该通过积极履行义务、高质量和建设性的参与，在WTO及其多边谈判中尽早树立起全球贸易自由化的有力推动者的形象，提升自己在广大发展中国家成员中的"亲贫"地位，不断增强与发达国家成员合作与斗争的能力与水平。

另一方面，既然区域贸易体制仍将是未来的一个发展趋势，而且其在国际贸易法律秩序中的合法地位不会发生根本性变化，中国应该确保已签订区域贸易协定的成功实施，并积极探索与其他地区的国家之间谈判和缔结类似区域贸易协定的可能性。[②]只有这样，中国才能追赶上区域主义和全球主义发展态势，实现"双赢"的最佳目标。

中国在积极推动区域贸易协定与经济一体化的同时，也会主动追求逐渐在WTO

[①] 李朝鹤、温悦：《从区域贸易协定与WTO多边贸易体制整合看中国区域贸易合作路径》，载《郑州大学学报》2008年第1期。

[②] 同上。

多边贸易体制中扮演更加重要的角色。

四、结　语

目前，WTO 多边贸易体系正处于一个关键的时期。在日益增长的区域贸易协定的包围下，其合法性和效率性也在受到质疑。区域贸易协定的发展，有人也认为，是对 WTO 多边贸易体系的碎片化，但事实证明区域贸易协定带来更多的是贸易创造，而不是贸易转移。

区域贸易协定与 WTO 多边贸易体系是全球贸易不可缺少的两个部分，如今问题的关键是如何让二者相互融合，协同作用，加深对彼此的运用与发展。比如可以通过加强区域贸易协定之间的整合、改变 WTO 的协商机制、提供区域贸易协定之间对话的平台等来使二者相互融合、相互发展，最终促进全球贸易的自由化。

参考文献：

［1］ 曾令良.区域贸易协定新趋势下〈跨大西洋伙伴协定〉的负面影响与中国的对策［J］.武汉大学学报，2015，第2期。
［2］ 宋锡祥、闵亮.美欧TTIP谈判最新进展及中国的应对策略［J］.国际商务研究，2015，第202期。
［3］ 许健.WTO视角下区域贸易协定问题探析［J］.太原理工大学学报，2014，第2期。
［4］ 张洁.RTAs的新特点及对WTO的法律影响［J］.当代法学，2003，第9期。
［5］ 车路遥.论区域经济一体化对多边贸易体制的碎片化作用［J］.武大国际法评论，第16卷第2期。
［6］ 钟冲.美国主导下国际贸易体系中的均势策略与集体安全：从WTO到TPP与TTIP［J］.当代论坛，2015，第10期。
［7］ 逯婷婷.WTO多边贸易体制与区域贸易协定的冲突与协调［D］.2010年南京大学硕士学位论文。
［8］ 张宇轩.论区域贸易协定与多边贸易体制的冲突与发展［J］.南京大学学报，2009，第12期。
［9］ 李朝鹤、温悦.从区域贸易协定与WTO多边贸易体制整合看中国区域贸易合作路径［J］.郑州大学学报，2008，第1期。
［10］ 蔡莉妍.论区域贸易协定和WTO协定的法律竞合［J］.沈阳大学学报，2014，第4期。
［11］ Regional Trade Agreements Development Challenges and Policy Options［R］: Report prepared for the ICTSD–IDB E–15 expert's dialogue on RTAs in 2012.

论RTA与WTO管辖权的冲突与调和[*]

——以RTA反措施为视角

曾 炜[**]

摘 要：随着区域经济一体化的蓬勃发展，区域贸易协定与世界贸易组织之间发生冲突的可能性日益增加。在分析RTA与WTO管辖权冲突种类的基础上，该文结合国际法与WTO法关于反措施的规定，详细探讨了RTA反措施与WTO冲突的这一特殊情形，指出随着各种国际法律制度之间联系的日益加深，RTA反措施与WTO冲突的的解决，不仅取决于国际贸易法的发展，而且与一般国际法的演变也不无关系。

关键词：区域贸易协定；世界贸易组织；争端解决机制；反措施

前 言

在乌拉圭回合达成的诸多成果中，世界贸易组织（WTO）的争端解决机制最为瞩目，被认为是对多边贸易体制提供保障和可预见性的核心因素，[①]并被誉为WTO"皇冠上的明珠"[②]。与关税与贸易总协定带有政治性的争端解决机制相比，WTO争端解决机制具有法律强制性和条文严谨性，运行良好且可供执行等特征，并且在许多方面遥遥领先于其他国际法部门，从而使得WTO法获得"模范国际法"的美誉。[③]事实上目前只有WTO才拥有初审和上诉审两级审查机制以及行之有效的争

---

[*] 本文为曾炜主持的国家社科基金青年项目"世界贸易组织与区域贸易协定间争端解决机制管辖权冲突与调和研究"（项目批准号：13CFX116）的阶段性成果。

[**] 曾炜，法学博士，贵州民族大学法学院教授，主要研究方向为国际经济法、世贸组织法。电话：13648509877，邮箱：67192405@qq.com。

[①] 左海聪："WTO争端解决实践综合分析"，《南开大学学报》（哲学社会科学版）2008年第6期。

[②] Peter Sutherland, Concluding the Uruguay Round—Creating the New Architecture of Trade for the Global Economy, 24 Fordham International Law Journal, 26 (2000).

[③] 曾华群、杨国华等：《WTO与中国：法治的发展与互动——中国加入WTO十周年纪念文集》，中国商务出版社，2011年10月，序言二。

端解决执行机制。自1995年成立以来，WTO争端解决机构（DSB）审理的案件已达482起[1]，可见WTO成员积极利用争端解决程序解决涵盖协定下的贸易争端。但是随着WTO争端解决机制被频繁运用，在争端解决过程中也不可避免地产生了大量的法律解释问题。

尽管WTO争端解决机制有着突出的表现和显而易见的重要性，但归根究底仍然是WTO成员协商的产物，因此也同WTO多边贸易体制一样，面临着迅猛发展的区域贸易协定（RTA）的挑战。RTA允许WTO成员在一定条件下背离WTO多边贸易体制最惠国待遇条款义务，从而追求更高程度的自由化目标。正如Bartels和Ortino指出的那样，RTA协定在WTO成员间的愈加普及促进了各成员的经济发展。[2]虽然RTA冠以"区域"的称谓，但这些协议正在全球范围内迅速扩张，从而形成不同WTO成员之间错综复杂的贸易壁垒和关税制度，学者Jagdish Bhagwhati称之为"意大利面条碗"（Spaghetti_bowl_effect）[3]现象。[4]迄今为WTO承认和在WTO登记的RTA已有450余项，从数量上说不可谓不庞大；不仅如此，许多现行RTA协定除涉及贸易领域之外，往往还包括与贸易相关的其他议题，诸如劳工、人权、市场竞争和投资等。尤为重要的是，这些RTA协定通常规定了其自身的强制性争端解决机制和针对违反协定而采取的反措施。在实践中RTA与WTO可能发生的冲突形形色色，本文着重于分析其中的一种特殊情形，即一成员依据RTA采取的反措施可能与其在WTO下的义务冲突问题。欲分析和解决这种冲突，就需要对允许WTO成员加入RTA并且明确授权RTA争端解决机制有权采取反措施的两个协定——关税与贸易总协定（GATT）和服务贸易总协定（GATS），进行缜密的分析。与此同时，随着各种国际法律制度之间联系的日益加深，上述问题的解决，不仅取决于国际贸易法的发展，而且与一般国际法的演变也不无关系。

一、RTA与WTO管辖权冲突的种类

（一）一措施同时违反WTO和RTA规定

当前大多数学者关注的是RTA和WTO管辖权之间的直接冲突，即RTA的成员方先后在RTA争端解决机制和WTO争端解决机制下就同一措施提起诉讼。这种情

---

[1] http://www.wto.org/english/tratop_e/dispu_e/dispu_status_e.htm，浏览时间2014年10月5日。
[2] Lorand Bartels and Federico Ortino（eds），Regional Trade Agreements and the WTO Legal System（Clarendon，Oxford 2006）1.
[3] "意大利面条碗"现象是指在双边自由贸易协定和区域贸易协定，统称特惠贸易协议下，各个协议的不同的优惠待遇和原产地规则就像碗里的意大利面条，一根根地绞在一起，剪不断，理还乱。这种现象贸易专家们称为"意大利面条碗"现象或效应。
[4] Jagdish Bhagwati，'US Trade Policy：The Infatuation with Free Trade Agreements' in Jagdish Bhagwati and Anne Krueger（eds），The Dangerous Drift to Preferential Trade Agreements（AEI Press，Washington，DC 1995）.

形下,由于争议措施同时违反 RTA 和 WTO 的规定,因此 RTA 和 WTO 的争端解决机制对该措施都有管辖权,故而有学者把这类冲突称为双重违反(double breach)。①例如在反倾销争议上,欧洲法院根据《欧共体条约》可以受理;南方共同市场仲裁庭根据《亚松森条约》可以受理;WTO 争端解决机构根据 WTO《反倾销协定》也可以受理,这样就会产生在反倾销案件上的积极的管辖权冲突。②这种双重违反的现象并非国际贸易法所独有,著名的 Mox Plant 案就属于这一类型。在该案中,英国于连接爱尔兰海的谢菲尔德设立了一个核燃料厂,爱尔兰政府担心该厂的营运将会污染爱尔兰海,并强调将核燃料的运入和运出该厂所涉及的潜在风险,称英国未向其披露相关信息,从而发生争议。欧洲法院、《联合国海洋法公约》下设的特别仲裁庭与《东北大西洋海洋环境保护公约》下设定的仲裁庭都声称对该案有管辖权,③从而发生管辖权的冲突。相似案件在国际法争端中并不鲜见,故而双重违反造成的管辖权冲突问题一直是学界关注的重点。

20 世纪特别是冷战结束以来,国际立法活动日益活跃,国际法体系的结构要素越来越多样化,同时各种规范之间的冲突和矛盾也在不断加剧,国际法的体系结构越来越"碎片化"(fragmentation)。④随着 RTA 协定的异军突起,国际贸易法的碎片化现象更为突出和严重。鉴于 RTA 和 WTO 争端解决机制尚有不完善之处,当其均要求管辖某个案件时,如何避免两者管辖权的冲突尤为重要。Marceau 和 Kwak 曾指出,尽管 RTA 争端解决机制对其成员间的争端拥有管辖权,但 WTO 争端解决机构也不能因此而拒绝审理已提交其管辖的争端。⑤值得注意的是,许多 RTA 协定规定了排他性的管辖条款,那么该条款能否适用,以及如果该管辖条款能适用的话,那么何时在何种情形下适用。Yuval Shany 曾建议,可将"国际司法礼让说"作为避免此类管辖冲突的方法。⑥包括 Pauwelyn、Mitchell、Gao 和 Lim 在内的一些学者都主张在 WTO 协定中增加尊重原则(principle of deference)以防此类情形的发生。

Pauwelyn 和 Salles 主张通过研究国内法中类似的且有实际价值的原则,诸如已决诉讼、未决诉讼、一事不再理原则(Res judicata)及不方便法院原则来解决此问题。⑦与之不同,Mitchell 和 Heaton 则强调 WTO 争端解决机构的固有管辖权

---

① William Davey and Andre Sapir,'The Soft Drinks Case:The WTO and Regional Agreements'(2009)8 WTR 5-23,at 23.
② 徐运良:"WTO 与 RTAs 争端解决机构管辖权冲突的成因分析",载《法学杂志》2008 年第 5 期。
③ 杨永红:"分散的权力:从 Mox Plant 案析国际法庭管辖权之冲突",载《法学家》2009 年第 3 期。
④ 古祖雪:"现代国际法的多样化、碎片化与有序化",载《法学研究》2007 年第 1 期。
⑤ Kyung Kwak and Gabrielle Marceau,'Overlaps and Conflicts of Jurisdiction between the World Trade Organization and Regional Trade Agreements'(2003)41 Can Ybk Int'l L 83;also in Ortino and Bartels(n 1)465-524.
⑥ Yuval Shany,The Competing Jurisdictions of International Courts and Tribunals(OUP,Oxford 2003).
⑦ Joost Pauwelyn and Luiz Eduardo Salles,'Forum Shopping Before International Tribunals:(Real)Concerns,(Im)Possible Solutions'(2009)42 Cornell Int'l LJ 77,see in particular 102-13.

(inherent jurisdiction)①，并将其作为援引"国际礼让"原则或者禁止反言原则的理由，从而防止管辖权冲突的出现。②

但是不得不承认，这些可能的原则在 WTO-RTA 背景下用来防止管辖权冲突时事实上面临严重不适的窘状。由于上述原则的适用在国际法或国内法中有严格的界定，因而往往并不适用于 WTO 与 RTA 冲突的情况。例如，一事不再理原则只适用于诉因完全相同的两个诉讼，即两个诉讼不仅当事方相同，而且争议措施和主张也必须相同。即使同一个争议措施被指控违反 RTA 和 WTO，由于 WTO 与 RTA 争端来自于不同的条约基础，诉因的差异使得"一事不再理"原则不能解决 WTO 与 RTA 间的管辖权冲突。至于其他的原则，也不像具有强制性的国际法基本原则那样可以依据《关于争端解决规则与程序的谅解》(DSU) 第 3 条第 2 款③和《维也纳条约法公约》31 条第 3 款 c 项④适用于 WTO 协定的解释。根据 DSU 第 3 条第 2 款在行使解释的司法功能时，专家组可以澄清 WTO 涵盖协定的规定，但它们不可以创设新的权利和义务，而必须适用 WTO 成员方同意的法律，⑤这应当成为 WTO 争端解决中法律解释的一条不可触犯的"红线"。⑥《维也纳条约法公约》第 31 条本身就是争端解决机构认可的国际习惯法解释规则，⑦从其第 3 款 c 项的具体规定可知，就 WTO 争端案件来说，DSB 可以适用的法律包括与 WTO 协议没有直接关系但与争端案件有关的国际法规则。⑧同样，固有管辖权和自裁管辖权（compe'tence de la compe'tence）⑨的概念的法律地位并不确定，尤其是在 WTO 法律中，与固有管辖权相关的适用规则并未明确。唯一可明确的是为履行司法职能 WTO 争端解决机构有拥有必要的管辖权，但固有管辖权并不能作为对于实体问题拒绝司法的依据。

---

①　关于固有管辖权的规定可见 1994 年《罗马规约》草案。草案曾规定国际刑事法院对灭绝种族罪享有固有管辖权，即法院对该罪行使管辖权无须再获得特定国家的同意或接受。有的国家认为应该将这种固有管辖权扩大到规约草案规定的其他国际犯罪，(UN Press release (1995), GA/8871, Comments of Greece, Germany, Sweden, Argentina, Italy; GA/8872, Comments of Denmark)。有的国家坚决反对，认为固有管辖权的规定与作为国际刑事法院建立基础的同意与补充原则相冲突。(UN Press release (1995), GA/8871, Comments of Austria)

②　Andrew D Mitchell and David Heaton, 'The Inherent Jurisdiction of WTO Tribunals: The need for a Principled Approach' University of Melbourne Legal Studies Research Paper No. 416, 32-46.

③　参见《关于争端解决规则与程序的谅解》第 3 条第 2 款："世界贸易组织的争端解决机制是为多边贸易体制提供安全和可预见性的一个中心环节。成员方公认这种机制可用来保障各有关协议下各成员方的权利和义务，并可用来依照解释国际公法的惯例，澄清有关协议现有的条款规定。争端解决机构的各项建议和裁决不能增加或减少各有关协议所规定的权利和义务"。

④　参见《维也纳条约法公约》31 条第 3 款 c 项："适用于当事国间关系之任何有关国际法规则"。

⑤　许楚敬："WTO 法中的"冲突规则"——一个相对封闭的 WTO 争端解决法律适用系统的形成"，载《法学评论》2011 年第 2 期，第 62 页。

⑥　王毅："WTO 争端解决中的法律解释"，载《法学研究》2009 年第 5 期。

⑦　齐飞："WTO 争端解决机构的造法"，载《中国社会科学》2012 年第 2 期。

⑧　陈儒丹："'非 WTO 协议'在 WTO 争端解决中的适用"，载《法学》2009 年第 2 期。

⑨　自裁管辖权是指仲裁庭有权裁判自己的管辖权，并且不受法院相关诉讼程序的影响开始或继续审理案件直至作出裁决。参见王翰、李广辉："论仲裁庭自裁管辖权原则"，载《中国法学》2004 年第 2 期。

以上几个从国内法或国际私法借鉴来的解决办法，在墨西哥饮料案中并没有得到专家组和上诉机构的认可。在该案中，墨西哥主张应适用司法礼让原则，请求 DSB 拒绝行使管辖权而让墨西哥和美国以北美自由贸易协定（NAFTA）成员的身份在 NAFTA 范围内予以解决。但不论是专家组还是上诉机构都拒绝了此项请求，并且均认为专家组对已提交的案件无拒绝行使管辖权的裁量权，同时没有必要对行使该裁量权的适当性作出裁决；除非存在法律障碍，否则 WTO 争端解决机构就应该行使管辖权。[1]

但墨西哥饮料案中上诉机构关于"排他性的法院选择条款"（exclusive forum clause）的阐述为此类管辖权冲突的解决留下了一线生机，即可能援引 RTA 的"排他性的法院选择条款"来消除两者之间的冲突。这种条款的核心是：对于一项争端可诉诸多个争端解决场所的情况，如果选择了其中一个，就当然地排除了其他场所的适用性。[2] 事实上，上诉机构在墨西哥饮料案中明确指出，墨西哥并未援引 NAFTA 的"排他性的法院选择条款"。除了 NAFTA 第 6 条存在"排他性的法院选择条款"之外，在诸多 RTA 中还存在着"非排他的法院选择条款"（non-exclusive forum selection clauses），例如欧盟与新加坡的自由贸易协定和南方共同市场的《奥利沃斯议定书》，起着与"排他性的法院选择条款"类似的作用。[3]

如果争端双方经协商后将争端专属管辖权归于 RTA 争端解决机构，这将产生 WTO 专家组是否有权拒绝行使管辖权的争议。无论是拒绝行使管辖权还是非 WTO 管辖条款在 DSB 的可适用性在 WTO 协定里面都没有依据，对此学者提出两种不同的主张。Pauwelyn 主张 WTO 争端解决机构可适用的法律包含国际法的基本原则，在此基础上，Pauwelyn 和 Salles 指出应将国际法院的开放性引入到 WTO 争端解决当中，倚借国际法院开放性的概念使得 WTO 争端解决机构有可能适用 RTA 的法院选择条款。[4] Gao 和 Lim 在反驳 Pauwelyn 关于 DSB 可适用法律观点的基础上指出，由于 WTO 协定的限制，RTA 规则只能在有限情况下适用，因此只能通过修订 DSU 来解决此类问题。[5] 即使暂时搁置非 WTO 法律在 WTO 中的适用争议，也不能指望 WTO 立即对 RTA 排他性条款的解释和适用问题作出结论。[6]

---

[1] Panel Report, Mexico-Tax Measures on Soft Drinks and Other Beverages, adopted 7 October 2005, WT/DS308/R, paras 7.1-7.18; Appellate Body Report, Mexico-Tax Measures on Soft Drinks and Other Beverages, adopted 6 March 2006, WT/DS308/AB/R, paras 10 and 46-54.

[2] 纪文华、黄萃："WTO 与 FTA 争端管辖权的竞合与协调"，载《法学》2006 年第 7 期。

[3] Henry Gao and CL Lim, 'Saving the WTO from The Risk of Irrelevance: The WTO Dispute Settlement Mechanism as a 'Common Good' for RTA Disputes' (2008) 11 JIEL 899-925.

[4] Joost Pauwelyn and Luiz Eduardo Salles, 'Forum Shopping Before International Tribunals: (Real) Concerns, (Im) Possible Solutions' (2009) 42 Cornell Int'l LJ 77, 118.

[5] Henry Gao and CL Lim, 'Saving the WTO from The Risk of Irrelevance: The WTO Dispute Settlement Mechanism as a 'Common Good' for RTA Disputes' (2008) 11 JIEL 27.

[6] Henry Gao and CL Lim, 'Saving the WTO from The Risk of Irrelevance: The WTO Dispute Settlement Mechanism as a 'Common Good' for RTA Disputes' (2008) 11 JIEL 899-925.

很显然，找到一个能够解决 WTO 和 RTA 潜在的管辖权冲突的法理依据并非易事，就如 Gao 和 Lim 建议的那样，WTO 和 RTA 管辖权冲突问题不应与 WTO 争端解决机构是否可以适用非 WTO 法律问题搅和在一起，可行的办法就是修订 WTO 协定。为了克服 WTO 争端解决机构可适用法律的争议和授权 WTO 专家组适用排他性管辖条款，可以建议 WTO 总理事会通过以下提议：允许 RTA 有优先管辖权甚至排他的管辖权，使得 RTA 的争端解决机制有排除 WTO 争端解决机制管辖的可能，同时授权 WTO 专家组在适当情形下有权拒绝管辖。显然当事各方难以同意此种解释和适用 RTA 排他性管辖条款。无论如何，这种建议不管是以 DSU 修订案的方式，还是以总理事会的解释性决议抑或总理事会的授权决议的方式，都很难在 WTO 得以通过。由于发展中成员担心自己的利益受损，而往往反对将 WTO 管辖的案件交由 RTA 的争端解决机制来处理，基于 WTO 实践中采取的共识决策的方式，这种试图通过修订 DSU 来消除 RTA 与 WTO 管辖权冲突的方式前景并不明朗。

对于 RTA 与 WTO 管辖权冲突的解决，假如我们换一个思路，比如通过完善 RTA 规则，增加特别的条款防止平行采用 WTO 争端解决机制，可能会面临更少的障碍。例如针对在 WTO 提起类似诉讼的 RTA 成员，RTA 协定可以规定直接的惩罚措施，如要求其提供相当于在 WTO 中获得利益的数倍作为损害赔偿。这不仅可以加强 RTA 体制的有效性，还有助于解决双重违反的难题。

（二）RTA 反措施违反 WTO 规定

国际贸易法作为国际法的一部分，通常利用反措施来保证其强制力的实现。由于不同的国际贸易法规调整领域可能存在重叠，因而这些规则之间冲突的发生就并非罕见了。本文着重以不同的角度探析 RTA 和 WTO 权利义务之间的一类冲突，即一成员依据 RTA 采取的反措施违反 WTO 规则的问题。

由于一方不履行条约义务，另一方就可能采取反措施来制裁该违约方。纵观 RTA 和 WTO 规则，可以发现两者规定的实质义务在相当大的范围内存在重合，一项 RTA 反措施不仅可能违反 RTA 规则本身，还可能同时违反平行的 WTO 规则。

这类冲突在现实中时有出现，墨西哥饮料案就可以作为诠释这类冲突如何发生的案例。在该案中，墨西哥以美国糖进口政策违反 NAFTA 附件 703（2）(A) 为由，对所有从美国进口的富含高度谷物果糖的饮料加征 20% 的进口关税。[①] 很显然这是 NAFTA 允许的反措施（美国阻挠 NAFTA 组成特别法庭来受理墨西哥的申诉），而这一反措施却又恰巧违反 WTO 的最惠国待遇原则。

依据 RTA 实施机制采取的与贸易相关的反措施表面上违反了 WTO 义务，能否因为该措施在 RTA 下是成员固有的权利而取得正当性呢？由于墨西哥援引 GATT 第

[①] Panel Report, Mexico-Tax Measures on Soft Drinks and Other Beverages, adopted 7 October 2005, WT/DS308/R.

20 条作为抗辩理由，并未特别声明其采取的措施作为 RTA 协定的反措施，可以依据关于反措施的一般国际法而取得正当性。[①] 该案中，专家组和上诉机构都没有回答 Kuijper 所提出的"真正至关重要的问题"，即 WTO 体制能否容纳一般国际法关于报复的规则。[②]

Kuijper 已从根本上抓住了问题的关键，而 WTO 体系也以实际的开放性包容了一般性国际法原则。[③] 就像 WTO 上诉机构在其第一份报告中所声明的那样，WTO 协定"不应被解读为隔绝于国际公法"。[④]

这又回到了非 WTO 法律（此处为基于 RTA 和一般国际法而采取的反措施）在 WTO 中适用的难题。本文的目的并非分析 WTO 可适用的法是否应包含一般国际法，也无意探讨 WTO 法律制度是否是一个自给自足的专门体系，即仅在解释其条款时需要符合一般国际法的规定的范围内受一般国际法的影响。

简而言之，如果将 WTO 可适用的法律扩大到包括关于反措施的一般国际法，那么对违反任何其他国际法而采取的反措施，不考虑任何相关的 WTO 法，将自动豁免其对 WTO 法违反的责任，这是对 WTO 法律制度的严格限制，甚至有违成员方成立 WTO 的初衷。

为了给 RTA 反措施在 WTO 中的适用性这个问题提供一个满意的解决办法，需要对各种反措施进行分类：(1) 作为国际法习惯法被《国家责任法草案》法典化的反措施；(2) WTO 法的反措施；(3) RTA 的反措施。与此同时，我们也应注意到这一基本事实，WTO 协定在一定条件下允许 RTA 成立和运行，这是否意味着 WTO 成员在授权 RTA 的同时也允许 RTA 成员之间就它们的 RTA 关系适用贸易反措施呢？进而是否允许 RTA 成员采取违反 GATT/WTO 规则的反措施呢？ GATT 第 24 条能否作为违反 WTO 市场准入规则的 RTA 反措施正当化的充分证据？如果可以的话，如何证明以及在何种程度上起到证据的作用？

考虑到许多依据 RTA 所作出的的反措施可能会违背 WTO 规则，所以有必要进一步思考 WTO 允许成员缔结 RTA 协定的规定的性质，即 WTO 此项规定是否还授权 RTA 成员在它们之间的关系中采取反措施。一 RTA 成员因违反 RTA 协定而可能承受他方采取的反措施，该反措施是否可以因被指控违反 WTO 规则，例如最惠国待遇原

---

① Panel Report, Mexico-Tax Measures on Soft Drinks and Other Beverages, adopted 7 October 2005, WT/DS308/R, paras 8.162.

② Pieter-Jan Kuijper, 'Does the World Trade Organization Prohibit Retorsions and Reprisals? Legitimate 'Contracting Out' or 'Clinical Isolation' Again?' in Merit E Janow and others (eds), The WTO :Governance, Dispute Settlement & Developing Countries (Juris Publishing, Huntington, NY 2008).

③ Pieter-Jan Kuijper, 'Does the World Trade Organization Prohibit Retorsions and Reprisals? Legitimate 'Contracting Out' or 'Clinical Isolation' Again?' in Merit E Janow and others (eds), The WTO :Governance, Dispute Settlement & Developing Countries (Juris Publishing, Huntington, NY 2008).

④ Appellate Body Report, United States — Standards for Reformulated and Conventional Gasoline, adopted 29 April 1996, WTO Doc WT/DS2/AB/R, 16.

则,而丧失正当性呢? 如果是,这是否会抑制 RTA 的有效运作呢? 因为 RTA 的成员方一如 WTO 的成员方可能潜在的希望采用贸易反措施作为其实施机制的组成部分。

对于 RTA 成员采取的贸易反措施可能违反 WTO 义务的情形,WTO 协定并无明确规定。但是值得我们深思的是,由于 RTA 协定缔结的依据是 WTO 协定的相关条款,因此是否可以假定 WTO 成员被授权在 RTA 中制订包括反措施在内的有效的争端解决机制呢? 如果是的话,应该遵循什么样的限制和条件?

因此,欲在 RTA 背景下分析反措施这种特定类型的措施,有必要首先探讨国际法关于反措施的规定,在此基础上分析 WTO 对 RTA 授权的性质,并审视该授权是否允许在 RTA 下采取违反 WTO 规定的贸易反措施。

二、国际法和 WTO 法关于反措施的规定

(一)《国家责任法草案》关于反措施的规定

根据国际惯例法,一方的国际不法行为是另一方采取"非强制性"反措施的事实基础。该权利由国际法委员会在 2001 年《国家责任法草案》中将其法典化,[1] 该草案规定一国必须用尽所有可适用的争端解决机制后才可采取单边反措施。

从《国家责任法草案》对于一般国际法中的反措施的规定可以看出,反措施的适用存在一定的条件和限制。受害国的对抗措施必须与所受的损害相称,顾及国际不法行为的严重性以及争议中的权利。相称性的评价不仅考虑所受损害的数量因素,而且要考虑规则所保护的利益的重要性以及行为的严重性等质量因素。[2] 显而易见,由于国家间实质上的不平等,反措施往往容易被滥用。出于对争端各方实力上强弱悬殊所造成的差别的担忧,《国家责任法草案》对反措施的适用施加了更多的限制,其中包括反措施只能针对不法行为一方并不得波及第三国、反措施适用的暂时性并逐步宽松的可协商性,以及不得违反国际法的一般原则包括禁止使用武力、侵犯基本人权以及违背其他强制性的规范。

《国家责任法草案》关于上述反措施的规定也有例外,在并且只在一国际不法行为的存在条件或一国国际责任的内容或履行应由国际法特别规则规定的情况下,不得适用上述规定。[3]

(二) WTO 关于反措施的规定

WTO《关于争端解决规则与程序的谅解》包含有关于贸易争端解决以及与涵盖协定相关的反措施的特别规定。DSU 第 23 条仅要求成员不能单方面采取与 WTO 涵

---

[1] General Assembly Resolution A/RES/56/83 of 12 December 2001, Fifty-sixth session, Agenda item 162.
[2] 温树英:"WTO 法律救济的现状与改革",载《法学评论》2008 年第 6 期。
[3] 参见《国家对国际不法行为的责任条款草案》第 55 条。

盖协定相关的反措施,由此可以看出 WTO 成员全体反对单方面采取贸易反措施的立场。任何成员在中止减让前,必须获得 DSB 的事先授权,这是成员承担的一项 WTO 义务。[①] 可见 WTO 成员为了实施 WTO 涵盖协定严格禁止采取单边贸易措施,如果对 RTA 协定下的单边贸易反措施却有所容忍,事实上这未免与 DSU 第 23 条所蕴含的精神背道而驰。

WTO 法包含 GATT 的各项规则,可能被 RTA 反措施违反的 GATT 规则亦不例外,这种规则构成了可以取代或限制 WTO 协定下关于反措施的国家责任适用性的特别法。事实上,国际法委员会对《国家责任法草案》关于反措施一章曾作出解释:如果条约的某个条款免除了特定情况下义务的履行,将排除反措施违背该义务的责任。[②] 有些 GATT 规则的违反只能依据一般例外条款或 DSU 第 23 条规定的反措施取得正当性,那么这种规则是否足以取代任何其他一般国际法理由而不遵守呢?毕竟 GATT 第 20 条的一般例外和第 21 条的安全例外通常被解释为适用于违反 WTO 协定的措施,而没有规定可以针对非违反 WTO 的措施采取反措施。如果一项与贸易相关的措施用来保护人类的生命健康时需要符合第 20 条前言中的诚信原则,而针对违反 RTA 协定中与健康有关条款的行为而采取的反措施却不需要经受任何 WTO 的审查,这很难得到任何法理或学说的支持,但在盛行实用主义的 WTO 争端解决中却颇有市场。在墨西哥饮料案中,墨西哥的代表认为在本案中并不适用第 20 条(d)款"为保证与本协定规定不相抵触的法律或法规得到遵守所必需的措施"的规定。该方法明显与主张唯有 GATT 例外清单上的事项才可以作为违反 WTO 协定的抗辩,以及专家组无权主张一措施作为违反非 WTO 协定的反措施可以取得豁免的观点相反。

(三) RTA 关于反措施的规定

《国家责任法草案》是否允许 RTA 协定下采取的单方面反措施呢?RTA 协定可以包含取代一般性国家责任规则的特别规定。比如《东盟关于加强争端解决机制议定书》中规定:暂停减让或其他义务限于专家组和上诉机构报告经高级经济官员会议(SEOM)通过后 60 日后仍未执行的情形。[③] 但是,如果 RTA 协定并没有明确限制单边反措施的适用,这是否意味着默许呢?

根据 GATT 第 24 条和 GATS 第 5 条,RTA 在 WTO 体制下取得正当性,但与此同时 RTA 必须符合一定的条件以保证符合 WTO 的基本制度与原则。可以说 WTO 禁止成员方单方面就违反 WTO 义务的情形作出确定,根据 DSU 第 23 条的规定,一旦作出违反 WTO 义务的确定,就可以实施反措施。DSU 第 22 条和第 23 条严格要求成员未经授权不得采取反措施。换言之,尽管 DSU 第 23 条严格地说只适用于与

---

① 傅星国:"WTO 争端解决机制中的报复问题",载《国际经济合作》2009 年第 5 期。
② State Responsibility Commentaries, above n 26, Chapter II of Introduction to Part III, para 9, 129.
③ ASEAN Protocol on Enhanced Dispute Settlement Mechanism, Vientiane, 29 November 2004, Art 16.

WTO涵盖协定相关的争端，而不适用于RTA争端。但是，我们也可以说第23条的特殊性质和不得对WTO贸易采取单边行动的特别禁令的重要性已贯穿于包括区域贸易协定在内的整个多边贸易体制。毕竟依据GATT 24条取得授权的RTA协定被视为符合WTO协定，而且GATT本身即为WTO的涵盖协定。所以不难想象，RTA作为WTO法律制度的一部分，也应遵从WTO禁止单边反措施的规定。此外，大多数RTA协定在设计争端解决机制时往往借鉴甚至照搬WTO争端解决机制的结构和条款，所以DSU对单边反措施禁止的规定也渗入到许多RTA协定的条文之中。在RTA协定中，往往不是对单边反措施严加限制就是完全禁止。依此，WTO关于禁止任何形式的单边贸易措施的特别法，将推翻一国依据一般国际法有权在RTA协定下采取单边反措施的推定，这意味着哪怕是RTA协定下的反措施，不仅需要取得RTA本身的授权，还需要得到WTO的授权。当RTA协定对反措施作了隐含或明确的规定，就会出现WTO预授权（pre-authorization）。这种预授权或者在RTA成立时向WTO通报而得到成员的接受，或者在RTA成立后相关的争端解决过程中得到成员的接受。

总体而言，只要RTA协定或者WTO规则没有排除反措施的适用，《国家责任法草案》就可以作为RTA关于采取反措施规定的补充。如果RTA协定隐含或明确允许其成员采取反措施，但对采取反措施的形式没有任何规定，这时关于反措施适用的一般国际法规则就成为RTA成员采取反措施形式的依据。

由于能提交到WTO争端解决的RTA反措施都违反了与贸易相关的义务，条件是这种反措施必须是临时性和可以恢复的，并没有违反一般国际法的强制性规定。同时，针对责任方的反措施还必须符合必要性和相称性的要求。尽管现行的RTA协定很少对反措施的针对方作出明确规定，但可以理解为反措施应针对有过错的一方。

但应当注意的是，现今不少RTA对采取反措施的形式作出详细规定，这至少在部分上能够取代相关的一般国际法准则。除此之外，国际法委员会关于《国家责任法草案》的评注也清楚表明，当RTA协定要求适用特别的争端解决机制时，可能会排除关于反措施的一般国际法规则的适用："《国家责任法草案》各章节共同表明，关于反措施规定排除某义务特定情形下的履行时，就免除反措施遵守该义务的责任。类似地，当国家在争端中诉诸争端解决机制时，尤其是该争端解决机制（如WTO争端解决机制）要求受害国对违反义务的行为采取反措施时必须取得授权，就免除该反措施的责任。"[①]

不仅如此，国际法委员会在评注草案第50条（2）款a项时指出，采取反措施的国家仍应履行其与责任国之间任何可适用的现行解决争端程序的义务，也就是说，反措施不影响争端国之间有效的争端解决程序的效力及其对争端的适用性。[②] 如果

[①] State Responsibility Commentaries, Chapter II of Introduction to Part III, para 9, 129（original footnotes omitted）.

[②] State Responsibility Commentaries, p.327.

RTA 协定规定在采取反措施前必须适用争端解决机制或其他程序,这将限制成员方在 RTA 协定下单边采取反措施的可能性。

因此,RTA 协定下运用特别争端解决机制的义务本身就可能防止未经该争端解决程序之前采取反措施。这一方法与 DSU 第 23 条禁止单边的确定作为采取反措施的依据一致。

通过上述的分析,我们可以得出结论,即关于反措施的一般国际法规则和 WTO 法可能允许 RTA 协定下采取贸易反措施,我们需要进一步审查 WTO 是否要求 RTA 符合 WTO 的规定,以及在何种程度上这种要求影响了 RTA 协定的成员方采取与 WTO 规则不一致的贸易反措施的权利。

三、RTA 反措施符合 WTO 法的条件

GATT 第 24 条的核心内容是允许部分成员间实施程度更高的贸易自由化,并无需将该贸易自由化扩展到其他 WTO 成员,故而通常被看作 GATT 第 1 条所规定的最惠国待遇条款的例外,但这并不意味着第 24 条例外的范围仅限于作为违反 GATT 第 1 条的特别法。

在土耳其纺织品案的上诉机构报告中,上诉机构援引 GATT 第 24 条第 5 款,确认 WTO 成员有权在一定条件下组建 RTA。上诉机构特别强调第 5 款中提到"不应阻止"(shall not prevent),该词可以证明第 24 条在一定条件下能使与 GATT 其他规定不一致的措施取得正当性,并且可以被援引来作为与 GATT 规定不一致的裁定的可能抗辩。[①]

那么此项抗辩的范畴是什么?在上诉机构看来,第 24 条不仅是对 GATT 第 1 条的抗辩,而且是对整个 GATT 的抗辩。上诉机构认为土耳其纺织品案中 GATT 第 24 条可援引作为与(GATT 第 5 条以及纺织品协议第 2 条第 4 款)不符的抗辩,只要第 24 条所设定的抗辩的条件得以满足。[②]

如果将第 24 条的抗辩范围适用于 RTA 反措施的话,产生的结果就是豁免了违反 GATT 条款甚至违反 WTO 中与 GATT 第 24 条有关的条款的反措施的不法性。那么这一抗辩的条件是什么?又如何在 WTO 中评价 RTA 与 WTO 的一致性呢?

依照第 24 条第 7 款,任何 RTA 的缔结都必须向 WTO 通报,RTA 协定的参加方不得实施或维持此类协定,除非它们遵从 WTO 成员方的建议使得 RTA 符合 WTO 协定。然而实践当中,由于 WTO 协商一致的决策方式,还未曾有过 RTA 协定在批准时被明确认为与 WTO 协定一致,因为对非 RTA 成员方要求修改 RTA 协定的建议,RTA 协定的参加方往往会予以拒绝。为弥补上述 RTA 组建过程中的政治障碍,当

---

① Appellate Body Report, Turkey-Restrictions on Imports of Textile and Clothing Products, adopted 22 October 1999, WT/DS34/ABR ('Turkey-Textiles, Appellate Body Report') para 45.

② Turkey-Textiles, Appellate Body Report, para 45.

RTA 措施被指控以及 RTA 例外被援引时，WTO 争端解决机制发展出一套程序以判别特定的 RTA 协定是否符合 WTO，这对于判断 RTA 下反措施是否符合 WTO 法提供了参考和借鉴。

（一）RTA 必须符合 WTO 的条件

能够体现第 24 条例外范围的首个案例就是土耳其纺织品案，然而上诉机构在处理该案时 WTO 成员并未依据 RTA 的通知明确授权 RTA。当 RTA 被援引来作为贸易限制措施的正当性理由时，上诉机构根据第 24 条第 5 款的文字阐明其必须符合下列两个要求：首先，主张抗辩利益的一方必须证明在成立关税同盟时采取的争议措施满足第 24 条第 8 款（a）项和第 5 款（a）项的全部要求；其次，该方必须证明如果不允许采取该争议措施，将会阻止关税同盟的成立。依据第 24 条，只有这两个条件全部得到满足时抗辩方才可能获得抗辩利益。① 由此可见，上诉机构报告明确指出，援引第 24 条作为抗辩理由的一方必须证明其参加的 RTA 满足 WTO 协定的相关要求。

遵守第 24 条也意味着要遵守 24 条第 5 款和第 8 款中的基本规则，而其第 4 款更是体现了整个 24 条的内涵意旨。这些条文实际上要求，如果一个 RTA 欲符合 WTO 的条件，那么该 RTA 不能导致贸易壁垒的提高，否则，WTO 成员不应加入这样的 RTA。这实际上要求 RTA 成员在援引其 RTA 协定下的权利采取反措施时，不得对第三方产生不利影响。② 同等地，任何依据 RTA 协定下的实施机制和救济制度采取的反措施不能超出第 24 条的例外规定，必须全面符合第 24 条的要求。

详细讨论大量现存 RTA 协定的每一个细节以确定它们是否满足了 GATT 第 24 条第 5 款和第 8 款的各项要求是一项庞大的工作，已经超出了审查的范围。③ 但在此种背景下应当注意到，在 WTO 成员必须证明其所依赖的 RTA 协定是否符合 WTO 的首要阶段，许多情况下可能产生难以逾越的障碍。

土耳其纺织品案的裁决表明，就 RTA 与 WTO 的关系而言，GATT 第 24 条就如 GATT 第 20 条和第 21 条一样起到例外的作用，即为违反 GATT 或 WTO 涵盖协定的措施提供正当化的理由。但是 RTA 既然作为一项例外，那么其必须满足获得授权所要求的条件。事实上，为区域贸易机制提供例外，GATT 第 24 条和 GATS 的 5 条并不能为所有与 RTA 相关的措施，特别是违反 RTA 条款的措施提供抗辩。任何与 WTO 不符的措施在 RTA 协定下取得豁免有一定的前提条件，即该措施与 RTA 协定获得授权所要求的条件一致。

---

① Appellate Body Report, Turkey-Restrictions on Imports of Textile and Clothing Products, adopted 22 October 1999, WT/DS34/ABR（'Turkey-Textiles, Appellate Body Report'）para 58.

② Vienna Convention on the Law of Treaties(opened for signature 23 May 1969 entered into force 27 January 1980) 1155 UNTS 331（'VCLT'）Art 41.

③ John Lockhart and Andrew Mitchell, 'Regional Trade Agreements under GATT 1994: An Exception and its Limits' in Andrew D Mitchell（ed）Challenges and Prospects for the WTO（Cameron, London 2005）.

（二）反措施的适用必须与 RTA 获得授权的条件一致

采取的反措施是否符合特定的 RTA 协定通常取决于对 RTA 协定整体框架和具体条款的审慎考虑，以及在 RTA 协定没有涉及的方面，关于反制措施的一般国际法的次要规则（residual rules）也是需要考虑的。

从大多数 RTA 协定提交给 WTO 的通报可知，除了较早的一些 RTA 协定对反措施的使用没有作出规定之外，晚近的 RTA 协定都授权其成员在特定的情况下可以采取反措施，但并没有清楚规定在其他情形下是否授权采取反措施。

一般而言，RTA 协定关于反措施的规定可能有以下几种：（1）没有涉及反措施；（2）规范反措施的使用；（3）禁止使用反措施。

1. RTA 协定没有规定反措施和争端解决机制

如果 RTA 协定没有对反措施或者争端解决机制、甚至对违反其条款的任何解决方式作出规定，那么在这种 RTA 协定下采取的反措施似乎只能依据《国家责任法草案》。除非 DSU 第 23 条禁止单边反措施的原则被解读为纳入到与 WTO 相符的 RTA 协定，这些 RTA 协定由符合 DSU 第 23 条要求的 WTO 涵盖协定条款授权，那么《国家责任法草案》关于反措施的规定在 RTA 协定没有特别规定的情况下可能可以适用，从而授权对违反 RTA 协定的行为采取必要和符合比例的单边反措施。

2. RTA 协定规定了反措施

许多 RTA 协定都成立了争端解决机构处理其适用和解释中出现的纠纷，并且规定败诉方如果未能切实履行争端解决机构的裁决，胜诉方可以暂时停止减让。NAFTA、南方共同市场和东盟都规定，如果败诉方没有在特定的期限内履行内部争端解决机构的裁决，胜诉方可以在其利益受损的程度内中止减让或贸易优惠，尽管在东盟最新的案件中，反措施在实际实施前必须得到高级经济官员会议的批准。[①] 类似地，许多双边贸易协定，如澳大利亚－美国自由贸易协定，欧洲自由贸易联盟－智利自由贸易协定也授权胜诉方在获得有利裁决后，针对未在特定期间履行裁决的败诉方采取反措施。[②]

在此类架构中，一协定明确授权特别情形下适用反措施是否意味着在其他情形下禁止采取反措施呢？

采取类似规定的有北美自由贸易协定，以下为其相关条文：

第 2004 条：求助于争端解决程序

除本协议另有规定外，本章之争端解决条文，应适用于有关缔约国间任何因协

[①] 参见《北美自由贸易协定》第 2019 条（30 天），《南方共同市场争端解决协议》第 29 条和第 31 条（30 天），东盟《关于提高争端解决机制的议定书》第 21 条第 11 款（60 天）。

[②] See eg Australia-United States Free Trade Agreement（2004），Art 21（11）and Free Trade Agreement between the EFTA States and the Republic of Chile，Art 26.

议之解释或适用而引起之争端解决问题，或拟采取之措施与本协议规定之义务不符，或可能造成其义务无效或损害其他缔约国权利者。

第2019条：中止执行：权利的暂停

（1）倘仲裁小组之最终报告，裁定该项争端措施确实有违本协议或导致其他缔约国权利无效或损害，并且被指控之缔约国未能在收悉最终报告后之３０天内，与提出指控之缔约国达成相互满意之解决方案时，该提出指控之缔约国得暂停本协议下给予受指控国之应享权利，直至双方共同达成解决方案止。

……

从严格的逻辑意义上来说，如果存在未被遵守的 RTA 裁决，那么就可以采取反措施，但这并不等同于只有在裁决没有被遵守的情形下才可以采取反措施。换言之，存在未被遵守的裁决仅是实施反措施的充分条件而非必要条件。

但是大多数学者倾向于认为区域贸易协定明确授权特殊情形下适用反措施，意味着所有其他情形下禁止采取反措施。例如 Perez-Aznar 对北美自由贸易协定第 2019 条的解释为：只有在北美自由贸易协定仲裁小组报告未被主动执行的情形下才可采取反措施。① 暂且不去考虑协定条款的严格文本解释，从协定起草的实际背景去考虑，这样的结论非常有吸引力，因为如果起草者意图允许在所有违反协定的情况下采取反措施，那么他们就不会明确规定仅在有限的特定情况下才可以采取反措施。此外，许多 RTA 协定在不同程度上借鉴 WTO 争端解决和实施机制的事实也表明其起草者赞成 WTO 关于反措施实施的立场，即只有在得到明确授权的情况下才可以采取反措施。

从 WTO 的角度来看，RTA 成员方采取反措施是否得到授权，应综合 RTA 争端解决机构的实践、RTA 协定本身的规定以及 RTA 的裁决而定，这本质上是一个事实上的判断。同时，WTO 成员在某些情况下可能会挑战其他成员认为其反措施符合 RTA 协定程序的主张，特别是当 RTA 的相关机构没有就该反措施的合法性作出任何决定时尤其如此。这种情形下将要求 WTO 专家组审查 RTA 协定的确切措辞以及其实际运作。尽管 WTO 专家组技术上仅处理 WTO 的争端解决，并排外性地适用 WTO 涵盖协定，前案专家组和上诉机构已经审查的与 WTO 有关的非 WTO 协定通常作为与 WTO 条款解释和适用相关的事实性事项。如在欧共体香蕉案中②，WTO 争

---

① Facundo Perez-Aznar, 'Countermeasures in the WTO Dispute Settlement System' Studies and Working Papers of the Graduate Institute of International Studies, Geneva, 2005.

② 欧共体香蕉案：1993年7月1日生效的欧盟"香蕉共同市场政策"对来自外部不同国家的香蕉进口实行不同的政策。欧盟对来自非加太国家的香蕉进口采取非常优惠的政策，但对来自其他国家的香蕉进口却采取歧视性的政策。这明显损害了非加太国家之外的其他香蕉出口国，特别是中南美洲香蕉出口国的利益。因此，1995年9月28日，危地马拉、洪都拉斯和墨西哥联合把欧盟告到了WTO。由于中南美洲国家的许多香蕉种植园均由美国公司投资，美国也同时成为第四个申诉方。后来，厄瓜多尔和巴拿马也相继加入了申诉方的行列。

端解决机构审查和解释了洛美协定以确定欧共体豁免的范围,该豁免授权欧共体在洛美协定下给予非洲、加勒比和太平洋国家特惠待遇。[①]

在我们看来,WTO 专家组只能宽免那些符合经 WTO 批准的 RTA 协定的措施,这意味着如果反措施违反 RTA 协定就不能从 GATT 第 24 条和 GATS 第 5 条获得正当性。如果 RTA 争端解决机构裁决成员方甲的措施违反了 RTA 协定,因此授权成员方乙在一定条件下采取反措施,这种裁决有可能被 WTO 专家组当作事实予以接受;如果 RTA 争端解决机构裁定成员方甲的措施没有违反 RTA 协定,这样成员方乙的反措施就没有任何依据,这样的裁决更有可能被 WTO 专家组当作事实接受。这意味着如果一 RTA 协定的成员方在 RTA 争端解决中承担了不利裁决,其采取的任何反措施都不能依据 GATT 第 24 条或 GATS 第 5 条的例外作为违反 WTO 义务的理由。

从上述分析来看,如果 RTA 协定的一方已经从 RTA 争端解决机构获取裁决,那么其对 RTA 协定的遵守在这种情形下并不复杂。但是,如果 RTA 争端解决程序虽然可行,却没有支持反措施的有效裁决,这种情形下就相当复杂。当一成员没有遵守 RTA 协定关于采用反措施的明示或暗示的规定,那么该措施将被认为不符合 RTA,并且因而不能就其对 WTO 协定的违反取得正当性。事实上,假如一个协定对某种权利的行使加以程序限制,如果协定的成员方在没有满足该程序条件的情况下仍然行使该权利,那么这种权利的行使实际上违反了协定的规定。此外,在采取反措施前需要用尽 RTA 争端解决机制,如此才符合 WTO《关于争端解决规则与程序的谅解》有关禁止非经授权采取反措施的规定。

如果 RTA 协定虽然规定了争端解决机制,但对反措施却没有明确规定,这种情形下如何处理反措施则比较困难,可能取决于 RTA 争端解决机构在 RTA 中未经授权的反措施与 WTO 原则之间如何权衡。在前文中已经述及,根据一般国际法,一协定存在争端解决机制本身就意味着在未经该争端解决机制之前不得采取反措施。这种观点不仅在国际法委员会关于《国家责任法草案》的评论中清晰可见,也得到其他法律领域的一般原则的支持,如欧盟法院在比利时—卢森堡牛奶案中指出,"一个复杂和严密的强制性争端解决机制不应被一般国际法的救济措施所推翻"。[②]

但是,就如 Kuijper 所指出的那样,如果一个协定不具备复杂和严密的强制性争端解决机制,将面临更为严峻的挑战。[③] 假如 RTA 协定明确或隐含地要求在采取反措施之前通过争端解决机制来确认存在违反 RTA 协定的行为,例如当 RTA 的成员方甲试图根据协定获取采取反措施的授权,却可能因成员乙的阻挠而未能如愿。如果

---

① Appellate Body Report, European Communities-Regime for the Importation, Sale and Distribution of Bananas, adopted 9 September 1997, WT/DS27/AB/R.

② Pieter-Jan Kuijper(n 19)707 citing Cases 90/63 and 91/63 Commission v Luxembourg and Belgium[1964] ECJ Recueil 2729, point 9.

③ Pieter-Jan Kuijper(n 19)707 citing Cases 90/63 and 91/63 Commission v Luxembourg and Belgium[1964] ECJ Recueil 2729, point 9.

成员甲在缺乏正式授权的情况下仍坚信自己具有正当性而采取反措施,那么这种反措施能否被认为符合RTA协定呢?尽管墨西哥饮料案与上述情况如出一辙,但是在该案中墨西哥并没有援引GATT第24条作为抗辩,所以该案的裁决并不能用来作为先例来处理援引GATT第24条或GATS第5条作为抗辩的情形。

从法律的角度来看,这和我们前述讨论的情形一样,即如果成员方甲采取的反措施未符合RTA程序性的先决条件,那么就不能援引GATT第24条或GATS第5条作为抗辩理由。但是,从政策的角度来看,有人可能会主张如此将使得成员方乙违反RTA协定的措施逃脱处罚,只要其拒绝参与RTA争端解决程序,进而还能成功地反驳成员方甲在WTO下采取的任何反措施。这似乎表明强制性的和自动性的争端解决机制对于RTA协定必不可少,否则的话RTA成员方将丧失或暂停其根据一般国际法采取反措施的权利,即使RTA协定规定在一定条件下可以采取反措施亦是如此。实际上,就RTA协定要求成员方采取反措施前必须通过RTA争端解决机制取得授权,但如果RTA协定没有强制性的争端解决机制的话,其争端解决机构缺乏强制性的管辖权将妨碍依据RTA协定采取反措施甚至RTA协定义务本身的实施。但是,就如墨西哥饮料案专家组报告所证明的那样,专家组被要求根本上适用WTO涵盖协定而不需要考虑其适用法律的结果的整体上的"公平性",特别是如果这种不公平源自于独立于WTO协定的法律文件可能存在的某种缺陷。

显然,如果RTA协定的成员方倾向于采取法律方法来解决此种情形,通过修改RTA协定使其争端解决机制具有完全的强制性,或明确规定即使没有RTA争端解决机构裁决的支持也可以采取反措施,那么问题将迎刃而解。

3. RTA协定禁止使用反措施

最后,有些RTA协定明确禁止采取反措施,[①]在这种情形下,成员方不能主张其采取的反措施符合RTA协定,也不能主张RTA协定作为其反措施的抗辩理由。如果RTA禁止采取反措施,除非反措施严格符合RTA协定的明文规定的程序,才可以主张WTO成员依据该特别程序有权采取反措施。

4. 结论:反措施的适用必须与RTA保持一致

总而言之,如果反措施未能符合RTA协定的明确规定,那么GATT第24条和GATS第5条并不能成为该措施正当化的理由。如果RTA协定下的反措施符合RTA协定的条件,那么GATT第24条和GATS第5条是否就自动成为该措施的抗辩理由呢?抑或还是应对该措施的实施加以某种限制或控制呢?一方面,拒绝将该措施正当化有致使RTA法律规则在实施中无效之虞;另一方面,对那些违反WTO协定的特别措施是否赋予其正当化的地位,WTO保留最后的控制权也许是恰当的。

最后,对上述问题的回答,取决于GATT第24条和GATS第5条是否为所有

[①] Case C-5/94, The Queen v Ministry of Agriculture, Fisheries and Food, ex parte: Hedley Lomas (Ireland) Ltd., European Court of Justice, 23 May 1996, para 20).

符合 RTA 协定条件的措施规定了例外，抑或要求声称符合 RTA 协定条件的措施与 WTO 之间建立某种类型的联系，以及对该措施 WTO 是否应该加以某种形式的控制。

（三）争议措施是组建 RTA 所必需的

如前所述，GATT 第 24 条作为 WTO 的例外条款，其本身并未明确规定什么样的争议措施符合例外范围。

在土耳其纺织品案中上诉机构指出，第 24 条可以作为与 GATT 的其他规定不符措施的正当性理由，但是主张抗辩利益的一方必须证明如果不允许采取争议措施，就会阻止 RTA 的成立。[①] 这意味着在组建 RTA 时争议措施就已经存在，那么到底什么是"争议措施"呢？反措施作为特殊措施，例如，针对原产于另一 RTA 成员的进口产品征收临时性的关税，本质上是在 RTA 组建之后采取的，这被解释为如果明确或隐含采取反措施的权利被禁止，那么 RTA 的成立就被阻止。假如如上所述，反措施可能在 WTO 争端解决中被提出指控，土耳其纺织品案所建立的检验因此必须被解读为聚焦于两个方面：其一，RTA 在其成立时关于采取反措施的一般条件；其二，具体反措施实际实施时产生的状况。

1. RTA 关于反措施条款的本质

有效的争端解决机制和采取反措施的权利是实施 RTA 协定权利与义务和保障 RTA 得到遵守所必要的，事实上近些年来大多数 RTA 协定都规定了复杂的实施机制，这些机制无不参考和借鉴包括反措施在内的 WTO 争端解决制度。

根据土耳其案中建立的检验标准，当一个反措施在 WTO 争端解决中遭到指控，那么采取措施的成员首先必须证明其参加的 RTA 协定符合 WTO 协定。此时不需要考虑《国家责任法草案》和《维也纳条约法公约》是 WTO 的"适用法"还是与解释 GATT 第 24 条相关的问题。如果该 RTA 协定包含滥用反措施的规定，那么就会明显损害非 RTA 协定成员方的利益，以贸易转移为例，RTA 的成员方将很难证明 RTA（包括其潜在的反措施）符合 GATT 第 24 条第 4 款与第 5 款和《维也纳条约法公约》第 41 条。GATT 第 24 条第 4 款和第 5 款本质上要求，相对非 RTA 成员，RTA 的成立不得增加贸易壁垒；《维也纳条约法公约》第 41 条也禁止协定损害非当事方的权利。

同样地，如果一个 RTA 协定授权其成员可以动辄采取贸易限制性的反措施，那么其也会潜在的允许实际上实施这样的反措施，即使是临时性的，这不仅不符合 GATT 第 24 条"促进区域贸易一体化的目标"，而且也可能与 WTO 关于 RTA 协定的条件和 RTA 协定本身的要求发生冲突。例如，若一 RTA 协定允许采取反措施提高 RTA 成员间的关税，这不仅违背 GATT 第 24 条"便利成员领土之间贸易"的目的，而且可能潜在的违反 RTA 协定本身的宗旨。事实上，RTA 中的任何反措施的实施都构成了限制性贸易法规，并且有违反 GATT 第 24 条第 8 款的要求之虞。第 8 款规定

---

① Appellate Body Report, Turkey-Restrictions on Imports of Textile and Clothing Products, para. 58.

"对于同盟成员领土之间的实质上所有贸易或至少对于产于此类领土产品的实质上所有贸易，取消关税和其他限制性贸易法规"。

在 RTA 向 WTO 通知时或当一 RTA 措施被诉诸 WTO 争端解决机制时，RTA 反措施的这种贸易限制效果可能会凸显，这将使得证明违反 WTO 协定的 RTA 反措施具有正当性变得困难重重。

2. 第 24 条第 4、5、8 款对 RTA 具体反措施适用的限制

显而易见，RTA 反措施本质上是针对其成员，不会对非 RTA 成员的 WTO 成员产生新的贸易壁垒。事实上，RTA 反措施，比如对 RTA 协定下已经自由化的货物征收关税，实际上是 RTA 成员之间自由化的一种退步。而非 RTA 的 WTO 成员，至少在短期上，极有可能因该反措施导致的积极贸易转移而获益。但是具有讽刺意味的是，WTO 专家组出于非 RTA 成员利益的考虑，往往要求撤销该反措施。

尽管 RTA 反措施只针对 RTA 其他成员实施，但仍有可能出现依据 RTA 实施机制采取的反措施被滥用的情形，因此从 WTO 的角度来看，RTA 向 WTO 的通知针对 RTA 争端解决机制而言显然有合理性。鉴于货物和服务享有的优惠待遇处于不断变动之中，一 RTA 成员方采取的反措施可能与该 RTA 当初通知 WTO 时表现的形式不一样。例如，当 RTA 成立时，若未能预见反措施的影响，这样的反措施可能直接或间接影响没有参加该 RTA 的 WTO 成员。比如，产品 A 在一个允许采取反措施的 RTA 协定下享有优惠待遇，后来 A 成为生产某种高科技产品 B 的重要材料。如果 RTA 反措施提高了产品 A 的进口关税，对于那些生产产品 B 而依赖从 RTA 成员方进口产品 A 的非 RTA 成员而言，产品 A 进口关税税率的提高将具有提高产品 B 的价格的效果。从 WTO 的角度而言，该如何处理这种情况呢？

上述的反措施不适当地影响了第三方的利益，这违背了 GATT 第 24 条的整体目标和第 24 条第 4 款的具体条件。在土耳其纺织品案中，上诉机构认为，第 24 条第 4 款规定的目的是第 24 条的指导原则，第 5 款的前言关于建立第 24 条抗辩条件的规定，必须依据第 4 款规定的目的来解释。[1] 显然，第 24 条第 4 款规定 RTA 协定的目的不仅是便利成员领土之间的贸易，还包括不得增加非 RTA 成员的 WTO 成员的贸易壁垒。

上诉机构认为，关于在第 24 条下建立有效抗辩的条件的解释，可以预料专家组可能会拒绝同意第 24 条可以作为明显违反 RTA 目的、从提高非 RTA 成员方贸易壁垒的措施的抗辩，即使该措施没有违背 WTO 所授权的 RTA 协定。事实上，在土耳其纺织品案中，上诉机构明确指出 GATT 第 24 条第 5 款不能被解释为允许 RTA 协定下的某措施提高其他 WTO 成员贸易壁垒。[2] 类似地，关于 GATS 第 5 条，在加拿大汽车案中，专家组指出，争议措施必须服务于区域一体化的目的。[3]

---

[1] 韩立余：《WTO（1995~1999）案例及评析》（上卷），中国人民大学出版社 2001 年版，第 366~367 页。
[2] Turkey-Textiles, Appellate Body report, para 22.
[3] Canada-Autos, Panel report, see in particular para 10.271.

综上所述，我们可以得出这样一个结论，相对于一体化之前，RTA 反措施不能具有提高非 RTA 成员方贸易壁垒的效果，依据 GATT 第 24 条或 GATS 第 5 条取得豁免的 RTA 措施必须满足这一条件。

四、结　语

综上所述，本文旨在澄清决定导致贸易限制的 RTA 反措施能否在 WTO 体制下取得正当性时需要考虑的法律因素，但是对这一问题的回答远非明了。今日的 RTA 协定往往规定了包括争端解决程序和反措施在内的复杂的执行机制。但是，作为 WTO 成员的 RTA 当事方是否希望 RTA 反措施可以违反 WTO 规则？抑或 WTO 成员全体是否希望违反 WTO 规则的 RTA 反措施能依据 GATT 第 24 条和 GATS 第 5 条取得正当性？所有这些问题目前都没有明晰的答案。尽管如此，在评估依据 RTA 采取的贸易反措施是否符合 WTO 协定时，我们可以采取三叉检验法（A three-part test）：

首先，在评估依据 RTA 协定采取的任何具体措施是否符合 WTO 协定之前，援引 RTA 协定作为其依据的 WTO 成员必须证明该协定完全与 GATT 第 24 条保持一致。这将要求评估 RTA 协定是否符合 GATT 第 24 条第 4、5 和第 8 款，正如《维也纳条约法公约》第 41 条所规定的那样，仅在若干当事国间修改多边条约的协定，不影响其他当事国享有条约上的权利或履行其义务，因此 RTA 的成立和运作不得妨碍第三方在 WTO 协定下的权利。

其次，GATT 第 24 条和 GATS 第 5 条作为关于区域贸易协定的例外条款，其对 RTA 协定有明确和具体的要求。只有那些已经通知 WTO 区域贸易协定委员会，并得到 WTO 授权的 RTA 协定，抑或在 WTO 争端解决中被证明符合 WTO 关于区域贸易协定要求的 RTA 协定，才符合 GATT 第 24 条或 GATS 第 5 条的例外范围。不仅如此，采取的反措施只有符合经 WTO 授权的 RTA 协定的规定才属于例外的范围，因此这个条件将要求评估 RTA 协定中关于反措施规则的措辞和结构以及关于国家责任规则的可能适用性。如果 RTA 仅允许采取特定类型的反措施或根据反措施的性质或形式对采取反措施加以具体的条件，还可能要求对反措施本身作事实上的评估。

最后，GATT 第 24 条和 GATS 第 5 条为符合经授权的 RTA 协定的措施提供例外，并不意味着它们为所有的措施都提供授权而不考虑其后果。在笔者看来，评估被指控的特定贸易反措施是否符合 GATT 第 24 条和 GATS 第 5 条时，需要谨记这两个条款的根本宗旨，即旨在促进区域一体化而非减损其他 WTO 成员的权利，亦即根据 GATT 第 24 条和 GATS 第 5 条的原则和精神，RTA 协定不得损害非 RTA 协定参加方的成员在 WTO 协定下的权利。

总之，RTA 和 WTO 争端解决机制冲突的法律后果及其解决方法目前远非清晰。对于 RTA 反措施违反 WTO 规则的问题，由于 RTA 协定规范的演变和关于其一致性的 WTO 争端解决法理在当前阶段尚未臻成熟，因此不足以就此问题得出高度思辨的结论。RTA 和 WTO 争端解决机制的交互影响极其复杂，从而在这一领域产生了许多法律政策问题，而其中的大多数目前尚无解决之道。期望本文能有助于未来的 RTA 协定的起草者思考如何设置 RTA 争端解决机制和实施机制以期更好地符合 WTO 争端解决机制，并有助于思考在 WTO 框架内如何发展有效的检验方法来处理此类问题，以及 WTO 全体成员是否应该就 WTO 背景下的 RTA 争端解决机制及其实施达成更为系统化的方法。

从更广泛的层面来讲，期望本文的分析能凸显一种特殊类型的难题，即国际法律制度在不断地衍生、发展演变，且彼此间的相互影响和作用日益增加。当前阶段，在国际贸易法之外的其他国际法领域，不太可能出现具有管理和维持经授权的反措施的强制性争端解决机制。幸运的是，国际贸易法所采取的解决不同法律制度之间冲突的路径为在其他领域国际法发展"更有力的"争端解决机制和实施机制指明了方向。

国际贸易法通常以其争端解决和救济机制的统一性和强制性而著称，同样，国际贸易法的分支亦不例外。随着 RTA 协定如雨后春笋般蓬勃发展，更多坚实有力且影响深远的争端解决机制不断涌现，其中一些可能直接与 WTO 的多边体制产生直接的关联。依据 RTA 采取的反措施如果被认为违反了 WTO 规则，这一问题潜在的解决方法要求分析允许成员方维持特定 RTA 协定的 GATT 和 GATS 例外条款，以及经 RTA 争端解决机制明确认可的反措施的性质。随着在一般国际法领域，各种国际法律制度强制性的日益增加以及它们相互间联系的逐渐增多，必然会为上述问题的解决提供机会之窗。

贸易与投资

全球行政法视野下的国际投资仲裁合法性问题　张庆麟　余海鸥 / *233*
国际投资仲裁准据法规则研究　　王鹏　郭剑萍 / *259*

全球行政法视野下的
国际投资仲裁合法性问题

张庆麟* 余海鸥**

摘　要：全球行政法认为国际投资仲裁庭构成全球行政空间内行使公权力的全球行政机构，国际投资仲裁合法性问题根源于私人机制参与全球治理行使公权力时的问责缺失，应运用全球行政法原则和要求指导国际投资仲裁改革，约束其公权力的行使，为其提供规范性依据，促进合法性问题的解决。

关键词：国际投资仲裁；全球行政法；全球治理；合法性；合法性危机

一、国际投资仲裁的合法性问题

（一）合法性的含义及其构成要素

"合法性（legitimacy）"，社会学意义上当某机构被普遍认为拥有统治的权力时就可以判定其是合法的；[1] 政治学上合法性可定义为一个共同体对共同规则的接受和认可，[2] 是对统治权力的承认，[3] 为政治统治提供理由；法学上合法性意味着合乎法律规则、法律原则或者价值，合法性观念具有多样性。无论是将学理上的法律原则、某些社会价值和政策、风俗习惯等作为考量因素，还是用实在法的规则或原则来要求政府行为，其中包含着一个共同的理念——只有符合一定的标准的政府行为才是可接

---

* 张庆麟，武汉大学国际法研究所教授、博士生导师，法学博士。
** 余海鸥，武汉大学国际法研究所博士研究生。
[1] ［美］艾伦·布坎南，［美］罗伯特·基欧汉："全球治理机制的合法性"，赵晶晶、杨娜译，吴志成校译，载《南京大学学报（哲学·人文科学·社会科学）》2011年第2期。
[2] ［加］斯蒂文·伯恩斯坦，威廉·科尔曼主编：《不确定的合法性－全球化时代的政治共同体、权力和权威》，丁开杰等译，社会科学文献出版社2011年版，第5页。
[3] ［法］让－马克·夸克：《合法性与政治》，中央编译出版社2002年版，第12页，转引自郝宇青、周尚文等著：《合法性视野下的苏联政治》，上海人民出版社2006年版，第7页。

受的。由此可见，可接受性是各种合法性观念的共有之义，是合法性的本质。①

哈贝马斯提出了关于合法性的两个指标——一定的标准和人们的认同。② 罗尔斯从规范角度出发强调正义是合法性的基础。③ 弗兰克提出的"合法性"国际法理论认为，合法性以规则的有效性、确定性、附和性以及一致性等要素为基础。④ 合法性问题及相关主体如何理解这个问题，对任何合法机制或机构的长期稳定和可持续性都是一个重要因素。⑤ 合法性很大程度上取决于确定性（determinacy）和一致性（coherence）等因素，这些因素反过来会产生可预见性（predictability）和可信赖性（reliability）。⑥ 相关概念例如正义、公平、责任、代表、程序的正当运用和审查机会等也会影响合法性概念。⑦ 当这些因素缺失的时候，个人、公司和政府无法预见如何遵守法律并根据法律来计划其行为，从而破坏合法性。

（二）国际投资仲裁面临的合法性危机

自20世纪90年代以来，随着国际直接投资总量、国际投资条约数量和国际投资仲裁⑧受案量的激增，出现了国际投资仲裁裁决不一致和缺乏可预见性、国际投

---

① 沈岿：《公法变迁与合法性》，法律出版社2010年版，第10页。

② 哈贝马斯认为，"合法性意味着，对于某种要求作为正确的和公正的存在物而被认可的政治秩序来说，有一些好的根据，一个合法的秩序应该得到承认。合法性意味着某种政治秩序被认可的价值。哈贝马斯：《交往与社会进化》，重庆出版社1989年版，第212页，转引自门洪华："论国际机制的合法性"，载《国际政治研究》2002年第1期（总第83期）。

③ 约翰·罗尔斯：《正义论》，中国社会科学出版社，1998年版，第1页，转引自门洪华："论国际机制的合法性"，载《国际政治研究》2002年第1期（总第83期）。

④ See H. M. Franck, *The Power of Legitimacy among Nations*, Oxford University Press, 1990, pp. 234-235.

⑤ See Santiago Montt, *State Liability in Investment Treaty Arbitration_Global Constitutional and Administrative Law in the BIT Generation*, Volume 26 in the series Studies in International Law, Oxford and Portland, Oregon 2009, p. 127.

⑥ See Thomas M. Franck, The Power of Legitimacy Among Nations 49 (1990)。他认为在国际法上规则合法性的标志（indicators）是确定性（determinacy）、象征性验证（Symbolic validation）、一致性（coherence）和持续性（adherence），cited by Susan D. Franck, *The Legitimacy Crisis in Investment Treaty Arbitration: Privatizing Public International Law through Inconsistent Decisions*, Fordham Law Review, Vol. 73, 2005, p.1584.

⑦ David D. Caron, *The Legitimacy of the Collective Authority of the Security Council*, 87 Am. J. Int'l L. 552, (1993), pp. 560-561; G. C. A. Junne, *International Organizations in a Period of Globalization: New (Problems of) Legitimacy*, in Jean-Marc Coicaud & Veijo Heiskannen eds. Legitimacy of International Organisations, 2001, p. 189, p. 191, p. 195.

⑧ 本文所称的国际投资仲裁仅限于以条约为基础的投资者与国家间仲裁，即投资者为寻求投资争端的中立性解决，依据国家之间签订的条约针对东道国提出仲裁申请，其仲裁请求权以及仲裁请求权的内容都由该条约规定。鉴于国内习惯于将此种仲裁置于范围更广、早已存在的类概念（如 International Investment Arbitration 国际投资仲裁）下讨论，且为行文论述方便而采用国际投资仲裁这一概念。英文表述主要有 Investor-State Treaty-based Arbitration（译为'以条约为基础的投资者与国家间仲裁'），Treaty-based Investor-State Arbitration（译为'基于条约的投资者与国家间仲裁'），Investor-State Treaty Arbitration（译为'投资者与国家间条约仲裁'），Investment Treaty Arbitration（译为'投资条约仲裁'）。以条约为基础的投资者与国家间仲裁属于国际投资仲裁的范畴，但只是国际投资仲裁的其中一种方式。国际混合仲裁（mixed international arbitration）强调仲裁双方当事人的特殊性的，NAFTA 投资仲裁（NAFTA investment arbitration），ICSID 仲裁机制（ICSID arbitration mechanism 只是以条约为基础的投资者与国家间仲裁的一种形式。相关概念辨析详见石慧《以条约为基础的投资者与国家间仲裁机制的评判》，华东政法大学2007年博士学位论文。

仲裁程序损害东道国主权、漠视公共利益等现象，国际投资仲裁在解决国际投资争端方面不胜任而引发信任危机即"合法性危机"（legitimacy crisis，又译作"正当性危机"）。[①] 全球范围内，越来越多的国家注意到国际投资仲裁体系不正当地限制了"主权国家政策空间"（sovereign policy space），偏向投资者且未能实现其创建一个更统一、更具可预见性的游戏规则目标，国际投资仲裁体系本身未能随着时间推移而建立起一致规则。[②]

当前主权国家对国际投资仲裁体系的接受出现反弹，许多国家为争取更大的"管理空间"、限制投资者权利而进行投资条约修正谈判；撤回或撤销其进行仲裁的义务（包括从ICSID退出，终止以前签订的BIT或者拒绝在新的BIT中纳入投资者－国家仲裁解决争议）；颁布更多的削减先前赋予外国投资者权利的国家法律和法规。[③] 近年来，一些拉美国家纷纷退出ICSID公约，表明投资仲裁机制的参与方的一部分国家，开始不再认同ICSID仲裁这一争议解决手段，甚至说出现合法性危机。例如玻利维亚于2007年5月退出ICSID公约，厄瓜多尔于2007年将天然气、石油与矿业争端排除ICSID仲裁，后又于2009年宣布退出ICSID公约。委内瑞拉也于2012年1月24日正式宣布退出ICSID公约。阿根廷、尼加拉瓜也声称要这样做，澳大利亚的贸易政策声明也宣布，在未来的国际投资协定中，将不再纳入投资者－东道国争端解决机制。[④] 在阿根廷案例中，国家面对大量不利的投资者－国家诉求，其继续拒绝支付任何基于未废止裁决的赔偿——反击已经采取公然违抗法律的形式。

全球化日益深入，冷战后新的世界秩序提出的合法性问题在几年前我们无法想象。合法性问题，简而言之，是指权威的正当性、服从性问题以及权力的合理行使。[⑤] 本文所称国际投资仲裁的合法性问题，是指国际投资仲裁在解决投资争端中所具有的审查东道国行为合法性的裁判性公权力的合理行使；此种合法性问题或合法性危机，本质上是投资仲裁的各参与方、外部行为认知体的一种不信任的直接认同危机。

当前人们对国际投资仲裁正当性批评主要有：第一，国际投资仲裁裁决缺乏一致性。投资条约中没有清楚、明确地规定投资者权利标准，致使当事人、仲裁庭在适用投资条约时缺乏预见性，尤其是不同仲裁庭就类似案件的决定常常不一致。国际

[①] 沈志韬："论国际投资仲裁正当性危机"，载《时代法学》2010年4月第8卷第2期。

[②] José E. Alvarez, *Crossing the "Public/Private" Divide: Saipem v. Bangladesh and Other Crossover Cases* in Albert Jan van den Berg（ed）, International Arbitration: The Coming of a New Age?, ICCA Congress Series, Volume 17, Kluwer Law International 2013, pp. 400-430.

[③] See UNCTAD, *World Investment Report 2010*, Geneva, 22 July 2010; UNCTAD, *Investor-State Dispute Settlement and Impact on Investment Rule making*, New York and Geneva, September 2007.

[④] 吴岚：《国际投资法视域下的东道国公共利益规则》，中国法制出版社2014年版，第81页。

[⑤] As Mattias Kumm, *The Legitimacy of International Law: A Constitutionalist Framework of Analysis*, 15 *European Journal of International Law* 907（2004）, p. 908, 解释道："【合法性问题】可以重新定义为国际法的道德力量，或者运用更加传统的法学词汇、遵守国际法的义务等问题。当与服从问题相结合，合法性的思想发展出更清晰的轮廓。仅仅在某种程度上国际法是合法的条件下，有遵守国际法的道德义务。"

投资争端解决机制设计系基于临时仲裁,诞生之初即伴随着裁决不一致的风险。仲裁裁决的不一致性表现在一些裁决与决定在论证的质量方面存在极大不平衡,不同仲裁庭作出相互矛盾和相互冲突的裁决。"鉴于国际投资仲裁庭的职责和首要义务是在个案中解决争议,因而单个的仲裁庭难以对系统层面的问题予以全面关注,且仲裁庭本身的临时性、缺失上诉或其他监督机制来保证法理上的一致性及加强投资条约仲裁的可预见性。"①

第二,有损东道国主权,漠视公共利益。国际投资条约在程序上对投资者利益的保护甚于对东道国利益以及公共利益的保护。②仲裁庭负责监督国家处理私人财产与公共权力间的内在矛盾(innate tension),③在国际投资仲裁的法律适用和仲裁庭裁判过程中出现过度保护投资的倾向,仲裁庭无视其认为与投资无关的问题,从而忽略了东道国公共利益和社会利益的保护。例如投资仲裁庭为扩大其管辖权,在程序问题和实体问题上均存在滥用国际投资条约的解释权,主要表现在两方面:第一,滥用解释权导致投资仲裁庭管辖权的肆意扩张,剥夺了东道国主张实行当地救济的权力。如将最惠国待遇条款扩张适用于程序事项(如争议解决条款);对"岔路口条款"的适用条件进行苛刻解释,阻碍岔路口条款的适用;不当扩大对"保护伞条款"的适用;对"投资争端"的概念作最宽泛界定。第二,滥用自由裁量权剥夺了东道国的外资管理权。譬如对公平与公正待遇进行严重失衡的解释;过度放松了对间接征收的认定,东道国管理性行为很容易构成间接征收。④

第三,国际投资仲裁庭及其通过裁决投资争议所建立的法律实体均缺乏民主血统。⑤这些合法性问题的本质在于仲裁运用"司法造法"("adjudicative law-making")以控制主权国家。⑥国际投资条约本身关于投资者的很多核心权利规定得含糊且模棱两可,过于宽泛的原则性条款,赋予了国际投资仲裁庭广泛的自由裁量权。国际投

---

① See Susan D. Franck, *The Legitimacy Crisis in Investment Treaty Arbitration : Privatizing Public International Law through Inconsistent Decisions*, Fordham Law Review, Vol. 73, 2005, p. 1521, p. 1523.

② See Charles N. Brower and Stephan W. Schill, *Is Arbitration a Threat or a Bon to the Legitimacy of International Investment Law?*, Chicago Journal of International Law, Vol 9, 2009, p. 471.

③ Rosalyn Higgins, *The Taking of Property by the State : Decent Developments in International Law*, in Académie de Droit International, 176 Recueil des Cours. Collected Courses of the Hague Academy of International Law, 1982-III (The Hague, M Nijhoff, 1983) 259, p.274, cited by Santiago Montt, *State Liability in Investment Treaty Arbitration_Global Constitutional and Administrative Law in the BIT Generation*, Volume 26 in the series Studies in International Law, Oxford and Portland, Oregon 2009, p. 127.

④ 徐崇利:"晚近国际投资争端解决实践之评判:'全球治理'理论的引入",载《法学家》2010年第3期。

⑤ 这些本质上是输入合法性(input-legitimacy)或者民主合法性(democratic-legitimacy)问题。See Fritz W Scharpf, Governing in Europe : Effective and Democratic? (New York, OUP, 1999) p. 6 ('输入型民主思想强调"民治"。如果因为政治选择反映了"人民的意愿",那么政治选择是合法的——也就是说,如果政治选择系源自一个社区成员的真实偏好。')。根据 Jürgen Habermas, *Between Facts and Norms*, Cambridge, Mass, MIT Press, 1996, p. 263. '只有民主程序条件下产生法律规则能确保制定法的合法性。'

⑥ See Jose E Alvarez, *International Organizations as Law Makers*, New York, OUP, 2005, 531 ff (解释了"adjudicative law-making"这一术语)。

资条约通过高度概括的、开放式的实质标准,特别是那些征收须补偿(包括并特别强调间接征收)和公平公正待遇(fair and equitable treatment,FET)限制了发展中国家政府可利用的政治和政策选择。国际投资法通过制约其内部决策者减损了国家的权威和权力。①

二、全球行政法下的国际投资仲裁

当前国际治理职能已不再为主权国家所垄断,跨国的、超国家的甚至私人性质的实体都在一定程度上发挥国际治理职能。法律层面上,国际法与国内法相互交织,国际与国内层面已不能划分出明显界限。②新兴的全球行政法(Global Administrative Law)理论③认为,在主权国家之外存在一个多侧面、多样化的、由不同主体与层级聚集构成的"全球行政空间"(Global Administrative Space),该空间区别于国际法调整国家间关系的国际空间和国内行政法调整的国内规制空间,但包含二者的要素。在全球行政空间内活跃的是全球行政主体(或称全球治理机构④)即许多不同类型的规制性行政机构以及各种形态的作为规制主体的实体,其中包括国家、个人、企业、非政府组织和其他组织。⑤传统国际法对"国际"的认识主要指"政府间"的,在国内与国际之间存在着一条清晰的界限。全球治理实践中,规则制定者、解释者和适

---

① See Tai Heng Cheng, *Power*, *Authority*, *and International Investment Law*, 20 *American University International Law Review* 465,(2005), p. 482, cited by Santiago Montt, *State Liability in Investment Treaty Arbitration_Global Constitutional and Administrative Law in the BIT Generation*, Volume 26 in the series Studies in International Law, Oregon : Oxford and Portland, 2009, p. 127.

② Andreas Kulick, *Global Public Interest in International Investment Law*, Cambridge University Press, 2012, p.79.

③ 全球行政法是目前在国际组织和国际治理研究方面最有影响力的项目,该研究项目的领军人物包括,纽约大学的本尼迪克特·金斯伯里教授、理查德·斯图尔特教授以及意大利罗马大学的萨比诺·凯西斯教授。德国年轻学者尼科·克里希也是该研究的中坚力量。此外,该项目还吸引了世界范围内众多国际法学者来参与研究和讨论,甚至在一定程度上形成了"全球行政法运动"(Global Administrative Law Movement)。目前,全球行政法的两个研究中心分别是纽约大学法学院的国际法与正义研究所(Institute of International Law and Justice)和罗马大学法学院的公共行政研究所(Istituto di ricerche sulla pubblica amministrazione)。自 2007 年始,该项目进入相对成熟期,在纽约大学法学院的推动下,该项目研究在世界各地举办关于全球行政法的研讨会,使全球行政法获得了全球性关注。同时纽约大学的全球行政法项目还制作了关于全球行政法的专门网站(http://www.iilj.org/GAL/default.asp.),其中包括中文网页,提供了丰富的研究成果和资料,进一步推动了该项目的广泛交流和传播。参见陈一峰:"全球治理视野下的国际组织法研究——理论动向及方法论反思",载《外交评论》2013 年第 5 期。

④ 学者林泰认为"全球治理是新公共管理全球化的最高形式,行政法国际化是全球治理在法律上的回应,或者说是全球治理的法治化形式",详见林泰:《行政法国际化研究——论全球治理语境下国际行政法的产生》,人民出版社 2013 年版,第 37 页。据此本文认为全球治理机构与全球行政主体在本质上并无区别,因此为论述方便,未对二者严格区分,在同一意义上使用,以下同。

⑤ [美]本尼迪克特·金斯伯里(Benedict Kingsbury)、尼科·克里希(Nico Krisch)、理查德·B.斯图尔德(Richard B. Stewart):"全球行政法的产生(上)",范云鹏译,毕小青校,载《环球法律评论》2008 年第 5 期。

用者构成的跨国网络打破了这种严格的壁垒。①无视全球行政主体在某些场合享有事实上的独立性和广泛裁量权这一现实而坚持传统的"二分法"——国内的政治行政空间与国际上的国家间协调——已变得不合时宜。

过去国内公法通常被视为国家主权保留的领域，然而新的条约和机构对国内法和政治施加了重大影响。②当前来源于国际机构和实体的公法激增（proliferate），金字塔型的国内法占主导地位的情形不能继续保持。由 Kelsen 提出的'国家法的识别'（the identification of the state with the law）这一概念同样能说明金字塔和平等二者均被打破，原因是由全球治理机构制定的公法通过援引国家政府必须尊重的、私人主体也会为其自身利益而运用的原则和标准而渗透进国内法律体系。③国内法律体系的正确图景应当是一个多元、多中心的法律实体，它类似于一个网络而不是金字塔。④在这个扩展的超国家网络中，国家不仅受到来自其自身规范制定过程的规则和原则的束缚，也受到从其他网络中生成的规制和原则的束缚。正如 Von Bogdandy 所解释的，'国家的政治现状是受到多重的源自国家以外的法律和事实约束，在某种程度上，国家政治体现民主进程、全球化和民主的冲击。'⑤超国家实体可以实施的监管方案，在很多情况下取代那些在国内采用的根据人民偏好与价值观的方案。⑥

---

① ［美］本尼迪克特·金斯伯里（Benedict Kingsbury），斯蒂芬·希尔（Stephan Schill），李书健、袁屹峰译校："作为治理形式的国际投资仲裁：公平与公正待遇、比例原则与新兴的全球行政法"，载《国际经济法学刊》，2011年第18卷第2期。

② Laurence R Helfer, *Constitutional Analogies in the International Legal System*, 37 Loyola Los Angeles Law Review 193, （2003）, p. 195, cited by Santiago Montt, *State Liability in Investment Treaty Arbitration_Global Constitutional and Administrative Law in the BIT Generation*, Volume 26 in the series Studies in International Law, Oregon: Oxford and Portland, 2009, p.132.

③ See Sabino Cassese, *Global Standards for National Administrative Procedure*, 68 Law and Contemporary Problems109, （2005）, p. 110. See also, Sol Picciotto, *Constitutionalizing Multilevel Governance*, 6 International Journal of Constitutional Law 457, （2008）, pp. 461-463, cited by Santiago Montt, *State Liability in Investment Treaty Arbitration_Global Constitutional and Administrative Law in the BIT Generation*, Volume 26 in the series Studies in International Law, Oregon: Oxford and Portland, 2009, p. 132.

④ Guy Haarscher, *Some Contemporary Trends in Continental Philosophy of Law*, in Martin Golding and William A Edmundson（eds）, *The Blackwell Guide to the Philosophy of Law and Legal Theory*, Malden: Blackwell, 2005, 300 ff. See also Andrea Hamann and Hélène Ruiz Fabri, *Transnational Networks and Constitutionalism*, 6 International Journal of Constitutional Law 481, （2008）, p. 481, cited by Santiago Montt, *State Liability in Investment Treaty Arbitration_Global Constitutional and Administrative Law in the BIT Generation*, Volume 26 in the series Studies in International Law, Oregon: Oxford and Portland, 2009, p. 133.

⑤ Armin Von Bogdandy, *Globalization and Europe: How to Square Democracy, Globalization, and International Law*, 15 European Journal of International Law 885, （2004）, p. 889, cited by Santiago Montt, *State Liability in Investment Treaty Arbitration_Global Constitutional and Administrative Law in the BIT Generation*, Volume 26 in the series Studies in International Law, Oregon: Oxford and Portland, 2009, p. 133.

⑥ See Laurence R Helfer, *Constitutional Analogies in the International Legal System*, 37 Loyola Los Angeles Law Review 193, （2003）, p. 197, '这里的条约义务是动态的，随着处于任何一个国家的控制之外的制度化进程而发展，符合那些义务可能会与国内偏好相冲突，引起尖锐的合法性问题' cited by Santiago Montt, *State Liability in Investment Treaty Arbitration_Global Constitutional and Administrative Law in the BIT Generation*, Volume 26 in the series Studies in International Law, Oregon: Oxford and Portland, 2009, p. 133.

(一) 全球行政法与国际投资仲裁的契合

国际投资法律关系具有全球行政法所具有的公法属性,国家通过缔结投资条约自愿地限制其主权,同意将可能的争议提交仲裁解决。国家以此种方式将部分司法功能(即使关系到的公法问题)授予私人仲裁。[①] 国际投资仲裁可以视为"公法上的一种司法审查机制"。[②] 作为一种公法体系,国际投资仲裁被用以解决大部分因主权行使而产生的争议,与在公法诉讼中的法官一样,[③] 仲裁者被要求审查"管理者和被管理者之间的关系",并决定"诸如政府行为合法性,个人应当被法律保护的程度,国家的适当作用等问题。"[④] 法官和仲裁员"二者均行使着公法上司法主权的最终决策权。"[⑤] Andreas Kulick 在 Van Harten 和 Loughlin 的研究基础上[⑥],进一步归纳出国际投资仲裁的四项特征[⑦],并考虑到国际投资法针对东道国违法的国内管理行为规定保护投资者权利,认为调整国际投资关系的国际投资法目前可能是全球行政法的最好例证。

第一,国际投资仲裁具有行政审查的特征:(1)投资者能直接针对国家行为提起诉求;ICSID 公约第 27 条豁免了当地救济规则。(2)被诉行为直接产生于国家公共权力的行使。(3)如果发现存在违规行为,审查机构裁决一项救济,补偿遭受的损失。

[①] 公法能够定义为'制约和维持管理活动的规则、原则、标准、行为准则、习惯、惯例和方法的一种集合'。See M.Loughlin, *The Idea of Public Law*, Oxford: Oxford University Press, 2003, p. 30.

[②] Van Harten, *Investment Treaty Arbitration and Public Law*, Oxford University Press, 2007, p. 45.

[③] A. Chayes, *The Role of the Judge in Public Law Litigation*, Harv L Rev 89, 1976, p. 1281, cited by Valentina Vadi, *Public Health in International Investment Law and Arbitration*, Routledge, 2013. p. 58.

[④] Van Harten, *Investment Treaty Arbitration and Public Law*, Oxford University Press, 2007, p. 70.

[⑤] G. Van Harten, *The Public-Private Distinction in the International Arbitration of Individual Claims Against the State*, ICLQ56, 2007, pp. 379-380.

[⑥] G. Van Harten and M. Loughlin, *Investment Treaty Arbitration as a Species of Global Administrative Law*, EJIL, 17 (2006), p. 121.

[⑦] 四项特征包括:1. 国际投资法允许私人主体向国际仲裁庭提起针对国家的诉求。ICSID 公约第 27 条排除了投资者诉诸外交保护,ICSID 公约旨在使仲裁成为唯一的争议解决手段。与之相应,大多数 BIT 放弃或减损投资者须用尽当地救济的义务。对国家而言,对所有未来投资争议接受国际仲裁庭仲裁的一般同意,限制了其主权且认可国际仲裁庭裁决原本应在其领域内解决的争议的权威。2. 国际投资仲裁进一步促进国家豁免如执行豁免的放弃。尽管根据一般的国际公法国家豁免原则,会妨碍内国法院执行针对一个国家的诉求,ICSID 公约第 54 条允许在任何 ICSID 成员国执行一项 ICSID 裁决,而不仅仅是东道国法院和投资者母国法院执行该裁决,投资者可以在 ICSID 的 150 多个成员国的法院寻求执行。3. 国际投资仲裁为东道国某项义务的违反提供损害赔偿。这些损害赔偿旨在达到一种威慑效果并由此作为一种制裁,即针对东道国的公法救济。与其他那些在国内层面以外为个人诉求提供救济的机构相似,国际投资仲裁的损害赔偿既未受到某些实质标准的限制,也不受到金钱损害赔偿有时不足以赔偿对人权的非金钱损害这一观念的限制。在国际投资仲裁中,当投资者权利被侵犯,会判决赔偿,而这些赔偿在大多数案件中是直接由货币衡量的经济损失。4. BIT 助长了投资者通过在不同国家建立分支机构手段来"挑选法院"(forum shopping),并因此扩大了投资仲裁作为国际司法审查手段的范围。行政审查意味着对公共机关针对私人主体行使公权力的审查,其使得针对国家的公法救济变得可行。See Andreas Kulick, *Global Public Interest in International Investment Law*, Cambridge University Press, 2012, pp. 81-82.

(4)所裁定的救济在法律体系范围内是可执行的(参见 ICSID 公约第 54 条)。

第二,调整国际投资争议的实体规制本身构成了国际法和国内法规则和原则的融合(enmeshment),其相互交织,未运用明显的二分法。其取代国际法和国内法这两种独立秩序,二者均在国际投资法领域内较全面的适用和互补。而且,在这个领域,有冲突的情形下国际法优先于国内法。因此,国际投资法由关于投资的国内法和国际法规则构成,它们相互交织并形成一个和谐的法律体系来调整投资者－东道国间的关系。

第三,国际投资法具有公法的特征:它并非基于互惠的司法平等关系,而是涉及国家与个人间的监管关系。没有其他的国际司法体系创建一个如此近似于内国行政审查特征的审查和救济机制。它控制公权力的行使并提供普遍可行的公法救济。[①]

双边国际投资条约创造了一个"经济宪法",规定外国投资者的经济活动,意味着授予仲裁庭管辖权,具有宪法和行政法特征。投资条约仲裁庭有权重新定义财产权利和公共利益之间的关系,也有权根据未定义的标准来审查国家行为和不作为的合法性。[②]投资仲裁与其他国际仲裁方式不同,是解决个人与国家间的管理性争议(而非私人当事人之间或国家之间的平等关系中的争议)的一种公法裁判方法(a method of public law adjudication)。如 Van Harten 主张把投资仲裁更好地理解为"公法裁判的独特形式"(a unique form of public law adjudication),即作为一个以条约为基础的制度运用国际法和私人仲裁的规则和结构就国家和个人间的监管关系作出政府的选择(make governmental choices)。[③]

目前投资法学者更愿意将其研究领域与其他形式的"公法"进行类比,在学界内部有一种强大的"合并冲动"(urge to merge)即国际投资法应当符合国家的公法(如行政法)以及国际公法,包括人权和贸易。与其他形式的国际公法一致的"合并冲动"也反映在学术上要求在仲裁理解 BIT 条款方面引入人权标准或者 WTO 法律(如运用"体系解释"的工具如维也纳条约法第 31(3)(c)条)。全球行政法认为投资者－国家仲裁的仲裁庭规制政府如何行为以及凭借投资者－国家仲裁增进先前投资的案例法,投资仲裁是全球行政法调整的全球行政主体行使公权力活动的一种形式,需要受到法治国家法律对任何其他管理者规制的同等问责程度和形式的规制,

---

[①] Andreas Kulick, *Global Public Interest in International Investment Law*, Cambridge University Press, 2012, pp. 80-85.

[②] Santiago Montt, *State Liability in Investment Treaty Arbitration_Global Constitutional and Administrative Law* in the BIT Generation, Volume 26 in the series Studies in International Law, Oregon: Oxford and Portland, 2009. p.126.

[③] Gus Van Harten, *Investment Treaty Arbitration and Public Law*, New York: OUP, 2007, p. 10, cited by Santiago Montt, *State Liability in Investment Treaty Arbitration_Global Constitutional and Administrative Law in the BIT Generation*, Volume 26 in the series Studies in International Law, Oregon, Oxford and Portland, 2009.

包括透明度、法庭之友参与和强调在司法裁决中给出理由。①

（二）国际投资仲裁庭的全球行政机构地位

1. 投资条约网络构成"全球行政空间"

投资仲裁活动的"全球行政空间"在很大程度上是通过国家间协议建立的，这些协议包括投资条约、《关于解决国家与他国国民之间投资争端公约》(Convention on the Settlement of Investment Disputes between States and Nationals of other States，以下简称为 ICSID 公约)②、投资争端解决国际中心（The International Centre for Settlement of Investment Disputes，以下简称为 ICSID 中心）以及1958年的《承认及执行外国仲裁裁决公约》(the New York Convention on the Recognition and Enforcement of Foreign Arbitral Awards，以下简称为《纽约公约》)③。

20世纪80年代末以来，发达国家与发展中国家之间、发展中国家相互之间缔结的双边投资条约（包括贸易协定中的专章投资条款）数量激增，投资者与东道国之间的投资仲裁案件数量也呈明显上升趋势。大量双边、区域、部门的投资协定或贸易等协定中的投资专章，已形成了一个全球的、分散化的、交织叠加的外国直接投资保护的条约网络，④国家间所形成的双边投资条约网络相互影响、相互促进和趋同，表现在投资条约网络的缔约国相互重叠，规定了结构和内容相似或相同的投资定义、投资准入、投资保护和投资争端解决条款，包含最惠国待遇条款，在 ICSID 等投资仲裁程序中适用，基于其中的最惠国待遇条款和投资仲裁判例的相互援引，国际投资法已经具有一定程度的多变化特征。

基于投资条约与 ICSID 等仲裁安排相结合，ICSID 等投资仲裁庭通过规定宽泛的投资条约条款的解释和适用，再加上"司法造法"的不可避免，使之成为活法，投资仲裁庭的决定和裁决成了判例，且各个仲裁庭构成判例之间的相互援引，学说与判例之间也相互引证，某种意义上形成了外国投资保护法"大全"(corpus juris)。ICSID 等投资仲裁不再只是投资争端解决的程序法，还演变成实质上规定了彼此相同或类似的投资实体法待遇规范的"外国投资保护公约"⑤。同时，经济全球化促进外国投资的规制和结构的制度化，鼓励实现投资保护，总体上一系列双边、区域和多边

---

① José E. Alvarez, *Crossing the "Public/Private" Divide : Saipem v. Bangladesh and Other Crossover Cases* in Albert Jan van den Berg ed., *International Arbitration : The Coming of a New Age?*, ICCA Congress Series, Volume 17, Kluwer Law International, 2013, pp. 400-430.

② ICSID 公约，又称为华盛顿公约，1965年3月18日由国际复兴开发银行提交各国政府，1966年10月14日生效。

③ 1958年6月10日在纽约召开的联合国国际商业仲裁会议上签署，该公约是处理外国仲裁裁决的承认和仲裁条款的执行问题。

④ See Andrew Newcombe and Lluís Paradell, *Law and Practice of Investment Treaties : Standards of Treatment*, The Hague : Kluwer Law Internaitonal, 2009, p. 58.

⑤ See Andreas F. Lowenfeld, *The ICSID Convention : Origins and Transformation*, Georgia Journal of International and Comparative Law, Vol. 38, No. 1, 2009, pp. 47-61.

促进和保护 FDI 的协定构成一个能对国家行动施加重大限制的、规则与规制实施的连锁网络，某种意义上构成投资仲裁活动的全球行政空间。

2. 投资仲裁庭属于"全球行政机构"

在各种可能的全球制度安排中，采用含有广泛原则的联合和强有力的争端解决机制的条约是一种常见的策略。因此，超国家规范力量（Supranational normative power）往往是司法裁判（adjudicative）。[①] 投资条约仲裁是过去数十年来激增的众多拥有审判权的国际机构之一。这些新的法院和仲裁庭进行 Alvarez 所称的'司法造法'（adjudicative law-making）[②]，部分地源自法律适用缺乏明确具体的准据法和条约缔约者倾向于让争端解决者来完善其契约性条约。[③] 这种特定形式的司法审判直接来自条约规定的高度开放性，国家条约的谈判者更倾向于在普遍性的一般原则上达成一致，把具体化一般原则的任务留给争议解决机构。[④] 当国家就特定的实质性成果无法达成一致，而只就决策过程达成同意，事实上他们创造了全球决策机制或者超国家治理。[⑤]

尽管学界对于是否有必要提出"全球行政"和"全球行政空间"或将"全球行政法"作为独立学科仍有争论，但在安全、环境保护、银行业和金融规制、包括难民在内的跨境人口流动等领域出现全球化相互依存，并导致跨政府规制的形式和管

[①] Peter L Lindseth, *Democratic Legitimacy and the Administrative Character of Supra-nationalism*: The Example of the European Community, 99 Columbia Law Review 628, (1999), p. 631, cited by Santiago Montt, *State Liability in Investment Treaty Arbitration_Global Constitutional and Administrative Law in the BIT Generation*, Volume 26 in the series Studies in International Law, Oregon: Oxford and Portland, 2009, p. 134.

[②] José E Alvarez, *Critical Theory and the North American Free Trade Agreement's Chapter Eleven*, 28 University of Miami Inter-American Law Review 303, (1997), p. 531ff, cited by Santiago Montt, *State Liability in Investment Treaty Arbitration_Global Constitutional and Administrative Law in the BIT Generation*, Volume 26 in the series Studies in International Law, Oregon: Oxford and Portland, 2009, p. 134.

[③] Santiago Montt, *State Liability in Investment Treaty Arbitration_Global Constitutional and Administrative Law in the BIT Generation*, Volume 26 in the series Studies in International Law, Oregon: Oxford and Portland, 2009. p. 134

[④] 正如 Mattias Kumm, *The Legitimacy of International Law*: A Constitutionalist Framework of Analysis, 15 European Journal of International Law 907, (2014), p. 914 论述道'今天的条约，尽管仍然只约束那些批准条约的实体，但越来越多的将权力下放给基于条约成立的、具有准立法性或准司法性质的机构。在那些机构的管辖范围内，这些机构根据条约授权来发展和决定国家承担条约义务的具体内容。'see more generally, Nico Krisch and Benedict Kingsbury, Introduction: *Global Governance and Global Administrative Law in the International Legal Order*', 17 European Journal of International Law1, (2006), p.1, cited by Santiago Montt, *State Liability in Investment Treaty Arbitration_Global Constitutional and Administrative Law in the BIT Generation*, Volume 26 in the series Studies in International Law, Oregon: Oxford and Portland, 2009, p. 134.

[⑤] Daniel C Esty, *Good Governance at the Supranational Scale*: Globalizing Administrative Law, 115 Yale Law Journal 1490, (2006), p.1499, cited by Santiago Mont, *State Liability in Investment Treaty Arbitration_ Global Constitutional and Administrative Law in the BIT Generation*, Volume 26 in the series Studies in International Law, Oregon: Oxford and Portland, 2009, p. 135.

理范围急剧扩张,分散的国内规制和管理措施越来越难以应对全球化冲击。各种跨国规制体系或规制合作通过国际条约和非正式政府间合作网络建立起来,许多规制决策从国内层面转移到全球层面。全球层面规制的兴起及其对国内规制的渗透意味着国内行政管理者的决定更多地受全球层面设立的实体和程序规范的限制。这在国际投资仲裁领域表现为国际投资仲裁庭对争端当事人一方国家的行为即国家行为的合法性和适当性审查。

全球行政法理论假定全球治理现象可以理解或定性为公法理论中的"行政",如Kingsbury 认为全球治理的大部分内容如规则制定、冲突利益间的行政裁决以及其他形式规制性和行政性的决定和管理可以理解和分析为行政行为。① 很多全球治理的管理行为高度分散、非系统化、非集中化,一些实体在全球监管治理中被赋予其不愿意或并非为其设计或准备的角色,国际投资仲裁庭即属于此类。② 国际投资仲裁庭系作为一国具体行为的审查机构,其运用比例分析或其他公法审查方法来裁决投资者和国家之间的投资争议,应对投资者保护、国家环境及经济政策选择在公共利益上难以平衡的情况;国际投资仲裁过程中,仲裁庭为外国投资者的国家行为确定标准,例如根据公平与公正待遇原则界定什么是不当行政行为或什么是违反正当程序,此时仲裁庭确立的标准可能会影响被申请国和其他国家今后的行为,并可能会影响到其他案件中仲裁庭的裁决。国际投资仲裁凭借其公开的、得到广泛研究的裁决,正为界定全球行政法的具体原则和设定国家内部行政程序的标准提供帮助。在这些方面,国际投资仲裁庭本身成了全球治理结构的一部分,并为构建和塑造新兴的全球行政法律机构提供助益,成为在全球行政空间行使权力的一种全球治理形式。因此,国际投资仲裁不仅是一种投资者与国家之间的争端解决机制,还是一种全球治理机构。③ 国际投资条约与国际投资仲裁代表着 Slaughter 所称的"垂直网络"(vertical networks)中最强有力的版本之一。这些条约构成拥有真正的牙齿而其表现无须依赖外交事务部和外交官意愿的一种全球治理机制。④

---

① [美]本尼迪克特·金斯伯里、尼科·克里希、理查德·B.斯图尔德:"全球行政法的产生(上)",范云鹏译、毕小青校,载《环球法律评论》2008年第5期。

② [美]本尼迪克特·金斯伯里,斯蒂芬·希尔:"作为治理形式的国际投资仲裁:公平与公正待遇、比例原则与新兴的全球行政法",李书健、袁屹峰译校,载《国际经济法学刊》,2011年第18卷第2期。

③ [美]本尼迪克特·金斯伯里,斯蒂芬·希尔:"作为治理形式的国际投资仲裁:公平与公正待遇、比例原则与新兴的全球行政法",李书健、袁屹峰译校,载《国际经济法学刊》,2011年第18卷第2期。

④ See Anne-Marie Slaughter, *A New World Order*, Princeton: Princeton University Press, 2004, p. 20, cited by Santiago Montt, *State Liability in Investment Treaty Arbitration_Global Constitutional and Administrative Law in the BIT Generation*, Volume 26 in the series Studies in International Law, Oregon: Oxford and Portland, 2009, p. 125.

(三) 国际投资仲裁的公权力性

基于全球行政法理论进一步发展的公权力学说（Public Authority）[①]认为，绝大多数国际机构参与全球治理的现象可以定义为国际机构行使公权力的行为。公权力是指单方面决定他方权利或者限制其自由的法律权力。公权力学说坚持国际法的内部视角，从规范性角度探讨国际组织行使公权力，其关注的对象是公权力的行使，行为者组织的性质本身并非是认定公权力的排他标准，因此不论正式的还是非正式的机构，只要是涉及公权力的行使，都纳入其研究范围。其研究对象并不局限于政府间国际组织，而着眼于有关行为的法律性质而不是行为者本身的性质。因此不论国际投资仲裁庭本身的性质如何，国际投资仲裁还可以运用公权力说解读，构成一种在全球行政空间行使公权力的行为。国际投资仲裁庭系在全球行政空间内行使公权力的全球行政主体或全球治理机构，仲裁庭直接行使权力的范围包括：支持投资者或国家而作出的实体裁决，对事实作出的裁定，对法律意见书、费用和利息、时间、和解谈判需要的中止程序等相关事项作出决定。[②]

1. 投资仲裁庭行使公权力的性质：准司法权

数百年来，理论家对仲裁的性质一直存有争论，概括起来主要有司法权论（jurisdictional theory）、契约论（contract theory）[③]、混合论（mixed or hybrid theory）[④]

[①] 国际机构行使公权力（公权力学说）是在德国马克斯·普朗克比较公法与国际法研究所主任阿明·冯·波格丹迪教授主持下于2006年到2008年间开展的一个研究项目。其主要论文发表在2008年《德国法杂志》第9卷第11期，研究成果也于2010年结集出版。公权力学说提出之后，在欧洲国际法学家赢得了良好的反响，并在世界范围内引起了关注。相比全球行政法学说而言，这一学说更关注国际机构权力行使的合法性和正当性问题。作为公权力学说的后续项目，波格丹迪教授组织开展了国际司法权力的研究项目，该项目的核心研究成果也已经于2011年发表在《德国法杂志》第12卷第5期，并于2012年结集出版。参见陈一峰：《全球治理视野下的国际组织法研究——理论动向及方法论反思》，载《外交评论》2013年第5期。

[②] ［美］本尼迪克特·金斯伯里，斯蒂芬·希尔："作为治理形式的国际投资仲裁：公平与公正待遇、比例原则与新兴的全球行政法"，李书健、袁屹峰译校，载《国际经济法学刊》，2011年第18卷第2期。

[③] 契约论认为，仲裁员不是从法律或司法当局获得仲裁权，而是从当事人那里获取此项权力。整个仲裁都是基于当事人的意志而创立的，它具有完全自愿的特征，当事人不仅有权自主选择仲裁机构和地点，也有权选择仲裁规则和准据法，而且有权选择仲裁员。参见宋连斌主编：《仲裁法》，武汉大学出版社2010年版，第10~11页。

[④] 混合论认为仲裁兼具司法性和契约性，试图兼采司法权论和契约论的长处，其赞成仲裁员的职能是判案，同时调和了有关仲裁员不代表国家的观点，认为仲裁裁决介于判决和合同之间，仲裁员不履行公共职能，但裁决也明显不是合同，当事人通过协议创造并固定了仲裁管辖权；仲裁的有效性来源于仲裁协议，但在适用诉讼法时又有司法权的性质。事实上，仲裁协议等同于排除司法权条款，国内法院的判决权因而被仲裁庭取代，相应地，仲裁协议的效力本质上取决于私法，但仲裁程序一旦开始，诉讼法的强行规范有更深远的影响，被用来排除法院的管辖权即解决仲裁过程中的一些问题；当事人的合同发挥作用直至裁决被执行，仲裁的程序、裁决的形式和内容强烈地依赖于当事人的协议；当公共政策被违反时，仲裁地可能有控制仲裁的法律上的利益，而仲裁协议签订地则没有。宋连斌主编：《仲裁法》，武汉大学出版社2010年版，第11~12页。

和自治论（autonomous theory）①四种。②根据司法权论，投资仲裁庭经国家同意而行使的公权力是一种国家主权即司法裁判权。司法权论认为国家对其管辖范围内进行的所有仲裁都有监督和管理的权力；主张裁判权是一种只有国家才能行使的主权，仲裁员只有在仲裁地国授权的条件下才能行使通常由法官行使的权力。当法律允许当事人提交仲裁，仲裁员就像法官一样从本国法律中取得裁判权。因此，仲裁员类似于法官而仲裁裁决则相当于法院判决。尽管仲裁管辖权源于当事人之间达成的仲裁协议，但仲裁协议的效力、仲裁员的权力、仲裁员的审理行为和仲裁裁决的执行等方面都需要国家法律的支持，其权威性尤其是强制执行力都最终取决于有关国家的法律。

国家通过缔结投资条约允许外国投资者提起针对国家的国际性索赔请求（international claims）、赋予私人性质的仲裁庭解决国家与外国投资者之间管理性争议的权力。国际投资仲裁庭在解决投资者和国家之间的投资争端时系作为一国具体行政行为的审查机构，此种裁判行为本质上是行使司法权的行为，退一步而言，仲裁庭的裁判行为具有类似于司法行为的特点。从某种意义上讲，国际投资仲裁庭本身也具有类似于行政法庭的性质，譬如仲裁庭所解决的投资争议双方系外国投资者与东道国，二者处于不平等地位；投资争议本身涉及东道国对外资的管理行为或东道国的某种政策。本质上而言，外国投资者系受到东道国政府行政行为影响的行政相对人，此种争议跟国内法上的行政纠纷类似。因此，国际投资仲裁庭在行使原本应由国家机构行使的公权力。国际投资仲裁庭行使管辖权的合法性基础在于争端当事人双方的同意即仲裁合意，从国家角度而言，是国家将国家机构裁决纠纷的主权权力让渡或转移给国际投资仲裁庭。BIT 代表着一种超越民主和主权范围的运动。③尽管现代 BIT 并没有取代国内法和机构，它们却取代国内法庭进行国际仲裁，事实上也是排除国内法院管辖权的一个重要因素。④投资条约仲裁庭获得了那些事实上属于国内宪法和最高法院管辖领域的案件。⑤

---

① 自治论认为，仲裁的性质既非契约性、司法性，也非混合性，而是自治的。仲裁是法律秩序的诸多机制之一，研究重点应该放在其目的和作用上，仲裁法应以满足当事人的愿望为目标，其功能是发展商人法（lex mercatoria，law merchant）；尽管还应保留最低限度的公共政策为限制，完全的当事人意思自治仲裁充分发展所必需的。宋连斌主编：《仲裁法》，武汉大学出版社 2010 年，第 12~13 页。

② 宋连斌主编：《仲裁法》，武汉大学出版社 2010 年版，第 8~14 页。

③ See Eric Stein, *International Integration and Democracy：No Love at Fist Sight*, 95 American Journal of International Law 489,（2001）, cited by Santiago Montt, *State Liability in Investment Treaty Arbitration Global Constitutional and Administrative Law in the BIT Generation*, Volume 26 in the series Studies in International Law, Oregon: Oxford and Portland, 2009, p. 125.

④ 在 Gas Natural 案中，仲裁庭注意到 'ICSID 的缔结和双边投资条约的采用，提供给投资者以保证即投资中可能产生的争议不会受可理解为在国内法院裁决的拖延损失与政治压力威胁。

⑤ See Horacio A Grigera Naón, *Arbitration in Latin America：Progress and Setbacks*, 21 Arbitration International 127,（2005）, p. 182, cited by Santiago Montt, *State Liability in Investment Treaty Arbitration_ Global Constitutional and Administrative Law in the BIT Generation*, Volume 26 in the series Studies in International Law, Oxford and Portland, Oregon 2009, p. 126.

2. 投资仲裁庭行使公权力的特点——私人手段运用私法方法解决公法争议

（1）投资仲裁是私人手段。仲裁是一种重要的非诉讼争端解决方式，具有民间性、程序灵活性、保密性、自治性，追求效率和一裁终局性等特点。尽管现代国际仲裁更加制度化，从机构设立到程序规则，更为接近法院运行的模式，即仲裁具有诉讼化的特点，但仲裁庭与法院仍有明显区别（即仲裁庭更反映当事人的自治性，更具有灵活性；法院更注重说明法律规则，强调严格适用法律，而仲裁虽以法律为基础，但更关心争端的解决，因而更容易出现妥协），[1] 但仲裁本质上仍是一种解决争议的私人手段。

（2）类比商事仲裁的私法方法。投资仲裁实践适用的解释方法之一是类比商事仲裁（the analogy to commercial arbitration）。鉴于投资仲裁体系依赖私人的审判模式，许多仲裁员把投资仲裁作为一种商事仲裁的改进形式。[2] 这种方法把投资者与国家基本上视为双方协商一致的平等的争议当事人，因此条约的解释应当基于争议当事人而非缔约国各方的目的。或者投资仲裁保持秘密性是恰当的，在于遵从争议当事人的意见而不是因为缔约国同意以清晰和明确的条款明示如此约定。法院应出于当事人自治而不是立法目的或者国际礼让的理由尊重仲裁庭的决定。东道国干预投资者的商业业务构成条约的违反类似于私法上的侵权。[3]

这种类比商事仲裁的方法过于强调从国际商事仲裁或国家间仲裁中发展的私法原则却损害了那些典型适用于公法裁判的公法原则。例如在投资仲裁中确定国家同意的范围，仲裁员为了拒绝严格解释（strict interpretation or in dubio mitius）的国际法原则支持当事人自治的私法原则把投资者与国家间的"同意仲裁"（agreement to arbitrate）优先于缔约国原始的普遍同意（the original general consents）。以下源于 Amco v. Indonesia 案（其本身是一个基于合同的仲裁）的这段话在条约仲裁裁决中得到广泛引用：

"首先，与任何其他公约一样，仲裁的公约不应当限制性地解释，事实上也不应广泛地或者自由地解释。而应该以一种促成了解和尊重当事人共同意愿的方式来解释：这样的一种解释方法只是运用契约必须遵守（pacta sunt servanda）的基本原则，该原则确实是所有国内法和国际法的共有的原则。"

基于契约必须遵守，Amco 仲裁庭拒绝了印度尼西亚关于仲裁庭应当采取有利于主权的严格解释方法的主张，运用了投资者和国家之间的契约必须遵守的原则（如当事人自治）。这种推理在基于合同的仲裁中可能是适当的，因为在解释私人当事人

---

[1] 王鹏：《论国际混合仲裁的性质》，人民出版社2007年版，第55、57页。

[2] See CN Brower, CH Brower II, and JK Sharpe, *The Coming Crisis in the Global Adjudicative System*, 19 Arb Int'l 415, (2003), p.415, pp.432-435; also see W Matli, *Private Justice in a Global Economy: From Litigation to Arbitration*, 55 Int'l Org 919, (2001), p. 945.

[3] Van Harten, *Investment Treaty Arbitration and Public Law*, Oxford University Press, 2007, pp. 124-125.

之间同意仲裁的合同或者国家当事人之间的条约的情况下，保持了基础的对等互惠的私法框架。当这种分析转移到条约仲裁领域就会出现问题，正如在大量裁决里，更广泛地当投资者的具体同意和国家的普遍同意等同于人为建立仲裁协议的时候，如同在商事仲裁里一样。[①]

（3）投资争议是公法争议．投资仲裁不同于其他国际仲裁。国际商事仲裁和国家间仲裁二者都适用于解决互惠对等关系（reciprocal relationships）的争议双方之间（无论是私人当事人之间——包括国家以私人主体身份的行为或者是主权国家之间）的争议。这种形式上的互惠对等表现在争议当事人的任何一方都有权针对另一方提起索赔请求，双方拥有相同的法律权利和义务。但是在投资仲裁中，有关国家的责任承担和主权权力行使的争议发生在私人当事人和国家之间。因此争议产生于一种管理关系而不是一种互惠对等的关系，国家可以行使的权力并承担责任，任何私人都无法拥有。

仲裁争议事项是涉及主权行使的国家行为。国家行为通常指公法性质行为，包括独立国家或其授权的机构或官员行使行政方面的主权行为，同时包括发布条例、命令或司法公告等立法和司法行为，[②]与私法性质的商业行为（此时国家以民商事法律关系主体出现）在表达上相对应。当前国际投资仲裁解决的争议不再仅限于技术性问题且已经超出传统上的征收和国有化等争议，往往会涉及国家管理权（the regulatory powers of the states）行使的范围等一般性问题，如公共产品的供应（从水、天然气、卫生设施等公共服务的提供到公共秩序的维护）引发的争议都通过国际投资仲裁解决。通常是国家的立法、司法或行政行为而引发与投资者间的争议，这些行为显然是国家行使主权权力的国家行为，体现公法性质。阿根廷政府应对2001年至2002年经济危机的措施而引发的大量外国投资者诉阿根廷的仲裁案件即是典型例证。

三、全球行政法下合法性问题的根源——投资仲裁庭行使公权力的问责缺失

全球行政法应规范全球行政空间内全球行政主体行使公权力的行为，系调整全球行政法律关系，并为纠正全球行政主体的不合法行为提供监督和救济手段。且如前所述，国际投资仲裁构成全球治理的一部分，属于全球行政主体或全球治理机构，其活动应受到全球行政法的调整，且国际投资仲裁与全球行政法具有契合性，国际投资仲裁活动及其合法性问题可以考虑适用全球行政法来解决。当前人们对国际投资仲裁解决投资争议的不信任，根源于国际投资仲裁庭的临时性私人性质机构的制

---

① Van Harten, *Investment Treaty Arbitration and Public Law*, Oxford University Press, 2007, p. 125.
② 王贵国：《国际投资法》，北京大学出版社2001年版，第117~118页。

度设计所固有的裁决不一致风险、私人手段裁决涉及公共利益的投资争议的正当性及合理性怀疑、以及国际投资仲裁庭为解决争议而进行仲裁行使裁判权或准司法权的合理性和对仲裁庭行使公权力的监督机制的缺乏。

(一) 投资仲裁外部司法监督的宽松和缺失

全球行政法视野下,投资仲裁不仅是一种争端解决机制,其还构成活跃于全球行政空间的全球治理机构,行使类似于司法审查权的公权力。当前投资仲裁机制的合法性问题根源于对此种公权力行使的问责缺失,具体表现在投资仲裁体系内部的监督极其有限而来自外部的国家司法监督宽松又呈现碎片化,给予仲裁庭和当事人很大的自主权。具体而言,投资仲裁庭的裁决在申请承认与执行时会受到国内法院的审查。各国国内法院一般依据本国国内法和国际公约对投资仲裁裁决进行司法审查,但是ICSID公约、纽约公约等规定的审查根据和范围都极其有限。执行机制把撤销或不承认裁决的理由限制得极为狭窄,仅限于纽约公约和相关国内法规定的理由,司法监管是受限制的。此种限制对国际商事仲裁而言是不存在问题的,法院不应当干预私人当事人对解决商事争议的法院的选择。但是在投资仲裁中,这种限制使得仲裁员完全自主(不受法院监督)地行使解释公法的权利。

对于由ICC、SCC、ICSID附加机构和按照UNCTRAL仲裁规则进行的投资仲裁案件的裁决撤销之诉都是遵循国际商事仲裁机制下的裁决审查制度。根据《纽约公约》,仲裁受到仲裁地国的国内法监督,国家作为被申请人可以向仲裁地法院基于仲裁地国内法申请撤销仲裁裁决。因此仲裁地国国内法决定其法院实施监督的程度和水平。通过仲裁地的选择,一个国家的主权行为受到在一个外国法管辖下(该国家可能是也可能不是投资者母国)组建的仲裁庭的审查,仲裁员或仲裁当事人间接地决定投资仲裁是否构成一个额外的领土安排(an extra-territorial arrangement)。此外,仲裁裁决执行地的法院基于纽约公约规定的有限的理由,有拒绝执行一项仲裁裁决的自由裁量权。根据《纽约公约》,无论被告国家的法院或者仲裁所在地国家的法院是否支持该裁决,投资者可以向被告国家财产所在的任何一个纽约公约缔约国的法院申请仲裁裁决的承认与执行。

1. 外部各国司法监督的宽松

各国的仲裁法对于法院撤销仲裁裁决的规定各异,但归纳起来主要依据以下理由:(1)裁决所依据的仲裁协议无效;(2)违反正当程序;(3)仲裁庭越权;(4)仲裁庭组成不当;(5)违反公共政策。在国际商事仲裁机制下仲裁裁决的撤销问题上,当前的总体趋势是:第一,区分国内仲裁和国际仲裁,对国际仲裁的审查标准更低。《纽约公约》对国际仲裁裁决原则上予以尊重,视撤销或拒绝承认为例外。第二,不审查国际仲裁裁决所涉及的实体问题。《纽约公约》规定的裁决撤销理由的范围狭隘,仅包括仲裁协议无效、缺乏正当程序、仲裁庭越权、其他程序缺陷、不可仲裁性、违反本国公共政策;亦即只对仲裁作程序或形式上的外部审查。

大部分国家自20世纪80年代以来采用修改仲裁法等措施要求国内法院尊重外国仲裁裁决,实施有利于仲裁的政策。北美和西欧国家对国际仲裁员都高度尊重。许多国家通常促进其自身仲裁行业的发展,为使其作为国际仲裁中心更有吸引力对外国仲裁裁决的执行采用自由化规则。[①] 从某种意义上讲,国家之间存在削弱对国际商事仲裁的司法监管的倾向。然而当竞争变成了对公法司法监管的限制的比赛的情况下,监管竞争给归责带来更大的损害。

总之,国内法院仅仅在管辖错误或没有管辖权,程序不公正或严重违反公共政策等情况下才推翻仲裁裁决,且法院通常无权纠正仲裁庭在解释宽泛的条约保护标准时犯的法律错误。因此,仲裁员几乎是完全自主地解决核心的公法问题如立法是否是歧视性的,管理是否构成征收,法院的裁决是否不公平或不平等。这里的问题不在于这些问题是否由国际裁判解决而是这些问题是否由一个私人裁判者在没有公共法官的充分监督的情形下来自主解决。司法监督的缺乏导致仲裁员解释公法——这本身是基本的主权行为——在传统意义上不负责任。

2. 外部监督的碎片化和当事人的自主性

投资仲裁的执行机制是碎片化的,且限制对仲裁员的司法监督。司法监督的碎片化在于投资者能在被告国家财产所在的纽约公约的任何缔约国申请执行,因此将监管责任在许多不同国家的法院之间进行分割。[②] 换言之,投资仲裁体系外的各国国内法监管是分散在不同国家之间的,各国行使不同程度的审查,监督具有碎片化特点,同时赋予当事人很大程度的自主性与对监督水平和力度的掌控。投资仲裁此种执行机制让仲裁员和投资者通过选择仲裁地或者仲裁裁决执行地在很大程度上能控制法院对仲裁庭的问责程度。很多案件对仲裁地的选择决定了适用于被告国家申请撤销裁决的国内法。投资者选择裁决执行地,因此决定了适用于裁决执行的国内法。仲裁员和投资者往往会选择在尊重和支持仲裁、有利于裁决执行的国家去仲裁和申请裁决的执行。

(二) ICSID 仲裁机制内部救济的有限

投资仲裁裁决具有一裁终局的特点,ICSID 体系内部并没有设立一个统一的上诉机构来审查裁决。ICSID 体系中的撤销程序中,ICSID 撤销委员会对 ICSID 仲裁裁

[①] Y Dezaley, *Between the State, Law, and the Market: The Social and Professional Stakes in the Construction and Definition of a Regulatory Arena*, in WW Bratton et al eds. *International Regulatory Competition and Coordination*, Oxford: Clarendon, 1996, pp. 84-86, cited by Gus Van Harten, *Investment Treaty Arbitration and Public Law*, Oxford University Press, 2007, p. 158.

[②] Ecuador v. Occidental Exploration and Production Co [2005] 2 Lloyd's Rep 240 (QB), para 76 and 84. CN Brower, CH Brower II, and Jk Sharpen, *The Coming Crisis in the Global Adjudicative System*, 19 Arb Int' l 415, (2003), p. 419, cited by Gus Van Harten, *Investment Treaty Arbitration and Public Law*, Oxford University Press, 2007, pp. 157-158.

决基于公约规定的理由，进行极其有限的审查，且仅限于程序事项，不涉及法律错误、事实错误，不审查案件的是非曲直。例如 ICSID 公约第 52（1）条规定了裁决准予撤销的理由[①]仅限于程序事项。ICSID 仲裁裁决的撤销程序也只限于"程序不公"（procedural unjustice）的救济，而对于因事实问题或法律问题产生的不公缺乏有效救济。

四、全球行政法对投资仲裁的合法性要求

合法性意味着按照规则指定的方式行事、明确性和稳定性、效率的系统和制衡机构、提升政治对话的能力，以及对程序的严格遵守等,行政法是构建合法性的核心。[②]当前国际投资仲裁的现有制度还不足以为其公共视角与治理视角的规范性依据正名，而国际投资仲裁制度作为一种全球治理形式，其规范性依据形成了全球行政法并受其约束。[③]换言之，新兴的全球行政法能为国际投资仲裁提供规范性依据，如监管有效性、社会福利、民主和正义的考虑等，同时可为国际投资仲裁的渐进式改革提供重要的规范和实用的指导。

全球行政法的公法特征不仅限于在个人权利利益方面约束政府行为，其也表现在公法的第二个核心功能即对公权力的行使提供合法性和问责的功能。[④]投资仲裁及其影响已经超出一项具体的投资者——国家间争议的解决，具有公法特征。尤其是仲裁裁决的作出不仅对东道国有影响，进而引起对关系到东道国国民的合法性和问责的关注，而且投资仲裁也影响到那些既非具体仲裁案件当事人也非相关条约缔约国的其他投资者和国家。有关投资仲裁的问责与合法性的关注也更加广泛，且投资仲裁作为一种全球治理机构，在全球行政空间内行使公权力，其自身的合法性及其公权力的行使都必须受到全球行政法的约束。

（一）全球行政法原则之要求
1. 程序参与要求

公开原则不仅包括公众获取信息途径公开（public access to information）即公众有权利知道且有获取相关仲裁信息的途径，还包括受影响的非当事方参与（participation by non-parties）即影响监管问题的裁判决策的合法性要求在仲裁过程

[①] 具体包括：1. 仲裁庭的组成不适当；2. 仲裁庭显然超越其权力；3. 仲裁庭的一个成员有受贿行为；4. 有严重的背离基本的程序规则的情况；5. 裁决未陈述其所依据的理由。

[②] 林泰：《行政法国际化研究——论全球治理语境下国际行政法的产生》，人民出版社 2013 年版，第 173 页。

[③] [美] 本尼迪克特·金斯伯里（Benedict Kingsbury）、斯蒂芬·希尔（Stephan Schill）"作为治理形式的国际投资仲裁：公平与公正待遇、比例原则与新兴的全球行政法"，李书健、袁屹峰译校，载《国际经济法学刊》，2011 年第 18 卷第 2 期。

[④] See A von Bogdandy et al, *Developing the Publicness of Public International Law : Towards a Legal Framework for Global Governance Activities*, 9 German Law Journal 1375,（2008）, p. 1380.

中除了申请人和被申请人以外的其他意见得到表达。公众获取信息公开是国内法院和国际法院都广泛承认的司法决策的基本原则。它要求除了具体列举的例外情形外，审判发生在公众监督之下（in the public eye）并且司法决策和诉讼中提交的相关文件都有公开记录可查阅。如果裁判尤其是公法裁判不是完全公开和透明，其将免于公众监督，影响整个社会的问题将会例行公事地秘密决定。

公共参与（public access）并不仅仅是多少人能将裁决拿到手里，而是当事人和仲裁员知道他们的观点和论据可以被任何人阅读和批评，以至于他们将更切实地考虑他们所做行为的影响或者为自己和这个体系的声誉来作决定。[①]问题的症结在于公开性与表现为争议当事人维持争议仲裁秘密性的当事人自治之间的冲突。在国际商事仲裁中，通常认为争议的存在、争议的主要问题、仲裁员的身份、提交的材料以及裁决本身必须要保持秘密性，除非争议双方当事人同意公开。但是这种秘密性移植到涉及公共利益的投资仲裁，则使公法含义的争议或问题将最终以秘密的方式决定。投资条约本身并没有规定所有与投资仲裁相关的信息的强制公开，这表明国家官员在缔结条约时并没有充分理解运用国际仲裁对监管领域的影响，而投资仲裁适用的仲裁规则往往更加支持保密性。[②]根据仲裁规则，在未经争议当事人同意的情况下，一些仲裁庭拒绝公布仲裁案件材料或者允许公众参与仲裁程序。

非当事方参与并不是一个基本原则，不同法律体系的做法不同。例如，法院在考虑受争议影响的外部利益时任命法庭之友辅助，而不是争议当事人来代表的做法是美国法的创新，已经扩展到其他法域甚至扩展到投资仲裁。[③] ICSID 自诞生之初就区别于 LCIA, ICC 等机构。尽管其规则保护程序的保密性和隐私（例如 ICSID 公约第 48 条第（5）款禁止中心在没有当事人同意的情况下公开裁决；ICSID 规则第 32（2）条（在 2006 年以前的版本）中表明公众成员只能在双方当事人同意的情况下才能参加庭审），但 ICSID 实践中已提供了一定程度的透明度：ICSID 秘书处定期登记案件并提供基本的案件信息（例如涉案当事人的名称、注册登记的日期等）以及争议的简单介绍。而且根据 1984 年修订的规则第 48 条第（4）款，ICSID 秘书处能公

---

① Scott v. Scott [1913] AC 417, 477 (HL), (Lord Shaw citing Jeremy Bentham): "Publicity is the very soul of justice. It is the keenest spur to exertion and the surest of all guards against improbity. It keeps the judge himself while trying under trial." cited by Gus Van Harten, *Investment Treaty Arbitration and Public Law*, Oxford University Press, 2007, p. 161.

② Arbitration Rules of the United Nations Commission on International Trade Law, UN GA Res 31/98, UN GAOR 31st Sess, Supp No 17, UN Doc A/31/17, cV, sC (1976) [cited as UNCITRAL Rules] art 32 (5), 'The award may be made public only with the consent of both parties'; Rules Governing the Additional Facility for the Administration of Proceedings by the Secretariat of the International Centre for Settlement of Investment Disputes, revised 1 January 2003 (original rules 1978), 1 ICSID Rep 213 [cited as ICSID Additional Facility Rules], art 44 (2).

③ M Shapiro, *The Globalization of Law*, 1 Ind J Global Legal Studies 37, (1993), pp. 57-60, cited by Gus Van Harten, *Investment Treaty Arbitration and Public Law*, Oxford University Press, 2007, p. 159.

布仲裁裁决法律观点的摘要并鼓励当事人不反对完全公开。① 而且当事人主动公开其裁决的意愿也不断增长，这些变化使得今天获得 ICSID 仲裁的信息比以往要容易得多。

2. 全球行政法原则之裁决说明理由

推理过程是仲裁裁决的一部分，须加强推理过程的质量，增强说服力。仲裁裁决的推理和投资仲裁争端中的司法判例应反映法律的公共性特点，这也构成全球行政法进一步促进全球治理的含义之一。对仲裁的各参与方而言，能了解裁决的裁判理由和依据；对那些没有利益代表和未能参与仲裁的利益相关者而言，也要保障其未来参与的潜在利益。特别是当国际投资法或仲裁的一般原则受到仲裁推理或裁决理由的影响时，仲裁中的推理必须应对这些更广泛的体制性问题。此时，推理过程应当透明，除了从当事方角度出发，还要关注非参加国、投资团体和那些可能因仲裁裁决而受到影响的群体。

遵循先例虽然缺乏法律依据，但仲裁庭在裁决中参考或引用先例已是一种普遍做法。这种推理过程在实践中存在两个问题：一是对于投资条约规定的投资保护标准（如公平与公正待遇）的宽泛、模糊问题，仲裁庭通常只简单地引用先前仲裁庭的分析或结论，而缺乏自身对这些标准在具体个案中的深入分析；只是正当地依据的类似案例论述对该规范标准的论述，进行摘要和抽象，进而基于此来确定案件事实是否符合这些标准。② 仲裁庭不是根据其自身条约文本的解释而更注重从具体案件事实中衍生出的标准，其无法证明其对待遇标准的抽象解释是建立在经过审慎讨论和评价的法律形式之上，仲裁员们仅根据其主观标准和个人偏好来决定裁决内容。二是仲裁庭在解释一些抽象概念（如公平与公正待遇）时，更多的是通过某种"断言"而非严谨的法律论证和推理，将自己限制在对案件事实的大量陈述之中，且未能清晰地阐明其所作出解释的规范性假设。而仲裁庭对先前判例的薄弱推理的忽视，仅从中挑选对当前案例中支持仲裁员决策的部分来引证其观点，这种不充分的评价和主观性极强的引证会引发人们对仲裁庭的不信任，也会使仲裁庭适用更模糊、不可预测且完全基于仲裁员个人偏好的法律标准，其裁判方法不可避免地会陷入某种'心证'的随意性。③

3. 全球行政法之透明度要求

投资仲裁在案件数量和内容上与决策者、非政府组织和其他公众成员关系也越

---

① C-S Zoellner, *Third-Party Participation*（*NGOs and Private Persons*）*and Transparency in ICSID Proceedings*, in R Hofmann and CJ Tams eds., *The International Convention for the Settlement of Investment Disputes*（*ICSID*）*—Taking Stock After 40 Years*,（2007）p. 179, p. 191；LA Mistelis, *Confidentiality and Third Party Participation in Investment Arbitration*, 21 Arb Int 605,（2005）, p. 221.

② S.D. Myers v. Canada（UNCTRAL/NAFTA）, Partial Award of 13 November 2000, supra note, para. 134

③ [美] 本尼迪克特·金斯伯里（Benedict Kingsbury）、斯蒂芬·希尔（Stephan Schill）"作为治理形式的国际投资仲裁：公平与公正待遇、比例原则与新兴的全球行政法"，李书健、袁屹峰译校，载《国际经济法学刊》，2011 年第 18 卷第 2 期。

来越密切，公众不再将保密性和私密性视为快速有效解决争议的有用因素，而认为其损坏仲裁过程的合法性。在 Anthony De Palma 引用的有关 NAFTA 仲裁专门小组的评论中有一个典型的批评：

"他们的会议是秘密的。一般也不知道他们的成员。他们达成的决定并不需要完全披露。然而一群国际仲裁庭处理投资者与外国政府间的争议的方式能导致国家的法律被撤销和环境法规的变革。而这都是根据 NAFTA 以保护外国投资者的名义。"①

尽管在信息公开和透明方面，投资仲裁体系已经作了很多增强透明度的变革，例如在 ICSID 支持下进行仲裁的大部分的裁决，通常会例行公事地公布仲裁案的存在、当事人的身份、他们的法律代理人、仲裁员以及争议的性质，而且随着互联网的发展，公众比过去更容易获得 ICSID 仲裁裁决，但是这个体系仍缺乏公开性。在很多投资仲裁案件中，包括 ICSID 仲裁，提交文件和裁决的内容在争议一方当事人不同意公布的情况下仍然保持秘密状态。但在 ICSID 体系之外，情况更糟，连一项争议案件的存在和仲裁员的身份也可能被保留。

4. 基于全球行政法的三个基本规范性概念的分析

全球行政法的三个基本规范性概念包括促进民主②、增强内部行政的问责性③、对私人权利与国家权利的保护④。⑤三者同时也可作为国际组织工作的合法性与问责性的要求，其同样可适用于投资仲裁，其对投资仲裁机制的设计设定具体条件或提出具体要求：要求投资仲裁根据其多层次职能行使权力所用的方法应有效、合法，具体而言国际投资仲裁庭作为超国家监管机构应立即：（1）对外国私人投资者与国家政府之间即特定当事人之间的实际争端以仲裁方式来解决；（2）秉承法律公共性的理念裁决相同的争端，合理阐述特定的政治经济问题和实质的法律标准问题有关的所

---

① Nafta's Powerful Little Secret；Obscure Tribunals Settle Disputes，but go foo far，New York Times，11 March 2001，cited in N Blackaby，*Public Interest and Investment Treaty Arbitration*（2004）1 Trans Disp Man 355.

② 第一个规范性概念认为全球行政法的作用是促进民主。全球行政法应通过使全球监管的决定和机构更加透明并对国内政治制度进行更有效的监督和审查，随着全球行政法的发展有可能在全球层面上加强代议制民主，进而促进全球监管决策机构的问责性。这需要将一国的行政透明度与问责程序作为投资条约所规定的待遇标准的内容。

③ 第二个规范性概念是内部行政问责性，其致力于保证以合法性为中心的行政制度（立法或行政）的下级机关或次要部分的责任，尤其是确保行政行为的合法性。此概念强调组织与政治功能以及制度的完整性而非任何具体的实质规范性。这成为一个国际秩序的潜在模式，尤其是成为一个缺乏实体规范共识的多元化模式。在投资仲裁制度机构的工作中应对适用全球行政法。

④ 第三个规范性概念以自由和权利为导向，行政法律使人们参与行政程序，通过有效地审查以确保裁决的合法性，以此来保护个人权利和其他市民社会主体的权利。通过确保监管规范的公共性，合理地制定并且公正和可预见地适用监管规范，全球行政法能够促进法治。

⑤ ［美］本尼迪克特·金斯伯里（Benedict Kingsbury）、斯蒂芬·席尔（Stephan Schill）"作为治理形式的国际投资仲裁：公平与公正待遇、比例原则与新兴的全球行政法"，李书健、袁屹峰译校，载《国际经济法学刊》2011 年第 18 卷第 2 期。

有公共权力;(3)以对国家和其他主体有潜在影响的方式适用相关标准,据此实施监管。①

(1)促进民主。促进民主是全球行政法的第一个规范性概念。在威斯敏斯特式的民主中(a Westminster-style democracy)公共官员是对内阁部长负责,而内阁部长对议会负责,议会再向民众负责。全球行政法上的民主问题在于全球行政空间内没有民众、没有议会和内阁,能否适用前述问责路线,或者是否存在或为了保证问责必须创建功能上的替代物,且此种问责是政治的,而非法律的。在法律的问责与国家的存在之间有概念上的联系,而全球层面缺乏一个至高无上的国家使得对全球行政法存在质疑。

鉴于仲裁庭凭借其作出的仲裁裁决,参与全球治理,行使的重大权力过程中为东道国管理外国投资者的行为制定标准、审查东道国是否违反这些标准,进而限制和约束国家的管理性行为,在此种情形下,投资仲裁庭已成为超越国家的监管者。民主观念也必须适用于在公共领域内行使主权国家授予的主权权力即裁判权的投资仲裁庭。投资仲裁的合法性要求源自其对于东道国在公共领域而非私人领域实施行为的控制。投资仲裁应依赖于其仲裁机制的制度设计和仲裁程序有效运作时的合法性与合理性,同时也要凭借其在解释条约或作出裁决时所给出的决策理由的质量和推理论证的说服力。

投资仲裁庭的组建基于有关国家的同意,仲裁庭的管辖权来自BIT或政府与投资者间的合同的规定,但此种授权不足以为仲裁庭决策权的正当行使提供足够的民主合法性。因为条约性规定本身是不受具备民主政治参与的机构和相关程序的监督,且自投资者提出仲裁请求启动仲裁程序、到仲裁庭开始仲裁推进仲裁程序一直到最后仲裁裁决的执行完毕,在整个过程中,缔约国作为民主国家赋予政府机构合法性的选举程序和集体决议的程序却几乎不能发挥作用。因此投资仲裁庭的直接民主合法性十分脆弱。

全球性政法规范对基于非选举机制产生的投资仲裁庭这类行使公共权力的跨国机构的合法性可以提供衡量尺度。投资仲裁中,被申请国及其民众对仲裁程序的实际参与程度影响民主合法性,但公众参与程度提高仍不足以应对仲裁庭对条约条款解释时因条约规定的宽泛模糊而拥有很大的决策空间即自由裁量权所带来的合法性问题。这要求仲裁庭自身遵守全球行政法原则,例如仲裁庭的裁判行为应当符合其认为公平与公正待遇应有的透明度、可预见性、说明裁决理由以及利益受影响者参与的要求,从而增强投资仲裁的合法性。随着全球行政法的不断发展,投资仲裁庭用以评估、衡量和审查国家行为的各种标准或要求,也将日益成为约束投资仲裁庭

---

① [美]本尼迪克特·金斯伯里(Benedict Kingsbury)、斯蒂芬·希尔(Stephan Schill)"作为治理形式的国际投资仲裁:公平与公正待遇、比例原则与新兴的全球行政法",李书健、袁屹峰译校,载《国际经济法学刊》,2011年第18卷第2期。

本身的要求，即成为衡量适用于其自身运行法律措施的指标，这也是投资仲裁庭在全球行政空间行使公权力须受到全球行政法制约的应有之义。活跃于全球行政空间，以私人机制成为超国家治理领域的投资仲裁，其本身可以通过采取一系列全球行政法的有关善政规制和程序来获得进步或更强的合法性。①

（2）加强投资仲裁机制内部问责。一般而言，双边形式的争议解决意味着这个体系缺乏第三方负责争议解决，即国家之间的关系仍然是受互惠、对等原则调整。当双边模式不足以解决纠纷，需要一种在规则体系中更具有确定性的方式，因此争议解决委托中立的第三方进行。三边模式的争议解决方式有一致同意的（consensual）或者强制性的（obligatory）之分。在一致同意的情形下，提出诉讼的国家决定是否将争议委托给一个临时机构解决，国家的授权行为基于这个争议解决机构合法性和权威性。在强制性（obligatory）的情形下，建立一个强制的三边体系，裁判主体（the judging body）是永久性的，对这个机构管辖争议而言只有一方国家的追索是必需的。此种情形下，创建裁判机制的行为取代了授权行为，且使得裁判机构成为当事人之间解决争议的永久法官。争议解决的三边体系一旦建立就履行一种监管职能，包括"创建（generate）关于一方应怎样行为的规范指导的能力，和稳定一方对其他人如何行为的预期能力和对资源与价值的事前分配产生影响的能力"②

全球裁判体系（global judicial systems）的发展取决于国家旨在创建一个客观的规范体系和随之而来的出让其部分决策权体系的程度。国家将裁定争议的权力委托给第三方机构，事实上，部分地宣布放弃其主权，因为外交机制和决策机构中的全体一致规则会更有效。观察各国司法体系的发展，会形成这样的普遍印象即双边模式的争议解决（the dual model of dispute settlement）在下降，而冲突的司法化过程在扩张。尽管为冲突的双边协商保留大量空间，但大多数全球体系提供了争议解决的三边机制（triadic mechanisms）。例如，对更具有可预测性和客观性规则的需求，为WTO创建一个强制性和排他性的争议解决体系提供了条件，该体系以国家的和国际司法的典型程序规则为基础，委托独立机构，比政府间集会更有能力制定政策。联合国海洋法公约和南美共同市场（Mercosur）已经建立了强制性的国家间争端解决机制，逐渐将争议解决分配给第三方和公正的机构。这些强制性第三方争端解决机构的出现意味着国家将解释监管体系规则的重要功能分配给这些司法机构，创建一个统一解释的倾向，因此法律上更具有确定性，赋予第三方争议解决机构在法律语境下的推动作用。从决策过程的复杂性角度来看，这些司法机构在决定这个体系的政

---

① "国内治理和超国家治理领域有着显著的区别，超国家决策可以通过采取一系列关于善政的规则和程序来获得进步或者更强的合法性，国际组织本身若能采用更健全的行政法规则和程序，有助于通过严格的程序机制直接提升其善政能力，由此直接提升民主以及工作效率以及秩序化、系统化等。"详见林泰：《行政法国际化研究——论全球治理语境下国际行政法的产生》，人民出版社2013年，第174页。

② Barbara Marchetti, *EU and Global Judicial Systems*, in Edoardo Chiti & Bernardo Giorgio Mattarella eds., *Global Administrative Law and EU Administrative Law*, Springer-Verlag Berlin Heidelberg, 2011, p. 56.

策方面代替了一般集会（the general assemblies），在某些情况下，产生了问责问题。[1]

归责（accountability）概念广泛，包括对司法权力的很多不同的审查和制约，从立法机关或一般公众的认可到具体的法律控制例如说明理由的义务或者对个人法官的严重失职行为的惩戒程序。很多对投资仲裁的抱怨或质疑都可以归结于问责，包括没有说服力的批评如仲裁员不应当具有解决投资争议中的重大政策问题的权力，因为其专业背景通常是商法，或因为他们的决定忽略那些受影响的人们。这些批评具有一定程度的合理性，但是因为这些批评可以运用到任何一种裁判形式包括法院。例如，WTO上诉机构被指责为对当地的和本国优先价值的不负责任，只是因为其批评未经选举产生的法官不应当有权力为了保护个人权利而推翻立法。几乎所有的仲裁员都是来自一个相当狭窄的专业范围和阶层背景的白人男性，这是事实，但这种情况同样适用于法官。

为避免泛泛批评，狭义的问责是指一位裁判者对公法的解释向公众负责，与在国内法体系中一样，只是简单地允许就裁决的法律解释问题向法院上诉。但是投资仲裁采用国际商事仲裁的执行机制导致其缺乏这种狭义的具体问责。在投资仲裁中，这种执行机制允许仲裁员判定重要的公法问题却不具有司法审查纠正法律错误的可能性。在仲裁员有权选择仲裁地时，这种结构允许其选择适用在仲裁案件的一般审查标准。在这种意义上，这个体系允许仲裁员决定其对公法的解释在什么程度上会超出国家指定的和对公众负责的法庭的监管。当前体系出现这种不协调的情形是由于其在监管领域对私人机制的国际裁判的独特依赖。

（3）对私人权利与国家权利的保护。传统国际法上投资者作为个人不享有直接寻求国际法救济的权利，其必须借助母国外交手段的保护。国家通过缔结投资条约允许外国投资者提起针对国家的国际索赔请求（international claims）、赋予仲裁员解决国家与外国投资者之间管理性争议的权力。在当前国际投资仲裁体系里，只有投资者一方具有针对国家提起仲裁请求的权利，该体系也是一种单方面的国家责任体系，只有国家会因为违反条约而支付赔偿，因此，在国际投资仲裁中争议双方当事人的权利义务原本不对等。投资争议仲裁所适用的BIT主要规定投资者权利，投资者享受国际投资条约规定的各种投资权利和保护，而无须承担相应义务；国家只负有保护投资的义务，而不享有相应权利。在争议发生时，国家或者受投资项目影响的东道国国民也无法主动提起仲裁请求，寻求救济。

如前所述，投资仲裁机制适用的国际法即投资条约有注重保护投资和投资者私人权利的传统，投资仲裁机制的架构设计上蕴含商事逻辑，运用与商事仲裁相同的理念和保护投资者权利的私法方法来解决争议，而仲裁员本身也深嵌于商业化社会，因此可以说该机制注重对私权的保护。投资条约宽泛的适用范围（"投资""投资者"

---

[1] Barbara Marchetti, *EU and Global Judicial Systems*, in Edoardo Chiti & Bernardo Giorgio Mattarella eds., *Global Administrative Law and EU Administrative Law*, Springer-Verlag Berlin Heidelberg, 2011, p. 57.

定义扩大化）规定了高标准的实体义务（如公平公正待遇、最惠国待遇等），东道国与投资者之间的权利义务的不对等即单方面的权利义务，对用尽当地救济原则的淡化，机制本身赋予投资者争端解决机制的选择权等。从这些方面来看，投资条约体系是对投资者私人利益的片面保护。①

（二）全球行政法要求运用公法裁判方法

正如前文论述的国际投资法具有公法特征，国际投资仲裁不是以国家为一方当事人的另一种形式的商事仲裁，其作为一种争议解决形式，与许多国内司法程序一样，在公法背景下运行，涉及国家的投资争议应理解为公法问题。这些公法问题要求仲裁庭判定（determine）国家的基本权力、国家管理公共利益的能力限度和国家制定基本的社会经济和政治选择的能力。

投资仲裁机制设定原本受商事仲裁的影响，采用与商事仲裁机制类似的程序，甚至一些投资争议原本通过国际商事仲裁机构，因此一些投资仲裁庭实际上采用的私人之间国际商事纠纷的仲裁模式和处理商事争议的审判理念。采用类似于国际商事仲裁的模式来解决投资争议，无形中会不可避免地将东道国与外国投资者之间管理与被管理的公法关系异化或转变为平等双方当事人之间的商事关系，亦即是将国家降低到私人当事人平等的地位或把外国投资者提升到与国家平等的准主权者的地位；此种异化的本质是把公法意义上的管理性国际投资争端作为私法意义上的纠纷来解决，例如运用侵权行为必然导致赔偿责任的逻辑。同时会伴随着国家权力和责任性质的改变，进而忽视东道国作为主权者和管理者的身份，忽视其本应拥有平衡各种利益的公共权力、公共权威与公共责任，而夸大投资保护、促进投资流动等理念。

投资争端的公法争议性质决定了投资仲裁庭在解释和适用投资条约的相关条款时应审慎对待为东道国的政策选择流出足够余地，保障其政策管理空间，决定了解释条约应按公法的条约解释原则，如采取国际法中的"如有疑义，从宽考虑"的原则来严格界定东道国所承担的义务限度；而不能以私法上的既得权保护与合同神圣理念来解释国际投资条约规定，解释条约时不能脱离且应尊重东道国与投资者母国缔约时的原意，赋予全体缔约国对投资条约的解释权，不能脱离国际习惯法任意作扩大解释。②

五、结　语

鉴于国际投资法法律关系具有公法属性，国际投资仲裁与全球行政法的内在契合性，可将国际投资仲裁合法性问题置于全球行政法理论视野中考察，即国际投资

---

① 石慧：《投资仲裁机制的批评与重构》，法律出版社 2008 年版，第 154~157 页。
② 徐崇利："公平与公正待遇：真义之解读"，载《法商研究》2010 年第 3 期。

仲裁庭构成在全球行政空间内行使公权力的全球行政机构，应运用全球行政法规范和原则去规范其公权力的行使，全球行政法能为国际投资仲裁制度提供规范性依据，能从国际投资仲裁体系内部来解决国际投资仲裁面临的合法性问题。对国际投资仲裁而言，全球行政法原则（比如透明度原则、公众参与、裁决说明理由即在裁决过程中杜绝偏见或者任意性）和基本性规范（促进民主、增强内部行政的问责性、对私人权利与国家权利的保护）运用于国际投资仲裁的改革，且要求国际投资仲裁适用公法裁判方法。

国际投资仲裁准据法规则研究[*]

王 鹏[**] 郭剑萍[***]

摘 要：独特的仲裁合意机制导致投资仲裁涉及国际—跨国—国内等层面的多个利益相关者，东道国国内法、合同约定、国际法等准据法渊源之间冲突的风险较大。各行为者在准据法渊源、相互关系和空白填补等三个核心议题上偏好不同，形成了国际法之间（BIT v ICSID）、国际法与东道国法律之间（BIT v NL）和国际法与投资合同之间（BIT v Contract）等三对矛盾关系。ICSID 公约、NAFTA 公约和美国BIT 范本等三类准据法模式在当事人意思自治程度和规则的确定程度方面存在差异，但可大致满足不同国家分化的投资政策需求。无论在何种模式下，仲裁庭在东道国法律的可适用性、国内法与国际法顺位关系问题上都享有不可忽视的裁量权。缔约国可考虑从事前控制、过程控制和事后控制三个方面参与仲裁准据法的选择和适用过程。

关键词：准据法；投资仲裁；当事人意思自治；投资保护；投资准入

国际投资协定体系下国家与投资者的关系问题是一个法律思想的催生地。国际投资关系是国际公法与国际私法的汇生地，不同性质和层级的法律原则交汇、冲突，衍生出诸多值得讨论的法律不确定性问题。[①] 国际投资仲裁涉及传统私主体的投资者和传统公主体的国家，传统国际私法规则（例如当事人意思自治原则）和传统国际

---

[*] 本文系教育部哲学社会科学研究重大课题攻关项目"推进丝绸之路经济带建设研究"（编号14JZD022）、国家社科基金重点项目"丝绸之路经济带建设与中国对外开放战略研究"（编号14AZD052）、国家社科基金青年项目"TPP 投资协议中的争端解决机制研究"（编号14CFX052）和陕西省社会科学基金重点项目"丝绸之路经济带贸易投资便利化法律框架研究"（编号13SC032）的阶段性成果之一。

[**] 王鹏，西安交通大学法学院博士研究生，剑桥大学劳特派特国际法研究中心访问学者，研究方向为国际投资法。

[***] 郭剑萍，西安交通大学法学院博士研究生，研究方向为国际海商法。

[①] Todd Weiler（ed.）, International Investment Law and Arbitration: Leading Cases from ICSID, NAFTA, Bilateral Treaties and Customary International Law（Cameron, 2005）223.

公法观点（如国际法仅适用于国际法主体）[①]都难以完全适用于国际投资仲裁。准据法规则的确定和适用显然是国际投资仲裁中面临的一个重要理论命题。

一、国际投资仲裁准据法规则的变迁

在国际投资协定体系产生之前，跨国投资纠纷或依东道国法律在东道国司法体系内解决，或在穷尽当地救济之后转化成国家间的外交保护事件。然而，随着规定了具体权利义务的双边投资协定（Bilateral Investment Treaties，BITs）在20世纪60年代出现后，[②]国际投资纠纷日益"国际化"，国际法（尤其是BIT）在投资争端解决程序中发挥越来越大的作用。

（一）当事人意思自治优先

投资争端首先是投资者和东道国之间的纠纷，当事人意思自治优先原则在国际投资仲裁程序中依然适用，纠纷当事人对争端解决程序拥有一贯的主导权。首先，当事人可单独拟定准据法条款。[③]如果投资者依据东道国国内法或国际投资协定提起仲裁，投资者通过启动仲裁的形式接受东道国在国内法或条约中的准据法条款。[④]其次，当事人在准据法约定方面享有很大的自由。东道国法律、第三方国家法律和国际法都可能成为当事人约定的准据法。东道国国内法与投资纠纷关联最为密切，[⑤]毕竟投资活动涉及东道国国内法律体系中的行政管理、劳动、税收、外汇管制、不动产交易等多个方面。所以，直接适用投资者母国法律或第三方国家法律的约定较为少见。[⑥]出于对东道国法律体系的不信任，投资者在约定适用东道国法律的同时也可

[①] 一方主体为非传统国际法主体的法律关系应由国内法——而不是国际法——管辖。Serbian Loans Case, 1929 PCIJ, Series A, paras.20, 21 & 41（本案认定国家以非国际法主体资格签订的合同应由某个国内法体系规制）。

[②] 第一个国际投资协定是1959年德国–巴基斯坦双边投资协定，第一个规定了ICSID管辖权的国际投资协定是1968年荷兰–印度尼西亚BIT。

[③] 1993年ICSID Model Clause就准据法（choice of law）选择形式给出一个示范文本，参见4ICSID Reports 364。

[④] 这就是仲裁庭在AAPL v. Sri Lanka案中采取的推理进路，从而无声地开启了投资者可以直接援引BIT违反之诉起诉东道国政府的先例。Asian Agricultural Products Ltd（AAPL）v Republic of Sri Lanka, ICSID Case No. ARB/87/3, Final Award, 27 June 1990, at para. 18：'The present case is the first instance in which the Centre [ICSID] has been seized by an arbitration request exclusively based on a treaty provision and not in implementation of a freely negotiated arbitration agreement directly concluded between the Parties among whom the dispute has arisen'。

[⑤] Rudolf Dolzer, Christoph Schreuer, Principles of International Investment Law（OUP, 2008）265.

[⑥] 但也有一些特殊领域形成适用投资母国或第三国法律的惯例，例如贷款合同。G. R. Delaume, ICSID and the Transnational Financial Community, 1 ICSID Review-FILJ 237 at 243（1986）. 此外，SPP v. Egypt案中，当事人在1976年贷款合同的补充协定中就约定合同的准据法适用英格兰法律。See SPP v. Egypt, Award, 20 May 1992, para. 225.

能约定适用国际法。①

纠纷当事人约定准据法的权利是绝对的、不受任何限制的吗？即便在国内合同法下，当事人对合同准据法的选择也不是无限制的。因此在国际投资法语境下，当事人对仲裁准据法的选择自由可能也存在某种限制。换句话说，国内法或国际法体系是否存在一些强制性规则，即便是纠纷当事人也不得约定排除或改变？② 投资者能否以合同自治和善意原则对抗东道国主权呢？这些问题理论界尚无定论，仲裁实践亦无明确回应。

（二）早期主导的国内法规则体系

历史上投资合同争端由东道国国内法律体系规制。但是近50年来，随着国际投资协定的出现和扩散，国际投资争端解决日益呈现"国际化"或称"去国内化"的趋势。在1965年，国际投资争端解决中心（ICSID）公约规定在当事人未明确约定准据法的情形下，仲裁庭"应当适用作为纠纷一方的缔约国（也即投资纠纷中的东道国）的法律，包括相关冲突法规则，和可适用的国际法规则。"③ 显然，在ICSID规则体系下，东道国国内法具有很大的适用空间。然而，ICSID公约本身并未明确回答东道国国内法的适用范围、何方当事人负有举证责任以及东道国法律与国际法的冲突优先顺位等问题，④ 而这些问题在后续的投资仲裁实践中成为准据法规则的焦点议题。

尽管随着国际投资协定的扩散，国内法的适用空间有所收缩，但国内法仍然是国际投资仲裁准据法的重要组成部分。根据OECD 2012年的大样本调查，⑤ 23%的投资条约准据法包括东道国国内法，虽然，31%的投资条约准据法包括该投资协定，29%的投资条约准据法包括一般国际法原则。⑥

---

① Art. 15 of the Agreement of 2 January 1974, AGIP v. Congo, Award, 30 November 1979, para. 18. CSOB v. Slovakia, Award, 29 December 2004, para. 63.

② 即是否存在一个国际公共政策（international public policy）的问题。See Cremades, B. M./Cairns, D. J. A., The Brave New World of Global Arbitration, 3 The Journal of World Investment and Trade 173, 205~208 (2002); Sheppard, A., Final Report on Public Policy as a Bar to the Enforcement of Arbitral Awards, ILA Conference London 2000, 340, 345 (2000). World Duty Free v. Kenya, Award, 4 October 2006, paras.157, 188.

③ ICSID Convention, article 42 (1).

④ UNCITRAL 仲裁规则规定当事人意思自治优先，在当事人未约定准据法的情形下，仲裁庭适用其认为适当的法律规则。UNCITRAL Arbitration Rules (2010), article35.

⑤ OECD统计了1660份各类国际投资协定，约32%的投资条约包含准据法条款，第一个包含准据法规定的条约出现在1979年。其中，阿根廷、加拿大、墨西哥和西班牙签订的绝大多数投资协定包含准据法条款，而丹麦、以色列、马来西亚和挪威签订的投资协定很少包含准据法条款。Joachim Pohl, Kekeletso Mashigo, Alexis Nohen, "Dispute settlement provisions in international investment agreements: A large sample survey", OECD Working Papers on International Investment, No.2012/2, (2012), OECD Investment Division, www.oecd.org/daf/investment/workingpapers.

⑥ Ibid, p.29.

图1 国际投资协定的准据法条款①

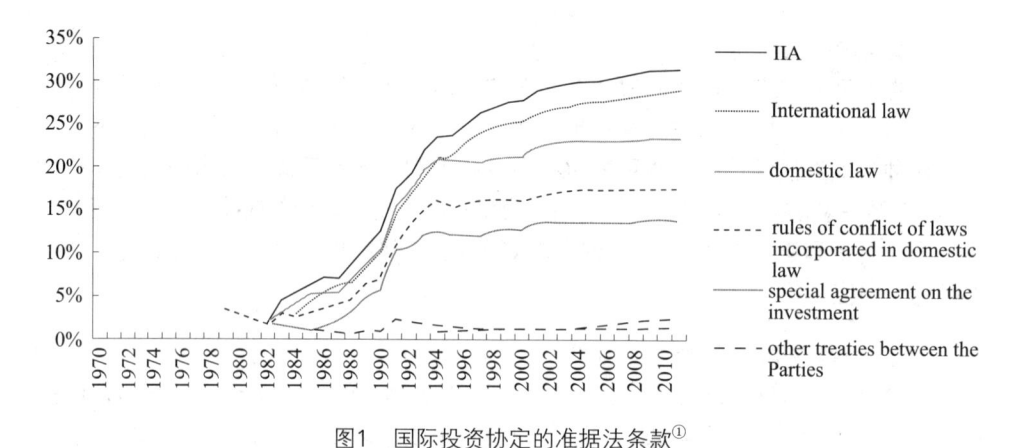

(三) 日渐主流的国际法规则体系

国际投资协定是缔约国为解决投资纠纷而订立的专门国际条约，显然属于 ICSID 公约所言的"可适用的国际法规则"范畴。此外，NAFTA、ECT 和 MERCOSUR 等多边国际条约也包括特定的投资保护与规制条款。就仲裁实践而言，*AAPL v. Sri Lanka* 案是第一个基于 BIT 而建立管辖权合意的案件，仲裁庭基于当事人的仲裁申诉行为推定当事人达成适用斯里兰卡－英国双边投资协定（BIT）的默示准据法合意。② 此案之后，依据 BIT 建立管辖权是 ICSID 仲裁庭的惯常推理路径。

习惯国际法在投资纠纷中有很大的适用空间。Mr. Broches 指出 ICSID 公约第 42 条所涉国际法规则，除国际条约外，还包括一些国际法原则。ICSID 仲裁实践也表明第 42 条所指"可适用国际法规则"包括习惯国际法，③ 仲裁庭在诸多案件中援引了习惯国际法原则，包括但不限于国家责任原则、④ 尊重既得权利、⑤ 紧急状态、⑥ 拒绝救

---

① Ibid., p.30.

② AAPL v. Sri Lanka, ICSID Case No. ARB/87/3, Final Award, 27 June 1990, para. 20 ("Effectively, in the present case, both Parties acted in a manner that demonstrates their mutual agreement to consider the provisions of the Sri Lanka-UK Bilateral Investment Treaty as being the primary source of the applicable legal rules.").

③ LG&E v. Argentina, Decision on Liability, 3 October 2006, para. 89. See also ADC v. Hungary, Award, 2 October 2006, para. 290.

④ SPP v. Egypt, Award, 20 May 1992, para. 85; CMS v. Argentina, Decision on Jurisdiction, 17 July 2003, para. 108; Tokios Tokeles v. Ukraine, Decision on Jurisdiction, 29 April 2004, para. 102; Jan de Nul v. Egypt, Decision on Jurisdiction, 16 June 2006, para. 89; Azurix v. Argentina, Award, 14 July 2006, para. 50; Saipem v. Bangladesh, Decision on Jurisdiction, 21 March 2007, para. 148; Kardassopoulos v. Georgia, Decision on Jurisdiction, 6 July 2007, para. 190.

⑤ Amco v. Indonesia, Award, 20 November 1984, para. 248 (ⅴ).

⑥ CMS v. Argentina, Award, 12 May 2005, paras. 304-331; LG&E v. Argentina, Decision on Liability, 3 October 2006, paras. 245-266; Enron v. Argentina, Award, 22 May 2007, paras. 294-313; CMS v. Argentina, Decision on Annulment, 25 September 2007, paras. 101-150; Sempra v. Argentina, Award, 28 September 2007, paras. 333-354, 392-397.

济、[1]用尽当地救济、[2]揭开公司面纱原则、[3]股东利益保护等原则。[4]

二、国际投资仲裁准据法规则的结构

多层仲裁合意机制导致投资仲裁涉及国际－跨国－国内等层面的多个利益相关者，东道国国内法、合同约定、国际投资协定等准据法渊源之间冲突的风险较大。各行为者在准据法渊源、相互关系和空白填补等三个核心议题上偏好不同，形成了国际法之间（BIT v ICSID）、国际法与东道国法律之间（BIT v NL）和国际法与投资合同之间（BIT v Contract）等三对矛盾关系。

（一）国际投资仲裁准据法规则的核心议题

国际投资仲裁准据法规则面临三大核心议题。第一，准据法的渊源。在投资仲裁中，"可适用"的国际法规则如何认定？东道国国内法在多大程度或何种范围内可以适用？投资合同中的合同约定如何定性并适用？第二，在准据法指向多个规则体系时，不同准据法渊源之间的关系如何处理？是否存在某种优先层级结构？第三，在准据法存在空白的情形下，投资仲裁的裁量权应如何分配？

准据法规则的冲突根植于投资仲裁机制下的多层仲裁合意／意思自治机制。ICSID以"程序先于实体"的战术规避了缔约国在投资待遇实体问题上的分歧，促成了多边投资仲裁程序的确立。缔约国签署ICSID公约只是ICSID仲裁庭管辖权的第一步，只有缔约国通过其他方式（或通过BIT，或通过国内法规定，或通过投资合同规定）明确同意投资者将投资纠纷诉诸ICSID时，ICSID仲裁庭才最终对投资纠纷的管辖权。因此，ICSID仲裁庭的管辖权是通过两步走的双层仲裁合意机制确立的。相关BIT、国内法、投资合同都可能对仲裁合意施加某种具体规定，来限制或拓宽其他渊源中的仲裁合意，从而使不同准据法规则之间出现不同程度的重叠乃至冲突。

准据法规则的冲突可能存在不同化解方案。在某一准据法存在空白的情形下，另一准据法规则可以填补相关规则空白。在复数准据法存在不同规定的情形下，最明确的方式是确定某种层级的优先顺位。然而投资仲裁涉及国际法、国内法、合同

---

[1] Amco v. Indonesia, Resubmitted Case: Award, 5 June 1990, paras. 122-138.

[2] Maffezini v. Spain, Decision on Jurisdiction, 25 January 2000, paras. 28 et seq.; Generation Ukraine v. Ukraine, Award, 16 September 2003, paras. 13.1-13.6; Saipem v. Bangladesh, Decision on Jurisdiction, 21 March 2007, paras. 150-153.

[3] Tokios Tokeles v. Ukraine, Decision on Jurisdiction, 29 April 2004, paras. 53-56. 关于ICSID仲裁庭适用揭开公司面纱原则的分析，参见王鹏，ICSID仲裁中的揭开公司面纱问题研究：路径与协调，武大国际法评论，2014年，第17卷第1期。

[4] CMS v. Argentina, Decision on Jurisdiction, 17 July 2003, para. 48; Camuzzi v. Argentina I, Decision on Jurisdiction, 11 May 2005, paras. 144, 145; Sempra v. Argentina, Decision on Jurisdiction, 11 May 2005, paras. 156, 157.

等多个层级上的多个规则体系,投资仲裁的定性存在争议,不同仲裁庭适用的优先顺位规则不同:依据一般条约法,可用化解规则包括国际法优于国内法、特殊法优于一般法、后法优于前法、有效解释原则;依据国内法,可用化解规则包括义务性规范优于赋权性规范、国际法与国内法两分法、执行国际仲裁中的国内法保留;依据一般合同法原则,可用化解规则包括当事人意思自治优先、当事人明示约定优于默示推定等。不同的化解规则在不同的冲突情形(BIT v ICSID、BIT v NL、BIT v Contract)下的适用空间略有不同,最复杂的当属国内法的可适用性。

准据法规则空白的填补本质上反映了法律空白下的裁量权归属问题,在理论上存在争议,在实践中也无定论。一方面,依据荷花原则(Lotus Principle),国际法不禁止国家即自由。由此似乎可得,所有国际法未规定的事项都属于国家自由行事范围。[①]另一方面,国际仲裁的另一原则是仲裁庭管辖权自审原则(Competence of Competence),仲裁庭自行审查决定其是否具有管辖权。由是观之,似乎管辖权事项的裁量权最终仍落于仲裁庭之手。裁庭管辖权自审原则的有利之处在于确保国际仲裁程序的启动和进行,防止国际仲裁程序因缔约国事后抗议而流于形式;不利之处在于仲裁庭在管辖权认定过程中可能有越权之嫌,在个案中违反给出仲裁合意的基础性条约,并在长期中威胁整个仲裁庭系的正当性。

实践中,投资仲裁庭多综合使用法律推定和事实推定的方式解决准据法空白问题。法律推定是指在东道国未对仲裁庭或申诉方的争议性行为提起抗议情形下,仲裁庭推定东道国通过实际行为的方式同意仲裁庭或申诉方的某些争议性行为。事实推定是指仲裁庭通过揣测缔约国的缔约意图来解释 BIT 规则:缔约国本可以在 BIT 明确限制,但缔约国并未在 BIT 作出此种限制,因此仲裁庭认定缔约国是有意未加以限制,此为扩大性事实推定;缔约国本可以在 BIT 明确肯定,但缔约国并未在 BIT 作出此种肯定,因此仲裁庭认定缔约国是有意未加以肯定,此为限缩性事实推定。

(二)国际投资仲裁准据法规则的利益相关者

仲裁员、投资者和缔约国等多方行为者对不同准据法规则的差异性偏好进一步加剧了准据法规则的复杂化。行为者的多重角色和偏好倾向分析可帮助我们充分理解准据法规则确定过程中不同主体间的内在张力,有利于厘清准据法规则的外在矛盾关系。

1. 仲裁员

投资仲裁以特设仲裁为基本架构,即便是常设的 ICSID 也仅仅提供秘书处性质

---

① 在纠纷当事方同意情形下,国际法院(ICJ)可以依照公平原则裁判。Statute of International Court of Justice, Article 38, para.2: This provision shall not prejudice the power of the Court to decide a case ex aequo et bono, if the parties agree thereto.

的服务。具体纠纷的当事人任命特设的仲裁员,以裁断具体的投资纠纷,且仲裁裁决缺乏常设性的上诉机构来进行内部审查。通常是投资者和东道国各任命一名仲裁员,并共同任命第三名首席仲裁员(presiding arbitrator)。

个案任命仲裁员规则导致仲裁员选任的背景依赖倾向,在长期造成仲裁员群体的结构性撕裂。第一,不同教育、法律训练和职业背景对仲裁员的推理模式影响较大:私法背景仲裁员更可能采取对投资者有利的解释和推理路径;公法背景或政府工作经历的仲裁员则更可能关注缔约国的缔约目的,并采取有利于东道国政府的解释和推理路径。投资者自然倾向于选择任命私法背景的仲裁员,而东道国更倾向于选择公法背景或公职背景的仲裁员。第二,国际投资仲裁特设本质要求仲裁员在裁决时必须充分说理,故而仲裁员大量援引先前判决,尤其是在观点类似因而也是背景类似的仲裁员之间。在相互援引的过程中,背景相似的仲裁员群体加强了投资仲裁员结构性撕裂的刚性。[1] 第三,国际投资仲裁员的分布相当集中,形成一个相对封闭的仲裁员群体,越是频繁被任命的仲裁员越有可能得到未来的任命,[2] 这也进一步固化了仲裁员群体的结构性撕裂。

在管辖权问题上,肯定管辖权的裁定也客观上有利于投资者,原因在于只有投资者才能启动投资仲裁机制。因此在程序问题上,大致可以说投资仲裁员存在倾向投资者的制度性偏向。Gus Van Harten 通过分析 2010 年以前 140 个仲裁裁决的法律解释,认为由于仲裁程序启动权的不对称性和仲裁员独立性的客观标记系统的缺失,国际投资仲裁员在管辖权问题上确实存在系统性偏私。[3] 与此相对,Susan D. Frank 比较分析了东道国发展状况、首席仲裁员的发展情况和这些变量影响投资仲裁结果的效应之间的互动。Susan D. Frank 指出投资仲裁与发展状况并不存在显著的相关性,并因此认为投资仲裁机制总体上运作良好。[4] 在实体问题上,仲裁员群体的结构性撕裂是由其多元的职业背景导致的,但并不存在主导性的制度性偏向。只不过,偏向投资者的仲裁实践由于偏离缔约国的缔约意图因而引发的正当性争议远远高于那些偏向缔约国的仲裁实践。

---

[1] Ten Cate & Irene M., The Costs of Consistency: Precedent in Investment Treaty Arbitration, 51 *Columbia Journal of Transnational Law* (2013), 418; Marquette Law School Legal Studies Paper No. 12-26, available at SSRN: http://ssrn.com/abstract=2149245; Pedro J. Martinez-Fraga & Harout Jack Samra, "The Role of Precedent in defining Res Judicata in Investor-State Arbitration" 32(3) *Nw. J. Int'l L. & Bus.* 419, online: (2012) Scholarly Commons.

[2] Sergio Puig, Social Capital in the Arbitration Market, European Journal of International Law (2014) 25 (2), 387-424.

[3] Gus Van Harten, Arbitrator Behaviour in Asymmetrical Adjudication: An Empirical Study of Investment Treaty Arbitration (April 19, 2012). Osgoode Hall Law Journal, Forthcoming, p.50; Osgoode CLPE Research Paper No. 41/2012. Available at SSRN: http://ssrn.com/abstract=2149207.

[4] Susan D. Frank, Development and Outcomes of Investment Treaty Arbitration. Harvard International Law Journal, Vol. 50, No. 2, Summer 2009; Washington & Lee Legal Studies Paper No. 2009-04. Available at SSRN: http://ssrn.com/abstract=1406714.

2. 投资者

在跨国投资关系中，投资者具有多个混同的背景身份。首先，投资者是从事跨国投资的外国投资者，是投资合同缔约方。其次，投资者是受东道国法律规制的一般投资者，与东道国其他投资者处在同一竞争市场。最后，投资者是东道国与母国签订的国际投资协定的条约受益方，享有某种程度的直接权利。①

投资者各异的角色背景镶嵌于特定的主体关系中，设定了投资者的议价（Bargaining）立场，决定了投资者对准据法规则的偏好倾向。作为受东道国法律规制的一般投资者，投资者有激励规避东道国法律的义务性规则，因此限制东道国法律的适用是可以预见的。作为条约受益方的投资者对 BIT 设计并没有太多的议价权，然而投资协定中的优惠待遇提高了作为合同缔约方的投资者的议价能力。在投资合同的谈判中，投资者为获得更优惠的实体待遇，可能在准据法方面进行暂时妥协；在投资合同拟定后，投资者完全可能采取机会主义行为，在投资纠纷发生时援引保护程度更高的 BIT 待遇，以享受投资准入与投资保护的双重优惠。

3. 缔约国

缔约国，尤其是东道国，无疑是准据法规则的核心利益相关者。作为合同缔约方，东道国完全有可能以准入限制为对价与投资者进行谈判，以吸引并规制投资者的行为，并规定特殊的投资者义务（体现为开放准入的对价），包括排他性的争端解决机制。因此，东道国倾向于合同约定的规则。作为条约缔约国与一般监管者的东道国，为了维护正当的公共监管政策，东道国显然不希望 BIT 保护投资的义务被过分扩张，因此东道国一般地倾向于主张国内法应在投资仲裁中存有一定的适用空间且国际法规则的适用空间不应过分扩张。作为条约缔约国，投资母国当然希望给予国际法规则更多的适用空间，以尽可能地扩展投资者的保护范围。

某一行为体往往具有多重角色，因此从行为体间的互动关系把握准据法规则的矛盾更加顺畅，更能揭示准据法规则的张力。缔约国是准据法规则变迁中各个行动者互动的交汇点，因此从缔约国角度梳理缔约国与仲裁庭关系（BIT v ICSID）、缔约国之间关系（BIT v National Law）、缔约国与投资者关系（BIT v Contract）等矛盾关系能够更加简洁、自洽地描述准据法规则的确定过程。

（三）国际投资仲裁准据法规则的三对矛盾关系

1. BIT v ICSID

作为专门性的国际投资争端解决中心，ICSID 处理了大部分的投资仲裁案件。以 2014 年新近提起的 42 个新仲裁案件为例，ICSID 受理了其中的 33 宗，②30 宗案件是

---

① 虽然投资者在 BIT 中所享有的权利的定性存在争议，但无疑的是投资者显然是 BIT 的直接受益人。
② UNCTAD IIAs Issue Note，2015，No.1，p.7. http：//unctad.org/en/PublicationsLibrary/webdiaepcb2015d1_en.pdf.

依据 BIT 中的仲裁合意条款提起的。因此，BIT 与 ICSID 是投资仲裁合意得以建立的基石，也是投资仲裁准据法的主要渊源。作为程序性公约，缔约国签署 ICSID 公约本身并不赋予投资者诉权，BIT 争端解决条款才是仲裁合意得以确立的基石。作为实体性与程序性兼具的条约，缔约国在 BIT 的约定似乎应当具有优先性。

然而，ICSID 与 BIT 关系的焦点在于 ICSID 公约是否包含实体性要素？如是，这些实体性要素与 BIT 的不同规定如何处理？这一点在投资定义问题上尤其明显。ICSID 仲裁庭在实践中逐渐形成了一种投资定义测试（Salini Test），[①] 只有具备投资要素的投资才能依据 ICSID 公约第 25 条启动仲裁程序，即便 BIT 规定了更为宽泛的投资定义。[②] 当然，也有相当多的仲裁庭明确拒绝所谓 Salini Test，主张 BIT 中更宽泛的投资定义具有优先性。[③]

2. BIT v National Law

在国际投资仲裁中，国内法的总体可适用性及其与国际法关系问题是仲裁庭在法律适用过程中无法避免但又无定论的复杂问题。在 ICSID 公约起草过程中，Mr. Bones 曾指出在国内法没有规定或国内法规定与国际法相冲突时，仲裁庭适用国际法。[④] 然而在被问及 ICSID 仲裁庭是否有权审查东道国国内法律的合法性问题时，Mr. Bones 则指出国内法的有效性问题不是仲裁争议，但一国国内的有效法律确有可能引发国家的国际责任。仲裁实践存在平行适用、补充和纠正适用、自主适用等三种进路。

在 ICSID 仲裁早期实践中，仲裁庭通常简单地单独援引相关国际法或国内法，但对两者关系并不加详述，即平行适用进路。[⑤] 在 *Benvenuti & Bonfant v. Congo* 案中，仲裁庭依据公约第 42（1）条适用了刚果国内法和国际法，同时也适用了公约第 42（3）条规定的公允及善良原则（*ex aequo et bono*）。[⑥] 在 *Klockner v. Cameroon* 案中，仲裁

[①] Salini v. Morocco 案管辖权决定认为投资应包含以下四个要素：投入、一定合同履行存续期、风险负担和促进东道国经济发展。Salini Costruttori S.P.A. and Italstrade S.P.A. v. Kingdom of Morocco，ICSID Case No. ARB/00/4，Decision on Jurisdiction，16 July 2001. Para.52.

[②] Joy Mining v. Egypt，Mitchell v. DRC，Bayindir v. Pakistan，Jan de Nul v. Egypt，Historical Salvors v. Malaysia，Historical Salvors v. Malaysia，Historical Salvors v. Malaysia，Saipem v. Bangladesh，Noble Energy v. Ecuador，African Holding v. DRC，Phoenix Action v. Czech Republic，Toto Costruzioni v. Lebanon，Fakes v. Turkey，Millicom v. Senegal，Malicorp v. Egypt，Abaclat v. Argentina，SGS v. Paraguay，Ulysseas v. Ecuador，Flughafen Zurich v. Venezuela.

[③] M.C.I. v. Ecuador，Mitchell v. DRC，Biwater Gauff v. Tanzania，Historical Salvors v. Malaysia，Pantechniki v. Albania，Fakes v. Turkey，Inmaris v. Ukraine，Inmaris v. Ukraine，Alpha Projecktholding v. Ukraine，Abaclat v. Argentina，SGS v. Paraguay，Quiborax v. Bolivia，Deutsche Bank v. Sri Lanka，Philip Morris v. Uruguay，Awdi v. Romania.

[④] See Christoph H. Schreuer，Loretta Malintoppi，August Reinisch and Anthony Sinclar，ICSID Convention：A Commentary（CUP，2009）618.

[⑤] Christoph H. Schreuer，Loretta Malintoppi，August Reinisch and Anthony Sinclar，ICSID Convention：A Commentary（CUP，2009）618.

[⑥] Benvenuti & Bonfant v. Congo，Award，15 August 1980，para. 4.64.

庭在适用东道国国内法后，仅仅提及适用国际法会得出相同结论的观点，而未加详探。① 在 Amco v. Indonesia 案中，一审仲裁庭认为在当事人没有约定准据法的情况下，仲裁庭必须适用印度尼西亚国内法和国际法。仲裁庭对案件焦点问题从国内法和国际法两个法律体系视角下逐一分析，认定东道国撤销投资授权的行为有违东道国国内法和广为接受的正当程序原则② 因而必须加以赔偿。③

平行适用进路并未为两种体系的互动关系提供有益的视角和信息。平行适用进路或可保证国内法与国际法规则均有适用，但却对可能存在的规则冲突问题提供任何指引。因此相对，Klockner v. Cameroon 案中的特别委员会在撤销裁定中详细讨论了国际法与国内法的互动关系，就此明确了国际法的补充功能（当国内法存在空白时）和矫正功能（如果东道国国内法未符合国际法原则的规定），并同时强调了仲裁员不得仅根据国际法作出裁判，即补充和纠正适用进路。④Amco v. Indonesia 案中的特别委员会重申了国家法的补充和纠正功能："特别委员会注意到 ICSID 公约第 42（1）条授权 ICSID 仲裁庭仅在以下两种情形下适用国际法：填补相关国内法的空白和明确在国际法与国内法冲突时国际法的优先性。"⑤ 然而，W. M. Reisman 主张国际法的矫正功能限于那些违反国际强行法的冲突情形，尤其援引维也纳条约法公约第53条的情形。⑥ 相反，P. Weil 教授强调国际法的重要性，⑦ 认为在 ICSID 公约第 42（1）条下，国际法都获得最终的优先性。⑧ 为何如此呢？在间接适用模式下，"优先"适用的国内法必须与国际法相符，这就意味着国际法通过国内法的形式间接得以适用；在直接适用模式下，如果国内法规定与国际法规定相左，仲裁庭应直接援引国际法之规定进行裁判。⑨ 因此，无论何种情形国际法都最终得到适用，⑩ 在补充与矫正适用进路下，国内法适用空间有限且实际适用顺位低于国际法。⑪

Wena Hotels v. Egypt 案中的特别委员会在讨论东道国国内法与国际法相互关系时提出了一种自主适用进路："ICSID 公约第 42（1）条所用措辞'可以'（may）表明公约本身并没有对相关国际法和国内法体系的范围进行严格界分，因此给予仲裁庭

---

① Klockner v. Cameroon, Award, 21 October 1983, 2 ICSID Reports 59.
② Amco v. Indonesia, Award, 20 November 1984, paras. 245-250.
③ Amco v. Indonesia, Award, 20 November 1984, para. 188.
④ Klockner v. Cameroon, Decision on Annulment, 3 May 1985, para. 69.
⑤ Amco v. Indonesia, Decision on Annulment, 16 May 1986, para. 20. 类似的，在 SPP v. Egypt 案中，仲裁庭裁定如果国内法存在空白或单独适用刚果国内法会违反相关国际法，此时仲裁庭有义务直接适用国际法。SPP v. Egypt, Award, 20 May 1992, paras. 80-83.
⑥ Reisman, The Regime for Lacunae in the ICSID Choice of Law Provision, pp. 374 et seq.
⑦ Wei P, The State, the Foreign Investor and International Law, pp. 401 et seq.
⑧ Ibid., p. 409.
⑨ Ibid.
⑩ See Amco v. Indonesia, Resubmitted Case: Award, 5 June 1990, para. 40.
⑪ Christoph H. Schreuer, Loretta Malintoppi, August Reinisch and Anthony Sinclar, ICSID Convention: A Commentary（CUP, 2009）626.

一定的解释空间和个案裁量权。然而，此款规定的明确之处在于两种法律体系都应有一定的作用空间。因此，东道国国内法的确可以与国际法连同适用，同时，只要能够以适当确定边界，国际法也可以自主适用（by itself）。"[1]*CMS v. Argentin*[2]、*Azurix v. Argentina*[3]、*Sempra v. Argentina*[4] 案等案仲裁庭也采取类似的更加实用的、事实面向的自主适用进路，以处理国际法和国内法关系问题。[5]

在自主适用进路下，仲裁庭必须在适合的法律体系中裁决每个争议问题，在有些问题上适用国际法，在另外一些问题上则应适用国内法。但仲裁庭没有完全的裁量权，必须根据纠纷的事实情况确定适用的法律体系。然而，在自主适用进路下，仲裁庭裁量权依然过大，仲裁裁决不一致的可能性并未减小。

3.BIT v Contract

BIT 属于国家间缔结的公法条约，投资合同属于东道国与私人投资者缔结的私人契约，一般情形下，BIT 与投资合同很难出现交集。然而，由于 BIT 的保护伞条款，合同违约之诉很可能被上诉为条约违反之诉。此时，应当如何处理合同约定的排他性争端解决条款与 BIT 规定的投资仲裁条款？

处理 BIT v Contrat 关系必须考虑东道国与投资者在未来的机会主义行为。一方面，BIT 优先进路强调东道国的保护义务，着重打击东道国（对 BIT 义务）的机会主义行为，却可能导致东道国在准入阶段提高门槛，反而不利于投资者投资的准入。BIT 优先进路会导致"低准入＋高保护"的政策组合，适合强调投资保护的国家。另一方面，合同优先进路强调投资者的准入义务，着重打击投资者（对投资合同）的机会主义行为，却可能导致东道国降低在 BIT 中承诺的保护水平，不利于投资者已经准入的投资的保护。合同优先进路会导致"高准入＋低保护"的政策组合，适合强调投资自由化的国家。

从经济逻辑来看，鼓励当事人在特定情形进行具体约定是更理性的策略，因为具体纠纷的当事人才是各自利益的最佳守护者、最能在既定约束下采取最有利于保护自身利益的策略。据此来看，投资合同的约定最具有经济合理性，反映了在具体情境下各方利益均衡的最合理结果。从这点来看，强调投资者的准入义务似乎是合适的。从政治逻辑来看，鉴于国际投资法起源动力在于投资保护，因此考虑保护进路似乎更合适。强调准入是晚近 BIT 的立法趋势，最终趋势取决于各国的态度，仲裁庭似乎不应超前、越权太多，应将最终的决定权留在缔约国手中，因此强调东道国的保护义务似乎是合适的。如果考虑投资保护不仅包括准入后的保护也保护准入

---

[1] Wena Hotels v. Egypt, Decision on Annulment, 5 February 2002, paras. 39, 40.

[2] CMS v. Argentina, Award, 12 May 2005, paras.116-117.

[3] Azurix v. Argentina, Award, 14 July 2006, paras.66-67.

[4] Sempra v. Argentina, Award, 28 September 2007, paras.235, 236.

[5] See also MTD v. Chile, Award, 25 May 2004, para. 204; Enron v. Argentina, Award, 22 May 2007, paras. 205~209. But see Tokios Tokeles v. Ukraine, Award, 26 July 2007, para. 143.

的可得性的话，仲裁庭肯定准入的机会似乎也无过错。综合考虑经济逻辑和政治逻辑，强调投资者的准入义务在经济上占优势，在政治逻辑上不确定；强调东道国的保护义务在经济上不占优，在政治逻辑上不确定。两相取舍，经济逻辑明确占优的强调投资者的准入义务的进路更佳，故此仲裁庭应遵守具体合意优于一般合意的逻辑：投资合同之诉情形下的纠纷当事人意思自治具有最高的优先性，投资合同优于 BIT；BIT 优于 ICSID；国际法优于国内法。如下所论，US 2012 Model BIT 的规定似乎采取此种逻辑。

三、国际投资仲裁准据法规则的三种立法体例

（一）ICSID 公约模式

ICSID 公约第 42 条规定："仲裁庭应当依据当事人约定的准据法裁决纠纷；当事人如无约定，仲裁庭应当适用作为纠纷一方的缔约国的法律，包括相关冲突法规则，和可适用的国际法规则。"[①] 从字面来看，纠纷当事人意思自治优先，仲裁庭应当适用当事人约定的准据法。如无准据法约定，仲裁庭则适用东道国国内法和可适用的国际法规则。作为程序性公约，ICSID 公约准据法条款综合了东道国国内法和国际法，此举是 ICSID 公约设计者缓和发展中国家与发达国家的分歧并最大程度扩大 ICSID 覆盖范围的精心设计。

就制度优势而言，ICSID 公约模式尊重纠纷当事人的意思自治，能够激励纠纷当事人事前协商约定准据法。当事人意思自治的程度越高，强势纠纷当事人在纠纷解决中越占据优势地位。从投资保护的角度看，当投资者处在强势地位时，投资者大可与东道国协商投资条款，并实现对自己较为有利的准据法安排；当投资者处在弱势时，投资者很难与东道国达成与己有利的准据法安排，但投资者可以拒绝东道国提出的准据法条款并援引 ICSID 公约默示准据法规定，依照东道国国内法和可适用的国际法规则解决纠纷。就制度劣势而言，ICSID 公约模式的规则确定性程度不高。国内法与国际法的规制范围、优先顺位和适用顺序等问题均无明确规定，这为后续仲裁庭的不一致裁决埋下了制度伏笔。就制度定位而言，ICSID 公约是默示程序性规则，能够兼顾资本输出国与资本输入国的双方利益，适合投资自由化的投资政策。然而，为了最大限度扩大条约的可接受性，ICSID 公约一定程度上有意模糊了条约语言，这种建构性模糊的负面效应随着仲裁案件的增多而日益显现。

（二）NAFTA 公约模式

NAFTA 公约第 1131 条规定仲裁庭适用的准据法为"本双边投资条约和可适用的国际法规则"，[②] 并且 NAFTA 公约第 1132 条规定缔约国组成的条约委员会对条约

---

① ICSID Article 42（1）.
② NAFTA, Article 1131：Governing Law，Article 1132：Interpretation of Annexes.

的联合解释对仲裁庭具有拘束力。①从字面上看，NAFTA 公约未授予当事人选择准据法的自由，而是进行了预先规定，规则确定性较高。从 NAFTA 仲裁庭实践来看，此处所指"可适用的国际法规则"包括习惯国际法规则。②

就制度优势而言，NAFTA 公约模式排除了纠纷当事人对准据法的约定权利，准据法规则明确，可预见性强。国际投资协定和可适用的国际法规则能为投资者权利提供一个基准性的保护标准。就制度劣势而言，NAFTA 公约模式的激励效应不明显，纠纷当事人没有动力事前协商解决准据法问题，亦不利于鼓励投资者与东道国就具体投资拟定专门合同。此外，NAFTA 公约排除东道国国内法的适用，因此东道国国内法填补准据法规则空白的功能亦无法发挥。就制度定位而言，NAFTA 侧重投资保护，但不具有明显的投资促进效应，有利于具有大规模投资存量的资本输出国，适合以投资保护为主导的投资政策。

（三）US 2012 Model BIT 模式

美国 2012 年 BIT 范本准据法条款区别对待违反条约的条约之诉和违法投资授权与投资协议的合同之诉。对于违反条约的仲裁，准据法是包括 BIT 本身在内的国际法；对于违法合同的仲裁，当事人意思自治优先，如无约定，仲裁庭则适用被申请国的国内法（包括冲突法）和国际法。③由此可见，美国 2012 BIT 范本综合了 ICSID 公约模式和 NAFTA 公约模式，在涉及投资协议纠纷的合同之诉的问题上借鉴 ICSID 公约模式，而在其他未涉及投资协议的条约之诉问题上借鉴 NAFTA 公约模式。对于条约约文的联合解释，美国范本规定如果仲裁程序中涉及条约条款的解释，则应由缔约方共同指定的人员来解释，并且此种解释对于仲裁庭具有约束力。然而需要注意，美国范本并没有就国内法与国际法适用的优先问题加以界定，这意味着仲裁庭在此问题上享有裁量权。

就制度优势而言，条约之诉一体适用国际法规则，准据法规则具有较高的确定性；合同之诉又尊重纠纷当事人的意思自治，一定程度上激励当事人事前协商，促进纠纷快速解决。就制度劣势而言，美国范本排除东道国国内法的一般适用剥夺了东道国法律的空白填补功能。就制度定位而言，US 2012 年 BIT 范本能够一定程度上兼顾

---

① 在 Mondev v. US 案中，NAFTA 仲裁庭肯定了此种权能，认为"第 1131 条只是一条博弈的规则，该条规则可以保证缔约国的意图得到明晰，尤其是此种意图被误读的时候。"Mondev Int'l v. US, Award, NAFTA Case No. ARB（AF）/99/2, 25 July 2012, para.103.

② Archer Daniels Midland Company and Tate & Lyle Ingredients Americas, Inc. v. United Mexican States, ICSID Case No. ARB（AF）/04/5, Award, 21 November 2007, para.111. United Parcel Service of America Inc. v. Government of Canada, UNCITRAL, Award on Jurisdiction, 22 November 2002, para. 126. Archer Daniels Midland Company and Tate & Lyle Ingredients Americas, Inc. v. United Mexican States; ICSID Case No. ARB（AF）/04/5, Concurring Opinion of Arthur W. Rovine Issues of Independent Investor Rights, Diplomatic Protection and Countermeasures, 21 November 2007, paras.74-78.

③ US 2012 Model BIT Article 30: Governing Law.

投资保护与投资促进的政策目标，平衡资本输入国与资本输出国的利益分歧，兼顾国际法与国内法两种规则体系，适合以投资保护为主、投资自由化为辅的投资政策。

综上所述，三类准据法模式在当事人意思自治程度和规则的确定性程度方面存在差异，因而具备不同的投资保护效应和投资促进效应。准据法条款的意思自治程度越高，规则的确定性越低，强势纠纷当事人越有可能在仲裁中占据优势，规则的投资促进效应越明显。准据法条款的意思自治程度越低，规则的确定性越高，规则的投资保护效应越明显。NAFTA 公约准据法模式的意思自治程度最低，规则的确定性程度最高，能够为投资者提供明确的保护标准，因而规则的投资保护效应最明显。ICSID 公约准据法模式的意思自治程度最高，规则的确定性程度最低，缔约国妥协的空间最大，因而规则的投资促进效应最明显。美国 2012 年 BIT 范本准据法模式则中和了当事人意思自治和规则的确定性，在合同争议方面尊重当事人意思自治，保留了规则的投资促进效应，同时在条约争议方面为投资者提供了明确的保护标准，保留了规则的投资保护效应。

综上而言，在 BIT 与投资合同的关系上，三类准据法模式大致可满足不同国家分化的投资政策需求；然而，就国际法规则之间的冲突及其与国内法的冲突关系而言，既有准据法立法体例仍存在不确定性。

四、国际投资仲裁准据法规则的完善探析

无论是 ICSID 公约模式、NAFTA 公约模式，还是更加平衡的美国范本模式，仲裁庭都享有不容忽视的裁量权。随着投资仲裁案件的增多，仲裁庭裁量权的负面效应越来越明显。三种准据法模式都未能明确国内法与国际法的顺位问题，仲裁庭在此问题上的分歧已经超越条约解释的合理限度，须要缔约国（包括非诉投资母国）重新介入投资仲裁程序，加强对国际投资仲裁庭的引导和监督。本部分从事前控制机制、过程控制机制和事后控制机制三个方面探讨缔约国重新参与仲裁准据法的选择和适用问题。

缔约国应在条约设计时根据国际投资仲裁的管辖范围厘定最佳的准据法条款。如果国际投资仲裁庭仅审理涉及国家主权行为的条约违反之诉，国际法即可满足准据法需求；如果仲裁庭管辖权亦涵盖合同纠纷，当事人意思自治原则应有适用空间；如果仲裁庭允许东道国提起反诉，东道国法律也应包含在可适用的准据法中。就可用的事前控制机制而言，适当增加用尽当地救济要求[①]可能分流部分投资争端；作为

[①] Wenhua Shan, Sheng Zhang, The Potential EU-China BIT: Issues and Implications, in EU and Investment Agreements: Open Questions and Remaining Challenges, Marc Bungenberg, August Reinisch, and Christian Tietje (eds.) (Hart and Nomos, 2012).

前置条件的缔约国联合决定①允许缔约方在具体事实情形中控制特定纠纷的走向，避免国际投资仲裁庭审理那些政治敏感性高、社会影响大、仲裁庭更易作出争议裁决的纠纷；增加仲裁员的专业背景要求②亦能提高仲裁员对专业政策措施的理解进而增强法律适用和责任认定的准确性。

过程控制是指在具体投资纠纷产生后、仲裁裁决作出前，缔约国能够参与、监督甚至在一定程度上控制具体投资仲裁庭的运作，促使仲裁庭的法律适用过程最大可能地符合缔约国的立法意图。第一，就过程控制的目的而言，投资条约应允许缔约国以立法者——而不是被申诉国——的身份参与、监督、控制具体投资仲裁庭的运作，在不影响仲裁员中立性和自主性的前提下，促使仲裁庭的法律适用过程符合立法原意，从而提高仲裁庭裁决的正当性和可接受性。第二，就过程控制机制而言，缔约国在具体投资仲裁中就疑难法律问题进行联合解释③能够有效增强缔约国对仲裁庭运作的过程控制，确保仲裁庭对复杂法律问题的解释和适用不会过度偏离缔约国的立法原意；增加国际投资仲裁的透明度，④开放公众听审，允许公众递交法庭之友陈情能够扩展利益相关者参与国际投资仲裁的渠道，进一步增加投资仲裁裁决的社会效应。⑤第三，就过程控制的负面效应而言，虽然国际投资仲裁庭受到缔约国的一些控制和制约，但缔约国在具体纠纷解决程序中参与条约解释无疑大大增加了仲裁裁决的正当性。然而，由于仲裁费用由纠纷双方承担，开放法庭之友陈情无疑会增加纠纷当事人的负担，并可能拖延整个投资仲裁程序的效率。因此，法庭之友陈情应以必要为限，由仲裁庭个案裁量。

事后控制是指具体裁决作出后，缔约国能够以某种方式审查仲裁庭的法律适用程序，纠正明显错误的法律适用和法律解释，增强投资仲裁庭裁决的一致性。第一，就事后控制的目标而言，缔约国通过在仲裁裁决作出后个案审查仲裁庭的法律适用，力图在缺乏制度化的国际投资仲裁体系内增强仲裁裁决的一致性。第二，就事后控制机制而言，建立常设上诉机构是一个可选的制度设计；缔约国可考虑在条约中纳入定期修订条款，针对仲裁庭实践定期修订条约；此外，拒绝承认和执行仲裁庭相关裁决也可传达缔约国对仲裁庭法律适用的异议。第三，就事后控制的负面效应而言，在特设仲裁庭之上建立常设上诉机构增加了国际投资仲裁的审级，增加了纠纷当事人的时间和金钱成本。如果上诉机构认定原审仲裁庭法律适用错误，那么，原审程

---

① 例如中国－加拿大 2012 年 BIT 第 20（2）（2）条对金融纠纷和税收纠纷的规定。
② 例如，2012 年中国－加拿大 BIT 针对金融纠纷的规定。
③ 例如 NAFTA 下缔约国的联合解释，要求个案中的仲裁庭尊重缔约国的联合解释。UNCTAD, Interpretation of IIAs: What States Can Do, IIA Issues Note, No.3, December 2011.
④ Marian, Cornel, Balancing Transparency: The Value of Administrative Law and Mathews-Balancing to Investment Treaty Arbitrations（Oct 20, 2010）. Pepperdine Dispute Resolution Law Journal, Vol. 10, No. 2, 2010. Available at SSRN: http://ssrn.com/abstract=2065956.
⑤ See e.g. Article 28 of the Canada-China BIT; see also NAFTA Article 1137（4）and Annex 1137.4.

序如何补救，成本由何者负担？此外，因法律适用问题而拒绝承认和执行国际仲裁裁决也会影响国家的国际声誉。

五、结 论

随着国际投资协定的出现，国际法在国际投资仲裁中的适用范围越来越大。ICSID 公约、NAFTA 公约和 US BIT 范本是三种通行的准据法模式，在当事人意思自治程度和规则的确定性程度方面存在差异，因而具备不同的投资保护效应和投资促进效应，大致可满足不同国家分化的投资政策需求。然而，就国际法规则之间的冲突及其与国内法的冲突关系而言，既有准据法立法体例仍存在不确定性，国际投资仲裁庭都享有不容忽视的裁量权。缔约国可从事前控制、过程控制和事后控制三个维度加强对国际投资仲裁庭的监督和约束，使国际投资仲裁庭对准据法的确定和适用更符合缔约国的立法原意。

参考文献：

[1] Jeswald W. Salacuse. The Three Laws of International Investment: National, Contractual, and International Frameworks for Foreign Capital [M], Oxford University Press, 2013.

[2] Christoph H. Schreuer, Loretta Malintoppi, August Reinisch and Anthony Sinclar. ICSID Convention: A Commentary [M]. Cambridge: Cambridge University Press, 2009.

[3] Gaillard & Banifatemi. "The Meaning of 'and' in Article 42 (1), Second Sentence, of the Washington Convention: The Role of International Law in the ICSID Choice of Law Process". ICSID Review, vol.18, 375.

[4] William Michael Reisman. The Regime for Lacunae in the ICSID Choice of Law Provision and the Question of Its Threshold [J]. ICSID Review, 2000, vol.15, 374.

[5] Todd Weiler (ed.). International Investment Law and Arbitration: Leading Cases from ICSID, NAFTA, Bilateral Treaties and Customary International Law. London: Cameron.

其他议题

浅谈由禽流感导致的SPS冲突在WTO框架下的解决实践　卢毅 / *277*

网络安全规制的WTO法律问题初探　黄志雄 / *292*
　　——以2014年中国银行业网络安全和信息化法规为中心

论贷款类财政资助的利益判定基准　蒋奋 / *302*

国际税收机制的变革：经济全球化和区域一体化背景下的思考　张智勇 / *310*

浅谈由禽流感导致的SPS冲突在WTO框架下的解决实践

卢 毅[*]

摘 要：随着近年来全球范围内禽流感的频繁爆发，作为禽肉产品的生产和消费大国，关注解决禽流感防疫措施产生的贸易摩擦对于中国来说尤为重要。目前在 WTO 框架下处理由禽流感导致的 SPS 案件可以通过两种方式进行处理；第一种为通过在 WTOSPS 委员会例会上提出特别贸易关注的方式直接与措施相关方进行对峙；第二种做法是诉诸 WTO 争端解决机制。本文通过分析在 WTO 框架下处理由于禽流感而导致的 SPS 纠纷的协定、机构设置以及磋商与争议解决实践，分析 WTOSPS 委员会的做法及 WTO 专家组判决对相关协定的适用，并试图探索中国从这些贸易纠纷中可以吸取的经验教训和 WTO 诉讼技巧，以期防止不必要的禽流感防疫措施对正常跨境贸易造成伤害。

关键词：世界贸易组织；争端解决；禽流感

一、引 言

"人类的历史就是疾病增加的历史"[①]，日本京都大学教授山本太郎曾经如此评价人类与疾病的关系。随着全球化的迅猛发展和频繁的货物、人口跨境流动，引发疾病的病原体与环境因素日益复杂，疾病的种类也随之多样化。这里的"历史"，不仅指人类医学发展的历史，同时也与世界经济、法律和外交的发展史息息相关。以禽流感为例，从 1878 年人类最早发现禽流感的存在至今 100 多年以来，人类始终没有掌握特异性的预防和治疗方法，而仅能以消毒、隔离、大量宰杀禽畜的方法防止其蔓延。而此种事后处理的应对措施无法避免事先未发现异常但是实际感染了禽流感

---

[*] 卢毅，北京大学国际法学院讲师。
[①] 人类同疾病的斗争永无止境. 中国科学院. [2003-6-16]. http：//www.cas.cn/zt/kjzt/fdgx/ka/200306/t20030616_1710935.shtml.

病毒的禽类产品在跨境贸易中遇到的贸易壁垒纠纷。

世界贸易组织（WTO）成员之间通常会通过外交磋商的手段尝试解决这些贸易壁垒纠纷，而更直接有效的做法是诉诸 WTO 协议以法律手段解决。具体来说，《1994年关税及贸易总协定》（《GATT1994》）《技术性贸易壁垒协议》（《TBT 协定》）以及《实施动植物卫生检疫措施的协议》（《SPS 协定》）允许进口成员国对进口产品进行"为保护人类、动物或植物的生命或健康所必需的卫生与植物卫生措施"，其合法限度为不违反这些协定的规定①。但是当涉及进口国向进口禽肉产品以预防禽流感为由实施的具体 SPS 措施是否落入"为保护人类、动物或植物的生命或健康所必需"的范畴以及如何应用 WTO 协定确定该措施合法等问题时，一场场没有硝烟的国际禽肉贸易战、法律战和外交战则悄然上演。本文将围绕这一主题讨论自 WTO 成立以来，WTO 规则是如何平息由一只病鸡引发的贸易战争的。

本文将以回答以下具体问题的方式展开：首先，在 WTO 框架下处理由于禽流感而导致的贸易壁垒纠纷的协定有哪些，这些协定中经常被引用的条款有哪些；其次，依照这些协定处理成员国之间纠纷的机构设置如何，自 1995 年 WTO 成立以来处理此类贸易壁垒纠纷的实践是怎样的，通过 WTO 争端解决机制（DSM）解决的案件有哪些，它们共同诉诸的条款有哪些，专家组判决是如何解释这些条款的；最后，作为世界上的禽肉生产和消费大国，中国可以从这些贸易纠纷中吸取哪些经验教训和 WTO 诉讼技巧，以便未来如果禽流感再次爆发，我们可以为保障跨境禽肉贸易做到未雨绸缪。

二、WTO 处理由禽流感而导致的贸易壁垒纠纷的规则

世界卫生组织（WHO）对禽流感的介绍为："禽流感是鸟类病毒性传染病（特别是鸭子和鹅等野生水禽），通常导致无明显体征的疾病。禽流感病毒可以通过家禽传播并导致严重的大规模疾病疫情。按照在禽类群体中的致病力，可将禽流感病毒分为两类：高致病性禽流感（HPAI）或低致病性禽流感（LPAI）。高致病性病毒导致某些禽类物种的高死亡率（在 48 小时内死亡率高达 100%）。低致病性病毒也会导致禽类间疾病疫情，但通常都不伴有严重的临床疾病。"②虽然绝大多数禽流感病毒仅在禽类之间传播，但是目前已发现的甲型 H5N1 和甲型 H7N9 等病毒却能够造成严重的人与人之间感染③，其致死率远高于 2003 年让人谈之色变的"非典"④。为了防止国内禽畜产品受到来自禽流感疫区的进口产品感染以及防止国内发生人感染禽流感的事件，

---

① Article 2.1, *Agreement on the Application of Sanitary and Phytosanitary Measures*, 1867 U.N.T.S. 493.
② 禽流感.世界卫生组织网站［2014–3］. http://www.who.int/mediacentre/factsheets/avian_influenza/zh/.
③ 同上。
④ 1997 年香港爆发的禽流感和 2004 年越南爆发的人感染禽流感死亡率约为 80%,而 2003 年全球爆发的非典的死亡率约为 9%。见《人得了禽流感后的病死率有多高？》新浪网［2004–2–4］. http : //book.sina.com.cn/longbook/1075866763_qinliugan/8.shtml.

进口国家和地区会通过一定的检验检疫措施设置门槛限制甚至暂停进口来自疫区的禽鸟及制品。这种情况对出口国的打击无疑是巨大的。以 2012 年开始的 DS430 美国诉印度农产品进口措施案（美印农产品措施案）为例，据美国家禽产业估计，若印度对美国设下的家禽产品进口障碍能够移除，美国对印度出口的家禽产品年贸易额可望达到 3 亿美元。[1] 下文总结了 WTO 协议是如何防止进口成员国以防止禽流感蔓延为由而滥用 SPS 措施的。

《GATT1994》第 20 条（b）款规定：若某种贸易措施"为保护人类、动物或植物的生命或健康所必需"，而且在实施此类措施"不在情形相同的国家之间构成任意或不合理歧视的手段或构成对国际贸易的变相限制的前提下"[2]，该措施是受到《GATT1994》保护的。寥寥数字确定了对与卫生健康有关的贸易措施的概括性规定，但该条并没有针对如何确定何种贸易措施（尤其是 SPS 措施）在何种程度上可以理解为"为保护人类及动植物的生命或健康所必需"，如何判断该措施的实施导致了"任意的或不合理的差别待遇"以及何为"变相限制"等确定明确的国际标准[3]。

作为乌拉圭回合的谈判结果之一，WTO 成员方于 1994 年修订了之前在东京回合于 1979 年 4 月签署的《关贸总协定贸易技术壁垒协议》(《GATT/TPT 协定》)，通过了现在通行的《TBT 协定》。《TBT 协定》比《GATT/TPT 协定》的操作性更强，建立了判断贸易限制和争端解决程序是否合理和正当的国际标准[4]。《TBT 协定》第 2 条第 2.2 款规定："各成员应保证技术法规的制定、采用或实施在目的或效果上均不对国家贸易造成不必要的障碍。为此目的，技术法规对贸易的限制不得超过为实现合法目标所必需的限度，同时考虑合法目标未能实现可能造成的风险。此类合法目标特别包括：……保护人类健康或安全、保护动物或植物的生命或健康及保护环境。"同时，《TBT 协定》对于如何制定、采用和实施技术法规标准、对贸易涉及的产品进行合格评定程序及其承认以及如何对与技术性贸易壁垒相关的争端进行磋商和解决都进行了进一步说明。但是《TBT 协定》所称"产品"（包括工艺品和农产品）"技术法规"（规定强制执行的产品特性或其相关国内工艺和生产方法、包括使用的管理规定在内的文件）以及"标准"（经公认机构批准的、规定非强制执行的、供通用或重复使用的产品或相关工艺和生产方法的规则、指南或特性的文件）范畴很广，而其对动植物卫生措施的规定仍然不够具体，约束力不够，尤其是仍然没有起到充分

---

[1] *US to take on India at WTO over import restrictions on poultry products*. The Economic Times [2012-06-26]. http://articles.economictimes.indiatimes.com/2012-06-26/news/32424988_1_poultry-products-avian-influenza-poultry-exporters.

[2] Article XX（b）, *General Agreement on Tariffs and Trade 1994（GATT 1994）*, 1867 U.N.T.S. 187.

[3] Simon Lester & Bryan Mercurio(with Arwel Davies and Kara leitner), *World Trade Law : Text, Materials and Commentary* : Hart Publishing, 2008, at 592；傅晓：《SPS 措施对中国鸡肉出口贸易的影响效应研究》，中国农业出版社 2011 年版，第 35 页。

[4] 同上。

解释《GATT1994》第 20（b）条的作用[1]。

乌拉圭回合谈判的另一结果《SPS 协定》于 1994 年达成，并于 1995 年随 WTO 成立而生效。《SPS 协定》比《TBT 协定》更加具体和全面，明确了保护公共卫生与贸易措施之间的关系，并且针对如何实施《GATT1994》第 20 条（b）款进行了具体阐述。当然，《GATT1994》第 20 条（b）款与《TBT 协议》仍然适用于有关禽类制品的卫生检疫措施。但是由于它们与《SPS 协议》是普通法与特别法的关系，按照特别法优于一般法的原则，当某些事由同时被《SPS 协定》和《TBT 协议》涵盖时，《SPS 协定》优先适用[2]。在 DS392 中国诉美国禽肉限制措施案（中美禽肉案）中，专家组对于《SPS 协定》与《GATT1994》第 20 条（b）款的关系的阐述为：《SPS 协定》为解释《GATT1994》第 20 条（b）款提供了"相关以及直接的语境"（relevant and immediate context）[3]。

在科学证据原则、国际协调原则以及风险评估和适度保护原则[4]的三原则指导下，《SPS 协定》经常被提及的条款有以下几条：

第 2 条（以科学证据基础）以积极性规定外加消极性规定共同划定了 SPS 措施的合法范围，即该措施必须"仅在为保护人类、动物或植物的生命或健康所必需的限度内实施"，要有"充分的科学证据"，并且不得在"情形相同或相似的成员之间……构成任意或不合理的歧视"。同时，该措施的实施方式"不得构成对国际贸易的变相限制"。

第 3 条（与国际标准协调）认为与现有的国际标准、指南或建议相协调即为 SPS 措施符合《SPS 协定》以及《GATT1994》。这样有利于成员间协调、建立、认同和运用共同的 SPS 措施。在禽类制品方面，食品法典委员会 Codex Alimentarius Commission（CODEX）制定的食品安全措施、标准、准则和建议为《SPS 协定》所认可。

第 5 条第 1-4 款（风险评估和适度保护原则）提出 SPS 措施需要以对人类、动植物的生命或健康的风险评估为基础同时考虑有关国际组织制定的风险评估技术。而且，这些款项列明了在风险评估和制定防止此类风险而采取的 SPS 措施时，各成员应当考虑的科学、经济、生态等因素。

三、WTO 框架下由禽流感所导致的贸易摩擦概述

（一）卫生与植物卫生委员会处理的与禽流感相关的特别贸易关注

《SPS 协定》建立了卫生与植物卫生（SPS）委员会，旨在为影响贸易的食品安

---

[1] 张恺、马红军、张庆林："TBT 协议与 SPS 协议若干问题研究"，载《法制与社会》第 2008 年第 7 期。
[2] Simon Lester & Bryan Mercurio(with Arwel Davies and Kara leitner), *World Trade Law : Text, Materials and Commentary* : Hart Publishing, 2008, at 557.
[3] *United States-Certain Measures Affecting Imports of Poultry From China*, WT/DS392/R, para.4.104.
[4] 那力、何志鹏、王彦志：《WTO 与公共健康》，清华大学出版社 2005 年版，第 371 页。

全或动植物健康措施提供咨商平台并且保障《SPS 协定》的实施。该委员会每年于日内瓦 WTO 总部召开三次会议，会议决议由全体成员通过。为消除 SPS 措施对国际贸易产生不必要的障碍或成为对国际贸易变相限制的工具，SPS 委员会在例会上会对一类专门议题进行磋商和讨论，即"特别贸易关注"（Specific Trade Concerns（STC））。WTO 及 SPS 委员会都未对 STC 提出过明确的定义，但是国内研究学者结合 SPS 委员会对于 STC 的实践给出以下定义："在 WTOSPS 委员会例会上，由一个或多个 WTO 正式成员对另一个或多个 WTO 正式成员通报的 SPS 措施（草案或紧急措施）或已经实施的 SPS 措施对自身动植物及其产品和食品等的出口贸易存在潜在的负面影响，或已经造成负面影响而提出和磋商的关注"[1]。在 SPS 委员会例会上，被要求澄清国内 SPS 措施的成员国（关注方）有义务对提出要求的成员国（提出方）予以回应。提出 STC 的目的在于方便进出口成员国之间澄清问题、消除误解、避免或消除与 SPS 协定不一致的 SPS 措施对动植物及其产品和食品国际贸易的影响。目前通过该平台提出的有关动物健康的 SCT 占全部的 39%，其中与禽流感相关的 SCT 占 9%[2]。下表总结了自 SPS 委员会成立以来在例会上提出的与禽流感直接相关的特别贸易关注。

表1 提交到WTO SPS委员会的与禽流感相关的SCT[3]

序号[3]	年份	争议措施	争议措施实施方	抗辩方	案件处理结果
SCT29	1997	与禽流感有关的措施	委内瑞拉	美国	未通报解决结果
SCT124	2002	与禽流感有关的通知	某些成员	美国	未通报解决结果
SCT145	2002	限制鸡肉进口的措施	洪都拉斯	哥斯达黎加	已全面解决
SCT185	2004	由禽流感导致的限制措施	印度	欧盟，美国	未通报解决结果
SCT196	2004	对美国禽肉的措施	中国	美国	已全面解决
SCT210	2005	限制鸡肉进口的措施	危地马拉	墨西哥	未通报解决结果
SCT225	2005	限制进口美国禽肉	墨西哥	美国	已全面解决
SCT234	2005	中止活禽与禽类尸体进口	泰国	墨西哥	未通报解决结果
SCT235	2005	由于禽流感导致的对欧盟出口的活鸟、肉类、肉制品及其他衍生品采取的进口限制	某些成员	欧盟	部分解决

---

① 李海清、陈向前、李玉冰、张琼、陈焕春："WTO/SPS 特别贸易关注磋商机制研究"，载《中国兽医学报》第 2012 年第 5 期。
② Specific Trade Concerns，G/SPS/GEN/204/Rev.14（14–1315），March 4，2013，at 5~6.
③ 此处序号参照世界贸易组织卫生与植物卫生（WTO/SPS）委员会所列 "Specific Trade Concerns（SCT）"（特别贸易关注）编号，详见 WTO, Committee on Sanitary and Phytosanitary Measures, *Specific Trade Concerns*, *Table 1-List of Specific Trade Concerns*（1995-2013），G/SPS/GEN/204/Rev.14（14-1315），4 March 2013, pp. 8-31.

续表

序号[③]	年份	争议措施	争议措施实施方	抗辩方	案件处理结果
SCT256	2007	限制进口来自于中国的熟制禽肉产品的措施	欧盟	中国	部分解决
SCT262	2008	对于与禽流感相关的热处理产品的限制措施	埃及	欧盟	已全面解决
SCT303	2010	限制鸡肉进口的措施	塞内加尔	巴西	未通报解决结果
SCT311	2010	对禽类和禽类产品的限制措施	阿尔巴尼亚，克罗地亚	智利	已全面解决

资料来源：WTO，Committee on Sanitary and Phytosanitary Measures, "Specific Trade Concerns," Table 1–List of Specific Trade Concerns（1995~2013），G/SPS/GEN/204/Rev.14（14~1315），March 4, 2013.

根据表1可以看出，一半左右的SCT得到全面解决或部分解决。第185号特别贸易关注由欧盟和美国提出，争议措施为印度由于禽流感原因持续禁止进口欧盟某些动物产品。欧盟代表认为，印度对于HPAI和LPAI同时实施禁令，然而OIE并不建议对野生鸟类或发现的低致病性禽流感的禽类产品实施贸易禁令。而且，无论出口国禽流感疫情如何，经过热加工过的产品贸易都可以安全进行。最后，欧盟认为印度的禁令与风险不成比例，并且没有科学依据。美国代表同意欧盟论述，认为印度在没有充足的科学依据或风险评估的基础上就公布了该措施，并且没有区分HPAI和LPAI，因此该措施对贸易产生了不公平的限制而且覆盖的地理范围过大。澳大利亚提出了与欧盟和美国相同的关注理由。印度代表回应，由于以前禽流感疫情的爆发，印度高度重视未来可能发生的禽流感对于动物和人类健康造成的威胁。无论可疑群体为鸡群还是野生禽类，印度对于HPAI与LPAI给予同等程度的关注。科学依据表明，LPAI仍然有极高的潜在风险变异为HPAI。最终，该关注来得到解决和通报。[①]

在第262号特别贸易关注中欧盟认为，埃及对于仅从未发现禽流感疫情暴发的地区进口加热处理过的禽肉产品与真正存在的风险不成比例。例会上，埃及代表提到埃及曾经经历过禽流感疫情的爆发，因此埃及政府尽一切努力防止此类危险再次发生。在最近一次双边会谈中，欧盟已经提供包括治疗方法在内的信息，埃及仍然需要时间对其进行风险评估[②]。最后，该特别贸易关注得到全面解决并通报。

第235号特别贸易关注的处理结果为部分解决。欧盟提出，由于欧盟境内发生的禽流感疫情，四个WTO成员方针对原产于欧盟的包括活鸟、禽肉、禽肉制品、羽毛、动物饲料及其他相关副产品等禽类产品实施进口禁令，其中三个成员国禁令特

---

① Summary of the Meeting of 2-3 April 2008，G/SPS/R/49，18 June 2008，paras. 33-38.
② Summary of the Meeting of 2-3 April 2008，G/SPS/R/49，paras. 17-18.

别针对希腊,但是 2005 年科学依据表明希腊境内禽类并未发现 HPAI 迹象;同时第四个成员国对全世界所有国家的同类禽类产品均实施禁令。因此这些禁令既没有科学依据又不符合 OIE 标准,违反了 SPS 措施第 3.1 条。鉴于禽流感属于目前全球范围内的敏感问题,加拿大代表敦促各成员国针对 LPAI 作出谨慎反应以防止打击各国报告 LPAI 的积极性。苏里南代表提出欧盟曾经对于苏里南出口的禽类产品实施禁令。尽管并没有科学证据表明欧盟从苏里南进口的禽类产品感染禽流感病毒,但是苏里南当时的禽类出口由于欧盟禁令受到了巨大打击。① 这也隐晦地表明了苏里南此次对欧盟禽类产品禁令属于报复行为。在 2007 年 SPS 委员会例会上,欧盟通报大多数 WTO 成员都已经取消了对禽类产品的禁令,但是仍有少数国家未取消。②

未通报解决结果的特别贸易关注包括关注方最终未给出合理解释且未取消被关注措施或者虽然取消该措施但是提出方由于某种原因不认为曾经存在的措施合理。例如在第 124 号特别贸易关注中,由于美国弗吉尼亚州的两个鸡舍发现了 LPAI,某些成员对来自美国的所有禽肉进口进行限制。美国认为,尽管对于禽流感的国际标准确实存在,但是对于 OIE 国际标准不同的解释导致了不公正的贸易壁垒。同第 29 号特别贸易关注一样,美国提出 OIE 仅将 HPAI 列为 A 类疾病,即应当接受动物检验检疫控制,但是 LPAI 并不在此列。对此,日本回应道,禽流感病毒菌株由低致病性菌株变异为高致病性菌株的可能性仍然存在,并向美国提供了相关科学证据。OIE 代表确认 OIE 动物健康法典提到了高致病性为致命性,但是,OIE 标准手册同时指出,实验室测试结果显示低致病性病毒通过变异可以变为高致病性病毒。菲律宾代表亦提出,OIE 标准手册包含低致病性禽流感菌株有可能导致的临床疾病或问题③。

另一个未通报解决结果的关注为美国于 1997 年提出的第 29 号。据报道,1992~1993 年美国西北部某些庭院放养的禽类被发现感染禽流感病毒,委内瑞拉于 1993 年公布了禁止进口原产于美国的禽肉产品的 SPS 措施。之后于 1997 年,该措施被修订为禁止进口来自所有有禽流感报告的国家。提出方美国认为,委内瑞拉对美国禽肉禁令违反了世界动物卫生组织(OIE)对于 HPAI 和 LPAI 的区分,只有前者才会对国内鸡群造成极大的安全威胁,因此需要严格的动物检验检疫控制,而美国并没有发现此类禽流感病毒感染的情况。美国坚称委内瑞拉忽略科学依据和数据以及违反 OIE 国际标准的做法违反了包括 SPS 协议在内的 WTO 义务。④ 无论是在 1997 年的 SPS 委员会例会上还是之后,委内瑞拉皆未直接对美国提出的该特别贸易关注进行回应,但是于 2000 年 6 月自动允许对美国禽肉进口。尽管如此,美国认为该贸易关注未解决⑤。

---

① *Summary of the Meeting of 24 October 2005*,Resumed on 1-2 February 2006,paras. 46-48.
② *Summary of the Meeting of 11-12 October 2006*,G/SPS/R/43,3 January 2007,para. 37.
③ *Summary of the Meeting Held on 19-21 March 2002*,G/SPS/R/26,27 May 2002,paras 63-66.
④ *Venezuela's Ban on Imported Poultry and Poultry Products*,G/SPS/GEN/19,23 June 1997,paras. 1、4、5、6、10.
⑤ *Specific Trade Concerns*,G/SPS/GEN/265,para 51.

综上所述，每当禽流感疫情暴发时，受到 SPS 措施影响的 WTO 成员方通常会在 SPS 委员会例会上通过 SCT 制度试图与关注方进行磋商。提出方提出关注的原因多为关注方未对该措施的科学依据提供说明、该措施不符合相关国际标准（其中 OIE 对于 HPAI 和 LPAI 的区分是最常被提及的一个标准）、措施的实施力度与实际存在的风险不成比例、措施波及的地理范围过大等。但是，某些 SCT 中存在的以下情况都会给双方迅速澄清问题带来困难。例如，如果不同成员的科学水平差距过大，除非提出方提供科技援助否则关注方无法单独完成科学实验。又如对于国际标准的解释与适用，第 124 号特别贸易关注中 OIE 回应说虽然目前不建议对 LPAI 进行贸易限制措施，但是不排除其变异为 HPAI 的可能性，这就给关注方和提出方双方提供了为各自立场辩解的空间。再如，如果提出方曾经就相似疫情实施过类似的进口禁令，关注方有理由以此为契机对提出方实施贸易报复。因此，虽然 SCT 制度确实为各成员国提供了一个公开有效的咨商平台，但是仍有部分 SCT 未能通过该制度得到满意的解决。在这种情况下，WTODSM 便是一个有效的解决通道。

（二）WTO 争端解决机制 DSM 下的解决实践

WTO 争端解决机构（DSB）以公正、有效的 DSM 保障了 WTO 规则的顺利实施，也因此被誉为 WTO 这一多边贸易体系"皇冠上的珠宝"和 WTO "为全球经济稳定所做的独特贡献"[①]。虽然近年来禽流感在世界范围内广泛蔓延，同时也是影响跨境贸易的一个重要因素，但是实际走入 WTODSM 的禽流感 SPS 措施案却并不多见。下表总结了自 1995 年以来 WTODSM 裁决的由禽流感导致的 SPS 贸易纠纷。

表2 自1995年成立以来WTODSM所裁决的由于禽流感导致的SPS贸易纠纷

争议	起诉方	应诉方	引发争端原因	诉讼时间	专家组裁决	SPS条款	GATT 1994条款
DS430 美印农产品措施案	美国	印度	印度针对美国部分农场包括家禽肉类和蛋类制品在内的产品实施进口禁令以防止禽流感的蔓延	2012年3月6日	正在进行中/初步裁决：2013年6月28日	2、2.2、2.3、3.1、5、5.1、5.2、5.5、5.6、5.7、6、6.1、6.2、7、附录B	I, XI
DS392中美禽肉案	中国	美国	美国《2009年综合拨款法》限制从中国进口禽肉	2009年4月17日	2010年9月29日	2.1、2.2、2.3、3.1、3.3、5.1、5.2、5.3、5.4、5.5、5.6、5.7、8	I：1、XI：1

资料来源：根据 WTO 网站 DS430 资料专页，http：//www.wto.org/english/tratop_e/dispu_e/cases_e/ds430_e.htm；WTO 网站 DS392 资料专页，http：//www.wto.org/english/tratop_e/dispu_e/cases_e/ds392_e.htm（最后访问日期：2015 年 5 月 2 日）整理。

[①] James Bacchus, "Inside the World Trade Organization", at 8, online：http：//www8.gsb.columbia.edu/apec/sites/apec/files/discussion/bacchusdp.pdf〉（last accessed 21 July 2014）.

从表 2 可以看出，目前真正通过 DSM 裁决的禽流感 SPS 贸易纠纷仅有两例，而且美印农产品措施案刚刚通报了初步裁决报告，该案何时完结或是否进入上诉程序仍有待观察。但是通过对比该案 38 页的初步裁决报告与中美禽肉案 204 页的专家组报告，我们仍然可以分析此类纠纷经常诉诸的 WTO 规则和诉辩双方如何适用协议。

1. 关于《SPS 协议》下的非歧视要求

《SPS 协议》第 2.3 条要求各成员应确保其 SPS 措施不在情形相同或情形相似的成员之间构成任意或不合理的歧视，而且该措施的实施不应对国际贸易构成变相限制。在中美禽肉案中，中国针对美国《2009 年农业拨款法》的 727 节（727 条款）提起诉讼。727 条款规定，《2009 年农业拨款法》中的任何条款不得用于指导或执行任何允许向美国进口中国禽类制品。中方提出以下理由认为 727 条款违反了《SPS 协议》第 2.3 条。首先，727 条款仅禁止美国食品安全和检验署审查中国禽肉对美出口认证的申请，而其他 WTO 成员仍有机会获得该认证，因此构成了对中国的歧视。其次，美国没有科学依据、风险评估或其他正当理由对中国禽肉产品与 WTO 其他成员国的禽肉产品区别对待。最后，在中国和其他 WTO 成员（如墨西哥）之间存在"相同或相似的情形"，因此 727 条款对中国构成了武断的或不公正的歧视[①]。美方认为，鉴于第 2.3 条与 GATT1994 第 20 条的"帽子条款"（chapeau）所涉及的问题相同，因此没有必要审查第 2.3 条；此外，在中国和墨西哥之间，也不存在"相同或相似的情形"[②]。

通过援引"澳大利亚—三文鱼案"[③] 中专家组对第 2.3 条的解析,专家组提出若要证明 WTO 成员某项 SPS 措施违反第 2.3 条第 1 句，必须满足三个条件：（1）该措施在除采取措施成员之外的其他成员领土之间，或者在采取措施成员自己的领土和其他成员领土之间构成歧视；（2）此歧视是任意或不合理的；（3）在所比较的成员领土之间存在相同或相似的情形。但是，专家组并未沿着上述三要件的思路来分析本案事实和解决本案争议。专家组另辟蹊径，从第 2.3 条和第 5.5 条的关系入手解决问题。专家组援引"澳大利亚—三文鱼案"裁决指出，《SPS 协定》第 2.3 条规定为"基本义务"，而第 5.5 条是对该义务的具体阐述；因此，若一项措施违反了第 5.5 条，其也必然意味着对第 2.3 条的违反；同时，第 2.3 条含义更宽泛，并非所有违反第 2.3 条的情形均违反第 5.5 条。但是本案中 727 条款对来自 WTO 成员的产品适用不同的"适当保护水平"构成了歧视，因而也违反了第 2.3 条第一句[④]。

在美印农产品案中，《SPS 协定》第 2.3 条同样是争议焦点之一，但是在此案中双方的争议焦点在于第 2.3 条字面表述提出了 SPS 措施必须遵守的不同义务一共

---

① United States-Certain Measures Affecting Imports of Poultry From China，WT/DS392/R，29 September 2010，paras. 4.22-4.24.

② Id. paras. 7.313-7.315.

③ Australia-Measures Affecting Importation of Salmon，WT/DS18/AB/R.

④ United States-Certain Measures Affecting Imports of Poultry From China，WT/DS392/R，29 September 2010，paras. 7.317-7.318.

有几个。印度认为该条款提出了三个不同的义务，分别为一个成员国的SPS措施：（1）没有在情形相似的成员国之间构成任意的或不合理的歧视；（2）没有在该成员国领土和其他成员国领土范围内歧视；以及（3）实施方式没有对国际贸易构成变相限制。印度认为，美国在向专家组提交的诉讼要求中仅提及第2.3条中的第2项义务，而没有在第2.3条项下清楚地阐述该案所涉问题如何没有满足第1和3项义务，因此不足以认为其对于该案所涉SPS措施违反第2.3条义务的诉求成立。然而，专家组并不认同印度的说法。其援引"澳大利亚—沙丁鱼一案"中上诉机构的观点，即第2.3条仅指出了两项义务，即第1句中的"各成员应确保其动植物卫生检疫措施不在情形相同或情形相似的成员之间，包括在成员自己境内和其他成员领土之间构成任意或不合理的歧视"以及第2句中的"动植物卫生检疫措施的实施不应对国际贸易构成变相的限制"。由于美国在向专家组提交的诉讼要求中明确提出了印度SPS措施对以上两个义务的违反，印度认为美国的诉求无法成立的观点不被支持。[①]

其次，印度又提出美国向专家组提交的诉讼请求没有满足《关于争端解决规则与程序的谅解》（DSU）第6.2条的规定，因为其在提及涉案措施违反第1和3项义务时"并没有提供概述以解释违反这两项不同义务的基础"。然而，专家组再次拒绝接受印度的说法，因为上诉机构曾经明确指出在设立专家组请求中"明确指出的诉讼请求"与"支持这些诉讼请求的论点之间存在巨大的差别"。该观点也在审理其他案件的专家组报告中得到了体现。[②]

另外，印度对于美国诉讼请求中的"例如"一次进行了猛烈抨击。美国曾提及"【违反】第2.3条，原因为印度的禽流感措施在情形相同或情形相似的成员之间，包括在成员自己境内和其他成员领土之间构成任意或不合理的歧视。例如，印度在对进口产品实施本案所涉及的禽流感措施的同时，并没有针对其相似的国内产品和印度国内的货物流动实施相似的禽流感措施。"针对此处出现的"例如"二字，印度认为其足以产生歧义。其一，该短语"暗示了美国向专家组提交的诉讼请求其实缺少'诉讼请求【应有的】简明的依据'"，因此印度本应该知悉的违反行为的依据是不可靠的；其二，印度认为该短语为美国在将来提出诉讼请求中未提及的新的主张敞开了大门，进而损害了印度的辩护能力；最后，上诉机构和专家组早已不允许类似于"包括但不限于"以及"特别地（但不排他地）"等表述涵盖未在诉讼请求中特别提及的主张。然而，专家组对此主张不予采纳。专家组首先查看了牛津词典对于"例子"一词的解释，即"具有某个类别特点的或用来表述一个概括性规则的东西。"根据诉讼请求的语境，专家组认为美国所称的"例如"一词仅仅是描述性的，并没有起到将美国的主张限制在对第2.3条第二项义务（第一句中）的违反方面的作用，而且由

[①] *India — Measures Concerning the Importation of Certain Agricultural Products from the United States*, Communication from the Panel, WT/DS430/S, 28 June 2013, paras. 3.77-3.79.

[②] *Id.* paras. 3.80-3.82.

于在该句列举之后美国紧接着提出了对第2.3条第二句的主张,"例如"一词引导的句子仅仅起到了补充在第一句下主张的作用,而不是印度所称的"产生歧义"。另外,专家组也提到"例如"一词旨在为一条概括性规则提供一个描述,而非为一个单一事务表述的扩大。[①]

印度还对美国在诉讼请求中的表述所涉及的SPS措施范围提出以下质疑:(1)美国的上述举例没有知会印度其在HPAI或LPAI何种情形下比较印度国内的相似产品,针对有关进口产品的措施进行控告;以及(2)对产品措施的实施是否仅限于诉讼请求第3段中所列产品的全部或部分。专家组认定,(1)主张的范围由被挑战的措施所决定。由于美国的诉讼请求表述为"印度的禽流感措施",并且表面上来看诉讼请求指出了该措施禁止从通报性禽流感(NAI)国家进口各种各样的农产品,因此美国在HPAI或LPAI的情形下与印度国内的相似产品相比,针对有关进口产品的措施进行控告,含义清楚,印度主张不成立;(2)DSU第6.2条除要求列明涉案的具体措施外,并未要求列明涉案产品。而且由于美国清楚地指出所挑战的措施是"印度的禽流感措施",而此措施包括涉案的印度S.O.1663(E)条款,因此,专家组并不认可印度所说的美国主张仅限于诉讼请求中列明的10类产品或由于美国主张宽泛且模糊而导致印度无法知悉其应当辩解的对象。[②]

2. 关于《SPS协定》下的一致性要求

《SPS协定》第5.5条规定,为防范对人类生活或健康、动植物生命或健康的风险,成员国在实施"适当保护水平"(ALOP)时应当具有一致性。

在中美禽肉案中,专家组沿用了"欧共体—荷尔蒙牛肉案"中上诉机构指出的违反第5.5条必须同时满足的三个要件,即(1)该成员在不同情形下实施了不同的ALOP;(2)在这些情形下,ALOP存在"任意或不合理"的差异;(3)这些任意或不合理的差异造成对国际贸易的"歧视或变相限制"。专家组从两个方面分析第一个要件:其一,从中国进口的禽肉和其他WTO成员进口的禽肉具有共同的风险,因此"不同但可比的情况"并不存在;其二,虽然727条款与美国食品安全与检验署(FSIS)检验程序均可能产生禁止禽肉进口的结果,但是二者区别在于前者结果是绝对的而后者结果是可能的,因此二者体现的ALOP存在实质差别。有关第二个要件,专家组认为,作为SPS措施案,本案的ALOP是否存在"任意或不合理"的差异取决于是否有科学原理或依据为基础,而727条款的实施缺少科学依据。有关第三个条件,专家组援引"澳大利亚-三文鱼案"中专家组提出的三个预警信号,即(1)不同保护水平存在"歧视或变相限制";(2)不同保护水平之间的区别"在很大程度上是实质性的";(3)涉案SPS措施不符合《SPS协定》第5.1条和2.2条。根

[①] *India — Measures Concerning the Importation of Certain Agricultural Products from the United States*, Communication from the Panel, WT/DS430/S, 28 June 2013, paras. 3.83-3.88.

[②] *Id.* paras. 3.92-3.94.

据分析，专家组认为该三个信号均已出现。此外，由于仅适用于中国进口禽肉，727条款本身具有歧视的性质。①

在美印农产品案中，印度认为美国在第5.5项下的诉讼请求没有充分清楚地提出问题，因此对印度进行抗辩造成了巨大的不确定性。首先，印度认为美国在诉讼请求中的"例如"一词"赶走了诉讼请求本来应有的对精确的要求"，因此违反了DSU第6.2条。而专家组认为，该词仅具有解释说明的功能，而与美国的观点结合起来该词"仅为美国观点提供了额外的信息"，因此并没有将诉讼请求限制在举例范围之内。而且，美国在诉讼请求中提出的例子与第5.5条项下的"不同情形"有关，即"美国农产品"与"印度国内农产品"之间的区别足以用来分析是否构成第5.5条的违反。

其次，印度提出四点来证明美国没有能够在第5.5条项下提出一个可以清楚表述所涉问题的充分的概要，而专家组对此一一作出了回应。第一，印度认为美国的诉讼请求仅提出了众多重要方面之一，而未提出"不同卫生保护水平之间的区别"和"国际贸易中歧视或变相限制"。专家组重申美国在诉讼请求中针对第5.5条的举例仅为解释说明，并没有限制其诉讼请求的范围，并且重申诉讼请求与支持该请求的观点的区别。第二，印度认为美国针对该条提出的诉讼请求因为没有明确指出"禽流感转变"为HPAI还是LPAI，从而是"极其不足和不够精确"的。然而专家组指出，结合设立专家组请求表面和整体内容以及S.O.1663(E)条款综合来看，"禽流感转变"清楚地包括了HPAI和LPAI。第三，印度认为"农产品"一词没有说明包括设立专家组请求第3段中的某些或全部产品，或者仅包括列举产品。专家组发现设立专家组请求第3段中的列举产品均为S.O.1663(E)条款中列明的被禁止进口印度的产品，但是诉讼请求未具体提及这些产品，因此哪些"美国农产品"涵盖在诉讼请求中确实不甚清楚。但是DSU第6.2条除了要求列明SPS措施外并未要求列明涉案产品，因此印度的权利并没有因为缺少对具体涉案产品的说明而受到损害。第四，印度认为"第5.5条项下的诉讼请求与第2.3条项下的诉讼请求互相联系"，因此对前者的违反必然导致对后者的违反。而美国的设立专家组请求通过对证明印度违反第2.3条的事实证明其违反了第5.5条，这种做法违反了DSU第6.2条的要求。但是专家组表示DSU第6.2条仅要求起诉方提出诉讼请求而非论点，要求美国明确说明哪些事实支持对哪一条款的违反无异于要求他们展开具体论点，而美国并没有义务这样做。而且，即使美国有这样的义务，印度并没有说明为什么在第2.3和5.5条项下对诉讼请求的描述必须完全一致才能使得印度完全理解该请求的内容。事实上，这么做也是不现实的，因为第2.3条所涉及的范围宽于第5.5条。②

---

① United States-Certain Measures Affecting Imports of Poultry From China，WT/DS392/R，29 September 2010，paras. 7.205-7.307.

② India — Measures Concerning the Importation of Certain Agricultural Products from the United States，Communication from the Panel，WT/DS430/S，28 June 2013，paras. 3.105-3.124.

3. 关于《SPS 协定》下的必要性要求

《SPS 协定》第 5.6 条规定，考虑到技术和经济的可行性，各成员在制定或维持 SPS 措施时应确保这类措施对贸易产生的限制不超过"适当的动植物卫生检疫保护水平"所要求的限度。

中美禽肉案中专家组回顾了"澳大利亚-三文鱼案"上诉机构提出的分析是否构成违反第 5.6 条的"三要件判定法"。这三个要件是：（1）存在技术上和经济上可行的其他保护措施；（2）这些其他保护措施可以达到与现行措施相同的保护水平；（3）实施其他保护措施对贸易的限制作用远小于现行措施。上诉机构还指出，上述三个要件是累积适用的，即必须证明符合全部要件，才能判定现行措施与第 5.6 条不符；但凡一个要件未满足，现行措施与第 5.6 条就是相符的。专家组指出，虽然其已经判定美国通过"727 条款"和《禽类制品检验法》程序适用了不同的 ALOP，因而违反了第 5.5 条；但是，最终专家组认为，在本案情况下对第 5.6 条进行深入分析完全是一种推测，故此，专家组未对中方在第 5.6 条下的请求进行鉴定。[①]

在美印农产品措施案中，印度声称美国在该条项下的主张"仅仅是对第 5.6 条的重申，并没有说明怎样或者为什么印度的禽流感措施"比要求达到的 ALOP 对贸易的限制更严重。"印度认为诉讼请求没有对于本案争点所涉义务的本质进行明确阐释，并且"印度的禽流感措施"是否是美国挑战的对象也不甚清楚。因此，印度认为挑战的对象与本案涉及的《SPS 协定》义务并没有直接联系。对此，专家组从三个方面进行评估。第一，对于涉案措施是否比要求达到的 ALOP 对贸易的限制更严重，专家组重申 DSU 第 6.2 条只要求原告在诉讼请求中明确指出涉案的具体措施以及足以将问题阐释清楚的法律基础，而且重申在诉讼请求中提出的主张与应当出现在第一次书面提呈中的为支持这些主张所提出的论点有巨大的差别。结合诉讼请求的上下文（对第 5.6 条的表述以及引用的脚注），专家组认为美国已经足够清楚地呈现了本案涉及的问题，即印度的禽流感措施比要求达到的 ALOP 对贸易的限制更严重。第二，有关印度所提的美国在第 5.6 条项下所挑战措施的范围不够明确的主张，专家组认为诉讼请求挑战的措施为"印度的禽流感措施"，即禁止从通报性禽流感（NAI）（包括 HPAI 和 LPAI）的国家进口农产品的措施。由于诉讼请求无须列明"涉案措施的哪些方面与协议的哪条具体条款相关"，美国针对印度禽流感措施的描述充分地说明了美国于第 5.6 条项下针对 HPAI 和 LPAI 来质疑印度对于进口产品实施的措施的意图。第三，针对印度关于美国在第 5.6 条项下提出的主张所涉及的产品范围的不确定性，专家组亦作出了反驳。美国的诉讼请求点明了挑战的措施为"印度的禽流感措施"而非仅仅实施印度的 S.O.1663（E）条款（实际上专家组已经裁定涉案措施大于该条款的范围）。而且，如前所述，专家组并不认可印度所说的美国的主张仅限于诉讼请

[①] *United States-Certain Measures Affecting Imports of Poultry From China*，WT/DS392/R，29 September 2010，paras. 7.320-7.338.

求中列明的 10 类产品或由于美国主张宽泛且模糊以至于印度无法知悉其应当辩解的对象。①

综上，中美禽肉案与美印农产品措施案中的专家组均对《SPS 协议》下的非歧视要求、一致性要求和必要性要求进行了阐述。但是针对涉案双方提出抗辩的不同思路，在中美禽肉案中专家组基本沿用了之前在其他案件中对这些条款的分析方式进行适用。伴随着美国在策略性地选择适用《GATT1994》第 20 条例外条款与《SPS 协议》相关条款时的摇摆不定，专家组将这两个协议进行综合适用。而在美印农产品措施案中，由于印度自始至终紧抓 DSU 第 6.2 条对于诉讼请求的程序性规定不放而挑战美国申请设立专家组请求中的字面表述，专家组对《SPS 协议》相关条款的分析适用是紧密结合 DSU 进行的。实际上，中美禽肉案对于专家组解读和适用《SPS 协议》的框架更加深入。我们需要进一步关注美印农产品措施案的进展，以期看到专家组对实体性条款的适用。

四、对中国的启示

中国是禽肉产品的生产和消费大国，关注解决禽流感防疫措施产生的贸易摩擦尤为重要。目前在 WTO 框架下处理由禽流感导致的 SPS 案件可以通过两种方式进行处理。第一种为通过在 WTOSPS 委员会例会上提出 STC 的方式直接与措施相关方进行对峙。这种做法快捷、直接、节约法律资源，促进了与会各国食品安全政策的透明度与负责任的形象，邀请食品法典委员会等"三姊妹组织"参加会议，也建立了监督国际协调的程序。②STC 一旦得到通报解决，将会是极大欢喜的结局，并且 WTO 成员方可以一种友好的姿态面对双方的分歧，对促进双方外交关系也有一定的意义。但是，这一阶段多涉及关注的 SPS 措施是否有科学依据的讨论，而并未涉及法律实体内容。即使在科学讨论的范畴内，在有科学依据证明 LPAI 变异为 HPAI 的潜在风险极高时，是否仍应尊重 OIE 对于仅将 HPAI 列为 A 类疾病的做法到目前为止也仍无定论。而且，由于 WTOSPS 委员会通过的指南、建议、决定等属于软法的性质③，不具有法律约束力，因此对于 SCT 关注方的不回应行为很难通过法律程序进行反击。因此，目前得到解决（包括全部解决以及部分解决）的 SCT 仅占约 35%④，在将 SCT 作为解决 SPS 贸易摩擦的第一选择之外，中国要做好诉诸 DSM 的准备。

---

① *India — Measures Concerning the Importation of Certain Agricultural Products from the United States*，Communication from the Panel，WT/DS430/S，28 June 2013，paras. 3.125-3.141.

② 龚向前："技术性国际争端解决的'全球行政法'思路"，载《华东政法大学学报》2013 年第 1 期，第 55 页。

③ 同上。

④ WTO，Committee on Sanitary and Phytosanitary Measures，"Specific Trade Concerns，"/SPS/GEN/204/Rev.14（14-1315），March 4，2013，at 7.

根据 DSM 目前裁决的两起禽流感 SPS 措施案中我们可以看出，《SPS 协议》下的非歧视要求、一致性要求和必要性要求对于诉辩双方来说皆为关键条款。对于未来中国有可能提起的或者面对的 SPS 措施挑战，中国应当在程序性规则和实体性规则两个方面设计诉讼策略。在程序性规则适用方面，对 DSU 援引必不可少。通过分析对方诉讼请求或抗辩理由所暴露的程序性违反也有可能引导专家组得出对于该观点的否定性结论。但是显然印度在美印农产品措施案中的做法给我们提供了一个反例，例如，其许多抗辩均涉及其对 DSU 对"诉讼请求"与"支持该诉讼请求的论点"的概念的混淆。这也提醒我们要注重正确解读 WTO 协议条款，同时对 DSM 判决先例的研究必不可少。在实体性规则方面，《GATT1994》第 20 条《TBT 协议》和《SPS 协议》是综合适用的，但是 SPS 协议作为特别法最常成为被直接引用的法律规范。这也就提醒我们对于以往 WTODSM 下对相同协议的相同条款进行充分搜集和分析。在 WTO 专家组已经在其他案件中对《SPS 协议》的三个关键条款进行充分阐释的背景下，美国仍然坚持仅凭自己的理解进行抗辩是非常不明智的。

总之，在人类能够彻底消灭禽流感的危害之前，为保障我国跨境禽肉产品贸易的顺利进行，我们需要充分利用 WTO 的磋商机制与争端解决机制，不断与 SPS 措施相对方沟通，充分学习和灵活应用 WTO 规则，以期防止不必要的禽流感防疫措施对正常跨境贸易造成伤害。

网络安全规制的WTO法律问题初探

——以2014年中国银行业网络安全和信息化法规为中心

黄志雄[*]

摘 要：随着网络安全问题的日益凸显，各国越来越多地加强网络安全的法律规制，并已经开始引发各国之间的贸易争端。网络安全作为一类"非传统安全"事项，揭示着国家安全问题的"平时化"和"常态化"，而现有多边贸易规则特别是 WTO 安全例外条款难以适应这一新的态势，必须加以改进和完善。可以考虑借鉴 GATT 第 20 条（一般例外）中的引言和"必要性"测试，为网络安全法律规制确立一项单独的例外，更加清晰地界定正当、必要的网络安全关切和"数字贸易壁垒"之间的合理边界。

关键词：网络安全；WTO；安全例外；非传统安全

随着网络安全问题的日益凸显，各国越来越多地加强网络安全的法律规制，对网络安全产品和服务设定标准和要求。这些标准和要求，往往引发贸易争端，并提出了一系列复杂的 WTO 法律问题。本文的目的，正是结合当前网络安全法律规制的发展态势，对相关的 WTO 法律问题进行初步探讨，并就如何平衡网络安全和自由贸易两大价值提出作者的思考。

一、当前网络安全法律规制的发展态势

近几年特别是 2013 年"棱镜门"事件以来，网络安全成为一个在全球范围内备受关注的问题，很多国家纷纷出台相应的法律和政策，加强对本国网络安全的规制。这些法律规制，往往同网络安全产品和服务的跨境流通有着千丝万缕的联系，因而越来越多地引发关于网络安全法律规制与多边贸易自由化之间的分歧。

---

[*] 黄志雄，武汉大学国际法研究所教授、博士生导师、2011 国家领土主权与海洋权益协同中心研究人员。

（一）中国的有关措施

近年来，中国政府出台了一系列加强网络安全防范的法律法规，其中，受到关注和引发争议最大的，是 2014 年推出的关于银行业网络安全和信息化的规定。2014 年 9 月 3 日，中国银监会、国家发展改革委、科技部、工业和信息化部联合发布《关于应用安全可控信息技术加强银行业网络安全和信息化建设的指导意见》（银监发〔2014〕39 号，下称"第 39 号文"）[1]，从总体目标、指导原则、任务要求等方面提出了加强自主创新、提升银行业网络安全保障能力的指导性意见。2014 年 12 月 26 日，中国银监会办公厅、工业和信息化部办公厅联合下发了《关于印发银行业应用安全可控信息技术推进指南（2014—2015 年度）的通知》（银监办发〔2014〕317 号，下称"第 317 号文"）[2]，对第 39 号文中的指导意见进行了细化，建立了较为详尽的银行业信息技术资产分类目录和安全可控指标（包括规定符合"安全可控"标准的网络安全产品和服务应进行源代码备案），提出了建立银行业安全可控信息技术创新战略联盟和安全可控信息技术实验室、建立银行业信息科技风险评估制度和工作机制、建立银行业应用安全可控信息技术示范项目遴选机制、建立监管激励机制、建立对信息技术企业的评价反馈机制等保障措施。

这一规定出台后，美国、欧盟等国家和地区的相关企业纷纷对中国的做法表示质疑。2015 年 2 月以来，以美国商会为首的多个贸易团体致函美国国务卿约翰·克里等政府高官，要求他们对中国拟出台的有关措施作出反应；欧洲商业联合会和"城市英国"为首的企业组织也致信欧盟委员会，称这些"令人担忧的"中国监管规定"可能会关上许多外国 IT 企业进入中国银行业 IT 市场的大门"，而该市场的规模高达 4650 亿美元。[3] 此后，包括美国国务卿约翰·克里、商业部长彭妮·普里茨克、财政部长雅各布·卢、贸易谈判代表迈克尔·弗罗曼在内的政府高官乃至美国总统奥巴马本人都持续和密集地对中国政府施压，对中国的有关规定表示"严重关切"，认为"这些法规并非关乎安全。它们的本质是保护主义和对中国企业的偏袒"。[4] 一些美国

---

[1] 例如，该《指导意见》设立的总体目标包括："到 2019 年，掌握银行业信息化的核心知识和关键技术；……安全可控信息技术在银行业总体达到 75% 左右的使用"；指导原则包括"优先应用开放性强、透明度高、适用面广的技术和解决方案，优先选择愿意在核心知识和关键技术领域进行合作的机构，避免对单一产品或技术的依赖"等等。中国银监会、国家发展改革委、科技部、工业和信息化部：《关于应用安全可控信息技术加强银行业网络安全和信息化建设的指导意见》（银监发〔2014〕39 号）http：//www.cbrc.gov.cn/govView_EE29BABB27EB4E51A4343517691438F9.html。

[2] 中国银监会办公厅、工业和信息化部办公厅：《关于印发银行业应用安全可控信息技术推进指南（2014~2015 年度）的通知》（银监办发〔2014〕317 号），北大法宝数据库，引证码：CLI.4.245438。

[3] 《欧洲企业联名要求欧盟阻止中国网络安全新规》，http：//www.guancha.cn/Science/2015_02_27_310404.shtml。

[4] 美国贸易代表迈克·弗罗曼语。肖恩·唐南：《中国新规引发对"数字保护主义"担忧》，《金融时报》中文版 2015 年 3 月 6 日文，http：//www.ftchinese.com/story/001060918；《奥巴马内阁要求中国取消银行业信息安全新规》，http：//www.guancha.cn/Science/2015_02_28_310561.shtml。

官员表示，华盛顿方面正在研究是否能就这些新规在世界贸易组织（WTO）起诉中国，这可能会成为一起"里程碑式的案件"。①

在西方国家的压力下，原定 2015 年 3 月底开始实施的上述关于银行业网络安全和信息化法规已经被暂时"叫停"。2015 年 2 月 12 日，中国银监会下发了《关于〈银行业应用安全可控信息技术推进指南（2014—2015 年度）〉（银监办发〔2014〕317 号）的相关说明》，对中国银监会和工信部第 317 号文作出了如下进一步说明：（1）源代码备案具体工作还在研究中，备案方式和流程将在充分听取各方意见后实施；（2）在银行业范畴以内，关于随机软件拥有自主知识产权，现阶段只要求供应商提供软件的知识产权证明或合法来源证明；（3）相关要求不存在国别差异。②

不过，上述银行业网络安全和信息化法规引发的争议并非个例，类似问题还有：

（1）中美有关互联网审查措施的纷争。近几年，特别是 2010 年"谷歌退出中国事件"以来，美国政府一直以限制互联网言论自由和违反 WTO 规则、影响外国企业和产品的市场准入为由，对中国政府实施的一些互联网审查措施进行批评，甚至威胁要将有关措施诉诸 WTO 争端解决机制。中国则主张这些互联网审查措施是维护中国网络安全所需要的措施；中国依法管理互联网，有关措施符合国际通行做法和中国的相关国际义务。③

（2）2014 年 5 月，中国政府宣布将推出网络安全审查制度，以维护国家网络安全、保障中国用户合法利益。该项制度规定：对进入我国市场的重要信息技术产品及其提供者进行网络安全审查，审查的重点在于该产品的安全性和可控性，旨在防止产品提供者利用提供产品的方便，非法控制、干扰、中断用户系统，非法收集、存储、处理和利用用户有关信息。对不符合安全要求的产品和服务，将不得在中国境内使用。④

（3）有关部门原拟强制实施无线局域网安全标准 WAPI 设备认证，在美国的交涉下宣布无限期推迟此制度。⑤

（4）有关部门原拟出台信息安全产品认证制度，作为市场准入措施强制实施，

---

① 肖恩·唐南："中国新规引发对'数字保护主义'担忧"，《金融时报》中文版 2015 年 3 月 6 日文，http://www.ftchinese.com/story/001060918.

② 中国银监会：《关于〈银行业应用安全可控信息技术推进指南（2014—2015 年度）〉（银监办发〔2014〕317 号）的相关说明》，http://www.cbrc.gov.cn/chinese/home/docView/D2260BFA66A24A2D976E1B8D88746A1B.html.

③ 关于"谷歌事件"的介绍和相关 WTO 法律问题的分析，可参见黄志雄、万燕霞："论互联网管理措施在 WTO 法上的合法性——以'谷歌事件'为视角"，载孙琬钟主编：《WTO 与中国法论丛（2011 年卷）》，知识产权出版社 2011 年版，第 277~294 页。

④ 新华网：《中国将出台网络安全审查制度》，at http://news.xinhuanet.com/2014-05/22/c_1110811034.htm.

⑤ 关于第 3~7 项，参见左晓栋："近年中美网络安全贸易纠纷回顾及其对网络安全审查制度的启示"，载《中国信息安全》2014 年第 4 期。

后经美、欧、日等国家和地区提出抗议，该项制度调整为仅在政府采购领域实施。

（5）根据我国信息安全等级保护制度，第三级以上信息系统应使用本国生产的自主信息安全产品，美方对此表示反对。

（6）美要求我国完全放开对商用密码的管理。目前，我国相关条例正在进行正常修订，但美多次提出要派出美方专家，参与中国法规的起草。

（7）美国要求我国在信息安全标准方面等同采用国际标准，反对我国自行制定国家标准。此外，美产业界还主张我国推荐性国家标准也应向 WTO 通报，并要求参与中国标准的起草。

此外，我国正在制定的《国家安全法》中关于要求电信和互联网公司允许有关部门访问敏感信息的规定，也受到西方国家质疑。

（二）其他国家的有关措施

除了中国外，其他许多国家也纷纷制定各种法律和政策，加强对网络安全的审查和规制。简言之，其他国家的相关做法主要包括：(1) 外资投资审查制度；(2) 重要领域或行业的义务准入审批制度；(3) 对重要产品或服务的市场准入制度；(4) 特定领域使用产品或服务的审查制度。以美国为例，美国对军队、情报领域以及涉密部门设置了强制性网络安全审查程序，而在其他关键基础设施（重点行业）领域，并未设置强制性网络安全审查制度。不过，为了确保重点行业供应链安全，美国采取了一系列超常规的措施，包括以个人（如议员）而非组织名义对重点行业采购国外产品和服务的个案加以干预、抹黑竞争力强的中国企业、制造中国黑客威胁论等，使得美国政府对联想电脑的采购计划夭折，中兴、华为等中国企业彻底退出美国的通信设备市场。[①]

二、网络安全规制与多边贸易规则的潜在冲突

各国有关网络安全的规制，大量涉及对特定网络安全产品和服务的市场准入限制，从而有可能产生与多边贸易规则的冲突。下文着重结合 2014 年中国有关银行业网络安全和信息化的规定，试就货物贸易中的国民待遇、补贴问题和服务贸易中的市场准入承诺和国民待遇问题进行简要讨论。

（一）货物贸易中的国民待遇问题

在中国和其他国家的网络安全规制中，为了达到"安全可控"的目的，常常使用各种措施推动"自主创新"。在实践中，这往往体现为对外国产品和服务的不信任和对本国产品的优先考虑，因而常常会涉及是否违反国民待遇的问题。

---

① 左晓栋、王石："中国网络安全审查制度的建设"，见惠志斌、唐涛主编：《中国网络空间安全发展报告（2015）》，社会科学文献出版社 2015 年版，第 94~99 页。

服务贸易领域的国民待遇问题将在下文讨论。对货物贸易而言，国民待遇主要体现在GATT1994第3条，该条款禁止使任何进口产品相对于本国产品而言受到歧视。其中，第3.4条规定："任何缔约方领土的产品进口至任何其他缔约方领土时，在有关影响其国内销售、标价出售、购买、运输、分销或使用的所有法律、法规和规定方面，所享受的待遇不得低于同类国产品所享受的待遇。"以往判例已经确立，一项违反该条款的措施需符合三个条件：第一，所涉及的进口产品和国内产品属于"同类产品"（like products）；第二，被诉措施构成"影响国内销售、标价出售、购买、运输、分销或使用"的"法律、法规和规定"；第三，进口产品所享受的待遇低于或差于同类国产品所享受的待遇。[1]而且，对进口产品的歧视既包括法律上的歧视（de jure discrimination），也包括事实上的歧视（de facto discrimination）。

以中国的银行业网络安全规定为例，第39号文规定的指导原则包括"优先应用开放性强、透明度高、适用面广的技术和解决方案，优先选择愿意在核心知识和关键技术领域进行合作的机构，避免对单一产品或技术的依赖"；任务要求包括"建立以安全可控、自主创新为导向的制度体系，……有序推进整体架构自主设计、核心应用自主研发、核心知识自主掌握、关键技术自主应用等重点工作；掌握关键技术的选择权，摆脱在关键信息和网络基础设施领域对单一技术和产品的依赖"。[2]第317号文规定："安全可控要求基于该类别技术、产品或服务的开放性、适用面和透明度制定，重点考察其安全性、兼容性是否经过技术和风险评测，考察其知识产权、研发生产的自主程度，考察其技术转移、知识转移程度和其提供方的持续服务能力"（第9段）；"重要信息系统可控率是银行业金融机构能够自主掌握的重要信息系统数量与重要信息系统总量之比。重要信息系统的定义参见《银行业重要信息系统投产及变更管理办法》（银监办发〔2009〕437号）。重要信息系统可控是指银行业金融机构能够掌握重要信息系统的设计原理、设计架构、源代码等核心知识和关键技术，拥有该系统完备可用的资料，具有自行开展系统维护的能力"（第21段）。[3]

尽管上述规定没有明确规定对本国网络安全产品和外国网络安全产品实行差别待遇（因而不构成"法律上的歧视"），但其他国家完全有可能主张：它们作为"影响国内销售、标价出售、购买、运输、分销或使用"的"法律、法规和规定"，客观上使进口产品所享受的待遇低于或差于同类国内产品所享受的待遇，因而构成了"事实上的歧视"，违反了国民待遇原则。

---

[1] See e.g. China-Measures Affecting Trading Rights and Distribution Services for Certain Publications and Audiovisual Entertainment Products, Panel Report, WT/DS363/R, circulated 12 August 2009, para.7.1442.

[2] 中国银监会、国家发展改革委、科技部、工业和信息化部：《关于应用安全可控信息技术加强银行业网络安全和信息化建设的指导意见》（银监发〔2014〕39号）http://www.cbrc.gov.cn/govView_EE29BABB27EB4E51A4343517691438F9.html.

[3] 中国银监会办公厅、工业和信息化部办公厅：《关于印发银行业应用安全可控信息技术推进指南（2014–2015年度）的通知》（银监办发〔2014〕317号），北大法宝数据库，引证码：CLI.4.245438.

（二）补贴问题

WTO《补贴与反补贴措施协定》（以下简称 SCM 协定），在 GATT1994 第 6 条（反倾销税和反补贴税）、第 16 条（补贴）以及东京回合《补贴与反补贴守则》的基础上，从多方面对国际贸易中的补贴与反补贴制度进行了发展及强化，它构成了 WTO 关于补贴和反补贴的基本规则。该协定第 1 条对"补贴"作出了较为明确的定义：如果存在一项"由政府或任何公共机构提供的财政资助"并"由此给予某种优惠"，则被视为该协定所指的补贴。在这一定义基础上，该协定将补贴按照所谓的"交通灯"方案确立了不同地位：首先，出口补贴和进口替代补贴第一次被明确列为"红灯补贴"即"禁止性补贴"，这类补贴的使用本身是违法的（第 3 条）；其次，其他绝大部分补贴如果具有该协定第 2 条所指的"专项性"，则构成"黄灯补贴"即"可诉性补贴"，这类补贴的使用本身不被禁止，但一旦它们给其他 WTO 成员的利益造成"消极影响"，则受影响的成员可以通过 WTO 争端解决机制或国内反补贴程序寻求救济（第 5~7 条）；再次，研发补贴等三类特定的补贴被列为"绿灯补贴"即"不可诉补贴"，在符合本协定各项规定的范围内可以合法使用（第 8 条）。但是，这一类别已于 2000 年起失效。

在中国的银行业网络安全法规中，多项规定有可能构成 SCM 协定所规制的补贴。例如，第 39 号文规定："从 2015 年起，银行业金融机构应安排不低于 5% 的年度信息化预算，专门用于支持本机构围绕安全可控信息系统开展前瞻性、创新性和规划性研究，支持本机构掌握信息化核心知识和技能。"鉴于在此前的"美国对华反倾销和反补贴调查案"中，中国国有商业银行被 WTO 专家组和上诉机构认定为 SCM 协定第 1 条意义上的"公共机构"，[①] 因此，上述国有商业性银行业金融机构提供的不低于 5% 的年度信息化预算，有可能构成 SCM 协定第 1 条所指的补贴，并且符合该协定第 2 条所指的专向性；如果其他国家可以证明该补贴对其利益造成"消极影响"，就可以援引 SCM 协定有关可诉补贴的规定，通过 WTO 争端解决机制或国内反补贴程序寻求救济。

另外，第 317 号文规定："建立银行业应用安全可控信息技术示范项目遴选机制，为促进经验分享，每年开展一次示范项目遴选，对确立为示范项目的项目成果进行分类，示范项目可按照分类提升相关研究投入的折算系数，示范项目相关的技术成果纳入下一年度优先推广范围，并由战略联盟或技术实验室根据项目研发投入情况给予适当经费补偿。"根据这一规定进行的技术成果推广和经费补偿，也完全可能构成 SCM 协定下的可诉补贴。

（三）服务贸易市场准入问题

与 WTO 的相关货物贸易协定相比，GATS 的一大特点是它采取的"积极清单"（positive list）自由化模式：WTO 各成员只是在它们通过具体承诺表，按照 GATS 第

---

① See United States-Definitive Anti-dumping and Countervailing Duties on Certain Products from China（Report of the Panel），WT/DS379/R，22 October 2010；United States-Definitive Anti-dumping and Countervailing Duties on Certain Products from China（Report of the Appellate Body），WT/DS379/AB/R，11 March 2011.

1条第2款所规定的"跨境提供""境外消费""商业存在"和"自然人存在"等4种服务贸易提供方式,针对某一服务行业承诺了具体义务后,才需要在该行业遵守关于市场准入和国民待遇的规定。① 当然,对于载入承诺表的部门,有关成员仍可针对不同的服务提供方式,在承诺表中列入有关市场准入和国民待遇的条件和限制。

仍以中国的措施为例,GATS 一共涵盖 12 个服务贸易部门、143 个子部门,其中第 1 个部门(专业服务)下的子部门 2.2(计算机及其相关服务)列有 3 个小项,分别是"与计算机硬件安装有关的咨询服务""软件实施"(包括系统和软件咨询服务、系统分析服务、系统设计服务、编程服务、系统维护服务)和"数据处理服务"(包括输入准备服务、数据处理和制表服务、分时服务)。这也正是外国网络安全服务企业所从事的主要业务。在中国加入 WTO 时所达成的《服务贸易具体承诺表》(下称"《中国承诺表》")中,对以"自然人存在"方式提供的上述服务,在市场准入和国民待遇方面都有程度不同的限制,② 但对以"跨境提供""境外消费""商业存在"三种方式提供的服务,则除了在"软件实施"类服务以及"数据处理服务"下的输入准备服务下,对"商业存在"要求"仅限于合资企业形式,允许外资拥有多数股份"外,都作出了"没有限制"的表述。因此,至少对于外国网络安全企业以合资企业形式(如惠普中国公司)在中国市场提供的网络安全服务而言,根据上述承诺,不应受到市场准入和国民待遇方面的任何限制。但是,由于中国银行业网络安全和信息化法规的实施,其他国家可能主张,外国网络安全服务提供商未能享有与中国网络安全服务提供商相同的待遇,从而构成对《中国承诺表》中有关国民待遇承诺的违反。

三、WTO 安全例外的适用问题③

如果一国的网络安全规制被认定违反多边贸易规则下的有关义务,该国能否援引 WTO 的安全例外规定成功加以抗辩?

安全例外体现在 WTO 的多个协定中,特别是 1994 年《关贸总协定》("GATT1994")第 21 条、《服务贸易总协定》(GATS)第 14 条之二以及《与贸易有关的知识产权协定》("TRIPS 协定")第 73 条等几个被冠以"安全例外"标题的条款。④ 其中,由 1947 年《关贸总协定》("GATT1947")第 21 条脱胎而来的

---

① See Mitsuo Matsushita, Thomas J. Schoenbaum & Petros C. Mavroidis, *The World Trade Organization: Law, Practice, and Policy* (2nd edition), Oxford University Press, 2006, p.630.

② 市场准入限制都是:"除水平承诺中内容外,不作承诺";国民待遇限制都是:"资格如下:注册工程师,或具有学士(或以上)学位并在该领域有 3 年工作经验的人员"。

③ 本部分内容可另参见黄志雄:"WTO 安全例外条款面临的挑战与我国的对策——以网络安全问题为主要背景",载《国际经济法学刊》2014 年第四卷。

④ 关于 WTO 安全例外条款含义的讨论,参见陈卫东:《WTO 例外条款解读》,对外经济贸易大学出版社 2002 年版,第 353 页。

GATT1994 第 21 条产生最早，堪称 WTO 安全例外条款的立法渊源。随着乌拉圭回合以后 WTO 的管辖范围从 GATT 时期的货物贸易领域延伸到服务贸易和与贸易有关的知识产权等领域，在相关协定中相应地出现了 GATS 第 14 条之二和 TRIPS 协定第 73 条等新的安全例外条款。由于上述几个条款的立法目的和具体措辞基本相同，本文以 GATT 第 21 条为研究重点。

GATT 第 21 条，其规定如下：

"本协定的任何规定不得解释为：

（1）要求任何缔约方提供其认为如披露则会违背其基本安全利益的任何信息；或

（2）阻止任何缔约方采取其认为对保护其基本安全利益所必需的任何行动：

（ⅰ）与裂变和聚变物质或衍生这些物质的物质有关的行动；

（ⅱ）与武器、弹药和作战物资的贸易有关的行动，及与此类贸易所运输的直接或间接供应军事机关的其他货物或物资有关的行动；

（ⅲ）在战时或国际关系中的其他紧急情况下采取的行动；或

（3）阻止任何缔约方为履行其在《联合国宪章》项下的维护国际和平与安全的义务而采取的任何行动。"

上述三款中，第 1、2 款所针对的是一缔约方为维护其"基本安全利益"（essential security interests）而采取的行动，是真正的"国家安全"例外；第 3 款针对的则是为维护国际和平与安全而采取的行动，是一项"国际和平与安全"例外。其中，援引第 1 款的条件最为宽泛（援引国认为如披露某些信息将违背其基本安全利益），但反过来该款所允许采取的行为范围则最为狭窄（仅限于拒绝提供特定信息，而不包括对特定进口或出口的限制），在实践中的重要性和争议性都相对较小。第 3 款虽然授权缔约方采取包括进口或出口限制在内的"任何行动"，但根据《联合国宪章》的规定，各缔约方采取的行动应当以联合国安理会依据《宪章》第七章对威胁国际和平与安全的特定国家实施经济制裁为前提，而且该款也没有第 1、2 两款中都出现了的"其认为"（it deems）一语。在此情况下，围绕第 3 款的争议也不大。

相比之下，第 2 款不仅篇幅最长，而且结构也最为复杂。该款一方面较为宽泛地授权缔约方采取"其认为对保护其基本国家安全利益所必需的任何行动"，另一方面规定这些行动的采取应以存在"与裂变和聚变物质或衍生这些物质的物质有关""与武器、弹药和作战物资的贸易有关"和"战时或国际关系中的其他紧急情况"等三种情形为前提。就大多数国家采取的网络安全规制而言，如果需要援引第 21 条安全例外作为抗辩，最重要的是证明存在"战时或国际关系中的其他紧急情况"。

那么，WTO 安全例外条款究竟能否用于抗辩一国为维护网络安全（或其他非传统安全）而采取的违反 WTO 义务的行为？特别是，一国维护网络安全的需要是否符合该条第 2 款有关"战时或国际关系中的其他紧急情况"的规定？由于 WTO 安全例外有关措辞的模糊性和 WTO 相关判例的缺乏，对这一问题的回答还有着较大的不确定性。不过，笔者认为，如果从 WTO 安全例外条款的起草背景和 WTO 争端解决实践中所推崇的"文本解释方法"来看，除了类似 2007 年 4 月爱沙尼亚在全国范围内受到的大规模网络攻击和 2010 年伊朗核设施受到的"震网"病毒攻击等极少数事例外，[①]一国基于维护网络安全（或其他非传统安全）理由所采取的措施（包括上文提及的有关事例）都难以构成"战时或国际关系中的其他紧急情况"，从而无法根据第 21 条第 2 款采取"其认为对保护其基本安全利益所必需的任何行动"。

这一状况，实际上揭示了 WTO 安全例外条款的一个困境：在二战后基于以军事安全为中心的传统安全观而起草的这一条款，正面临着如何适应冷战结束后非传统安全事项兴起带来的挑战。大多数新型的非传统安全事项具有爆发方式复杂、影响范围广泛、治理难度增大等特点：其威胁作用既是一个渐进的过程，也有一个"爆发临界点"，在没有到达这个临界点时常为人们所忽视，而一旦爆发又可能会向传统安全转化，造成难以弥补的损失。[②]就网络安全而言，互联网最初源于军事攻防的需要，后逐渐进入非军事领域，网络安全威胁现已成为直接挑战军事、政治与社会安全的综合性威胁。[③]2013 年"斯诺登事件"暴露了信息化时代国家网络安全的脆弱性，无论是军事背景下的"网络战"还是各种非军事的黑客网络攻击和网络恐怖主义都受到各国的高度关注。但尽管如此，在达到其"爆发临界点"之前，这类非传统安全事项通常仍很难达到 WTO 安全例外的适用门槛。

四、启示与前瞻

从上文的讨论不难看到，在以往的国际贸易议程中没有受到关注的网络安全问题，现在已经被越来越多地提出，并将在未来变得日益重要。[④]这是因为，在过去几年中，网络安全正在迅速成为一项全球性议题。例如，中国最大的安防企业海康威视被曝存在安全隐患，部分设备已被境外 IP 地址控制；在俄罗斯避难的斯诺登披露的一份最新文件显示，美英情报机构侵入世界最大的手机 SIM 卡制造商金雅拓公司的电脑系统并植入间谍软件，可以秘密监控全球数十亿用户的手机。因此，中国政府认为其加强网络安全规制的有关措施是基于真正和正当的安全需要。

作为一类典型的非传统安全事项，网络安全问题的凸显，表明当前的国家安全问题正在向"平时化"（相对于安全例外条款中所指的"战时"而言）和"常态化"（相

[①] 相关事例可参见：Eneken Tikk et. al, *International Cyber Incidents：Legal Implications*, at www.ccdcoe.org/publications/books/legalconsiderations.pdf，pp.18-25，Sept. 5，2014.
[②] 吴志成、朱丽丽："当代安全观的嬗变：传统安全与非传统安全比较及其相关思考"，载《马克思主义与现实》2005 年第 3 期。
[③] 廖丹子："'多元性'非传统安全威胁：网络安全挑战与治理"，载《国际安全研究》2014 年第 3 期。
[④] Allan Friedman, The Threat of Cybersecurity Policy as Trade Barrier, http：//www.ideaslaboratory.com/2013/10/02/allan-friedman-the-threat-of-cybersecurity-policy-as-trade-barrier/#.

对于安全例外条款中所指的"国际关系中的紧急情况"而言）。但是，多边贸易规则（特别是WTO安全例外条款）显然难以适应这一新的形势和需要，无法对正当、必要的网络安全关切和"数字贸易壁垒"加以有效的区分，因而必须加以改进和完善。

回顾多边贸易体制的发展历程，类似新问题的提出和随后的应对并不鲜见。但是，就网络安全问题而言，其复杂性和特殊性在于：第一，当前，多哈回合谈判的久拖不决乃至"名存实亡"表明，WTO体制自我完善能力正在趋于弱化（在规则制定层面尤其如此）；第二，国家安全问题直接关涉一国的主权和安全，因而在多边贸易体制内具有高度的政治性和敏感性；第三，网络安全问题作为"非传统安全"事项，有着特殊的复杂性和争议性。

从法律上看，WTO安全例外条款（如GATT1994第21条）是现有网络安全所能够援引的抗辩，但从性质上说，具有"平时化"和"常态化"特征的网络安全问题，更接近WTO一般例外条款（如GATT1994第20条）所指为维护公共道德、人类和动植物健康等采取的措施。事实上，从更加清晰地界定正当、必要的网络安全关切和"数字贸易壁垒"之间的合理边界角度说，抗辩一项网络安全规制所需要解决的两个核心问题是：第一，该规制是否属于维护网络安全所必需的；第二，该规制的实施是否将构成武断的或不合理的歧视，或构成对国际贸易的变相限制；WTO一般例外条款[①]以及WTO争端解决机制所发展起来的相关判例，为这两个问题的解决提供了合理的借鉴。因此，可以考虑参考WTO一般例外条款的有关规定，为网络安全规制的例外进行相应的法律设计，其核心内容如下：

"本协定的规定不得解释为阻止缔约国采用或实施为维护网络安全所必需的措施，但对情况相同的各国，实施的措施不得构成武断的或不合理的歧视，或构成对国际贸易的变相限制。"

总之，对于互联网和信息技术发展带来的安全威胁以及国家安全观的扩大，多边贸易体制及其成员必须正视这一问题，并采取有效措施加以应对。否则，不同国家对本国网络安全和市场准入的不同关切，将有可能加大国家间的分歧和摩擦，长远而言将严重损害各国之间的互信、恶化国际贸易环境，并对多边贸易体制的良好运作构成严重威胁。

[①] GATT1994第20条中的一般例外条款如下："本协定的规定不得解释为阻止缔约国采用或实施以下措施，但对情况相同的各国，实施的措施不得构成武断的或不合理的歧视，或构成对国际贸易的变相限制:（a）为维护网络安全所必需的措施；（b）为保障人民、动植物的生命或健康所必需的措施；……"

论贷款类财政资助的利益判定基准[*]

蒋 奋[**]

摘 要：WTO《补贴与反补贴措施协定》将商业贷款利率作为政府贷款与贷款担保是否授予企业补贴利益的判定基准。判定贷款的利益基准，应为企业可以实际从市场获得的商业贷款；其中的"可以"表示企业的资信状况符合获得基准贷款的条件；贷款市场的边界应根据货币币种来确定；贷款人是否国有，无关乎所提供贷款的商业定性。判定贷款担保的利益基准，是无政府担保时企业可以实际从市场获得的商业贷款，此项基准贷款可以有商业担保存在，但补贴利益应为扣除企业支付商业担保与政府担保的成本差额后的企业在有无政府担保的不同情形下，所支付贷款利息的差额。

关键词：补贴；利益；基准；贷款；担保

WTO《补贴与反补贴措施协定》（以下简称"SCM协定"）第1条第1款a项将政府或公共机构（以下简称"政府"）[①]向企业提供的贷款与贷款担保，视为资金转移方式的财政资助（以下简称"贷款类财政资助"）；若同时给企业带来"利益"，此类财政资助就构成补贴，进口国政府有权采取反补贴措施来抵销上述补贴利益。

一、判定补贴利益的一般标准

"与起草者对'财政资助'的详细规定不同，'利益'这个概念并未得到SCM协定的任何扩展与解释。事实上，WTO成员方也没有达成任何的嗣后协定予以解释。

---

[*] 本文是作者主持的2011年度教育部人文社会科学研究青年基金项目"反补贴领域中'利益'判定基准问题研究"（课题编号11YJC820042）成果。

[**] 蒋奋，法学博士，浙江大学宁波理工学院国际法学副教授，浙江省国际经济法研究会常务理事，研究方向为WTO反补贴规则。

[①] 蒋奋："财政资助提供者探究——基于对加拿大牛奶和奶制品案和美国出口限制案的考察"，载于孙琬锺、孔庆江主编：《WTO的理论和实践研究——中国世贸组织法研究会2006年会论文集》，浙江大学出版社2007年版，第104~108页。

有的观点主张用'商业基准'予以解释，也有观点主张从'政府支出'角度来理解，还有主张从'补贴接受者'角度来分析。"[1] 就"利益"判定标准[2]，上诉机构在加拿大飞机案中曾作出经典阐述：

"第1条第1款b项中的利益一词，意味着某种比较。应当这样理解，即除非在获得财政资助的情况下，接受者的状况要比没有财政资助的情况更好，否则接受者就没有［获得］利益。在我们看来，在确定［财政资助］是否授予利益时，市场提供了适宜的比较基础，因为只有通过审查接受者是否以优越于市场提供的条件获得财政资助，才能判断财政资助是否可能扭曲贸易。"[3]

在嗣后的很多案件中，例如美国铅铋钢II案、美国对欧共体某些产品的反补贴措施案等，上述观点都从不同角度得以重申：

"……'利益'存在与否，取决于潜在的接受者或者受益人……在反补贴税的特定背景中，上述理解同样适用于GATT1994第6条第3款和SCM协定第10条的脚注36……对GATT1994第6条第3款和SCM协定第10条的脚注36的整体考察，使我们得出这样的结论，即在反补贴调查的背景下，判定'利益'的存在，应参考商品生产者能够在市场上获得的……［与］'财政资助'［同类的商品或者服务］，所需要支付的市场对价。"[4]

"我们认为，第1条第1款b项中的'利益'一词所暗含的比较是以市场为基础。事实上，SCM协定第14条中所有的比较基准，都和市场条件（market conditions）相关。"[5]

二、政府贷款的利益基准

SCM协定第14条b款进一步规定了衡量"政府贷款"的市场基准："政府提供

---

[1] Luca Rubini, "The International Context of EC State Aid Law and Policy: The Regulation of Subsidies in the WTO" in Andrea Biondi, Piet Eeckhout and James Flynn (ed.), *The Law of State Aid in the European Union*, New York: Oxford University Press, 2004, p.164.

[2] 蒋奋："论WTO《补贴与反补贴措施协定》中'利益'的判断标准——以加拿大和巴西的三起飞机补贴案报告为例"，载《法治研究》2007年第7期。

[3] Appellate Body Report on *Canada-Aircraft*, WT/DS70/AB/R, para.157. 本文对WTO争端解决机构报告的译文中，内含中文的圆括号同原文，其中的中文是译文；内含英文的圆括号系笔者添加，其中的英文是为避免翻译差别、便于读者识别而保留的原文；中括号以及其中的中文，系笔者为翻译明晰之目的而添加；译文内原则上不保留原文中的脚注，个别地方所保留的脚注，同原文。

[4] Panel Report on *US-Lead and Bismuth II*, WT/DS138/R, paras.6.66, 6.69.美国铅铋钢II案专家组上述观点，得到了上诉机构的肯定。Appellate Body Report on *US-Lead and Bismuth II*, WT/DS138/AB/R, para.58.

[5] Panel Report on US-Countervailing Measures on Certain EC Product, WT/DS212/R, para.7.58.

贷款不得视为授予利益，除非接受贷款的企业支付政府贷款的金额，不同于企业支付可以实际从市场上获得的可比商业贷款的金额。在这种情况下，利益为两金额之差额。"在欧共体及其若干成员国大型民用飞机案中，上诉机构也强调：

> "根据 SCM 协定第 14 条 b 款的要求，比较须在'接受贷款的企业，为获得政府贷款所支付的金额'与'若该企业可以从市场上实际获得可比商业贷款，企业为此支付的金额'之间进行。"[①]

在这个问题上，欧美等 WTO 成员方的规定与实践大致相同。例如，《欧共体理事会 2009 年 6 月 11 日关于抵制来自非欧共体成员方补贴产品进口的第 597/2009 号条例》（以下简称《第 597/2009 号条例》）第 6 条 b 款的规定，与 SCM 协定第 14 条 b 款几乎完全相同："政府贷款不应视为授予了利益，除非接受贷款的企业，支付政府贷款的金额，不同于企业支付可以实际从市场上获得的可比商业贷款的金额。在这种情况下，利益为两金额之差额。"欧委会《关于反补贴调查中计算补贴数额的指导规范》（以下简称《欧委会指导规范》）则细化了上述规定，其第 E（b）节规定："（i）（已经还款的）政府贷款，补贴数额是支付政府贷款的利息数额，与在调查期内通常应支付可比商业贷款的利息数额，两者之间的差额。……（v）如果贷款全部或者部分被免除或者被拖欠，未归还的部分应根据是否存在担保，而视为赠款。"欧盟有关国家资助法的实践也类似："在欧共体条约等共同体对内的法律中，贷款也被视为国家资助，……低于正常商业利率的贷款……构成国家资助。"[②] 而美国《1930 年关税法》第 771（5）（E）节规定："通常在下列情况下，应认定利益授予……（ii）就贷款而言，如果借款人支付此项贷款的金额，不同于与借款人支付它从市场上可以获得的可比商业贷款的金额"。美国商务部《反补贴最终法规》第 351 部分第 505 节 a 款规定亦同。

如何理解"可以实际"从"市场"获得的"商业"贷款？美国反倾销反补贴税案是上诉机构解释 SCM 协定第 14 条 b 款的首个案件。[③] 结合欧美规定与实践，这里主要澄清三个问题。

（一）"企业可以实际从市场获得"中的"市场"，是否仅指借款人住所地的国内市场

《欧委会指导规范》第 E（b）(ii) 节要求将国内市场的商业贷款，作为衡量政府贷款利益的基准。但是，上诉机构在美国反倾销反补贴税案中明确否定了这个标准：

[①] Appellate Body Report on *EC and Certain Member States — Large Civil Aircraft*, WT/DS316/AB/R, para.835.

[②] Pierre Didier, *WTO Trade Instruments in EU Law*, London: Cameron May, 1999, p.222.

[③] Appellate Body Report on *US — Anti-Dumping and Countervailing Duties*, WT/DS379/AB/R, para.474.

"……我们认为第 14 条 b 款并未排除这样的可能性,即把不是实际在企业住所地市场中获得的商业贷款的利率,例如其他市场中的贷款……作为比较基准。……与第 14 条 d 款明确将相关'市场'与'买卖交易发生地国家'联系起来的做法不同,第 14 条 b 款在认定可比商业贷款时,并未将相关'市场'明确限定在某个地域概念或某个国家的范围之内。[449]

我们认为,在任何特定情况下,第 14 条 b 款都[有足够的弹性来]完全适应相关市场的界定,[这里的]市场范围是根据具体产品或服务(贷款)来界定的,就像基于地域概念来界定的那样。在某些情况下,产品[或服务]的市场可能是全国市场,例如以特定币种发放的贷款,只存在于某个特定国家。在我们看来,'可比'一词,以及专家组认定为可比性指标的一些因素——时间、结构、期限和贷款币种——似乎同样也可以是与界定贷款市场有关的因素,就像基于地域概念界定产品[或服务]的市场那样。"[①]

可见,贷款市场的边界,并非是国家与地区的边境,SCM 协定没有对基准贷款施以任何地域上的限制。

(二)何为"商业",国有银行的贷款是否为商业贷款,可否作为比较基准

《欧委会指导规范》第 E(b)(ii)节规定,商业贷款通常应由"有代表性的私人银行"所提供。美国商务部《反补贴最终法规》第 351 部分第 505(a)(2)(ii)节也规定通常应选择商业贷款机构的贷款作为比较基准,尤其强调政府项目下的贷款,国有专门性银行的贷款不能作为比较基准。美国反倾销反补贴税案中,专家组也认为国有参股银行发放的贷款不是"商业"贷款。

但在美国反倾销反补贴税案中,上诉机构否定了上述观点:

"……我们注意到,'商业'一词被解释为'对经济回报而非艺术性感兴趣;可能会带来利润;被视作单纯的商业问题'。因此'商业'一词并不涉及贷款提供人的身份。……在我们看来,政府(或政府主导市场中的私有贷款人)提供的任何贷款,照其事实均不构成"商业贷款"的结论是不正确的。我们没有看到任何显示'商业'这一概念本身与政府提供的金融服务不相容的证据。因此,政府提供贷款这一事实本身,不足以得出此类贷款不是"商业"贷款、且不能成为 SCM 协定第 14 条 b 款项下基准的结论。"[②]

---

① Appellate Body Report on *US — Anti-Dumping and Countervailing Duties*,WT/DS379/AB/R,paras.480,482.

② 同上,paras.478~479.

(三) 作为比较基准的可比商业贷款，是受益人"可以"获得的，还是"已经"获得的

在美国反倾销反补贴税案中，上诉机构认为：

"第 14 条 b 款项下的……过去式'可以'一词表示这里用的是条件句，说明第 14 条 b 款项下的基准贷款，不必是在个个案件中都存在于市场之中的贷款、或者说事实上可从市场上获得的贷款。对此，我们同意专家组的观点，即这首先涉及对借款人的风险评估，即接受了被调查的政府贷款的借款人，能否获得基准贷款。"[①]

可见，"企业可以实际从市场获得的贷款"中"可以"一词的意义，在于"对借款人的风险评估"，即表示借款人的资信状况须符合获得基准贷款的条件，而不要求基准贷款必须是借款人"已经"获得的贷款。

欧美在这个问题上的规定，与上诉机构的观点略进一步。美国商务部《反补贴最终法规》第 351 部分第 505（a）(3）节要求一般应根据企业实际获得的贷款进行比较；当企业在受调查的政府贷款期内没有实际的可比商业贷款时，除非企业完全丧失信用，否则美国商务部可以使用可比商业贷款的全国平均利率。《欧委会指导规范》第 E（b）(iii）节也规定受益人"已经"获得的可比商业贷款是首选的比较基准，而"可以"获得的可比商业贷款是次选的比较基准："这里的商业利率最好是基于企业向私人银行实际已经支付的可比商业贷款的利率。如果这不可能，调查时应考虑类似财务状况、相同行业里的企业就可比的、私人提供的贷款，所支付的利息。"实践中后者通常是"配合调查的其他出口商，为相似金额和贷款期间的商业贷款，所支付的平均利率。"[②]

三、政府贷款担保的利益基准

SCM 协定第 14 条 c 款涉及衡量"政府提供贷款担保"的市场基准，该款规定："政府提供贷款担保不得视为授予利益，除非获得担保的企业支付政府担保贷款的金额，不同于企业支付无政府担保的可比商业贷款的金额。在这种情况下，利益为在调整任何费用差别后的两金额之差。"由于贷款担保可以降低贷款人的风险，从而使借款人更廉价地获得贷款，因此，衡量"政府提供贷款担保"是否授予利益，通常要求比较政府担保贷款的利息和无政府担保贷款的利息。

相对而言，c 款较 b 款更复杂。本文主要讨论以下几个问题。

---

① Appellate Body Report on *US — Anti-Dumping and Countervailing Duties*, WT/DS379/AB/R, para.480.
② Stainless Steel Wires（India, Korea), 1999 O.J.（L 79）60. 转引自 Van Bael & Bellis, Anti-dumping and Other Trade Protection Laws of the EC, Hague: Kluwer Law International, 2004, Fourth Edition, p.548.

（一）基准贷款是否须为"企业可以实际从市场上获得"

不难发现，b 款与 c 款的利益判定基准都是商业贷款的利率："以贷款担保形式提供的资助，衡量方法与无担保的贷款相同，即通过在市场利率和实际支付的贷款利率之间进行比较。因为，提供贷款或担保等财政资助的政府，通常无力准确判定风险因素并进而确定适当的市场利率。"[①]

但是，"在政府提供贷款担保的情况下，第 14 条 c 款并未像 b 款那样，要求与企业可以实际从市场上获得的贷款进行比较。"[②] 从 WTO 反补贴案件中条约解释的实践[③] 来看，上述观点可以成立，因为专家组和上诉机构在解释 SCM 协定时是不可以随意添加或者删除词语的。欧盟《第 597/2009 号条例》第 6 条 c 款、美国《1930 年关税法》第 771（5）(E)(iii) 节的规定，基本与 SCM 协定第 14 条 c 款相同，但美国商务部《反补贴最终法规》第 351 部分第 506 节明确要求基准贷款需为"（企业）可以实际从市场上获得的"。

但是，如前所述，上诉机构在美国反倾销反补贴税案中认为"（企业）可以实际从市场上获得的"仅表示"对借款人的风险评估"，即表示借款人的资信状况须符合获得基准贷款的条件，而不要求基准贷款必须是受益人"已经"获得的贷款。[④] 而如果某项贷款是借款人没有资格获得的，那么将此项贷款作为衡量借款人是否因政府担保而获益的基准贷款，这显然是不合理的。

简言之，衡量政府贷款担保的基准贷款，也应当是"企业可以实际从市场上获得的"。

（二）作为比较基准的"无政府担保的贷款"，究竟是指"无任何担保"，还是指"无政府担保"却可以有"商业担保"

假设企业支付政府担保贷款的利息，与支付存在商业担保的商业贷款的利息相同，是否就不能认定政府担保授予了"利益"？但如果企业为了获得政府担保所支付的成本，低于企业获得商业担保的成本呢？在欧共体 DRAM 芯片反补贴措施案中，专家组提出：

"我们认为，政府担保情形下的利益判定问题，可以根据个案情形，从不止一个的角度进行分析……根据我们就 SCM 协定第 1 条第 1 款的利益，应放在市场中来判

---

① Conor Quigley, Anthony M. Collins, *EC State Aid Law and Policy*, Portland : Hart Publishing, 2003, p.40.
② Petros C. Mavroidis, Patrick A. Messerlin and Jasper M. Wauters, *The Law and Economics of Contingent Protection in the WTO*, Cheltenham, UK ; Northampton, Massachusetts, USA : Edward Elgar, 2008, footnote 68, p.225.
③ 蒋奋："WTO 反补贴案件中条约解释方法实证研究"，《中国人民大学书报资料中心复印报刊资料·国际法学》2012 年第 6 期，第 38~45 页。
④ Appellate Body Report on *US — Anti-Dumping and Countervailing Duties*, WT/DS379/AB/R, para.480.

定的一般理解,我们看到了其中一个可能的利益判定方法,即比较政府担保与可比的商业担保。结合个案具体情况,如果政府因提供担保所收取的费用,低于市场价格,那就存在补贴利益。"[1]

专家组上述意见中的"政府因提供担保所收取的费用",以及企业为获得商业担保所应支付的"市场价格",应理解为第14条c款最后一句话中的"调整任何费用差别。"如果企业不是无偿获得政府担保,那么企业为获得政府担保而支付的成本,会抵销企业因获得政府担保而获得的利益。《欧委会指导规范》第E(c)节也规定,如果获得政府担保,对于企业而言是很困难和不现实的,那么企业是否获得利益,按以下两种方式衡量,而利益数额以较低者为准:(1)企业为获得担保本应支付的费用和实际支付的费用之间的差额;(2)企业支付的政府担保贷款的利息和无政府担保贷款的利息之间的差额。当企业以零成本获得政府担保时,利益的数额是企业支付政府担保贷款和无政府担保贷款的利息差额。[2]美国商务部《反补贴最终法规》第351部分第506节的态度也类似,即"贷款担保带给企业的利益,是指企业因贷款担保而实际节省的开支"。[3]

因此,判定"政府提供贷款担保"是否授予利益,不仅要审查企业因获得政府担保而得到的利益,也要审查企业因此而支付的成本。加拿大飞机信贷和担保案专家组对此阐述得十分清晰:

"在我们看来,以及考虑到第14条c款提供的上下文指导,当企业获得魁北克投资计划项下贷款担保时,为获得贷款所支付的成本,与企业在没有魁北克投资计划项下贷款担保时,为获得可比商业贷款所需要支付的成本,两者存在差异时,我们认为魁北克投资计划项下贷款担保授予了'利益'。在这种情况下,利益数额应为调整[获得各项担保所需要支付的]费用差异后,上述两个成本的差额。"[4]

(三)担保人实际承担担保责任,是否影响利益判定

SCM协定并未涉及这个问题。《欧委会指导规范》第E(c)节规定,如果政府遵循商业规则来提供担保的,那么,在企业支付了获得担保的合理费用的情况下,即便最终担保人实际承担了担保责任,都不能据此认为担保构成补贴。欧盟内部国

---

[1] Panel Report on *EC-Countervailing Measures on DRAM Chips*, WT/DS299/R, para.7.189.
[2] Van Bael & Bellis, Anti-dumping and Other Trade Protection Laws of the EC, Hague: Kluwer Law International, 2004, Fourth Edition, p.549.
[3] Gregory W. Bowman, Nick Covelli, David A.Gantz, Ihn Ho Uhm, *Trade Remedies in North America*, Alphen aan den Rijn: Kluwer Law International, 2010, p.121.
[4] Panel Report on *Canada-Aircraft Credits and Guarantees*, WT/DS222/R, para.7.398.

家资助法的实践亦同:"如果借款人支付的利息低于市场价格,那么在担保提供时借款人就获得了利益,而不取决于担保人是否实际承担担保责任。"[①] 美国商务部《反补贴最终法规》第 351 部分第 506 节则规定,企业从政府担保中获得利益的时间点,是企业本应当支付贷款利息的时间。这也从另一个角度说明,担保人是否实际承担担保责任,与关于政府担保的利益判定无关。

(四)政府担保的商业化运营,是否可以直接证明无利益授予

SCM 协定也没有涉及这个问题,但欧美均对此持肯定态度。《欧委会指导规范》第 E(c) 节规定,企业为获得担保而支付的费用,如果足以使政府的担保计划进行商业化运营,即足以涵盖担保人的成本和合理利润的话,那么政府担保就会被视为遵循了商业规则而不构成补贴。美国商务部《反补贴最终法规》第 351 部分第 506 节也规定,如果能证明股东为公司担保是商业惯例的话,那么,政府以股东身份为国有企业提供担保,不视为给企业带来利益。

四、结 语

在美国反倾销反补贴税案中,上诉机构支持了美国商务部在非公路用轮胎调查案中关于中国国有商业银行是公共机构的认定。[②] 鉴于中国企业获得国有商业银行贷款是非常普遍的现象,研究贷款类财政资助的利益衡量基准,对于维护中国出口利益而言更具理论意义与实践价值。本文就此作简要梳理,以期引玉之效。

---

① OJ 2000 L71/14. Conor Quigley, Anthony M. Collins, *EC State Aid Law and Policy*, Portland : Hart Publishing, 2003, p.39.

② Appellate Body Report on *US — Anti-Dumping and Countervailing Duties*, paras.347-356. 有关"公共机构"的认定,蒋奋:"美国反倾销反补贴税案中'公共机构'解释之评述",载于顾春芳主编:《第七届贸易救济与产业安全研究奖获奖论文集》,中国商务出版社 2013 年版,第 160~171 页。

国际税收机制的变革：
经济全球化和区域一体化背景下的思考

张智勇[*]

摘 要：经济全球化和区域一体化已是当今世界经济的显著特征，国际上也存在着多边的贸易和货币金融体制。但是，所得税领域的国际合作机制仍以双边为基础。双边税收协定难以应对经济全球化和区域一体化下的税收问题。目前，区域或多边的税收机制正在形成之中。我国在入世之前就开始签订双边税收协定，并在2007年后也开始重新谈判一些税收协定以适应我国经济的发展和变化。不过，我国税收协定的完善还应与全球经济和我国推动自由贸易区建设的战略结合起来。我国应在完善双边税收机制的基础上，构建区域性的税收机制，并积极参与多边税收制度的构建。

关键词：国际税收协定；OECD 范本；经济全球化；区域一体化；税基侵蚀与利润转移

二战后的布雷顿森林体系奠定了当今国际贸易和货币金融领域多边体制的基础。不过，所得税领域的国际合作机制仍以双边为基础。在经济全球化和区域经济一体化的背景下，多边或区域性的税收合作机制正在形成之中。我国自 2001 年成为 WTO 的成员后，已与世界经济融为一体。此外，我国也正在与相关经济体推动自由贸易区的建设。因此，本文拟对国际税收机制的发展和变化进行探究，并探讨我国的应对之策。

一、问题的提出

1995 年开始运行的世界贸易组织（WTO）不仅延续了 1947 年关贸总协定（GATT）消除货物贸易壁垒的实践，还把服务贸易纳入了其统辖范围并致力于推动

---

[*] 张智勇，北京大学法学院副教授。

服务贸易自由化。与此同时，多边贸易体制也允许其成员通过区域贸易安排（比如自由贸易区或关税同盟）来进一步实现区域内的贸易自由化。自20世纪90年代以来，以自由贸易区为主要表现形式的区域贸易安排呈现了迅猛发展的态势。这些区域贸易安排不仅对其成员进一步开放了市场，也涉及了WTO体制目前并不调整的投资自由化的内容。

在国际资本流动方面，发达国家和一些发展中国家也纷纷解除资本流动管制，金融市场日趋全球化。比如，经合组织（OECD）的资本自由化守则（Code of Liberalisation of Capital Movements）要求OECD成员国逐步消除彼此之间对资本流动的限制；《欧洲联盟运行条约》第63条禁止在成员国之间、成员国和第三国之间实施支付和资本流动的任何限制。

经济全球化和区域一体化为贸易和投资的跨境流动创造了条件。不过，目前并不存在超国家的政府或国际税收组织，各国依然保留税收主权。各国所得税制所导致的双重征税和税收差别待遇对于贸易和投资的自由流动也具有壁垒作用。由于WTO体制和区域一体化安排都不干涉其成员的所得税制，[1]为了消除双重征税和税收差别待遇，各国的通常做法是通过订立双边的避免双重征税协定（以下"税收协定"）来处理。现实中的税收协定多受OECD税收协定范本（以下"OECD范本"）的影响，[2]其处理双重征税和税收差别待遇的机制如下：

在各国普遍同时主张居民税收管辖权和来源地税收管辖权时，[3]一国的居民纳税人可能面临三种类型的法律性双重征税[4]，即：居民管辖权和居民管辖权重叠导致的双重征税；居民管辖权和来源地管辖权重叠导致的双重征税；来源地管辖权和来源地管辖权重叠导致的双重征税。对于居民管辖权重叠导致的双重征税，税收协定的做法是由一国来行使居民税收管辖权。[5]此时仍存在双重征税，但转化为居民管辖权和来源地管辖权重叠导致的双重征税。对于此类双重征税，税收协定首先在缔约国之间划分征税权。如果征税权划归居住国或来源地国单独享有，就从根本上消除了双重征税；如果征税权划归两国共享，则对来源地管辖权进行适当限制，并由居住国采取

---

[1] 上诉机构在美国FSC案中指出，WTO没有强迫一个成员选择某种税收体制。WTO成员原则上可基于其主权对任何种类的收入课税或免税。参见上诉机构报告（WT/DS108/AB）第90段。

[2] 除了OECD范本外，联合国税收协定范本（以下"UN范本"）主要供发展中国家和发达国家间缔结税收协定时参考，但其体例与OECD范本类似，只是在个别条款中更加维护发展中国家的税收利益。除非另有说明，本文以OECD范本（2014版）为例来阐述税收协定的相关内容。

[3] 在居民税收管辖权下，居民要就其境内外全部所得向其居住国纳税；在来源地管辖权下，非居民只就其来源于当地的所得向该国纳税。

[4] 按照OECD的定义，法律性双重征税是指两个或两个以上的国家或地区对同一纳税人的同一课税对象在同一征税期内征收同一或类似种类的税。参见OECD税收协定范本注释引言部分第1段。

[5] 比如，对于同时为缔约国双方居民的公司，OECD范本第4条第3款的处理方式为只将该公司认定为其有效管理机构所在国的居民。

免税法或抵免法消除双重征税。[1]

各国税制还可能给予非居民低于从事类似经济活动的居民的税收待遇。为此，税收协定中有专门的"无差别待遇"条款予以应对。OECD范本第24条的"无差别待遇"就包括国籍无差别、常设机构无差别，扣除无差别和资本无差别等内容。[2]

因此，税收协定的上述机制能够促进商品、劳务的交换和资本、人员的流动，这与自由贸易的目标是相吻合的。NAFTA的实践也表明了税收协定对于自由贸易的重要性。NAFTA于1994年1月1日开始运行。在此之前，为了参加NAFTA，墨西哥也与加拿大和美国谈判了税收协定。墨西哥和加拿大的税收协定于1992年1月1日生效，墨西哥和美国的税收协定于1994年1月1日生效。[3]

不过，税收协定的上述机制也存在不足之处：

税收协定无法解决两个来源地管辖权重叠所导致的双重征税。这种来源地管辖权的重叠实际上涉及三个国家。[4]但是，税收协定一般是双边的，而且适用于至少是缔约国一方居民的纳税人。[5]对于居民管辖权和来源地管辖权重叠导致的双重征税，税收协定要求居住国采取免税法或抵免法。但是，免税法或抵免法的具体适用仍离不开缔约国的国内法。[6]在适用国内法时，仍可能出现双重征税问题。[7]

税收协定的无差别待遇条款是以居民和非居民的划分为前提的，也承认一国基于民事地位、家庭负担给予本国居民的任何扣除、优惠和减免可不给予非居民。[8]无差别待遇条款主要解决来源地国给予非居民的待遇，但不涉及居住国对本国居民境

---

[1] 以缔约国一方的居民公司收取的来源于缔约国另一方的股息为例，OECD范本第10条第1款和第2款将该笔股息的征税权划归居民国和来源地国共享，但限制了来源地国的征税税率。居民国则应根据第23条对居民收取的股息在来源地国实际缴纳的税款予以抵免。

[2] 国籍无差别是指缔约国一方国民在缔约国另一方的税收，不应比缔约国另一方国民在相同情况下的负担更重。常设机构无差别指缔约国一方企业在缔约国另一方的常设机构的税负，不应高于进行同样活动的该另一国企业。扣除无差别指缔约国一方企业支付给缔约国另一方居民的利息、特许权使用费等款项，在确定该企业的纳税所得时，应与在同样情况下支付给本国居民一样扣除。资本无差别指缔约国另一方居民所拥有或控制的缔约国一方企业的税负，不应比该缔约国一方同类企业更重。

[3] See Arthur J. Cockfield, *NAFTA Tax Law and Policy*: *Resolving the Clash between Economic and Sovereignty Interests*, University of Toronto Press 2005, p.51.

[4] 来源地管辖权重叠导致的双重征税在国际税法上被称为三角情况。有关三角情况的详细阐述，参见[美]罗伊·罗哈吉：《国际税收基础》，林海宁、范文祥译，北京大学出版社2006年版，第591~596页。

[5] 参见OECD范本第1条。

[6] 就税收协定和国内法的关系来讲，税收协定的主要目的在于分配征税权并尽量消除双重征税；而纳税人税负的认定和计税方式则由国内法规定。参见，[美]罗伊·罗哈吉，第40页。

[7] 比如，一国采取限额抵免法时,居民纳税人在境外缴纳的全部税款并不能全部得到抵免。实行免税法的国家可能并不将本国居民的全部境外所得都视为能够享受免税待遇的境外所得。

[8] 参见OECD范本第24条第3款。

外所得的歧视。[1] 此外，税收协定的无差别待遇是类似于国民待遇，缺乏最惠国待遇的内容。也就是说，一国可以在与不同国家的税收协定中给予来自这些国家的服务或投资以差别待遇。

因此，尽管在贸易领域存在着多边机制，而且区域一体化安排也以进一步促进贸易和投资的自由流动为宗旨，但当前的税收协定仍以双边为主，难以应对企业在多国经营所面临的重复征税和税收差别问题。此外，各国税法的差异、漏洞以及税收协定之间的优惠差异也为纳税人跨国避税提供了条件。在全球化背景下，各国以及区域一体化组织还都面临如何平衡经济自由化和反避税之间的矛盾。为了吸引外国投资，各国也会竞相降低或免除支付给非居民的消极投资所得的预提税，或给予外国直接投资以税收激励。一国（特别是发展中国家）可能基于吸引外资和担心资本外流的考虑而对特定的避税安排进行容忍，因为资本可以流向反避税制度并不完善或并不严厉的国家。

此外，随着信息和通信技术的发展，人类进入了数字经济时代。在数字经济时代，科技的发展改进了传统的交易方式，也创造了新的商业模式。但是，现行国际税法规则并没有跟上数字经济的步伐。现行国际税法规则起源于20世纪20年代，当时的国际经济活动远不如今天频繁，国际贸易也以货物贸易为主。比如，在传统商业模式下，企业的跨境经营活动可能需要在境外设立商业存在。但是，数字经济使得企业与境外客户通过网络进行远程交易成为可能，从而降低了设立商业存在的必要性，特别是企业通过网络对境外客户销售通过下载即可交付的产品或服务时。在这种情况下，税收协定关于常设机构的规则就无法适用。[2]

因此，在经济全球化和区域一体化的时代，以双边税收协定为主要方式的国际税收机制需要变革。

二、国际税收机制的变革

近年来，以双边税收协定为主要方式的国际税收机制正在经历变革，多边或区

---

[1] 这意味着如果一国居民公司有来源于境外的所得，其税负比应税所得相同但所得只来自于境内所得的居民公司更重时，税收协定是不予以管辖的。限额抵免消除双重征税不彻底的情况即为一个例证。税收协定对这种情况是作为消除双重征税措施的正常结果对待，并不将其视为一种歧视。See Alvin C. Warren Jr., "Income Tax Discrimination against International Commerce", *54 Tax Law Review* (2001).

[2] 以OECD范本第5条和第7条为例，一国要对另一国企业的营业利润征税需要另一国企业在该国有常设机构（permanent establishment, PE）为前提，其征税范围也可以归属到该常设机构的所得为限。常设机构包括企业从事全部或部分营业活动的固定场所（fixed place）和非独立地位的代理人（agency PE）。但是，在数字经济环境下，一国企业可以通过互联网或其他数字手段与另一国的客户进行交易，而无须设立常设机构。此时，客户所在国就无法对另一国企业由此取得的营业利润课税。尽管在传统经济模式下，一国企业也可通过不在客户所在国设立常设机构来避免其营业利润向当地缴税，但数字经济环境下，企业不在境外设立常设机构的可能性将大大增加。客户所在国对企业的营业利润主张来源地管辖权就失去了连接点。

域的税收合作机制正在形成之中。这体现在：

（一）区域一体化安排开始重视缔结区域性的多边协定

多边协定更利于消除多个税收管辖权重叠所导致的重复征税，也能够消除竞争扭曲，降低税收因素对决策投资地点的影响。[①]现实中也有多边税收协定的例子。

比如，1983年，丹麦、芬兰、冰岛、挪威和瑞典等国家缔结了北欧税收协定。北欧税收协定的成员目前并不存在一个它们之间的区域安排，但它们历史上都是欧洲自由贸易联盟的成员。该协定在处理多个税收管辖权重叠所导致的双重征税时具有优势。[②]

再比如，加勒比共同体曾于1973年订立了一个多边税收协定。1994年，加勒比共同体成员国签订了新的税收协定来取代1973年的协定。2010年11月，东非共同体部长理事会通过了东非共同体税收协定。南部非洲发展共同体《关于税收和其他事项合作的谅解备忘录》第5条也明确提出：成员国应形成它们之间以及它们与第三国之间谈判税收协定的共同政策，并制定一个税收协定范本。2012年，中部非洲经济与货币共同体就其税收协定范本进行了审议。

对于没有缔结多边税收协定的区域一体化安排来讲，有的也在其双边税收协定之间引入了最惠国待遇条款。据统计，包含最惠国待遇条款的税收协定有将近600个。[③]再以 NAFTA 为例。在 NAFTA 的三个缔约方（美国、加拿大和墨西哥）之间的双边税收协定中，在来源地国对特许权使用费的预提税税率方面，美国和加拿大的税收

[①] See UNCTAD, *TAXATION*, UNCTAD series on issues in international investment agreements, UNCTAD/ITE/IIT/16, 2000, p.29.

[②] 假设冰岛一家公司支付的股息与一家瑞典公司在挪威的常设机构存在有效联系。如果冰岛和瑞典之间签订有类似 OECD 范本的税收协定，根据 OECD 范本第10条第2款，冰岛对瑞典公司取得的股息可以主张来源地管辖权。不过，由于常设机构在挪威，在股息与常设机构存在有效联系时，挪威也可根据其国内法将股息归属到常设机构的所得予以征税。这样，瑞典公司收取的股息就面临冰岛和挪威两个来源地管辖权的主张。就冰岛和瑞典的税收协定来讲，第10条第2款并没有对此提供解决方案。当挪威和瑞典也签订有 OECD 范本那样的税收协定时，第10条也不能适用，因为该条适用于缔约国双方居民之间的股息支付，而没有规定股息来自第三国的情况。不过，根据 OECD 范本第21条第1款的规定，缔约国一方居民的各项所得，不论来源于何地，只要该税收协定未做规定的，只应由该居民国征税。因此，瑞典可根据该规定独享股息的征税权，挪威不能主张管辖权。但是，根据第21条第2款的规定，如果收取股息的人为缔约国一方居民，通过设在另一缔约国的常设机构营业，且以支付股息的权利与常设机构存在有效联系时，常设机构所在国仍可主张来源地管辖权并根据税收协定第7条来征税。因此，在冰岛公司支付的股息与在挪威的常设机构有有效联系时，挪威仍可根据其与瑞典的税收协定对该股息征税。根据北欧税收协定第10条的规定，如果股息的受益所有人是缔约国一方居民，通过设在其居住国以外的缔约国的常设机构营业，且支付的股息与常设机构有有效联系时，股息应由其常设机构所在国根据常设机构的规定征税。根据这一规定，冰岛不再主张来源地管辖权而由挪威主张来源地管辖权。See Nils Mattsson: "Multilateral Tax Treaties—A Model for the Future", *INTERTAX*, Vol. 28, Issue8/9, 2000.

[③] 比如，日本和荷兰1970年的税收协定曾规定：荷兰和日本政府同意，当日本与其他 OECD 成员国签订税收协定，且日本对于利息、股息和特许权使用费的来源征税税率低于荷兰和日本协定的税率时，两国政府将重新审查本协定条款以便给予同等待遇。See Ines Hofbauer, "Most-Favoured-Nation Clauses in Double Taxation Conventions—A Worldwide Overview", *INTERTAX*, Vol.30, Issue 10, 2005.

协定规定不超过 10%，加拿大和墨西哥的税收协定规定不超过 15%，美国和墨西哥的税收协定规定不超过 10%。由于加拿大和墨西哥的税收协定中有关于此项所得预提税税率的最惠国待遇条款，加拿大和墨西哥之间的预提税税率就因此降低到了不超过 10%。如果没有最惠国待遇条款，加拿大和墨西哥之间就需要通过重新谈判税收协定来改变预提税税率。[①]

（二）欧盟的超国家机制

欧盟不仅建立了一个货物、服务、资本和人员自由流动的内部市场，而且28个成员方中有18个采用了单一货币欧元。为了统一的内部市场的运行，《欧洲联盟运转条约》在立法机制和司法保障方面也呈现了超国家的特点。

在立法方面，《欧洲联盟运转条约》第2条规定，在欧盟享有专有权限的领域，只有欧盟能够制定立法和通过具有约束力的法律文件，成员国只能在欧盟授权时或为实施欧盟立法才能采取立法行动。在成员国和欧盟共享权限的领域，欧盟和成员国都可制定立法，但成员国应在欧盟没有行使其权限或欧盟决定停止行使其权限时立法。[②]

在司法方面，欧盟法院（Court of Justice of the EU）可就成员国、欧盟机构、自然人和法人根据《欧洲联盟运行条约》提起的相关诉讼作出裁决。欧盟法院还根据《欧洲联盟运行条约》第267条的先行裁决程序（preliminary ruling）就《欧洲联盟条约》和《欧洲联盟运行条约》的解释，以及欧盟机构法律文件的效力和解释作出裁决。[③] 欧盟法院在先行裁决程序下就欧盟法作出的解释对提起该程序的成员国法院有约束力。同时，欧盟法院还发展了其判决的先例效力，使其关于欧盟法的解释对其他成员国法院也有约束力。此外，欧盟法院成分发挥了其司法能动性（judicial activism），创立了直接效力原则、最高效力原则等新的法律概念，使欧盟法具有了超

[①] See Arthur J. Cockfield, *NAFTA Tax Law and Policy: Resolving the Clash between Economic and Sovereignty Interests*, University of Toronto Press 2005, p.57.

[②] 在立法的种类上，《欧洲联盟运行条约》第288条规定，欧盟机构有权制定规则（regulation）、指令（directive）、决定（decision）、建议（recommendation）或意见（opinion）等二级立法（secondary legislation）。规则具有普遍适用性，它的各部分都具有约束力，并在成员国直接适用。指令在其要达到的目标上对该指令指向的成员国有约束力，但成员国有权自行决定为实现指令的目标所采用的方式或方法。决定的各部分对决定的接受者有约束力。建议和意见没有法律约束力。尽管建议和意见没有约束力，但仍然是一种法律文件（legal act），它们仍然产生政治和道义上的影响，至少希望其指向的对象能够自愿履行。同时，建议和意见也能够产生间接的法律效力（indirect legal effect），特别是当它们作为具有法律约束力的立法文件的前身时。

[③] 先行裁决程序是成员国法院在审理案件时就涉及欧盟法解释的问题请求欧盟法院予以裁决的程序。先行裁决程序对欧盟法院来讲是一个独立的司法程序，而相对于成员国法院而言，则是其具体案件审理中的一部分。成员国法院在案件审理中涉及欧盟法的解释时，可自主决定是否提起先行裁决程序，如果该法院认为案件涉及的欧盟法的问题是其作出判决所必需的。如果根据国内法，法院的裁决对于当事人来讲没有其他的司法救济途径时，成员国法院必须将案件提交欧盟法院，请求欧盟法院作出解释。

国家性，成为自成一体（sui generis）的法律体系。[1]

不过，欧盟成员国依然享有所得税主权。欧盟企业在欧盟内的经营需要遵从众多成员国税法，双重征税增加了企业的负担，而成员国税法的差异也对市场造成了扭曲。[2]因此，欧盟一方面通过颁布指令来协调成员国所得税制，另一方面通过欧盟法院能动性地解释欧共体法来消除成员国所得税法中所造成存在的歧视。

比如，欧盟理事会以《欧洲联盟运行条约》第115条为法律依据颁布了一系列指令。[3]以母子公司共同税制指令为例，[4]母子公司指令的目的在于位于不同成员国的子公司分配母公司的股息等利润所得免除子公司所在国的预提税，并在母公司所在国消除双重征税。

由于《欧洲联盟运行条约》缺乏直接协调成员国所得税的条文，欧盟法院就借助于该条约中关于开业自由、服务提供自由、人员自由流动和资本自由流动的规则来消除成员国所得税法中的歧视措施。[5]欧盟法院在Wielockx案中指出：尽管所得税属于成员国权限，但成员国税收法律规范不能与自由流动规则相冲突，不能实施基于国籍的歧视措施。欧盟法院通过一系列判例拓展了税收无差别的含义：（1）突破了居民和非居民的界限，提高了给予非居民的税收待遇；[6]（2）禁止成员国歧视本国居民的境外投资所得或亏损。[7]

（三）OECD/G20的BEPS行动计划

OECD是税收领域的最重要的国际组织。尽管OECD成员多为发达国家，但非

---

[1] 直接效力（direct effect）是指欧盟法能够为个人创设可在成员国法院执行的权利。最高效力（supremacy）是指欧盟法的效力优于成员国的国内法。

[2] See Ben J.M.Terra & Peter J.Wattel, *European Tax Law*, 5th edition, Kluwer Law International, 2008, p.3.

[3] 《欧洲联盟运行条约》第115条规定："理事会应当根据特殊立法程序并在一致同意的基础上，在会商欧洲议会以及欧洲经济和社会委员会后，颁布协调成员国直接影响内部市场建立和运行的法律、法规或行政措施的指令"。

[4] 1990年，欧盟理事会颁布了位于不同成员国之间的母子公司共同税制的指令。该指令随后也经过几次修订。2011年11月，欧盟理事会对1990年的指令和后续的修订进行了重新编撰，发布了新的指令（Council Directive 2011/96/EU of 30 November 2011 on the common system of taxation applicable in the case of parent companies and subsidiaries of different Member States），1990年的指令被废止。

[5] 以开业自由（freedom of establishment）为例，《欧洲联盟运行条约》第49条（原《欧共体条约》第43条）的核心内容是：禁止对成员国国民在另一成员国境内的开业自由实施限制。禁止实施限制适用于任何成员国国民在任何成员国境内设立代表处、分支机构或子公司的情形。不仅针对其他成员国国民的限制不能采取，即使非歧视地对本国国民和其他成员国国民实施限制也不被允许。

[6] 在Schumacker案中，欧盟法院裁定非居民个人特定情况下可享受居民基于婚姻家庭的税收优惠。在Commission v. Italy案中，欧盟法院裁定一个成员国居民公司在另一成员国设立的常设机构也可享受该另一成员国给予该国居民的消除经济性双重征税的措施。在Saint-Gobain案中，欧盟法院将一个成员国与非成员国间的税收协定中的优惠扩展适用于非协定缔约国的欧盟成员国居民在该成员国的常设机构。

[7] 在Manninen案中，欧盟法院裁定成员国不得歧视居民从外国非居民公司获得的股息。在Marks & Spencer案中，欧盟法院裁定，在特定情况下，成员国不得拒绝居民公司以境外子公司的亏损冲抵母公司的利润。

OECD 成员也被邀请参与。2013 年 2 月，OECD 发布了《应对税基侵蚀和利润转移》的报告（Addressing Base Erosion and Profit Shifting，"BEPS 报告"）。OECD 将税基侵蚀和利润转移（Base Erosion and Profit Shifting，BEPS）界定为因纳税人人为降低其应纳税额和/或将其利润转移到税制更优惠地区的安排而导致的各国的税收流失。2013 年 7 月，OECD 发布了《应对税基侵蚀和利润转移的行动计划》（Action Plan on Base Erosion and Profit Shifting，"BEPS 行动计划"），也得到了 20 国集团（G20）的支持。2013 年 9 月，OECD 牵头设立 G20/OECD BEPS 项目。

BEPS 行动计划提出了 15 项应对 BEPS 的方案。[①] 在应对 BESP 的路径方面，除了完善国内法和国际税收协定之外，BEPS 行动计划还强调了发展多边的国际税收工具。OECD 2014 年的一份报告对发展多边工具的必要性和可行性进行了论证。该报告认为：[②] 现行双边税收协定有 3000 多个，即使将应对 BEPS 的措施以新的议定书的方式列在每个协定之后，如果其内容也存在差异的话，将加剧这方面的问题。多边工具能够避免众多税收协定的缔约国双方彼此谈判的繁琐程序，从而更有效率。多边工具能够提供一致性并有助于保证国际税收协定网络的持续可靠性，从而为跨国商业活动提供确定性。多边工具也并非以完全取代现行双边税收协定为目的，而是可以和双边协定体系并存。比如，对于多边工具和双边税收协定中内容相近条款的各自的适用范围，可以通过多边工具中的兼容条款或首要条款进行说明。再比如，对于双边税收协定中相关用语和条款的差异，可以通过优先适用多边工具中的统一性解释来解决。

当然，BEPS 行动方案下的多边税收工具将如何设计，还有待继续观察。不过，在税收情报交换和税收征管合作方面，多边机制已经开始确立。

在经济全球化和区域一体化的背景下，由于纳税人存在着跨国经营活动和所得，不论是为了正确适用税收协定和国内税法，或是应对纳税人的跨境逃税与避税，一国税务当局都需要获得纳税人境外经营活动和所得的相关情报。由于国际法不允许

---

① 这 15 项行动计划为：应对数字经济的税收挑战（行动计划 1）；消除混合错配安排的影响（行动计划 2）；强化 CFC 规则（行动计划 3）；避免利息扣除和其他金融工具支付侵蚀税基（行动计划 4）；更有效应对有害税收实践（行动计划 5）；防范税收协定滥用（行动计划 6）；防范纳税人规避常设机构地位来逃避来源国管辖权（行动计划 7）；强化转让定价调整机制，特别是防范关联企业通过在无形资产、风险和资本以及其他高风险交易方面的人为安排进行逃避税收的利润转移（行动计划 8~10）；建立收集和分析 BESP 数据并指导相应行动的方法和系统（行动计划 11）；强制要求纳税人披露恶意避税安排（行动计划 12）；完善转让定价调整中纳税人应提交资料的规则，提高透明度和减轻纳税人负担（行动计划 13）；建立更有效的税收争端解决机制（行动计划 14）；开发多边税收工具（行动计划 15）。BEPS 行动计划的附件 A 还列出了上述 15 项方案的行动时间表，共分三个阶段并在 2015 年底前全部完成：（1）第一阶段：2014 年 9 月底前完成行动计划 1、2、6、13 以及行动计划 5、8 和 15 的第一期工作；（2）第二阶段：2015 年 9 月前完成行动计划 3、4、7、9、10、11、12、14 的第一期工作，以及行动计划 5、8 的第二期工作；（3）第三阶段，在 2015 年底前完成行动计划 4、5 和 15 的最后工作。

② See OECD/G20 Base Erosion and Profit Shifting Project, *Developing a Multilateral Instrument to Modify Bilateral Tax Treaties：Action 15*, 2014 Deliverable, pp.11-26.

一个国家在未经其他国家允许的情况下在当地进行税务调查,[①]建立国际间的税收情报交换机制就至关重要。传统上的税收情报交换机制是规定在双边税收协定之中的。[②]鉴于税收协定的缔约方可能基于缔约国另一方常以银行保密或缺乏国内税收利益为理由予以拒绝,[③] OECD 开始在全球范围内倡导建立税收情报交换和透明度的标准,这些标准包括:提供与请求方国内税法的管理和实施可预见相关的情报;不以银行保密和缺乏国内税收利益为理由拒绝提供情报;确保主管当局有权获取情报以及情报的有效性;尊重纳税人权利;交换情报的严格保密。[④]OECD 范本也随后进行了修订,将这些新标准纳入新的第 26 条,并在 2008 年 10 月为联合国税收协定范本所接纳。OECD 在 2002 年也专门推出了以新标准为基础的税收情报交换协议范本。

不过,税收协定中的情报交换条款和专门的税收情报交换协议,都是以双边模式为基础的,并没有建立起情报交换的多边机制。OECD 和欧洲理事会的《多边税收征管互助公约》则是国际税收征管合作中最重要的多边法律基础。[⑤]该公约涉及的税收事务涉及情报交换、税款征收协助等多个方面。该公约具有相当于签署 1800 多个双边协定的效果。[⑥]

此外,2014 年 2 月,OECD 还推出了金融账户自动情报交换标准并制定了缔约方主管当局关于自动情报交换的协议范本。在 2014 年 5 月 6 日于巴黎召开的 OECD 理事会部长级会议上,OECD 的 34 个成员方和其他 13 个国家以及欧盟的代表在巴黎签署了《关于税收情报自动交换的宣言》,声明将实施 OECD 关于金融账户情报自动交换的标准。[⑦] OECD 标准的出台,有望在全球范围内建立税收情报交换的共同标准,这也能够避免不同标准的混乱和降低金融机构以及纳税人遵从税法的成本。

---

① [美]罗伊·罗哈吉:《国际税收基础》,林海宁、范文祥译,北京大学出版社 2006 年版,第 135 页。
② 比如 OECD 范本第 26 条。
③ 比如,日本和英国认为,当有关问题不涉及其自己的税收时,第 26 条的规定未使其负有代表缔约国一方承担调查的义务,这是因为实施这种调查与其国内法和行政惯例相悖。参见《OECD 税收协定范本注释》:国家税务总局国际税务司译,中国税务出版社 2000 年版,第 210 页。
④ See OECD, *Promoting Transparency and Exchange of Information for Tax Purposes:A Background Information Brief*, April 2010, para. 12.
⑤ 《多边税收征管互助公约》于 1988 年 1 月 25 日做成,1995 年 4 月 1 日生效。《公约》对欧洲理事会和 OECD 成员国开放。《公约》的目的是为缔约国之间在情报交换、税款征收等事务的相互协助方面建立共同的基础。在 OECD 关于情报交换的新标准出台后,2010 年 5 月 27 日,欧洲理事会和 OECD 通过了《关于修正公约的议定书》。修正后的《公约》体现了 OECD 倡导的标准。《公约》涉及的税收事务涉及情报交换、税款征收协助等多个方面。修正后的《公约》不仅供欧洲理事会和 OECD 的成员国签署,也对欧洲理事会和 OECD 成员国以外的国家开放。《议定书》已于 2011 年 1 月 6 日生效。
⑥ See OECD/G20 Base Erosion and Profit Shifting Project, *Developing a Multilateral Instrument to Modify Bilateral Tax Treaties:Action 15*, 2014 Deliverable, p.14.
⑦ OECD 的 34 个成员方是:澳大利亚、奥地利、比利时、加拿大、智利、捷克、丹麦、爱沙尼亚、芬兰、法国、德国、希腊、匈牙利、冰岛、爱尔兰、以色列、意大利、日本、韩国、卢森堡、墨西哥、荷兰、新西兰、挪威、波兰、葡萄牙、斯洛伐克、斯洛文尼亚、西班牙、瑞典、瑞士、土耳其、英国、美国。其他 13 个国家是:阿根廷、巴西、中国、哥伦比亚、哥斯达黎加、印度、印度尼西亚、拉脱维亚、立陶宛、马来西亚、沙特阿拉伯、新加坡和南非。

（四）关于双边、区域和多边机制的思考

在多边贸易体制下，区域贸易协定的发展导致了区域安排是多边体制的踏脚石还是绊脚石的争论。在税收领域，双边、区域和多边的税收机制应当是能够相辅相成的。

首先，避免双重征税协定与贸易协定货经济一体化协定不同，不涉及市场准入问题，而是以消除双重征税和税收差别待遇为目的，其谈判难度要低于贸易协定或一体化协定。就两个缔约方之间组成的区域一体化安排而言，双边税收协定更容易实现匹配。

其次，区域经济一体化也将从多边税收机制中受益。区域安排不可能全球经济割裂开来。由于区域贸易安排在其成员之间进一步开放了服务和投资的市场准入，跨国交易的当事人也有进行避税筹划的动因。或者说，BEPS 问题也同样存在于区域安排之中。因此，在区域贸易安排完善区域内应对 BEPS 机制的同时，全球的多边税收机制所营造的共同标准和公平竞争环境也有助于减少区域贸易安排由于经济开放而带来的税基侵蚀。

再次，区域安排的实践对于在全球范围内应对 BEPS 问题也有推动作用。比如，早在 1992 年，鲁丁委员会向欧盟委员会所做的报告就指出成员国税收差异导致了内部市场的扭曲，并建议：消除跨境所得双重征税；协调成员国的公司税；限制过度的税收竞争并使成员国税收激励措施更具透明度。[①] 因此，BEPS 行动计划的相关问题与区域贸易安排的税收协调是存在共同之处的。

此外，区域安排还可为多边税收机制的建立提供切入点。由于并不存在超国家的立法机构，要在全球范围内实现这一目标显然不具有现实的可行性。事实上，双边税收协定和 BEPS 行动方案提出的建议仍属于传统的政府间税收合作的方式。如果要对各国税制进行协调，可能的突破口仍在区域层面。

三、我国的情况

（一）我国的税收协定及其发展

我国和日本于 1983 年 9 月 6 日签署的税收协定是我国改革开放后对外缔结的第一个税收协定。迄今为止，我国共签订了 99 个避免双重征税协定，内地与香港和澳门还签订了避免双重征税的税收安排。

我国早期的税收协定主要是以 UN 范本为依据，有时也借鉴 OECD 范本。[②] 这些协定消除双重征税和税收差别待遇的机制与 OECD 范本大致相同，只是在来源地管辖权方面更多地参考了 UN 范本。比如：

对于两个居民管辖权重叠所导致的法律性双重征税，我国基本上采用了与 OECD

[①] See Ben J.M.Terra & Peter J.Wattel，p.190.
[②] 廖益新主编：《国际税法学》，北京大学出版社 2001 年版，第 145 页。

范本第 4 条和 UN 范本第 4 条一样的做法，即由一国主张居民管辖权。

在消除居民管辖权和来源地管辖权重叠所致的法律性双重征税方面，我国的税收协定也遵循了 OECD 范本和 UN 范本关于税收管辖权划分的机制。比如，在营业利润方面，以常设机构为连接点作为来源地管辖权的课税基础，并承认来源地的优先征税权。当然，在每个协定中，对于常设机构的认定有所差别。[①] 再比如，对于股息、利息和特许权使用费等消极投资所得，一般限制来源地的预提税税率，每个税收协定的具体税率限制也有所不同。[②] 在居民国方面，消除双重征税的做法以国内法为基础。我国一直采用抵免法，这在税收协定中也予以坚持。

除了法律性双重征税之外，国际间也存在经济性双重征税的问题。[③] 当各国对公司利润和股东股息同时都征收所得税时，一国居民纳税人来源于境外的股息将会面临经济性双重征税。虽然 OECD 范本对此没有规定，但我国的税收协定一般是通过间接抵免法来处理的。[④]

在消除税收差别待遇方面，我国的税收协定也有专门的"税收无差别待遇"条款，包括国籍无差别、常设机构无差别，扣除无差别和资本无差别等内容。

不过，我国缔结的一些税收协定已经有了差不多 30 年的历史。在这 30 年间，国际经济格局和我国的经济状况发生了很大变化，我国的国内税法也进行了整合，国际间的税收协定也不断发展，我国早年的税收协定已经无法适应新的形势。因此，以我国和新加坡 2007 年的税收协定为起点，我国已经与英国、比利时、德国、丹麦、芬兰、荷兰、瑞士、马耳他、俄罗斯、法国等国签订了新的税收协定。这些重新签订的税收协定具有以下特点：

1. 使税收协定与我国国内税法更好地衔接

在企业所得税方面，我国 2008 年之前实行内外资企业分别立法的做法。自 2008 年 1 月 1 日起施行的《企业所得税法》实现了内外资企业所得税法的统一。在《企

[①] 比如，在准备性或辅助性的场所不列为常设机构和营业代理人列为常设机构方面，我国是参照两个范本来与对方商定，早期的税收协定基本采用了 OECD 范本。在独立地位代理人方面，有的协定（比如我国和马来西亚的协定）采用了 UN 范本。参见王选汇：《避免双重征税协定简论》，中国财政经济出版社 1987 年版，第 47~51 页。

[②] 以股息为例，我国和马来西亚的税收协定第 10 条第 2 款规定："中国居民公司支付给马来西亚居民的股息，可以按照中国法律在中国征税。但是，如果该项股息的受益所有人是马来西亚居民，则所征税款不应超过该股息总额的 10%"。根据我国和泰国的税收协定第 10 条第 2 款的规定，如果股息的受益所有人是公司，则收款人直接持有该支付股息公司至少 25% 的股份时，则所征税款不应超过股息总额的 15%，其他情况下为该股息总额的 20%。

[③] 经济性双重征税是指两个或两个以上的国家对属于不同纳税人的来源于同一税源的课税对象在同一征税期内征税。See Arnold A. Knechtle, *Basic Problems in International Fiscal Law* (translated from the German by W. E. Weisflog), Kluwer 1979, p.31.

[④] 比如，根据我国与新加坡 2007 年的税收协定第 22 条第 2 款，新加坡对新加坡居民从中国取得的所得在中国缴纳的税款予以抵免。当该项所得是中国居民公司支付给新加坡居民公司的股息，同时该新加坡公司直接或间接持有中国居民公司不少于 10% 的公司股本的，抵免应考虑支付该股息公司就据以支付股息部分的利润所缴纳的中国税收。

业所得税法》施行后,以当时的国内法为基础的早期税收协定就会出现一些问题。比如,对于同时为缔约方双方居民的企业的身份的认定方面,1985年的中德税收协定第4条第3款规定:"除自然人外,同时为缔约国双方居民的人,应认为是其总机构所在缔约国的居民"。这是与当时的《中外合资经营企业所得税法》和后续的《外商投资企业和外国企业所得税法》相衔接的。① 但是,《企业所得税法》放弃了总机构标准,改为采用注册地和实际管理机构所在地标准认定企业的居民身份。在这种情形下,就可能产生大量根据国内法可以被为中国居民纳税人但又不构成协定意义上的"居民"的德国企业,导致其无法享受协定的优惠。② 因此,2014年的新中德税收协定第4条第3款修改为:"除个人以外,同时为缔约国双方居民的人,应认为仅是其实际管理机构所在国家的居民"。

再比如,我国早期的税收协定对于缔约国一方取得的缔约国另一方居民公司支付的股息以间接抵免,但持股比例的要求为10%。不过,《企业所得税法实施条例》的持股比例为20%,因此,新税收协定也将持股比例提高到了20%。③

2. 在税收管辖权方面逐渐向 OECD 范本靠拢

在早期的税收协定谈判中,我国倾向于参照相对照顾来源地征税权的UN范本。比如,对于税收协定未就管辖权在居民国和来源地国之间划分的"其他所得",我国坚持来源地国要有征税权,不接受由取得者为其居民的国家独占征税权。④ 不过,在新税收协定中,我国的态度发生了转变,采用了对其他所得由居民国独享征税权的做法。⑤

---

① 《中外合资经营企业所得税法》第1条第2款规定:"合营企业在中国境内和境外的分支机构,从事生产、经营所得和其他所得,由总机构汇总缴纳所得税"。《外商投资企业和外国企业所得税法》第3条规定:"外商投资企业的总机构设在中国境内,就来源于中国境内、境外的所得缴纳所得税。外国企业就来源于中国境内的所得缴纳所得税"。

② 刘剑文:"《中德税收协定》的现状与发展趋势",《现代法学》2012年第2期。

③ 以中法税收协定为例,根据1984年的协定第22条,在中国方面,中国居民从法国取得的所得,按照本协定在法国缴纳的税收,可以在对该居民征收的中国税收中抵免。但是,抵免额不应超过对该项所得按照中华人民共和国税法和规章计算的中国税收数额。中国居民公司从法国取得的所得、法国居民公司支付的股息,如果该中国居民公司拥有支付股息公司股份不少于10%的,该项抵免应考虑支付该股息的公司就该项股息缴纳的。中法2013年的新税收协定第23条则规定,从法国取得的所得是法国居民公司支付给中国居民公司的股息,并且该中国居民公司拥有支付股息公司股份不少于20%的,该项抵免应考虑支付该股息公司就该项所得缴纳的法国税收。

④ 王选汇:《避免双重征税协定简论》,中国财政经济出版社1987年版,第10~11页。

⑤ 以我国和德国的税收协定为例。1985年的协定第21条(其他所得)第1款和第2款规定,缔约国一方居民的各项所得,凡本协定对上述各条未作规定的,应仅在该缔约国一方征税。不过,该条第2款规定了常设机构例外,即:该协定第6条第2款规定的不动产所得以外的其他所得,如果所得的收款人为缔约国一方居民,通过设在缔约国另一方的常设机构在该缔约国另一方进行营业,或者通过设在缔约国另一方的固定基地在该缔约国另一方从事独立个人劳务,据以支付所得的权利或财产与该常设机构或固定基地有实际联系,不适用第21条第1款的规定。在这种情况下,应视具体情况适用第7条或第14条的规定。同时,第21条第3款仍强调,尽管有第1款和第2款的规定,缔约国一方居民的各项所得,凡本协定上述各条未作规定,而发生在缔约国另一方的,可以在该缔约国另一方征税。2014年的新协定第21条则删除了旧协定第21条的第3款,并将旧协定第21条第1款修改为:"由缔约国一方居民取得的各项所得,不论发生于何地,凡本协定上述各条未作规定的,应仅在该缔约国一方征税"。不过,旧协定第21条第2款仍予以保留。这与OECD范本第21条也是一致的。

之所以发生这样的变化，一个主要原因在于随着我国经济的发展，我国的海外投资也日益扩大，我国作为居民国的税收利益也需要维护。在这种背景下，参考 OECD 范本也就顺理成章了。①

除了注重居民管辖权之外，在来源地管辖权方面，由于吸引外资依然是我国的既定国策，我国在新的税收协定中作出了进一步降低预提税税率的规定，②也提高了常设机构的门槛。③

由于税收协定的上述规定适用于缔约国双方的居民，这意味着我国居民在税收协定的缔约国另一方开展经营活动或取得所得时，也要遵守同样的规定，但同时也享受同样的更优惠的待遇。

3. 重视反避税机制的完善

2008 年的新《企业所得税法》第六章"特别纳税调整"确立了我国的反避税法律制度。我国在新的税收协定之中也同样重视反避税机制的完善。这体现在：

首先，增加了反避税条款。税收协定的反避税条款可以分为两类：一是明确缔约方国内反避税规则的法律地位；④二是缔约方可以基于税收协定的反避税条款防范纳税人避税。⑤

其次，在税收情报交换方面，我国的新税收协定也纳入了 OECD 倡导的新标准。⑥

---

① 比如，我国和比利时的新税收协定主要参考了 OECD2008 年的范本。参见，Stibbe China Newsletter, *New tax treaty between Belgium and China enters into force today*, 25 January, 2014, at：http：//www.stibbe.com/en/news/2014/january/hk-new-tax-treaty-between-belgium-and-china-enters-into-force, 2015 年 4 月 29 日访问。

② 比如，我国和比利时 1985 年的税收协定第 10 条规定：缔约国一方居民公司支付给缔约国另一方居民的股息，可以在该缔约国另一方征税。然而，这些股息也可以在支付股息的公司是其居民的缔约国，按照该国法律征税。但是，如果该股息实际受益人是缔约国另一方居民，则所征税款不应超过该股息总额的 10%。2009 年的新协定第 10 条规定：缔约国一方居民公司支付给缔约国另一方居民的股息，可以在该缔约国另一方征税。然而，这些股息也可以在支付股息的公司是其居民的缔约国一方，按照该缔约国一方的法律征税。但是，如果股息受益所有人是缔约国另一方居民，则所征税款：（1）在受益所有人是公司（合伙企业除外），并在支付股息前至少连续 12 个月内曾经直接拥有支付股息的公司至 25% 资本的情况下，不应超过股息总额的 5%；（2）在其他情况下，不应超过股息总额的 10%。

③ 比如，我国和德国 2014 年的新税收协定第 5 条第 3 款将建筑工地，建筑、装配或安装工程，或者与其有关的监督管理活动构成常设机构的门槛由旧协定中以该工地、工程或活动连续超过 6 个月提高到 12 个月。

④ 比如，我国和新加坡 2007 年的新税收协定第 26 条规定："本协定并不妨碍缔约国一方行使其关于防止规避税收（不论是否称为规避税收）的国内法律及措施的权利，但以其不导致税收与本协定冲突为限"。这就明确了适用国内反避税措施的法律基础。在此之后，我国其他的新税收协定也增加了类似的条款。

⑤ 比如，我国与法国 2013 年的新税收协定第 24 条规定："如果进行某些交易或安排的主要目的是为了获得更优惠的税收待遇，而在这些情况下获得该优惠待遇违背了本协定相关规定的目标和目的，则本协定规定的任何减少或免除税收的待遇不适用"。再比如，我国和荷兰 2013 年的新税收协定第 10 条第 7 款规定："如果据以支付股息的股份或其他权利的产生或分配，是由任何人以取得本条利益为主要目的或主要目的之一而安排的，则本条规定不适用"。

⑥ 比如，根据我国和法国 2013 年的新税收协定第 27 条，缔约国双方主管当局应交换可以预见的与执行本协定的规定相关的信息，或与执行缔约国双方或其地方当局征收的各种税收的国内法律相关的信息；如果缔约国一方根据本条请求信息，缔约国另一方应使用其信息收集手段取得所请求的信息，缔约国一方不能仅因该信息没有国内利益而拒绝提供；缔约国一方不能仅因信息由银行、其他金融机构、被指定人、代理人或受托人所持有，或者因信息与人的所有权权益有关，而拒绝提供。这几个方面在旧税收协定中也是没有的。

对于一些没有税收协定的国家和地区，我国还签订了以 OECD 标准为基础的专门的税收情报交换协定。①

最后，我国原先的税收协定是没有征税互助条款的，但一些新的税收协定开始作出了规定。②

上述变化不仅出现在重新签订的税收协定中，也体现在我国与原先没有税收协定的国家近期所签订的协定之中。③

（二）进一步的思考

我国近年来税收协定的变化是值得肯定的。不过，从当前对外开放的格局来看，我国还需要将税收协定的完善和国际税收合作机制的构建与我国的自由贸易区战略协调起来。

在 2001 年成为 WTO 的成员之后，我国也开始积极与相关经济体谈判和签署自由贸易协定。迄今为止，我国已签订了 12 个自由贸易协定，并正在进行 9 个自由贸易协定的谈判。④

我国现行自由贸易协定的缔约方均为 WTO 的成员。相关协定在内容方面具有两

---

① 我国已与巴哈马、英属维尔京、马恩岛、根西、泽西、百慕大、阿根廷、开曼、圣马力诺、列支敦士登签署了专门的税收情报交换协定，均已生效。

② 比如，我国和法国 2013 年的新税收协定第 28 条（税收征收协助）规定："缔约国双方应努力相互协助征收税款。缔约国双方主管当局应通过相互协商确定本条规定的实施方式"。

③ 这些税收协定有：我国的塔吉克斯坦的税收协定（2008 年）；我国和埃塞俄比亚的税收协定（2009 年）；我国和土库曼斯坦的税收协定（2009 年）；我国和赞比亚的税收协定（2010 年）；我国和叙利亚的税收协定（2010 年）；我国和乌干达的税收协定（2012 年）；我国和博茨瓦纳的税收协定（2012 年）；我国和厄瓜多尔的税收协定（2013 年）。举例来讲：在其他所得方面，我国和埃塞俄比亚的税收协定第 22 条第 1 款规定："缔约国一方居民取得的各项所得，不论在什么地方发生，凡本协定上述各条未作规定的，应仅在该缔约国一方征税"；我国居民公司收取的缔约国另一方居民公司的股息享受间接抵免的条件，我国和土库曼斯坦的税收协定第 23 条也以 20% 的持股比例为条件；在消极投资所得的预提税方面，我国和塔吉克斯坦的税收协定第 11 条中利息的预提税税率为 8%；在反避税条款方面，我国和博茨瓦纳的本协定第 23 条规定："本协定并不妨碍缔约国一方行使其关于防止规避税收（不论是否称为规避税收）的国内法律及措施的权利，但以不导致征税与本协定冲突为限"；在税收情报交换方面，我国和乌干达的税收协定第 26 条也采用了包含"提供可以预见的信息""取消国内利益要求""不得以信息为第三方持有而拒绝提供"等内容；在税收征收协助方面，我国和博茨瓦纳的税收协定第 27 条也规定："缔约国双方应努力相互协助征收税款。缔约国双方主管当局可以通过相互协商确定本条规定的实施方式"。

④ 业已签订的 12 个自由贸易协定是：中国与东盟、新加坡、巴基斯坦、新西兰、智利、秘鲁、哥斯达黎加、冰岛和瑞士的自由贸易协定，内地与香港、澳门的更紧密经贸关系安排（CEPA），以及大陆与台湾的海峡两岸经济合作框架协议（ECFA）。这些协定均已经实施。9 个正在谈判的自由贸易协定是：中国与韩国、海湾合作委员会（GCC）、澳大利亚、斯里兰卡和挪威的自由贸易协定，以及中日韩自由贸易协定、《区域全面经济合作伙伴关系》（RCEP）协定和中国－东盟自贸协定（"10+1"）升级谈判、中国－巴基斯坦自由贸易协定第二阶段谈判。其中，中韩、中澳已于 2014 年底结束了实质性谈判。根据中国自由贸易区服务网（http：//fta.mofcom.gov.cn）整理。

个共同特点：一是缔约方作出了高于 WTO 下的减让和承诺；[①] 二是有的自由贸易协定涉及了目前 WTO 尚不管辖的内容，比如投资保护和促进、竞争政策、劳工与环境合作等。[②] 以投资为例，内地与港澳的两个 CEPA 有关于投资便利化的条款和附件，[③] 其他 10 个自由贸易协定均有投资保护和促进的规定。[④]

不过，在现行自由贸易协定的缔约方中，我国尚未与柬埔寨、缅甸、智利、秘鲁、哥斯达黎加和台湾地区签订税收协定或安排。在业已缔结税收协定的缔约方中，除了与新加坡和瑞士重新签订了签订税收协定外，我国和其他自由贸易区伙伴的税收协定还没有更新来纳入上述新的变化。因此，我国都需要考虑将近年来上述税收协定的变化纳入与自由贸易区伙伴的税收协定之中，并根据自由贸易区伙伴双边经贸关系的特点做适当的调整。比如，考虑到我国海外投资的发展，有必要在与相关国家的税收协定中给予我国居民以税收饶让抵免。[⑤]

除了双边税收协定之外，我国还可考虑区域税收合作机制的构建。

比如，尽管我国目前的自由贸易协定基本是双边的，但中国—东盟自由贸易区则有 11 个成员，我国和东盟也已宣布启动自贸区升级版谈判。从东盟角度讲，扩充东盟成员国对外的税收协定和完善东盟成员国之间的税收协定网络也有内在动因。东盟 10 个成员方签订税收协定的总的数量和普及程度并不高，成员国之间税收协定

[①] 以中国—东盟自由贸易区为例，东盟的具体承诺是在其 WTO《服务贸易协定》承诺基础上作出的更高水平的承诺。比如，新加坡在商务服务、分销、金融、医疗、娱乐和体育休闲服务、运输等部门作出了超越 WTO 的出价，并在银行、保险、工程、广告、非武装保安服务、药品和医疗用品佣金代理和零售、航空和公路运输服务等部门作出了高于其在 WTO 多哈回合谈判出价的承诺。参见商务部国际司：《中国—东盟自由贸易区知识手册》，2007 年 9 月。

[②] 比如，中国—瑞士自由贸易协定第 10 条规定："经营者之间排除、限制竞争的协议，滥用市场支配地位，以及具有排除、限制竞争效果的经营者集中等反竞争行为可能会对双边贸易产生不利影响，并因此妨碍本协定有效实施。在此方面，缔约双方适用各自竞争法律。……缔约双方竞争执法机构间的合作对缔约双方贸易领域内竞争法的有效实施具有重要作用。缔约双方执法机构在反竞争行为方面应开展合作。"再比如，中国—新西兰自由贸易协定第 177 条规定："双方应当通过《劳动合作谅解备忘录》和《环境合作协定》，加强双方在劳动和环境问题上的交流与合作"。

[③] 两个 CEPA 在协议正文中提及了 "双方通过提高透明度、标准一致化和加强信息交流等措施与合作，推动贸易投资便利化"（内地与香港的 CEPA 第 16 条，内地与澳门的 CEPA 第 16 条），并有关于贸易投资便利化的附件。以内地与香港的 CEPA 附件为例，贸易投资便利化的主要内容是加强在贸易投资促进领域的合作。

[④] 中国—东盟自由贸易区、中国—智利自由贸易区以及 ECFA 采取了单独订立投资协定（或协议）的做法，我国与巴基斯坦、新西兰、秘鲁、哥斯达黎加的自由贸易协定中则设有专门的 "投资" 章节。这些投资章节的主要内容包括：定义、适用范围、投资待遇、投资保护和促进、征收、损失补偿、转移、代位、缔约方解决争端、缔约方与另一缔约方投资者之间的投资争端解决。我国和新加坡的自由贸易协定在投资方面适用中国—东盟自由贸易区投资协议。我国和冰岛、瑞士、哥斯达黎加的自由贸易协定中的投资章节没有上述条款，但我国和冰岛、瑞士、哥斯达黎加之间均有双边投资协定（BIT）。

[⑤] 从我国对东盟的投资存量看，我国对东盟投资主要集中在新加坡、缅甸、柬埔寨、印度尼西亚、泰国、越南和老挝等国。其中，中国企业投资最多的国家是新加坡。新加坡也存在大量为吸引外资而设的税收优惠。但我国和新加坡的税收协定没有给予我国居民饶让抵免。

的签订率或覆盖率也低。①从东盟经济一体化的发展来看，东盟国家2007年1月提出要在2015年建立东盟共同体。东盟共同体以东盟政治－安全共同体、东盟经济共同体和东盟社会－文化共同体为支柱。东盟经济共同体以在东盟地区实现货物、服务、投资和技术劳工的自由流动以及更自由的资本流动为目标。这意味着东盟也需要区域性的协定来消除区域内的双重征税等问题。

因此，我国可以考虑与东盟国家订立多边税收协定的可能性。如果缔结区域性的税收协定存在困难，也可缔结有限范围的协定，如同南亚区域合作联盟的《关于避免双重征税和税收事务互助的有限多边协定》那样。②订立多边税收协定可能需要花费更多的时间。在此期间，我国应加快与相关东盟成员国进行更新现行税收协定的谈判，使得税收协定尽量趋同，为未来缔结多边协定奠定基础。此外，在达成多边税收协定之前，我国也可考虑在与相关成员的双边税收协定中引入最惠国待遇。我国和东盟可以考虑通过共同缔结一个议定书的方式来对现行的双边税收协定进行修改，就消极投资所得的预提税税率引入最惠国待遇，这既有助于区域一体化的实现，也能够避免修改税收协定的麻烦，并能够减少纳税人利用不同双边税收协定的预提税差税率的差异进行避税的空间。

除了税收协定，我国还可考虑与东盟建立区域性的税收论坛。东盟已于2011年建立了东盟税收论坛（ASEAN Forum on Taxation，AFT）。AFT将为东盟区域一体化中的税收问题和加强税收合作提供区域的对话平台，特别是在双重征税和预提税方面、更新区域内的双边税收协定和完善税收协定网络、应对逃税以及加强与区域外的合作等方面。因此，我国可以借助AFT与东盟建立论坛性质的合作机制，未来再考虑建立更紧密的合作安排。

在完善税收协定和构建区域税收合作机制之外，我国也应重视参与多边税收机制的构建，因为我国已与全球经济融为一体。我国推进自由贸易区建设并非与全球经济分割开来，企业的跨国经营也并不当然就会局限在自由贸易区内，这意味着相关税收问题也具有全球性。另一方面，我国参加多边机制也能够在全球税收规则制定方面发挥作用，并通过全球标准进一步促进区域内的税收合作。在这方面，我国于2013年8月27日签署了《多边税收征管互助公约》。在2014年5月6日于巴黎召开的OECD理事会部长级会议上，我国也签署了《关于税收情报自动交换的宣言》。在BEPS项目方面，我国认为该项目是近百年来全球范围内国际税收规则体系的一次重要改革，是各国携手打击国际逃避税、共同建立有利于经济增长的国际税收规则

---

① 税收协定签订率是指区域成员国之间实际签订的双边税收协定数占全面签订双边税收协定数的比例；税收协定覆盖率指区域成员国之间实际生效的双边税收协定数占全面签订双边税收协定数的比例。参见，"中国—东盟税收问题研究"课题组："中国—东盟税收协调问题研究"，载《涉外税务》，2008年第4期。

② 如其标题所示，该协定并非一个全面消除双重征税的税收协定，只就教师所得和学生收入的管辖权进行了划分。除此之外，该协定并没有就其他所得（比如营业利润、消极投资所得等）的管辖权划分进行规定。因此，该税收协定的内容不如一般的税收协定那样广泛，其主要目的在于税收合作机制。

体系和行政合作机制的重要举措。对我国来说，BEPS 项目也是我国参与国际规则制定、完善我国国家税收的一次良机。[①] 我国也是积极参与其中。[②]

因此，通过这些举措，我国将与国际社会共同构建高水平的国际税收规则。如果我国和相关自由贸易区伙伴都参与了税收领域的多边机制，也将补充目前缺乏税收合作机制的不足，并为将来的税收合作奠定基础。[③]

四、结　语

随着经济全球化和区域一体化的发展，以双边税收协定为主要方式的国际税收机制也正在发生变革，区域和多边的税收机制正在形成之中。我国自 2001 年成为 WTO 的成员后，已与世界经济融为一体。此外，我国也正在与相关经济体推动自由贸易区的建设。在入世之前，我国已经签订了大量避免双重征税协定。随着经济的发展，我国也开始对相关税收协定进行修订。不过，我国还需要将税收协定的完善和国际税收合作机制的构建与我国的自由贸易区战略协调起来。一方面，我国需要与尚未订立税收协定的自由贸易协定的缔约方签订税收协定，并完善既有的早期的税收协定；另一方面，我国还需要考虑区域性税收机制的构建，比如与东盟考虑缔结区域性税收协定和建立区域税收论坛的可能性。此外，我国还应积极参与多边税收机制的构建。

[①] "G20 税基侵蚀和利润转移项目 2014 年成果宣讲会在北京召开"，检索自：http：//202.108.90.131/SuniT/202.108.90.130/n810219/n810729/c1255441/content.html，2015 年 5 月 4 日访问。

[②] 2013 年 9 月，OECD 牵头设立 G20/OECD BEPS 项目，下设项目指导组以及数字经济、税收协定、数据统计分析、转让定价、有害税收实践、恶意税收筹划等 6 个工作组。国家税务总局当选为项目指导组成员以及数字经济工作组副主席。截至 2014 年 5 月底，国家税务总局共参加 BEPS 项目相关会议 29 次，向 OECD 提供立场表态 16 次。这一切不仅体现了我们的税收专业水准，提升了我国的影响力和话语权，而且为建立公平合理的税收规则体系作出了重要贡献，得到 OECD 和其他参与方的重视和赞赏。参见，廖体忠："BEPS 行动计划的影响及我国的应对"，载《国际税收》2014 年第 7 期。

[③] 比如，在我国的自由贸易区伙伴中，签署《多边税收征管互助公约》的有：智利、哥斯达黎加、冰岛、印度尼西亚、新西兰、菲律宾、新加坡。参加税收透明度和情报交换全球论坛的有：文莱、马来西亚、菲律宾、新加坡、智利、瑞士、巴基斯坦、新西兰、哥斯达黎加、冰岛以及我国的香港。